竹島問題の起原
──戦後日韓海洋紛争史──

藤井賢二 著

ミネルヴァ書房

竹島問題の起原

——戦後日韓海洋紛争史——

目　次

序　章　韓国による竹島不法占拠···I

　1　1953年夏の竹島··I

　2　日本の配慮···7

　3　韓国の増長···12

　4　本書の構成···14

第Ⅰ部　日韓会談と漁業問題

第1章　日韓会談と漁船拿捕···21

　1　日韓会談···21

　2　李承晩ラインと日韓会談··27

　3　韓国の日本漁船拿捕··29

　4　李承晩ラインと日本漁業··36

第2章　韓国の漁業政策と李承晩ライン······················43

　1　日本統治終了後の南朝鮮・韓国の漁業··43

　2　南朝鮮・韓国の「遠洋」漁業への志向···48

　3　日本政府と以西底曳網漁業者の漁区拡張運動······························52

　4　韓国の日本漁区拡張反対運動··60

　5　「反日の論理」と「冷戦の論理」··64

　6　李承晩ライン宣言と漁業問題··68

第3章　李承晩ライン宣言と韓国政府···························77

　1　韓国政府とマ・ライン問題··77

　2　「漁業管轄水域」の画定··81

　3　「漁業管轄水域」から「漁業保護水域」へ···································86

　4　日韓会談予備会談と李承晩ライン宣言⑴·····································91

目　次

　　5　日韓会談予備会談と李承晩ライン宣言(2)……………………… 96

　　6　「海洋主権線」から「平和線」へ ………………………………… 98

　　7　李承晩ライン宣言と韓国政府 …………………………………… 108

第4章　李承晩ラインと日韓会談 …………………………………… 111
　　　　──第1〜3次会談における日韓の対立──

　　1　李承晩ライン宣言と日韓の対応………………………………… 111

　　2　第1次日韓会談における日韓の対立 …………………………… 114

　　3　第2次日韓会談における日韓の対立 …………………………… 123

　　4　第3次日韓会談における日韓の対立 …………………………… 135

　　5　韓国の主張と日本の対応 ………………………………………… 147

　　補論　李承晩ラインと200海里排他的経済水域 ………………… 149

第5章　日韓漁業交渉の妥結 ………………………………………… 153

　　1　「和田試案」以前 ………………………………………………… 155

　　2　「和田試案」…………………………………………………………160

　　3　「金命年試案」………………………………………………………165

　　4　済州島周辺の基線問題 …………………………………………… 167

　　5　日韓農相会談と韓国の日韓会談反対運動………………………171

　　6　韓国の非妥協的な対日姿勢 ……………………………………… 175

　　7　日韓漁業交渉の進展……………………………………………… 178

　　8　第2次日韓農相会談と漁業交渉の妥結──3懸案について……… 182

　　9　第2次日韓農相会談と漁業交渉の妥結──共同規制水域の規制…… 186

　　10　日韓漁業交渉の妥結………………………………………………190

　　補論　韓国政府の国民への釈明 ………………………………… 192

第6章　日韓漁業問題と日本の朝鮮統治……………………………195

　　1　関連する日韓の漁業の沿革 ……………………………………… 195

iii

2 日韓漁業問題の歴史的背景——歴史認識の違い……………………… 198

3 日韓漁業問題の歴史的背景——歴史の継続(1)…………………… 204

4 日韓漁業問題の歴史的背景——歴史の継続(2)…………………… 210

5 日韓漁業問題の歴史的背景——歴史の継続(3)…………………… 215

6 歴史の記憶の再現(1)……………………………………………… 218

7 歴史の記憶の再現(2)……………………………………………… 223

8 日本統治期の遺産の「継承」……………………………………… 228

第Ⅱ部　竹島問題と日韓関係

第7章　竹島問題における韓国の主張の形成……………… 233

1 韓国の主張の整理………………………………………………… 233

2 韓国の主張の変遷………………………………………………… 249

3 韓国の主張の形成——1953〜54年……………………………… 252

4 韓国の竹島認識…………………………………………………… 265

第8章　韓国の海洋認識——「独島」と「離於島」——………… 269

1 竹島認識の始まり——1947年夏………………………………… 270

2 マ・ラインとソコトラロック…………………………………… 273

3 韓国の対米交渉の挫折と李承晩ラインの設定………………… 279

4 李承晩ライン宣言と主権の主張の撤回………………………… 284

5 李承晩ラインの解体と「E区域」への韓国の固執…………… 288

6 韓国の海洋認識…………………………………………………… 293

7 「独島」と「離於島」…………………………………………… 299

第9章　山陰の漁業者と韓国……………………………………… 303

1 山陰両県漁船の拿捕……………………………………………… 303

目　次

2　「中間漁区」と拿捕 ……………………………………… 309

3　鳥取県の拿捕被害 ………………………………………… 313

4　島根県出身者の拿捕 ……………………………………… 318

5　島根県の機船底曳網漁業 ………………………………… 321

6　以西底曳と拿捕 …………………………………………… 325

7　「竹島の日」条例と新日韓漁業協定 …………………… 330

8　鳥取県と竹島問題 ………………………………………… 336

9　山陰の漁業者と韓国 ……………………………………… 339

第10章　竹島問題と日韓会談 …………………………………… 341

1　韓国による拿捕と竹島 …………………………………… 341

2　竹島問題の論議 …………………………………………… 343

3　「紛争の解決に関する交換公文」の作成 ……………… 349

4　交換公文の解釈をめぐって ……………………………… 353

5　日韓条約と竹島 …………………………………………… 360

6　島根県と日韓会談 ………………………………………… 362

第11章　竹島問題と漁業 ………………………………………… 365

1　イカ釣漁と「竹島周辺水域」 …………………………… 365

2　竹島近海からの日本漁船の排除 ………………………… 374

3　1978年の竹島をめぐる問題(1) ………………………… 380

4　1978年の竹島をめぐる問題(2) ………………………… 383

5　韓国漁船操業問題の発生 ………………………………… 391

6　新日韓漁業協定とての問題点 …………………………… 395

終　章　戦後日本と竹島問題 …………………………………… 399

1　竹島問題の推移──1970年代まで …………………… 399

2　竹島問題研究の拡大と深化 ……………………………… 403

v

3　韓国の不法占拠強化と「竹島の日」………………………………… 406
　　4　戦後日本と竹島問題………………………………………………… 410

あとがき……417
戦後日韓海洋紛争史関連年表……421
索　　引……433

序　章
韓国による竹島不法占拠

　韓国による日本漁船大量拿捕は日韓関係を悪化させ，1951年に始まり難航を重ねた末に1965年に妥結した日韓会談（日韓国交正常化交渉）の進行に大きな影響を与えた。韓国が日本漁船拿捕の根拠としたのは，1952年の李承晩ライン宣言であった。この李承晩ライン宣言にはまた竹島への韓国の主権を主張する内容も含まれており，竹島問題は現在の日韓関係の緊張要因となっている。以上のような漁業問題と竹島問題の原因と経過を考察することが本書の目的である。

1　1953年夏の竹島

　2枚の写真がある。1953年に島根県と海上保安庁が合同の竹島調査を行い，6月27日に海上保安官25名，警察官3名，島根県職員2名が竹島に上陸した時のものである。同年6月28日付の島根県水産課職員による恒松安夫県知事への報告書（「［島根県］水産商工部澤富造・井川信夫の出張復命書，昭和28年6月28日付」）によれば，調査団は6月22日に第八管区海上保安本部（舞鶴）所属の巡視船「くずりゅう」「のしろ」で境港を出港して竹島に向かったが風雨のため6月23日に上陸を断念し，「のしろ」乗船の海上保安官1名が海に落ちて負傷する事故もあったため隠岐西郷港に引き返した。その後26日に「おき」「くずりゅう」で西郷を出港し，27日に東島に上陸した。竹島に滞在したのは，午前5時53分から午後7時25分の間であったが，竹島が日本領であることを示す「島根縣穏地郡五箇村竹島」と記した標柱と外国人の漁労を禁止する制札を建てた。この時，竹島にいた6名の韓国人から聴取した内容は次の通りである。

出典:海上保安庁提供。

図序-1 不法入国者聴取（島根県と海上保安庁による竹島合同調査）

　我々は6月9日午前3時，一行10人で鬱陵島からやって来て今日で18日になる。

　中4人は5日間いて素干わかめ60枚をもって帰島したが，我々6人はワカメ，テングサ，アワビをとりに来ているが，シケのため迎えの母船が来ない。

　食うに食なく一昨日，日本の船（鵬丸と確認）[1]が米6升とピースをくれて救われ嬉しかった。その時盛んにアシカのことをきかれたが，お互に言葉が通じなくて要領を得なかった[2]。竹島が日本領であるか韓国領であるか韓国領であるかということは我々は関知しない。しかし，この島に来るについては

---

[1]「鵬丸（おおとり）」は島根県立隠岐高校の実習船であった。6月25日の鵬丸の竹島渡航については，「問題の『竹島』現地レポ まだいた韓国漁夫 アシカの料理で歓待」（1953年6月27日付『毎日新聞〔島根版〕』），杉原隆『山陰地方の歴史が語る竹島問題』（2010年9月，松江）および同「昭和28年練習船を竹島に派遣した市川忠雄元隠岐高校校長の『賞罰』」（『竹島問題に関する調査報告書 平成24年度』島根県総務部総務課，2014年2月，松江），「竹島60年前に渡航・調査 韓国人滞在情報を確認」（2012年12月19日付『読売新聞〔島根版〕』）が詳しい。なお，「日本の隠岐水産高等学校の練習船'チトマル'号を独島西島の150メートルの海上で拿捕，独島が韓国領であることを説得し帰郷措置」（洪淳七『独島義勇守備隊洪淳七隊長手記 この地は誰の地なのか！』〔ヘアン，1997年8月，ソウル〕※269頁）などという韓国側の証言は虚言である。また，同書にある，日本の海上保安庁巡視船と交戦して竹島から排除したことを「独島大捷（大勝利の意味）」として誇る，事実とはかけ離れた記述は，日本への敵意を煽るもので問題である。

出典：共同通信社提供。

図序‐2 不法操業調査（島根県と海上保安庁による竹島合同調査）

警察署の出入港許可認(ママ)が必要であるがこれは母船の船長が所持している。

　我々一行6名の中最年長の1名は10年前から毎年4月から7月にかけて竹島に来ている。他の1名は3年間の経験を持っているが，他は今回初めて従事した者だ。我々は漁業会の組合員でもある。

　国旗は発動機船につけてあり，我々は持っていない。

　韓国の艦艇も大型漁船も，この島へは来ない。

　1週間交代位に5屯から7屯位の6馬力位の動力船が迎いに来てくれる。

　我々が従事しているのは例年4月から7月にかけて主としてワカメ，テングサの海藻類とアワビ，サザエ，ノリをとるためである。

　海藻類は素干にして鬱陵島に送っている。

　"独島遭難漁民慰霊碑"は我々の同僚が出漁中米軍の爆撃演習で死んだため知事が建てたということはよく知っている。[3]

　出漁することについては特別の保護は受けていない。しかし当局者から注意せよとは出漁の度ごとに云われている。

---

(2) 岩滝克己「竹島航海調査の思い出」（『おおとり　創立七十周年記念誌』〔島根県立隠岐水産高等学校，1977年〕）によれば，実際は，鵬丸には韓国語が堪能な乗員がいて意思疎通はできたという（84頁）。

ワカメもとり盡くしたし一日も早く欝陵島に帰りたい。

　何とか欝陵島に送って貰えんだろうか。

　アシカは西の島とそれに連なる小さな島にいるが人間が行くと水にもぐって容易に捕らない。

　毎年200匹位棲息しているが我々はアシカは捕らない。

　1952年4月28日までの日本が連合国軍最高司令官総司令部（以下「総司令部」と略記）に占領されていた時期，竹島は日本の行政区域から除外され，日本漁船および乗組員は同島への接近・接触を禁止された。また，竹島は米軍の爆撃訓練場に指定され，人が近づくことは危険であった。上記報告書にあるように，この間に韓国人が竹島に侵入して活動していた。ただし，「特別の保護は受けていない」と韓国人が述べているように，この時点では韓国政府の権力が継続して竹島に及んでいたわけではないことがわかる。

　1951年4月末に隠岐久見地区の漁業者が「第3伊勢丸」で同島に接近して漁労中の韓国人を目撃した。同年11月14日には鳥取県立境高校の実習船「朝凪丸」の乗員が同島に上陸して韓国人がいた痕跡を確認し，1951年11月24日付

---

(3)　1948年6月8日に米空軍機が竹島で爆撃演習を行ったため出漁していた朝鮮人に死傷者が出る事件が起きた。『外交問題叢書第十一号 独島問題概論』（1955年，外務省政務局）※には，「1951年6月に慶尚北道知事曹在千氏参席下で独島遭難漁民慰霊碑を建立して盛大に慰霊祭を挙行して慶尚北道欝陵郡南面管轄下にある独島の行政的所属を明白にした」とある（38頁）。ただし，建立の年は1950年の誤りである（「独島事件慰霊碑昨日厳粛な除幕式挙行」〔1950年6月9日付『東亜日報』ソウル〕※）。なお，日本統治期に欝陵島を根拠に竹島に出漁していた奥村亮は隠岐に引き上げた後，1949年にある和歌山県人を世話して肥料の原料となる「『海猫』のフンをとりにでかけ」たが，その時「竹島には米軍爆撃による朝鮮人のものと思われる血痕があった」と回想している（「奥村亮口述書 昭和28年7月11日」アジア局第二課『竹島漁業の変遷』1953年8月，38頁）。

(4)　「確かにいた韓国人 漂流者に聞く隠岐竹島の真相」（1951年9月8日付『島根新聞』松江），「韓国人が居住？ 無人島"竹島"にまた話題」（1951年9月8日付『毎日新聞〔島根版〕』）。「浜田正太郎 昭和28年7月9日」（前掲註(3)『竹島漁業の変遷』）には，「昭和26年5月中旬（略），私は，5トンの小舟に4名の友人とともに乗組み，竹島に渡航した。竹島には，動力船4隻，約50人の韓国人がいた」とある。

(5)　吉岡博「朝凪丸竹島探検記」（島根県立境水産高等学校編刊『境水産高等学校二十周年記念』1966年4月，41〜43頁）。「上陸竹島 李承晩ラインのはざまで」（2007年5月16日付『山陰中央新報』松江）。

4

序　章　韓国による竹島不法占拠

『朝日新聞（東京本社版）』には同行した記者の報告「日本に還る無人の『竹島』空白十年の島の全容を探る　奇怪な“アシカ”の群　岩上に韓国民の遭難碑」が大きく掲載された。1953年３月19日に日米合同委員会において竹島が在日米軍の訓練区域から解除されたため，島根県は６月に竹島での漁業権の免許を隠岐の人々に与えた。島根県は竹島付近の漁業調査に乗り出し，1953年５月28日に島根県水産試験場の試験船「島根丸」が竹島に赴いたところ，約30人もの韓国人がいるのを発見した。外務省は同年６月22日に駐日韓国代表部に対して竹島における韓国漁民の不法上陸，不法漁業等を指摘して申入れを行ったが，これに対して同月26日に駐日韓国代表部から「竹島は韓国領土の一部である，従って日本側から抗議を受ける筋合いのものでない」という回答があった。このような状況で調査団は竹島に派遣されたのであった。

　1953年６月27日の事件への日韓両国の対応は対照的であった。

　７月７日の韓国国会では，黄聖秀外務委員長が「独島事件に関する真相報告」を行い，「独島」を日本が調査したことについて，「満洲，中国，東洋を侵略した悪癖を繰り返そうと今我が領土である独島を侵害した」と日本を非難した。翌８日の韓国国会での決議「独島侵害事件に関する政府建議」の主文は「大韓民国の領土である独島に日本官憲が不法侵入した事件に対して，政府は日本政府に厳重抗議することを建議する」であり，「今後の独島に対する韓国漁民の出漁を充分に保障すること」と「日本官憲の設立した標識を撤去」することを政府に要求することが決議された。

　韓国はこの決議をその通り実行した。７月12日，海上保安庁巡視船「へくら」は竹島近海で韓国漁船３隻に遭遇した。韓国人２名が乗り組んできたため

⑹　『海上保安庁の思い出』（海上保安協会，1979年５月，東京）175頁。「戦後初めて『竹島』を訪れる　まさしく海の宝庫　県水試船島根丸　韓国人が採取に従事」（1953年５月30日付『山陰新報』松江）。

⑺　1953年７月８日の衆議院予算委員会における岡崎勝男外相の答弁。

⑻　1953年７月10日に慶尚北道議会も「独島は韓国の領土であることを中外に宣布して日本の侵略行為に対して強力な措置をとること」という大統領への建議書を決議した。その「理由」の部分に，６月25，27，28日に竹島に来航した日本船舶は米国旗を掲げて偽装していた，日本人は「慰霊碑を破壊した」といった，島根県の名誉にかかわる虚偽の記述がある（前掲註⑶『外交問題叢書第十一号　独島問題概論』69頁）。

5

「へくら」船長室で柏博次・境海上保安部長と面談した。面談は1時間半に及んだが，韓国側は竹島の領土権を主張，双方とも相手方の退去を要求して譲らず物別れに終わった。午前8時頃出発しようとしたところ後方の西島の小高い地点から数十発の銃声がとどろき，うち1発は「へくら」の船体に命中した[(9)]。

　また，1953年6月27日に建てられた竹島の領土標柱を韓国は7月3日に撤去したため[(10)]，海上保安庁はその後3回にわたって領土標柱を立てた（8月7日，10月6日，10月23日）がいずれも韓国に撤去された。1953年10月6日に日本が再建した領土標識は同年10月15〜16日に竹島に上陸した「鬱陵島・独島学術調査団」によって撤去された[(11)]。島根県が「竹島の日」条例を定めた2005年の3月9，15日付『週刊東亜』476（東亜日報社，ソウル）※にはその撤去作業の様子を撮影した写真が大きく掲載された。1954年7月19日に韓国に拿捕された松江市島根町出身の伊達彪（たけし）（1926年生）は，連行された釜山の海洋警察前の空き地に放置してあった「島根県穏地郡五箇村竹島」の文字のある標柱を目撃した。伊達は「日本人の目に触れるよう意図的に置いたのかは分からないが，島根で生まれ育った者として，神経を逆なでされた」と回想している[(12)]。1954年5月18日には，韓国は竹島の東島の岩壁に「大韓民国慶尚北道鬱陵島南面独島」という文字（ハングル）と国旗を彫り付けたという[(13)]。

　一方，日本の国会では，1953年7月8日の衆議院予算委員会で岡崎勝男外務大臣は，韓国人は竹島にはすでにおらず，「韓国側も特に事を荒立てるという気持はないよう」なので「軍艦を派遣するとか何とかいうことは，さしあたり考えられない」と述べた。8月4日の衆議院水産委員会では，5月28日に竹島

---

(9)　「竹島で巡視船発砲さる」（1953年7月14日付『山陰新報』）。

(10)　前掲註(3)『外交問題叢書第十一号　独島問題概論』67頁。

(11)　釜山工業高等学校土木工学科長で「鬱陵島・独島学術調査団」に参加して竹島を測量した朴炳柱（パクビョンジュ）（1925年生）は，「島根県隠地郡（ママ）五箇村竹島の九尺の杭は一週間もすれば鬱陵島警察署の焚きつけになるいわゆる杭戦争の島，問題の独島」と書き残している（「独島の測量」『1952年〜1954年独島測量』〔韓国国会図書館，2008年8月，ソウル〕※60頁）。朴炳柱は1941年に渡日して神戸工業専門学校（現神戸大学工学部）等で測量技術を学んだという（「1953年独島を調査した朴炳柱先生"我々は命をかけて独島を調査した"」『新東亜』592〔東亜日報社，2009年1月〕※588頁）。

(12)　「抑留　竹島　李承晩ライン被害者の証言（下）」（2007年7月16日付『山陰中央新報』）。

(13)　「一連の独島事件　内務部で経緯発表」（1954年6月11日付『東亜日報』ソウル）※。

に30名もの韓国人がいるという島根県の報告がありながらこれを1カ月放置したことの責任，7月12日の発砲事件や韓国が竹島に要塞を築くという情報への対応を問う質問があった。岡崎外相は最近の報告では竹島には異常はなく，「要塞云々のことは何かうわさで，間違いであろう」「国際紛争の解決のためには武力を行使しないということは憲法の示すところ」なので竹島問題の解決は「平和的手段によるべきもの」と答弁した。8月10日の衆議院水産委員会では，竹島問題に日米安全保障条約が適用されるかという質問に対して，現在は「向うの方は来ていないというような実情」なので，「今ただちに竹島問題について駐留軍の行動を促すというような措置は，差控えるべき」という小滝彬外務政務次官の答弁があった。日本政府は紛争回避を優先し，竹島問題をあくまでも平和的に解決しようとした。

2　日本の配慮

　1953年7月12日の「へくら」への銃撃事件についての韓国政府の報告は次の通りである[14]（下線は筆者による）。

　鬱陵警察署では沿海と同島周辺で漁労中の韓国人の保護と同島を頻繁に侵犯する日本人たちを監視しようと，1953年7月11日午前11時に鬱陵警察署勤務の査察主任警衛金振聲，警査崔憲植，巡警崔龍得三名で構成され軽機2門を装備した巡邏班が（鬱陵島の民間人の発動機船に乗って——筆者補注および略）同日午後7時頃に同島に到着した。作業中だった韓国人十余名に対して外国船舶発見時には連絡するよう教示し同日夜は発動船で一泊した。翌7月12日午前5時頃同島東南方水平線上に同島を目指す船影を発見し監視中，同午前5時40分該船舶は巡邏班の位置から西方約300m隔てた海上に至った時に日本国旗を掲揚して徐行したので日本船舶と確認した。動静を監視しようと停船したところに発動機船で警査崔憲植が民間人鬱陵中学校奇教師を同行させ，

---

[14]　前掲註(3)『外交問題叢書第十一号　独島問題概論』76〜79頁。

7

まず臨検した。同船船長室でいわゆる責任者という者に臨検趣旨を告げた後奇教師に通訳させて船舶の所属および来意を調査したが，いわゆる責任者という者は，自分は日本島根県海上保安庁のキャプテンだといい，前記海上保安庁では日本政府の命令によって竹島を巡邏中だと述べた。崔憲植警査は責任者という姓名未詳者に対して，独島は欝陵郡南面道に属する島嶼で韓国領であると主張して島根県穏地郡五箇村竹島ということの不当性を指摘し，韓国領土を不法侵犯したことを詰問して欝陵署まで同行を要求した。責任者という者は「あなたの立場が私とまったく同じなのでよくわかる」と言いながら同行を拒否した。（韓国人警察官は――筆者補注および略）韓国領海を不法侵犯したことを強力に指摘した後に侵犯した船を放任することはできないので欝陵署に同行を要求したが，責任者は今後日本政府と韓国政府が会談をするが，会談で竹島に対する決定がなされるので，その時までどちらに属するかは言うことはできないと述べた。ふたたび我が方から，<u>「李ライン」「マッカーサーライン」で見ても韓国領土であるだけでなく，第二次世界大戦終結後日本講和条約まで何も言わずに今さら日本領土というのは韓国領土に対する侵略行為ではないか</u>と指摘した。（そして日本側の穏健な態度に乗じて一層強硬に欝陵署への同行を要求したが日本側は取り合わず――筆者補注）日本人責任者という者は船長に出発を命じ，わが方に「それじゃ行きます」と言ったので我が方は全員発動船に移乗し船首を独島に向かわせた。（略）日本船舶は南東方経由で我が方を揶揄するように同島を一周した。日本方面に快走するのを制止したが応じず，軽機で威嚇発砲をしたにもかかわらず逃走した。

日本政府は翌13日に韓国政府に抗議したが，公船への銃撃は戦争にもなりかねない危険な行為である。韓国にこのような規範が欠落していたことは問題である。

　そして，上記報告中下線部の韓国人警察官の竹島領有の主張は全くの誤りである。総司令部が竹島への日本人漁業者の接近・接触を禁じたマッカーサーラ

---

⑮　韓国人警官と面談したのは境海上保安部長であるので「島根県」は誤りである。

インは日本人の漁業の限界線を定めたもので領土の最終決定とは関係がない。日本の領土の最終決定は日本が戦勝国である連合国との間で結ぶ平和条約で行われた。韓国は連合国ではなかったが，平和条約作成の過程で，1951年7月に竹島を韓国領とすることを米国に要求した。米国は8月に拒否し，1951年9月8日に調印されて1952年4月28日に発効したサンフランシスコ平和条約では，竹島の日本領としての地位は変化がなかった[16]。対日平和条約発効が迫ってきた1952年1月18日に韓国が発表した李承晩ライン宣言（正式名称は「隣接海洋に対する主権に関する宣言」）で，韓国は広大な水域に主権を及ぼすとし，その水域に竹島を含ませた。これは国際条約を無視するきわめて非常識な行動であった。上記韓国人警察官の主張は，竹島領有の根拠を，国際条約ではなく日本人が漁労できなかった時期に韓国人が竹島で行った操業に求めるものであった。

　このように韓国の竹島領有の根拠はなかった。にもかかわらず，その後の韓国による竹島不法占拠を許したものが当時の日本にはあった。上記の報告書の中で「日本側の穏健な態度」とまとめた部分の原文は，境海上保安部長の「我々は日本政府から竹島を巡邏せよという命令を受けているだけで，竹島に侵入した船舶を引致せよという命令は受けていない」という発言である。韓国人警察官が領海侵犯を理由に日本の海上保安官を執拗に連行しようとしたのとは明らかに異なる。6月27日の竹島調査の時も，前記島根県知事への報告書によれば，竹島にいた6名の韓国人に対して「船隊指揮官の命により保安本部係員が厳粛且つ事務的に日本領であることを話し彼等に退去を命令し母船が到着

---

[16]　サンフランシスコ平和条約（正式には「日本国との平和条約」）第2条ａ項「日本国は，朝鮮の独立を承認して，済州島，巨文島及び欝陵島を含む朝鮮に対するすべての権利，権原及び請求権を放棄する」の「朝鮮」に竹島は含まれない。なぜならば，条約解釈の基本的なルールとしてウィーン条約法条約第32条があり，そこには，条約の意味を確認するため，または不明確な意味を決定するため「解釈の補足的な手段，特に条約の準備作業及び条約の締結の際の事情に依拠」するとされている。対日平和条約作成過程で竹島に関する韓国の要求を米国が拒否したことは，これに該当するからである。塚本孝「サンフランシスコ条約と竹島――米外交文書集より」（『レファレンス』389，国立国会図書館調査立法調査局，1983年6月，東京），同「平和条約と竹島（再論）」（『レファレンス』518，1994年3月），同「竹島領有紛争に関連する米国国務省文書（追補）＝資料＝」（竹島問題研究会『「竹島問題に関する調査研究」最終報告書』〔島根県総務部総務課，2007年3月〕）が詳しい。また『竹島問題100問100答』（ワック出版，2014年3月，東京）62〜63頁参照。

次第速かに退去するよう勧告した」のみであった[17]。

　本章冒頭で紹介した写真を見れば，韓国人を日本の海上保安官らが取り囲んでいることがわかる。1953年6月27日の竹島は日本が支配していた。そして「日本船舶の不法領海侵入と彼らの脅迫的な態度と言動で純真な韓国人漁労者たちは，不安と恐怖で漁労を中断する」状況が6月27日直後にはあった[18]。1953年11月24日の韓国国会での「韓日会談に関する緊急決議案」の審議における発言でも，「独島が一時的に占領された」と韓国が認識していたことが確認できる。この状況を維持できなかったことが竹島問題の根底にあり，その後の日本の苦慮と現在の日韓関係の悪化の一因をもたらすことになった。

　海上保安庁の内部文書[19]には，1953年6月17日に「保警公（機密）第67号　竹島周辺海域の密航密漁取締強化について」という指示が第8管区海上保安本部に対して出された時の取締方針が次のように記されている。

　　当時日韓会談開催中であり，又相手側の報復措置すなわち艦艇派遣による
　　実力の行使あるいは朝鮮海域出漁中の日本漁船のだ捕等が予想されるので，
　　相手側との紛争はできるだけ避けることにした。又同島の領海3海里以内に
　　韓国漁船を発見した場合あるいは同島に上陸している韓国人を発見した場合

---

(17)　6月27日の事件を報じた「日本領の立札　韓国人上陸の竹島に」（1953年6月28日付『朝日新聞〔東京本社版夕刊〕』）にも，第8管区海上保安本部長の談として「日本の領土であることを認識させるだけで司法処分はしない」とある。実際「追放するにも，手漕ぎ伝馬船1隻のみであり，島に残すより手段がない」という実態であった（『海上保安庁の思い出』〔海上保安協会，1979年5月12日，東京〕178頁）。7月12日の事件について第8管区海上保安本部で海上保安官から聞き取った内容を記事にした「風雲を孕む竹島の表情」（『キング』29-13，講談社，1953年11月）にも，「押し問答のすえ，しまいには韓国側が『君たちを韓国に連行する』といい出した。我が方が断乎としてこれをはねつけると，『では我々を日本に連れて行け』という。しかし柏保安部長は，上司から韓国人を日本へ連行せよとの命令を受けていないので，独断では決定できない。やむを得ず会談は一応打ち切って本部へ立ち帰ってから改めて指令を受けることにし，彼らを退散させた」とある（192頁）。なお，島根県から福井県の海域を管轄する第8管区海上保安本部は舞鶴に置かれ，境港に海上保安部があった。

(18)　前掲註(3)『外交問題叢書第十一号　独島問題概論』76頁。

(19)　『だ捕事件とその対策』（海上保安庁警備救難部公安課，1954年9月，刊行場所不明）121～122頁。

は，出入国管理令又は漁業関係法令違反として，司法処分とすることなく退去を勧告してこれを退去させる措置を講じることとした。

　日本政府のどの部分がこの方針を決定したのかはわからないが，日本は「司法処分」（韓国船舶の拿捕や韓国人の逮捕のことと思われる）を行わなかった[20]。竹島での「実力の行使」や「朝鮮海域出漁中の日本漁船のだ補」といった韓国の報復を避けるためであった。日本の独立の直前にマッカーサーラインは消滅し，日本漁船は自由に操業できるようになったにもかかわらず，独立後すでに10隻の日本漁船が韓国に拿捕されていた。この年の2月4日には，福岡から出港して操業していた以西底曳網漁船第1・第2大邦丸が済州島西方約20海里で漁船に偽装した韓国船舶から銃撃を受けて拿捕され，日本人1名が死亡するという事件が起き，日本社会に衝撃を与えていた[21]。ただ，この事件の翌日に起きた1件以降6月まで拿捕事件は1件しか発生していなかった。日本政府は竹島問題で韓国政府が反発して拿捕事件が再発することを懸念したのであった。

　そして，日本政府は1951年から行われていた日韓会談（日韓国交正常化交渉）を進展させるために韓国を刺激することを避けようとした。この時進行中であった第2次日韓会談の漁業交渉では，6月後半になって李承晩ライン水域での日本漁船の操業を実現するために，好漁場からの暴力による日本漁船排除によらなくても韓国漁業が成り立つことのできる方策を日本側は提示しようとしていた。第1次日韓会談の時よりも韓国側の態度には軟化のきざしが，わずかな

---

[20]　「日韓国交正常化交渉の記録 竹島問題」（日韓会談に関する日本側公開文書 第6次公開 開示決定番号1159，文書番号910。以下「日6-1159-910」のように略記する）には，「外務省主催の下に，53年6月（2日，5日，9日）に関係省庁がその対策を協議した結果，次の竹島問題対策要綱が決定された」と記されているが，次頁以降2頁にわたる，「国家地方警察本部，保安庁，入国管理局，海上保安庁，外務省連絡打合会議決定」と付記されている1953年6月9日付「竹島問題対策要綱（案）」は開示されていない。しかし「竹島問題対策要綱（案）」が取締方針の根拠であることは確かであろう。

[21]　『朝日新聞（東京本社版）』は大邦丸事件を2度にわたって1面トップで報じ（1953年2月20日付「韓国に厳重抗議 公海上の発生確認 責任者の処罰要求」，同月22日付「米，あっせんの意志表明 李大統領へ働きかけ 政府は効果期待」），同月22日付社説「大邦丸事件の根本的解決を望む」では李承晩ラインの内側を韓国は領海とみていると的確な批判をしていた。

11

がら，現れていた。請求権問題をはじめとする他の諸懸案に優先して日本は漁業交渉の落としどころを探っていた。

3　韓国の増長

1953年6月30日に柳泰夏駐日韓国代表部参事官が外務省を訪問して倭島英二アジア局長と会談した。次のような記録が残っている。[22]

> 倭島局長は，漁業問題にしても，一体韓国側はいかなるところでまとめようとされるのか判然せぬ。（略）具体的に両国の漁業界が協力するという点に真に肚がきまれば，そこに妥協の方法も発見できるのではないかと思う旨述べたところ，柳参事官は，実は自分は本日竹島の問題について日本側のご配慮を願いたいということで参った次第にて，新聞やラジオの報道によれば竹島で韓国船が日本側に拿捕され，韓国漁民が拉致されたというが，これは本当であるか，自分としてはとにかく日韓会談が旨く進んでいるかかる時期に竹島の問題が起ることは困ったものであると述べた。倭島局長より，竹島の事件については自分もまだ具体的な詳報を受けていないが，同島の帰属は従来とも明確なことであるので，今更話することもない次第であると応酬したところ，柳参事官は（一時帰国していたため日韓会談の進行状況が芳しくないことを自分はよくわかっていなかった。──筆者補注）本日のお話では，問題は竹島どころではなくなり，日韓会談について自分の考えているところと大分違いがあることがわかり，驚いた次第なりと答え，その後竹島の問題については触れなかった。

柳泰夏参事官が懸念した「新聞やラジオの報道」とは，同年6月29日付『東亜日報』（釜山）※の「日本政府は，憎らしくも，日本海岸保安隊を動員して27

---

[22]　「倭島局長，柳参事官会談要旨」（「日 6-1109-1700」）。前掲註(3)『外交問題叢書第十一号独島問題概論』では「6月30日に柳参事官がアジア局に口頭で抗議し」たとある（66頁）が，「抗議」の実態は厳しいものではなかった。

日朝韓国漁夫6名と漁船1隻を捕獲して取り調べ中だという」（「韓国漁夫不法逮捕 日本，独島領有引き続き主張」）のような情報であろう。柳泰夏参事官は竹島問題に対する日本政府の姿勢を見極めに来たのであろう。

　上記の記録で見る限り，この時の日本は竹島への韓国人の不法入国の実態を正確に把握していないし，竹島問題は日本の領土・主権に関わる問題であって譲歩はできないという断固とした意志を韓国に伝えた印象は薄い。1953年8月10日の衆院水産委員会で竹島問題について答弁した小滝彬外務政務次官（1904～58）は島根県選出の参議院議員であった（任1952～1958年）。彼は，1954年1月1日付『石見タイムズ』（浜田）に「竹島問題 国際司法裁判所に提訴以外に途なし」という一文を寄せている。彼はそこで「経済的価値という点から見れば，竹島は国家としてこれを問題とするに値しない程小さなものかもしれない。しかし我々がこれを問題としているのは，（略）日本の領土がゆえなくして失われてよいかどうかという点にある」と述べた。しかし，このような意志がどれだけ韓国政府に伝わっていたかはわからないのである。

　1953年7月7日の韓国国会では，日本が「漁民を逮捕したり，発動船を拿捕したりといったことは事実ではない。また現在，わが国の島である独島を日本人が占拠している事実はない」という駐日韓国代表部からの報告が読み上げられた。竹島に上陸した韓国人に対する日本の措置は退去勧告にとどまった。7月2日には巡視船「ながら」が，同月9日には巡視船「おき」が竹島を巡視し，2日には上陸して調査を行ったものの，公務員常駐など竹島の管理強化をしなかった。[23]

　これらの日本の対応は韓国を増長させた。7月12日に巡視船「へくら」への銃撃事件があり，翌1954年6月11日には韓国政府は竹島に海洋警察隊を急派し（『外務行政の十年』外務部　1959年5月，東513頁），同年8月23日の巡視船「おき」への銃撃事件，同年11月21日の巡視船「へくら」と「おき」への砲撃事件と，韓国の竹島不法占拠は強行されていった。一方，日本の対応は，1954年8月の「おき」被銃撃事件後の海上保安庁と関係省庁との協議の結果，「実力による対

---

[23]　前掲註20「日韓国交正常化交渉の記録 竹島問題」。

抗手段は避けて，外交交渉により平和的解決を図るという基本方針」を確認することであった。1954年5月3日に隠岐島五箇村久見漁業協同組合が島根県漁業取締船「島風」で試験操業を行なったのを最後に，日本人の竹島に上陸しての漁労は行われていない。

1954年11月4日，「海上自衛隊舞鶴地方総監麻生孝雄氏は，（略）竹島問題は武力に訴えるものではなく，政治的に解決すべきで，現段階では防衛力からいっても交渉は難しいようだが国力が回復すれば自然に解消する問題で，下手に武力紛争を起こすことは李ライン全域に対して韓国（略）の圧迫強化を導くことになり，かえって漁民を苦しめるだろう」と語った（1954年11月5日付『朝日新聞〔島根版〕』）。海上自衛隊も韓国との力の差を認識しており，竹島問題で韓国を刺激することが日本漁船拿捕の激化を招くことを懸念していた。韓国はこの年の7月から拿捕した日本人漁船員の長期抑留措置をとっていた。

「我々は，いま島根県の一角を韓国の暴力によって侵されようとしているのだ。武力なき平和国家が理解なく善意なき武力によって脅かされつつある。これは（略）わが国にとって決定的な重大問題である」（1953年7月15日付『山陰新報』社説「韓国船の発砲と竹島の脅威」）という，竹島を管轄する島根県からの訴えは届かなかった。

4 本書の構成

竹島問題，日韓会談，そして済州島周辺での紛争を中心とする漁業問題，文脈の異なる戦後の三つの日韓間の懸案が1953年夏の竹島で交錯した。この時，韓国に対抗する実力がなかった日本政府は竹島の支配維持よりも，済州島周辺での日本漁船の安全操業確保および日韓会談の進展に配慮した。硬軟両面を使い分ける韓国に翻弄されて日本は竹島不法占拠を許した印象をぬぐえない。

本書の第Ⅰ部「日韓会談と漁業問題」では，済州島周辺を中心とする漁場が

⑷　海上保安庁総務部政務課編『海上保安庁30年史』（海上保安協会，1979年5月，東京）29頁。

⑸　「竹島に戦後初の出漁」（『隠岐公論』1〔隠岐公論社，1954年6月，西郷〕）。

なぜ重要であったのか，どのようにして日韓間の紛争の焦点となったのかを，日本の朝鮮統治にまで遡って考察する。そして済州島周辺漁場の独占を目指す韓国の主張と行動の問題点を指摘し，日韓会談における漁業交渉での論議を検討する。第Ⅱ部「竹島問題と日韓関係」では，1953年夏の事件を契機として，「独島は日本の侵略の最初の犠牲の地」という，事実とは異なる韓国の主張が形成されていった過程を明らかにする。現在の韓国人の心情を支配して竹島問題解決を難しくしているのがこの主張である。さらに，韓国の竹島不法占拠，「独島」をシンボルとする韓国人の対日対抗意識の肥大化，韓国漁業の発展によって，日本がどのような問題に向き合うことになったかを考えていきたい。

　　以下，各章における筆者のねらいをさらに具体的に記す。

　　第Ⅰ部の「日韓会談と漁業問題」は次の6章からなる。第1章「日韓会談と漁船拿捕」では，日韓会談の経緯，および李承晩ライン内における日本漁船の操業や拿捕・抑留について，その概要を示したい。第2章「韓国の漁業政策と李承晩ライン」では，李承晩ライン設定の目的をめぐる論議のうち，李承晩ライン設定を日本に対する自衛的な措置であるとする従来の見解への反論を行う。総司令部統治下の日本および建国前後の時期の日韓両国の漁業の実態を考察した末に得た筆者の結論は，韓国「遠洋」漁業漁場の独占に李承晩ライン設定の目的があり，決して自衛的なものではなかったというものである。『朝鮮学報』185（朝鮮学会，2002年10月，天理）所載の拙稿「李承晩ライン宣布への過程に関する研究」に加筆した。第3章「李承晩ライン宣言と韓国政府」では，李承晩ライン宣言に至るまでとその後の韓国政府の動きを考察する。李承晩ライン宣言には，済州島から対馬にかけての好漁場の独占と朝鮮半島を囲む広大な水域に主権を宣言するという二つの意味があった。とりわけ公海を一方的に領海に変えるという失策は，諸外国から抗議を招き，苦慮した韓国政府は李承晩ラインを「平和線」と呼ぶようになった。そのような経緯を描く。第2期島根県竹島問題研究会編『第2期「竹島問題に関する調査研究」最終報告書』（島根県総務部総務課，2012年3月，松江）所載の同題論文に加筆した。第4章「李承晩ラインと日韓会談——第1〜3次会談における日韓の対立」では，1950年代前半の日韓の対立を検討する。李承晩ライン水域の日本漁船排除を求

めて日本側と激しい論議を繰り返した末，韓国は第3次会談における「久保田発言」を理由に会談継続を拒絶した。日本の朝鮮統治を正当化したとして問題視される「久保田発言」であるが，その前日の漁業委員会で，朝鮮総督府の水産施策は自らの業績であると韓国側は述べた。海洋法をめぐる論争で追い詰められる韓国側の姿を描く。『朝鮮学報』193（2004年10月）所載の「李承晩ラインと日韓会談——第1次～第3次会談における日韓の対立を中心に」に加筆した。第5章「日韓漁業交渉の妥結」では，1962～65年に日韓漁業交渉が妥結する過程を検証する。既存の日韓会談における漁業問題に関する研究では自らの国益のみを追求したと非難されてきた日本政府が，実は，国際法との整合性に苦心しながらも韓国に配慮した提案を行い，会談妥結に努力した事実を明らかにする。九州大学朝鮮学研究会編『年報　朝鮮学』13（九州大学文学部朝鮮学研究室，2010年5月，福岡）所載の「李承晩ラインと日韓会談——日韓漁業交渉の妥結」を一部修正した。第Ⅰ部最後が第6章「日韓漁業問題と日本の朝鮮統治」である。李承晩ライン問題を主とする日韓漁業問題は，韓国の敵対的な対日意識を背景としていることはいうまでもない。しかし，そのような韓国政府の対日政策，さらには日韓漁業問題そのものも朝鮮総督府の政策に由来する面があることを明らかにする。この考察は，1910年から35年間におよぶ日本の支配とは韓国にとって何であったかという問題を考えることにもつながる。李鍾元・木宮正史・浅野豊美編『歴史としての日韓国交正常化Ⅱ』（法政大学出版局，2011年2月，東京）所載の「日韓漁業問題——多相的な解釈の試み」（山内康英との共著）の藤井担当部分に大幅に加筆した。

　続く第Ⅱ部の「竹島問題と日韓関係」は次の5章からなる。第7章「竹島問題における韓国の主張の形成」では，韓国人の竹島問題に対する意識がなぜかくも熱情的なのか解明するために，韓国の主張の形成過程を検討する。1948年の建国前後に韓国が竹島を意識しはじめた時には見られなかった，竹島が日韓併合の過程において日本の侵略によって最初に奪われた領土であるという主張への韓国人の共感が竹島問題を考える際には重要であること，しかしそれは韓国による竹島不法占拠が強行される1953～54年に人為的に作られた認識であるというのが筆者の結論である。『第2期「竹島問題に関する調査研究」最終報

告書』所載の同題論文に加筆した。第8章「韓国の海洋認識――『独島』と
『離於島』」は、韓国が現在、日本との間に竹島（韓国名「独島」）問題、中国と
の間にソコトラロック（韓国名「離於島」）に関する対立を抱えていることに着
目したものである。1948年の建国以来、韓国がこの二つの問題をどのように認
識してきたかを実証的に明らかにする。日韓会談漁業委員会で韓国がより強く
関心を持った海域は、日本海の竹島ではなく東シナ海のソコトラロックの周辺
水域であった。そしてここで浮かび上がる韓国の海洋認識には、領土問題と漁
業問題の混同が見られる。『韓国研究センター年報』11（九州大学韓国研究セン
ター、2011年3月、福岡）所載の「韓国の海洋認識――李承晩ライン問題を中心
に」に加筆した。第9章「山陰の漁業者と韓国」は、韓国による日本漁船拿捕
の対象となった島根県と鳥取県の沖合底曳網漁業（機船底曳網漁業の一種）を題
材としたものである。島根県は機船底曳網漁業の発祥の地であり、島根県の漁
業者は県の内外でこの漁業に従事し、日本海から東シナ海・黄海にかけて活動
した。島根県と鳥取県の沖合底曳網漁業には差異があり、その違いは竹島問題
をはじめとする韓国との関係にも影響している。第3期島根県竹島問題研究会
編『第3期「竹島問題に関する調査研究」最終報告書』（島根県総務部総務課、
2015年8月、松江）所載の「山陰の漁業者と韓国――沖合底曳網漁業を中心に」
に加筆した。続いて第10章「竹島問題と日韓会談」である。しばしば誤解され
るが、竹島周辺海域の漁業は日韓会談の焦点ではなかった。竹島問題は日韓会
談の漁業委員会では論議されず、日韓会談で国際法や歴史的な見地からの論議
が行われることもなかった。日韓会談で論議されたのはもっぱら竹島問題の解
決方法であり、その解決方法が「紛争の解決に関する交換公文」であった。以
上の内容を公開された日韓会談に関する日韓両国政府の記録に基づいて述べて
いく。『第3期「竹島問題に関する調査研究」最終報告書』所載の「慶尚北道
独島資料研究会の『竹島問題100問100答（ワック出版）に対する批判』の客観
的検証」に大幅に加筆した。第Ⅱ部最後が第11章「竹島問題と漁業」である。
戦後、島根県の漁業者は韓国と向き合ってきた。1970年代からその主舞台は東
シナ海・黄海から日本海へと移った。1960年代後半からの日本海でのイカ釣漁
への従事、1978年の竹島近海からの締め出し、1980～90年代の山陰沿岸で操業

17

する韓国漁船による被害，さらに1999年に発効した新日韓漁業協定をめぐる紛争は竹島問題と漁業問題を連関させることになった。第2期島根県竹島問題研究会編『第2期島根県竹島問題研究会 中間報告書』（島根県総務部総務課，2011年2月，松江）所載の「島根県の漁業者と日韓漁業紛争」に大幅に加筆した。

　本書における朝鮮半島南部の呼称は，1948年8月15日の大韓民国政府樹立以前は「南朝鮮」，以後は「韓国」とする。また，敬称は略し，引用資料等中の旧字体の漢字については，固有名詞以外は，新字体の漢字に統一した。韓国語の文献は※を付した。なお，引用文中の「筆者」は藤井をさす。

　本書では調印後40年を経て公開された日韓両政府の日韓会談に関する文書（それぞれ「日本側公開文書」「韓国側公開文書」と表記する）を利用する。日本側公開文書は「日韓会談・全面公開を求める会」の開示請求によって2007年から2008年にかけて公開された。2005年に公開された韓国側公開文書は韓国外交史料館所蔵のものである。本書では韓国側公開文書の各文書の引用箇所のコマ数を便宜的に「頁」として表記する。

　本書が，戦後日本のあり方を問い直し，そしてあるべき日韓関係を模索する材料となれば，幸いである。

　最後に，言うまでもなく，本書で述べる筆者の見解は島根県や日本政府を代表するものではない。

第Ⅰ部
日韓会談と漁業問題

第1章
日韓会談と漁船拿捕

　本章では，日韓会談と李承晩ラインについてその概略を説明し，次章以下を読み進める一助としたい。

1　日韓会談

　日韓漁業問題と日韓会談とは深く関連する。日韓会談とは，1951年10月から1965年6月まで13年8カ月の長きにわたって行われた，日韓国交正常化交渉の一般的な呼び方である。1951年9月に対日平和条約が調印されたものの，依然として連合国軍最高司令官総司令部（以下「総司令部」と略記）による占領状態にあった日本と，日本より先に独立を達成して1948年8月に成立していた韓国との間で日韓会談は始まる。1910年から1945年に至る35年間の日本の朝鮮統治に対する韓国の反発とそれに対する日本の反論があり，激しい論争が行われた。のみならず戦後日韓間で起こった様々な問題が交渉を難航させ，日韓会談は中断を繰り返した。日韓会談開始時の日本は戦争の記憶も生々しいものがあったが，日韓の国交が樹立されて日韓会談が終了した時の日本は東京オリンピックの翌年で高度経済成長の最中にあった。

　表1-1で示すように，日韓会談の時期に日本の首相は6人，外務大臣は8人，韓国も大統領は3人，外務部長官は11人を数えた。日韓会談の進行には韓国の政権の対日姿勢が直接的に影響した。その点で，1960年に日本に対して非妥協的な態度をとった李承晩政権が崩壊し，その後日韓国交正常化に積極的な朴正煕政権が誕生したことは日韓会談が妥結に向かう上で重要であった。

　日韓会談の概略を次に示す。第1段階は1951年10月に始まる予備会談から

第Ⅰ部　日韓会談と漁業問題

表 1-1　日韓会談における各会議および日韓両国の交渉責任者

会談名	会議名	日本側	韓国側
予備会談 (1951. 10. 20 　　　～52. 2. 14)	首席非公式会談(1) 本会議(10) 船舶委員会(30) 国籍処遇小委員会(30) 同上非公式会談(2)	首席代表：井口貞夫 　　　　（外務次官） ―――――――――― 首相：吉田茂 外務大臣：吉田茂	首席代表：梁裕燦 　　　　（駐米大使） ―――――――――― 大統領：李承晩 外務部長官：卞栄泰 商工部長官：金勲
第1次会談 (1952. 2. 15 　　　～52. 4. 25)	首席非公式会談(11) 本会議(5) 基本関係委員会(8) 漁業委員会(15) 請求権委員会(8) 同上非公式会合(3) 船舶委員会(3) 国籍処遇小委員会(5) 同上非公式会合(5)	首席代表：松本俊一 　　　　（外務省顧問） ―――――――――― 首相：吉田茂 外務大臣：吉田茂 農林大臣：廣川弘禅	首席代表：梁裕燦 　　　　（駐米大使） 　　　→金溶植 　　　　（駐日公使） ―――――――――― 大統領：李承晩 外務部長官：卞栄泰
第2次会談 (1953. 4. 15 　　　～53. 7. 23)	首席非公式会談(1) 本会議(3) 基本関係委員会(2) 漁業委員会(13) 同上非公式会合(1) 請求権委員会(3) 同上非公式会合(3) 同上専門家協議会(1) 船舶委員会(4) 同上非公式会合(1) 国籍処遇委員会(6) 同上専門協議会(3)	首席代表：久保田貫一郎 　　　　（外務省参与） ―――――――――― 首相：吉田茂 外務大臣：岡崎勝男 農林大臣：田子一民 　　→内田信也→保利茂	首席代表：金溶植 　　　　（駐日公使） ―――――――――― 大統領：李承晩 外務部長官：卞栄泰
第3次会談 (1953. 10. 6 　　　～53. 10. 21)	首席非公式会談(1) 本会議(4) 基本関係委員会(1) 漁業委員会(2) 請求権委員会(2) 船舶委員会(1) 国籍処遇委員会(1)	首席代表：久保田貫一郎 　　　　（外務省参与） ―――――――――― 首相：吉田茂 外務大臣：岡崎勝男 農林大臣：保利茂	首席代表：金溶植 　　　　（駐日公使） ―――――――――― 大統領：李承晩 外務部長官：卞栄泰
抑留者相互釈放・第 4次会談再開交渉 (1956. 3. 18 　　　～57. 12. 31)		首相：鳩山一郎→石橋湛 山→岸信介 外相：重光葵→岸信介→ 藤山愛一郎	大統領：李承晩 外務部長官：曹正煥
第4次会談 (1958. 4. 15 　　　～58. 12. 19)	首席非公式会談(25) 本会議(10) 漁業委員会(8) 同上非公式会合(1) 請求権委員会(3) 一般請求権小委員会(3)	首席代表：沢田廉三 　　　　（外務省顧問） ―――――――――― 首相：岸信介 外務大臣：藤山愛一郎 農林大臣：赤城宗徳 　　　　→三浦一雄	首席代表：林炳稷 　　　　（駐国連大使） ―――――――――― 大統領：李承晩 外務部長官：曹正煥

		第1章 日韓会談と漁船拿捕	
	船舶小委員会(24) 文化財小委員会(12) 法的地位委員会(15)		
再開第4次会談 (1959.8.12 〜60.4.15)	首席会談(2) 本会議(5) 漁業委員会(2) 船舶小委員会(1) 法的地位委員会(7)	首席代表：沢田廉三 　　　（外務省顧問） 首相：岸信介 外務大臣：藤山愛一郎 農林大臣：福田赳夫	首席代表：許政 　　　（元国務総理署理） →柳泰夏（駐日大使） 大統領：李承晩 外務部長官：曹正煥
第5次会談 (1960.10.25 　　〜61.5.10)	首席非公式会談(14) 本会議(4) 漁業委員会(3) 同上非公式会合(14) 請求権委員会(13) 同上非公式会合(5) 船舶小委員会(8) 同上非公式会合(1) 文化財小委員会(2) 法的地位委員会(10) 同上非公式会合(11)	首席代表：沢田廉三 　　　（外務省顧問） 首相：池田勇人 外務大臣：小坂善太郎 農林大臣：南条徳男 　　　→周東英雄	首席代表：俞鎮午 　　　（高麗大学総長） 大統領：尹潽善 国務総理：張勉 外務部長官：鄭一亨
第6次会談 (1961.10.20 　　〜62.3.9)	首席非公式会談(9) 本会議(4) 漁業委員会(16) 同上非公式会合(1) 一般請求権小委員会(11) 同上非公式会合(1) 同上臨時小委員会(4) 同上徴用者関係等専門委員会(4) 同上主査非公式会合(4) 船舶小委員会(9) 同上実務者会議(3) 同上主査非公式会合(1) 文化財小委員会(7) 同上専門家会議(6) 同上主査非公式会合(1) 法的地位委員会(4) 同上非公式会合(8) 同上退去強制に関する専門家会議(4) 同上主査非公式会合(1)	首席代表：杉道助 （日本貿易振興会理事長） 首相：池田勇人 外務大臣：小坂善太郎 農林大臣：河野一郎 　　　→重政誠之	首席代表：裴義煥 　　　（前韓国銀行総裁） 大統領：尹潽善（実質的な権力は朴正熙国家再建最高会議議長が掌握） 外務部長官：崔徳新
第6次会談予備交渉 (1962.8.21 　　〜64.3.10)	首席会談(65) 漁業関係会合(42) 和田・金命年非公式会合(32) 漁業六者会談(6) 漁業協力分科会(1)	首席代表：杉道助 （日本貿易振興会理事長） 首相：池田勇人 外務大臣：大平正芳 　　　→椎名悦三郎 農林大臣：重政誠之 →赤城宗徳	首席代表：裴義煥 　　　（前韓国銀行総裁） →金東祚（駐日大使） 大統領：朴正熙(1963年12月までは国家再建最高会議議長)

	漁業関係日韓主査非公式会合(20) 経済協力関係非公式会合(1) 経済協力に関する専門家会合(9) 法的地位関係会合(52) 文化財関係会合(6)		外務部長官：崔徳新 　　　→金溶植→丁一権 　　　→李東元 農林部長官：張坰淳 　　　→柳炳賢→元容奭 　　　→車均禧
再開第6次会談 （1964.3.12 　　　〜64.11.5）	首席非公式会談(21) 本会議(1) 基本関係委員会(2) 漁業閣僚会談(12) 同上専門家会合(10) 同上漁業協力に関する専門家会合(2) 法的地位委員会(3) 文化財小委員会(1)		
第7次会談 （1964.12.3 　　　〜65.6.22）	首席会談(17) 本会議(3) 基本関係委員会(13) 漁業委員会(25) 牛場審議官・李圭星公使会談(1) 漁業委員会専門家会合(19) 漁業四者会談(5) 再開漁業四者会談(2) 漁業閣僚会談(11) 漁業箱根会談 請求権及び経済協力委員会(7) 同上請求権分科会(2) 同上経済協力分科会(4) 法的地位委員会(44) 同上専門家会合(6) 文化財委員会(9) 同上専門家会合(1)	首席代表：杉道助 （日本貿易振興会理事長） →高杉晋一 　（三菱電機KK相談役） 首相：佐藤栄作 外務大臣：椎名悦三郎 農林大臣：赤城宗徳 　　　→坂田英一	首席代表：金東祚 　　　　（駐日大使） 大統領：朴正煕 外務部長官：李東元 農林部長官：車均禧

注：（ ）内の数字は回数。

出典：交渉担当者は森田芳夫「日韓国交正常化交渉に関する韓国外交官の著述――金溶植・金東祚・兪鎮午3氏の回顧録」（『調査研究報告』34，学習院大学東洋文化研究所，1992年9月，東京）に，各会議の名称および開催回数は「日韓会談日誌(Ⅰ)〜(Ⅴ)」（日本側公開文書第6次公開，開示決定番号827，文書番号489　以下「日-6-827-489」のように略記する）によった。

1953年の第3次会談までである。この時期，主として二つの点で日韓は対立し，交渉は進展しなかった。一つは，日本統治期における日朝間の経済的な関係をどのように整理させるのかという請求権問題である。日本統治期の末期に行われた朝鮮人の「内地」への動員をどのように定義し，どのように「清算」するのかという，現在も噴出する問題もこれに含まれる。とりわけ，日本が朝鮮半島に残した財産の処分をめぐる請求権問題は激しい論争点となった。そしてもう一つの対立点は本書の主題となる漁業問題であった。結局，第3次会談は，日本の朝鮮統治に肯定的な部分もあると述べた「久保田発言」を問題視して，韓国が会談続行を拒否したために1953年10月に決裂した。

　第3次会談決裂後1958年まで，4年半の空白期に日韓会談は突入する。韓国は日本漁船拿捕を繰り返し，1955年には日本漁船への砲撃を声明するに至った。これに対して日本の国会では自衛隊出動が論議された。同年に韓国政府は対日経済断行措置を発表しており，戦後の日韓関係における最悪の時期と言えよう。拿捕した日本人漁船員を抑留して自らの要求を通そうとする韓国に対して，日本は「1957年12月31日の合意」で譲歩した。最も対立していた請求権問題で日本は在韓日本財産に対する請求権を撤回したのである。

　この結果日韓会談は1958年4月に再開したが，議論は進まなかった。日本政府が在日朝鮮人の北朝鮮への「帰還」を認めたことに対して韓国が反発したことにより，第4次会談は同年12月の休会後，再開は難航した。1960年4月に韓国の李承晩政権が打倒された「4.19革命」の影響を受けて，1959年8月からの再開第4次会談も終結した。さらに，1961年5月の軍事クーデターによる激動下で，1960年10月に始まった第5次会談も終結した。このように第2段階の日韓会談も国交樹立には至らなかったのであった。

　朴正煕政権の下で行われた1961年10月からの第6次会談，1964年3月からの再開第6次会談，そして1964年12月からの第7次会談によってようやく日韓会談は妥結していく。これが第3段階である。とりわけ1962年の10月と11月に行われた「大平・金鍾泌会談」は画期的であった。韓国の日本に対する請求権について具体的な金額とその性格で対立していた問題について，大平正芳外務大臣と金 鍾 泌中央情報局長の間で，「無償3億ドル・有償2億ドル」を日本が韓

第Ⅰ部　日韓会談と漁業問題

国に経済協力の形で支払うことで決着させたのであった。「両締約国及びその国民の間の請求権に関する問題が」「完全かつ最終的に解決された」という請求権協定そして日韓条約の基礎となる合意であった。その後，主として漁業問題で複雑な交渉が行われたが，1965年2月に日韓基本関係条約の仮調印，同年4月に漁業問題・在日韓国人の待遇問題・請求権問題についての合意事項の調印が行われ，そして同年6月22日に日韓条約の調印が行われた。その後，両国内の反対運動を押し切って，同年8月に韓国国会で日韓条約は承認され，同年12月には日本国会も日韓条約を承認した。

　1965年の日韓条約は，日韓基本関係条約と4協定（漁業・請求権および経済協力・在日韓国人の法的地位・文化財および文化協力）および「紛争の解決に関する交換公文」からなる。これらのうち漁業協定は破棄されて新協定が発効している(1)が，現在の日韓関係の枠組を形成しているのが日韓条約である。植民地支配(2)への「補償」問題・旧条約無効問題・竹島問題・文化財返還問題など，現在の日韓間の問題の多くは日韓会談で論議され，また日韓条約と深く関連する。日韓条約成立の過程を検討することは，現在の日韓関係を考えることに直接的につながる。本書第Ⅰ部では，日韓会談の諸懸案のうち請求権問題とともに難航した，漁業問題を検討していく。

----

(1)　日韓条約（日韓基本条約）の正式名称は，それぞれ，日韓基本関係条約は「日本国と大韓民国との間の基本関係に関する条約」，漁業協定は「日本国と大韓民国との間の漁業に関する協定」，請求権協定および経済協力協定は「財産及び請求権に関する問題の解決並びに経済協力に関する日本国と大韓民国との間の協定」，在日韓国人の法的地位協定は「日本国に居住する大韓民国国民の法的地位及び待遇に関する日本国と大韓民国との間の協定」，文化財および文化協力協定は「文化財及び文化協力に関する日本国と大韓民国との間の協定」である。四つの協定に付随して，議定書2，合意議事録5，交換公文8，往復書簡2，討議の記録2がある。

(2)　新日韓漁業協定は，200海里経済水域設定を主旨とする国連海洋法条約が1982年に採択され，1994年に発効して世界の海洋秩序が新段階に進んだことに対応して再交渉の末に締結されたものである。1998年11月28日に調印され，1999年1月22日に発効した。正式名称は「日本国と大韓民国との間の漁業に関する協定」である。

26

2　李承晩ラインと日韓会談

　日韓会談が予備会談から第 1 次会談に切り替わる時期にあたる1952年 1 月18日，韓国政府は「隣接海洋に対する主権に関する宣言」（以下「李承晩ライン宣言」と略記）を行い，朝鮮半島を囲む広大な水域に主権を及ぼすことを宣言した。総司令部が管理していた日本漁船の操業許可水域の限界線，いわゆるマッカーサーラインが日本の主権回復により消滅し，高能率の日本漁船が自由に操業することへの危機感からとられた措置であった。

　マッカーサーライン（以下「マ・ライン」と略記）とは，1945年 9 月27日付の米国太平洋艦隊連絡団覚書第80号によって設定された日本漁船の操業限界線のことである。日本漁船の操業許可区域は1946年 6 月22日付総司令部覚書「日本の漁業及び捕鯨許可区域」（SCAPIN-1033）で拡張された。しかし，マ・ラインは日本が主権を回復する直前の1952年 4 月25日まで維持され，日本の漁業者は操業に規制を受けたのであった（図 1 - 1 参照）。韓国（南朝鮮）はすでに1947年からマ・ライン侵犯を理由とした日本漁船拿捕を行っていたが，1953年12月には漁業資源保護法を公布・施行して李承晩ラインで囲まれた広大な水域（以下「李承晩ライン水域」と略記）での日本人の漁撈を禁止し，日本漁船拿捕を繰り返した。韓国は，日韓間の境界画定によって紛争を防止するとし，李承晩ラインを「平和線」と呼んで正当化した。こうして漁業問題は日韓会談の重要な議題となった。

　1950年代の日韓会談での漁業交渉では，韓国は主権の主張こそ撤回したものの，資源保護を名目に李承晩ライン水域におけるすべての漁業を韓国政府のみが管轄できる漁業管轄権を主張して好漁場を独占しようとした。それに対して日本は，海洋法では漁業管轄権は認められていないことを指摘して公海自由の原則を唱え，資源保護は科学的調査をもとに魚種・漁業種ごとに行うことを主張した。海洋法をめぐる論争では敗北したものの，韓国が李承晩ラインを撤回することはなかった。両者は激しく対立し，韓国は李承晩ライン侵犯を理由に日本漁船拿捕を続けた。日韓間の最大の課題であった請求権問題が「大平・金

第Ⅰ部　日韓会談と漁業問題

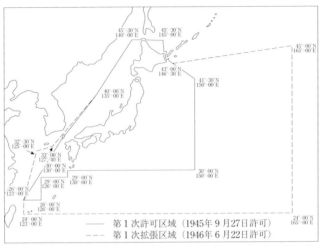

出典：川上健三『戦後の国際漁業制度』（大日本水産会，1972年3月，東京）（一部改訂）。

図1-1　マッカーサーライン

鍾泌会談」によって解決の方向が示され，日韓会談が妥結の方向に向かっていった1962年以後，漁業交渉はようやく進展しはじめた。数回にわたって日韓双方から漁業協定試案が提示されて協議が行われたが，それでも交渉は難航して日韓会談全体の進行を遅らせる要因となった。

1965年に日韓漁業協定が締結され，韓国による日本漁船拿捕はなくなった。日本漁船の操業に対する韓国の不安を鎮めるため，日本は朝鮮半島近海に距岸12海里までの漁業水域（沿岸国が漁業資源を排他的に管理するために領海の外側に設置する水域。漁業専管水域ともいう。）を認め，さらにその外側に距岸40海里までの共同規制水域（漁業資源保護のために日韓両国とも規制を受ける）を設けた。日本が12海里漁業水域を認めたのはこれが初めてであった。海洋法が変化し，1960年代に世界各国が結んだ漁業条約では漁業水域設定が一般的になったことが，日韓間の合意の背景にあった。さらに，韓国漁業振興のために日本の経済協力についての協議が進んだことも交渉妥結へ向かわせた要因であった。

第Ⅱ章　日韓会談と漁船拿捕

3　韓国の日本漁船拿捕

　表1-2は「日韓漁業対策関係年表」（島繁雄編『日韓漁業対策運動史』（日韓漁業協議会，1968年2月，東京）をもとにした，マ・ラインや李承晩ライン侵犯を理由に南朝鮮・韓国が拿捕した日本漁船の漁業種別一覧表である。朝鮮戦争時の軍事行動に伴う拿捕が多発した1951年を除くと，日韓会談が中断した1953から1955年の3年間に拿捕が多発し，1年に500人前後の漁船員が抑留された。1947〜65年に拿捕された日本漁船や抑留された乗組員の数の集計値は，表1-3で示した海上保安庁編『海上保安白書 昭和41年版』（大蔵省印刷局，1966年6月，東京）によるもの以外にもあり，数に若干の違いがある。

　1965年9月14日開催の「韓国拿捕損害補償要求貫徹漁業者大会」の決議（『日韓漁業対策運動史』426頁）では328隻・3929人，森田芳夫「日韓関係」[3]では325隻（未帰還〔沈没〕隻数180〔3〕）・3890人。海上保安庁編『海上保安庁レポート 2007』（国立印刷局，2007年5月）では326隻・3904人である。

　死傷者は「韓国拿捕損害補償要求貫徹漁業者大会」の決議では44人になっている。『別冊 水産通信』17（水産通信社，1958年1月，東京）によれば，抑留中および帰還直後に3人死亡したとある（56頁）が，それらと『海上保安白書 昭和41年版』の8人の死亡者との関係は不明である。後の日本政府による補償の時には，1955年2月14日に五島沖で韓国艦艇に追突されて沈没した第6あけぽの丸の死者21名も加えられた（『日韓漁業対策運動史』426〜437頁）。また，海上保安庁巡視船への銃撃等も15件16隻に及び（海上保安庁編『海上保安庁レポート2007』），1953・1954・1964年に公船が1隻ずつ拿捕・連行されている。なお，

---

(3)　森田芳夫「日韓関係」（鹿島平和研究所編『日本外交史28　講和後の外交（Ⅰ）対列国関係（上）』〔鹿島研究所出版会，1973年5月，東京〕）27，56頁。同書では，1952年4月28日の平和条約発効（マ・ライン消滅）までが95隻・1136人（死者4人），以後1965年までが230隻・2754名（死者4人）としている。8名の死亡者を出した拿捕事件のうち1949年に鳥取県岩美町田後の漁業者所有の船で境港から出港して拿捕された以東底曳漁船の大繁丸については，拙稿「大繁丸の拿捕事件」（『東洋史訪』8，兵庫教育大学東洋史研究会，2002年3月，兵庫）参照。

第Ⅰ部　日韓会談と漁業問題

表1-2　南朝鮮・韓国に拿捕された日本漁船の漁業種別一覧表

年	以西トロール	以西底曳	以東底曳	（沖合）	サバ一本釣	旋網	延縄	その他	計
1947	0	7	0	（ 0）	0	0	1	0	7
1948	1	14	0	（ 0）	0	0	0	0	15
1949	0	8	1	（ 0）	1	0	3	1	14
1950	2	7	4	（ 2）	0	0	0	0	13
1951	1	37	6	（ 3）	0	0	1	0	45
1952	0	7	0	（ 1）	0	3	0	0	10
1953	2	16	0	（ 0）	4	5	20	0	47
1954	2	20	9	（ 3）	2	0	1	0	34
1955	0	14	2	（ 1）	9	2	2	1	30
1956	2	8	3	（ 1）	1	0	0	5	19
1957	0	5	0	（ 0）	0	5	1	1	12
1958	0	6	0	（ 0）	0	3	0	0	9
1959	0	3	0	（ 0）	1	4	0	2	10
1960	0	1	0	（ 0）	0	3	0	1	6
1961	0	3	2	（ 2）	0	3	7	0	15
1962	1	2	1	（ 1）	0	3	7	1	15
1963	0	2	3	（ 3）	0	6	5	0	16
1964	0	3	0	（ 0）	0	4	2	0	9
1965	0	0	0	（ 0）	0	0	1	0	1
計	11	163	31	（17）	18	41	51	12	327

注：(1)　「日韓漁業対策関係年表」の記録を，水産庁福岡漁業調整事務所編刊『以西トロール・機船底曳網漁業現況資料　昭和29年末現在』（1955年　福岡）（A）および『韓国に漁船を拿捕されたことにより受けた損害額』（日韓漁業協議会　1961年3月　刊行場所不明）（B）等により，次のように修正した。
　　　　・1947年：長栄丸（延縄）と第2海幸丸（以東）を削除。（B）
　　　　・1949年：第8徳広丸（以西）追加，博丸（以西）削除。（B）
　　　　・1950年：隼丸（沖合）削除，天龍丸（以東）追加。（B）
　　　　・1951年：第8徳広丸（以西）削除。（B）
　　　　・1952年：第5七福丸（沖合）の漁業種は（以西）に変更。（B）
　　　　・1953年：観音丸（延縄）（10月2日拿捕）削除，第15日米丸（以西）と第16日米丸（以西）追加。（B）羽衣丸（以西）の漁業種は（トロール）に変更。（A）
　　　　・1954年：田村丸（以西）の漁業種は（トロール）に変更。（A）第1進漁丸と第2進漁丸の漁業種は（以西）から（以東）に変更。（A）
　　　　・1956年：明石丸と加茂丸の漁業種は（以西）から（トロール）に変更。（1956年12月26・27日付『西日本新聞』（福岡）
　　　　・1960年：金比羅丸（シイラ）の漁業種は（延縄）に変更。（1960年7月16日付『西日本新聞（夕刊）』）
　　　　・1964年：新洋丸（延縄）追加。（1964年5月6日付『西日本新聞』）
　　　　・1965年：金昭丸（延縄）追加。（1965年5月23日付『西日本新聞』）
　　　(2)　『日韓漁業対策運動史』では「以東」と「沖合」を区別して記載しているが，筆者は二つの漁業を類似のものと考え，［表1-4］と整合させるため，「以東底曳」にまとめた。『日韓漁業対策運動史』に記載された「沖合」漁船17隻中15隻が山陰の漁港を本拠地とする機船底曳網漁船である（島根県9隻，山口県4隻，兵庫県2隻。他の1隻は「以西底曳」，もう1隻は不明）。「以東底曳」は，1952年3月10日施行の「漁業法の一部を改正する法律」（昭和26年法律第309号）で15トン未満の小型機船底曳網漁船を分離し，1963年1月22日公布2月1日施行の「漁業法第52条第1項の指定漁業を定める政令」（政令第6号）で「沖合底曳」と改称された。「以東」と「沖合」の混同はこの改称との関連も考えられる。
　　　(3)　「延縄（はえなわ）」は，1953年に山口県萩市越ヶ浜漁港所属漁船の大量拿捕事件があり，また零細漁業者の経営であったため1960年代には無線不備などによって拿捕件数が増加した。
　　　(4)　「その他」の漁業は「突棒」「曳縄」「シイラ」である。

30

表1-3 韓国による日本漁船の拿捕状況(『海上保安白書 昭和41年版』による)

年	拿捕隻数(人数)	帰還隻数(人数)		沈没隻数〔死亡人数〕	未帰還隻数	備考
		A	B			
1947	7 (81)	6 (81)	6 (81)		1	
1948	15 (202)	10 (202)	2 (53)		5	
1949	14 (154)	14 (151)	14 (220)	〔3〕		
1950	13 (165)	13 (165)	21 (245)			
1951	45 (518)	42 (518)	42 (518)		3	
1952	3 (37)	3 (36)	3 (36)	〔1〕		講和発効前
1952	7 (95)	2 (95)	(63)		5	講和発効後
1953	47 (585)	2 (584)	4 (549)	〔1〕	45	
1954	34 (454)	6 (453)	6 (289)	〔1〕	28	
1955	30 (498)	1 (496)	1 (39)	〔2〕	29	
1956	19 (235)	3 (235)	2 (23)	1	15	
1957	12 (121)	2 (121)	3 (70)		10	
1958	9 (93)	(93)	(922)		9	
1959	10 (100)	2 (100)	2 (21)		8	
1960	6 (52)	(52)	(253)	1	5	
1961	15 (152)	11 (152)	10 (141)		4	
1962	15 (116)	4 (116)	5 (100)		11	
1963	16 (147)	13 (147)	13 (174)		3	
1964	9 (99)	7 (99)	7 (99)	1	1	
1965	1 (7)	1 (7)	1 (7)			
計	327 (3911)	142 (3903)	142 (3903)	3 〔8〕	182	

原註 A:その年に拿捕されたもののうち1965年12月31日までに帰還したものの総数を示す。
　　 B:拿捕された年次にかかわらずその年中に帰還したものの総数を示す。
注:これらの他に韓国警備艇に追跡を受けた日本漁船は,1959年以降だけでも196隻にのぼる。

韓国の海洋警察隊は1954〜65年に167隻の日本漁船を拿捕したとしており(海警30年史編纂実務委員会編『海洋警察隊30年史』(海洋警察隊,1984年12月,ソウル)※415頁),日本側数値よりも若干少ない。

　韓国は,漁業資源保護法による刑期が終了したにもかかわらず日本人漁船員を釜山の外国人収容所に抑留する措置を1954年7月19日からとった(外務部編刊『外務行政の十年』1959年5月,※169頁)。漁船員の妻が,世帯主を抑留されたための生活苦や精神的負担に耐えきれず発狂や自殺に至った事例もあった。[4]

----

(4) 「母が身代り抑留を訴え」(1959年3月14日付『西日本新聞』福岡)。「いつ帰る父や夫」(1959年3月30日付『読売新聞〔東京本社版夕刊〕』)。「ふみしめる故郷の土」(1960年4月1日付『佐賀新聞』佐賀)。「抑留船員の妻自殺」(1956年10月4日付『長崎日日新聞』長崎)。

第Ⅰ部　日韓会談と漁業問題

　韓国による日本漁船拿捕に対処するため，大日本水産会をはじめとする漁業団体は1953年9月15日に，全国組織の日韓漁業対策本部の設立を決定した。その日韓漁業対策本部を1960年に改称した日韓漁業協議会は，拿捕による被害額を，1964年当時の評価基準で総額約90億円と算定した。内訳は，漁船の被害（未帰還船185隻の価格，帰還船142隻の修理費）24億円，積載物8億円，事件に伴う出費2億円，抑留中の賃金25億円，休業補償25億円，死亡障害補償5億円であった。これらを補償したのは加害者の韓国ではなく日本政府であった。約90億円のうち拿捕保険などによって処置済みのものを差し引いた被害額を，特別給付金40億円に加えて，低利長期の融資10億円という形で，被害者に補償した。農林大臣による拿捕漁船認定は1966年から1967年にかけて5回にわたって行われ，大蔵省の反対のあった1948年の韓国政府成立以前の被害も含め，計325隻，3796人が補償の対象となったのである。[5]

　1965年の日韓条約中の請求権および経済協力協定で，日本は韓国に無償3億ドル，有償2億ドルの資金を提供した。同協定には「両締約国は，両締約国及びその国民（法人を含む。）の財産，権利及び利益並びに両締約国及びその国民の間の請求権に関する問題が，（略）完全かつ最終的に解決されたこととなることを確認する」とあった。そして同協定の合意議事録には，この「問題」には「この協定の署名の日までに大韓民国による日本漁船のだ捕から生じたすべての請求権が含まれており，したがって，それらすべての請求権は，大韓民国政府に対して主張しえない」とされた。[6]よって，拿捕の被害については，日本政府は自国民のために補償措置を行って法的には問題を解決したのであった。

　約90億円の直接的被害に，「漁場への迂回，漁場の喪失，精神的負担など」間接的被害を加えると被害総額は約250億円を上回るとされる。[7]「以西底曳，ま

────────

(5)　『日韓漁業対策運動史』423〜437頁。山口県海外漁業協力協会編発行『日韓漁業協定後の諸動向』（1967年3月，下関）には日本政府による拿捕被害への補償について次の記述がある。「補償額は水産庁の算定によると約72億円に達し，このうち漁船保険や政府からの見舞金としてすでに支出した14億5千万円を差し引いても57億5千万円が補償のメドになるとされていた。結局，政治的判断で最終的には①特別給付金として40億円②10億円の長期低利金利資金の融資ということに落着き」，特別給付金は船主には総額26億7000万円，乗組員には総額13億2200万円が支払われた（21〜22頁）。

32

き網の一統船主のうちには，だ捕されると漁業経営がつづけられないばかりで
なく，抑留船員家族の生活費支弁などに借金がかさみ，だ捕保険に加入してい
ない場合が多いために，倒産に追い込まれるケースが目立った」[8]。「外交の人
質」となり，「長い者は三年余という抑留期間を貧弱な食糧で生活させられた」
韓国による抑留は，同時期の中国による抑留よりも「陰鬱」な印象を日本の漁
業関係者に与えたという[9]。また，韓国による拿捕・抑留は，「韓国に対する
『不法』『不当』の印象を」日本人に与えるものであり，日本人の「朝鮮・韓国
人に対する否定的評価」を高め，さらには日韓間の「否定的眺め合い」を強め
た（鄭大均『韓国のイメージ』〔中央公論社，1995年10月，東京〕81頁）。

　拿捕・抑留という韓国の「人質外交」[10]が最も「成果」を発揮したのが「1957

---

(6)　一方で，この合意議事録では，この「問題」には「日韓会談において韓国側から提出され
た『韓国の対日請求要綱』（いわゆる八項目）の範囲に属するすべての請求が含まれてお
り，したがって，同対日請求権に関しては，いかなる主張もなしえない」とされていた。
そして「韓国の対日請求要綱」の中には「被徴用韓人の未収金」や「戦争による被徴用者
の被害に対する補償」があり，韓国政府は補償措置を行なった。ところが，2012年，韓国
大法院は第2次世界大戦中に日本に徴用された韓国人労働者が日本企業に損害賠償などを
求めた訴訟で，日本企業に対し，韓国人の元徴用者に賠償を命じる判決を言い渡し，日本
人に衝撃を与えた。

(7)　『漁業で結ぶ日本と韓国』（みなと新聞社，1965年11月，下関）105頁。

(8)　『日本遠洋旋網漁業協同組合三〇年史』（日本遠洋旋網漁業協同組合，1989年10月，福岡）
133頁。

(9)　『二拾年史』（日本遠洋底曳網漁業協会，1968年3月，東京）161頁。「三年余」も韓国に抑
留された日本人の手記として，「1957年12月31日の合意」で釈放された山本義雄「略奪の
海――韓国抑留漁夫の記録」（『文藝春秋』36-8，1958年8月，東京）がある。

(10)　金東祚『回想30年 韓日会談』（中央日報社，1986年11月，ソウル）※で使用された用語で
ある。金東祚は「韓国人密入国者の取締りを強化した」ため大村入国者収容所が「超満
員」となったことを日本の「人質外交」と述べている（85～86頁）。しかし，収容所が
「超満員」となって日本が処置に困ることになったのは，刑罰法令違反による退去強制者
や送還される不法入国者の受け取りを韓国政府が拒否した結果であって，これも韓国の
「人質外交」である。同書の日本語訳である『韓日の和解――日韓交渉14年の記録』（サイ
マル出版会，1993年10月，東京）には，金東祚（1918～2004）は「京城高商（現ソウル大
学校商科大学）卒業。卒業後，日本に留学。九州帝国大学法文学部卒業。在学中，高等文
官試験に合格。厚生省，京都府庁で勤務した」「韓日会談では，予備会談と第一，第四，
第七次会談に関与。」「第七次会談では駐日代表部大使兼首席代表として総指揮をとった」
とある。外務部政務局長（1951～55年），外務部次官（1957～59年），外務部長官（1973～
76年）を歴任した。なお，「韓日会談顚末書」（『新東亜』9，東亜日報社，1965年6月）
※にも，1953年の第3次会談決裂後日韓両国は「人質外交」を始めたとある（107頁）。

33

第Ⅰ部　日韓会談と漁業問題

年12月31日の合意」である。この合意は，日本が戦前から居住している韓国人で入国者収容所にいる者を釈放すること。および韓国が外国人収容所で抑留している日本人漁船員を送還し，また日本の入国者収容所にいる不法入国者の送還を受け入れること。同時に日本が「久保田発言」を撤回し，また在韓日本財産に対する請求権を撤回すること。さらに日韓会談を再開することを約束したものである。この結果韓国人不法入国者（1002人）と日本人漁船員（922人）の相互送還が行われ，日本は大村収容所にいた本来は国外退去になるはずの在日韓国人刑罰法令違反者（刑余者）474人を仮放免し，彼らに対して在留特別許可を与えた。[11]駐日韓国首席公使および首席大使（任1958年3月20日～60年4月29日）そして再開第4次会談の首席代表を務めた柳泰夏（ユ・テ・ハ）は，「請求権，平和線など，この時我々の要求がほとんど90％程度受け入れられた」。この合意で「韓日会談は始まったと言っても過言ではない」と回想している。[12]李承晩ラインは漁業問題のみならず日韓会談を動かす要素になっていた。

　1960年の李承晩政権崩壊後は日本人漁船員を刑期終了後も長期抑留する措置はとられなくなり，翌年登場した朴正煕政権は日韓国交正常化に積極的な姿勢を見せた。しかし，日本漁船拿捕はなくなることはなかった。

　朴正煕政権の下で結ばれた1965年の日韓条約による日本の経済協力は水産業振興のためにも使われた。無償資金3億ドルの1割近くが水産部門に使用され，「漁業近代化の基盤を構築して漁民所得増大に寄与することになった」。[13]「対日請求権資金，漁業協力資金の投入と（1966年の——筆者補注）水産庁の発足を契

⑾　前掲註(3)「日韓関係」70～73頁。日韓会談で韓国は，在日韓国人には一般外国人とは異なる事情があることを日本に認めさせ，刑罰法令違反者でも出入国管理令による強制退去ではなく生活の基盤がある日本国内で生活させようとした（小林玲子「日韓会談と『在日』の法的地位問題」『歴史としての日韓国交正常化Ⅱ』〔法政大学出版局，2011年2月，東京〕303～304頁）。1958年以後，日本政府が戦前からの在留者に退去強制を命じることはなくなった。

⑿　『現代史の主役たちが語る政治証言』（東亜日報社，1986年11月，ソウル）※343頁。ただし，この時李承晩ラインを日本は認めてはいない。

⒀　『対日請求権資金の使用報告』（経済企画院，1975年5月，ソウル）※24頁。

⒁　『水産業の現況 1956～57年版』（大日本水産会出版部，1957年4月，東京）には，李承晩ライン設定当時においては「大体90％程度の操業はできた」が1953年9月以降韓国による規制は徹底的に強化されたとあり（296頁），1952年の実績を示したこの表はおおむね規↗

表1-4　李承晩ライン水域における日本の主要漁業

漁業種類	漁　船	漁　船	乗組員数	漁獲高	漁獲高	漁　期
	隻数(隻)	所属県名	(人)	数量(トン)	金額(千円)	
サバ一本釣	425	千葉・神奈川・静岡・和歌山・愛媛・福岡・佐賀・長崎・熊本・宮崎・鹿児島	10,625	47,753 (20.9%)	3,187,500 (24.4%)	5〜11月 (7カ月)
旋網※	793 (254統)	山口・福岡・佐賀・長崎・熊本・鹿児島	13,010	60,562 (27.5%)	3,395,700 (26.0%)	5〜11月 (7カ月)
以東底曳	232 (170統)	兵庫・鳥取・島根・山口・福岡・佐賀	2,320	17,940 (7.9%)	766,400 (5.9%)	11〜3月 (5カ月)
以西底曳	875	山口・福岡・佐賀・長崎	10,500	73,764 (32.3%)	3,732,050 (28.6%)	1〜12月 (12カ月)
以西トロール	58	山口・福岡・長崎	1,450	18,502 (8.1%)	938,602 (7.2%)	1〜12月 (12カ月)
捕鯨	2	東京	44	2,400	180,000	8〜10月 (3カ月)
その他漁業	245	岡山・山口・大分・長崎・熊本・鹿児島	3,291	1,949	850,000	1〜12月 (12カ月)
計	2,630			228,220	13,050,250	

注：「(28-10-10)」と付記されており，原註は次の通りである。

1）「旋網」は網船285隻，運搬船508隻を含み，灯船508隻は含まれていない。

2）「漁業種類」中「その他漁業」とは，突棒漁業，さわら流網，れんこ延縄，かじき延縄をいう。

3）漁獲総高は概ね昭和27年の実績を基礎として算出した。

4）漁獲金額は，最近2カ月（28年8〜9月──筆者補注）の貫当り平均魚価若しくは，昭和28年1〜6月貫当り平均魚価，又は昭和27年の貫当り平均魚価に昭和28年の値上り分を加算した額を基礎として算出した[14]。

出典：水産庁編『水産時報』5-54（農林協会，1953年12月，東京）（割合は筆者追加）。

機として，わが国の水産業は目覚ましく発展し，漁獲量および水産物輸出の急伸長で漁民の所得増大はもちろん，世界上位圏の水産国として発展することになった」と韓国人漁業関係者は記している[15]。

制がない場合の操業実績を反映していると考えられる。なお，「李ライン対策要綱案（昭和28. 10. 23 農林省）」（日 5-891-905）の添付資料「別表1」と表1-4は同一である。

[15]　『現代韓国水産史』（水友会，1987年12月，ソウル）※409頁。韓国の「漁業生産量」は1965年の63万6512トンから1975年の213万4976トン，1985年の310万2605トンへと急伸した（同書412頁）。

第Ⅰ部　日韓会談と漁業問題

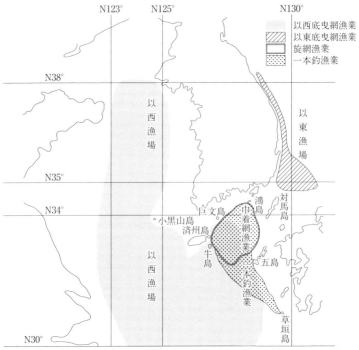

出典：『韓日会談漁業委員会議事録（第一，二，三次会談）』（韓国政府外務部，1958年）。
図1-2　韓国に関係する日本漁業の操業水域

4　李承晩ラインと日本漁業

　表1-4は1952年における李承晩ライン水域の日本の各種漁業の従業者数や漁獲高をまとめたものである。これらの漁業は，アジ・サバ・イワシなどの回遊魚を漁獲の対象とするものと，タイ・グチ・エビ・カレイ類・タチウオなどの底魚を漁獲の対象とするものに分けられる。サバ一本釣と旋網（巾着網）は前者であり，以西トロール・以西底曳・以東底曳に分類される底曳網漁業は後者である。韓国が排除しようとしたのはこれらの日本漁業であった。
　まず各種漁業の概要を示す。サバ一本釣漁業は，20〜50トンの漁船に20〜30人が乗り組んで，夜間，船に集魚灯をつけて魚を寄せ集め，釣竿でサバを釣り

36

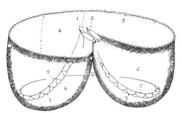

出典:『李ライン問題と日本の立場』
（日韓漁業対策本部，1953年10月，
東京）。

図1-3　旋網の構造

出典:『日本漁船漁具図集』
（農林協会，1958年9月，東京）。

図1-4　トロール漁業

上げる漁業であった。旋網漁業は，20〜40トンの漁船に40〜50人が乗り組んで，魚群を捲いて巾着型に網を締めて魚を獲る漁法であった。底曳網漁業は，袋状の網を曳いて魚を獲る漁法で，200〜700トンの鋼船によるトロール漁業と，100トン以下の鋼船または木船による機船底曳網漁業があった。機船底曳網漁業のうち，主として日本海を漁場とするものを以東底曳，東シナ海・黄海を漁場とするものを以西底曳といい，10人から20人，大きな船には35人程度の漁船員が乗り込んだ。以西底曳は2隻1組で網を曳く「二艘曳き」が主で，以東底曳は50トン未満の漁船が多く「一艘曳き」と「二艘曳き」とに分けられる。底曳網漁業の盛漁期は10月から翌年5月まで，サバ漁業のそれは4月から11月にかけてであった。

　韓国に関係する日本漁業の操業水域を示したのが図1-2である。1953年5月20日の第2次日韓会談第3回漁業委員会で日本側が提出した漁場図である。サバ一本釣と旋網の主要漁場は済州島東の牛島から巨文島そして鴻島に至る線が北限で，鴻島から五島列島の西側を南下する線が東端であった（ただし旋網漁業の漁場は九州西方水域を除く）。以西底曳網漁業の漁場は東シナ海では大体東経123度以東から東経128度30分以西の水域で，小黒山島と済州島および済州島と巨文島を結ぶ線から若干韓国側で操業することがあった。黄海では東経123度から東経125度で北緯38度以南北緯35度付近までの水域となっていた。また，以東底曳の漁場は北緯38度以南の韓国の東海岸に細長い帯状に広がっていた。

⒃　『李ライン問題と日本の立場』（日韓漁業対策本部，1953年10月，東京）9，11頁，1953年10月15日付『官報附録』8，3頁。

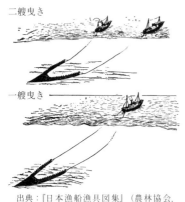

出典：『日本漁船漁具図集』（農林協会，1958年9月，東京）。

図1-5　底曳網漁業

朝鮮半島の日本海側では広い大陸棚がないためであった。[17]

表1-4でわかるように，李承晩ライン内の漁獲高（金額）は，サバ一本釣と旋網で50.4％，以西トロールと以西底曳を合わせた以西底曳網漁業が35.8％であり，これらの漁業が李承晩ラインによって特に大きな被害を被ったことがわかる。そのため，日本遠洋底曳網漁業協会や日本遠洋旋網漁業協同組合などの漁業団体は日韓漁業対策本部を中心に抗議運動や日本政府への働きかけを行い，日韓会談の進行にも影響を与えた。

李承晩ライン水域での漁獲量が1952年の日本の総漁獲量に占める比率は5.0％にすぎない。しかし，この年，日本の漁獲量は戦前の水準に復帰して世界第1位であり，漁業別に見れば，サバ一本釣で46.8％，旋網で76.8％，以西トロールで47.2％，以西底曳で30.1％と李承晩ライン水域への依存度は高いものがあった。[18] 1952年4月25日のマ・ライン撤廃に先立って，日本政府は漁業政策の大綱を発表するが，その基調は1897年公布の「遠洋漁業奨励法」を端緒とする「沿岸から沖合へ，沖合から遠洋へ」であった。[19] すでに1952年には，戦前8割近かった沿岸漁業の漁獲量は半分近くまで低下しており，サバ1本釣と以東底曳そして旋網が含まれる沖合漁業，以西トロールと以西底曳が含まれる遠洋漁業，これらの漁業の振興は「国策」であった。[20]

---

(17)　「日韓交渉報告（十三）漁業関係部会第三回会議状況」（日 5-894-993）。

(18)　「李ライン内における日本の主要漁業」（前掲註(15)『水産業の現況 1956～57年版』297頁）。「総漁獲量」（同前330頁）。「主要漁業種別漁獲量」（『水産業の現況 1954～55年版』〔大日本水産会出版部，1954年11月，東京〕225頁）。1954年1月1日付『産業経済新聞（大阪本社版）』では，李承晩ライン水域内の漁獲量の日本の総漁獲量に占める割合は，金額で34.5％としている。なお，農林大臣官房広報課編『1953年版 農林水産年鑑』（日本農村調査会，1953年7月，東京）では李承晩ライン水域の漁獲高を75億円としている（606頁）が，これと表1-4の130億円との違いの理由は不明である。

(19)　前掲註(15)『水産業の現況 1956～57年版』286頁。

韓国による日本漁船拿捕は，国連軍が朝鮮半島を取り囲む形で約1年間設定していた朝鮮防衛水域が撤廃された後の，1953年9月から多発した。この事態に対応して海上保安庁が1954年に作成した資料[21]には，各種漁業に李承晩ライン設定が与えた影響についての次のような説明がある。

(1) サバ一本釣（はね釣）漁業

イ　戦後発達した漁業で，関東，四国方面よりも多数出漁し，主として長崎，福岡，唐津等を基地として，昭和27年度においては合計275隻（千葉42隻，神奈川27隻，静岡68隻，和歌山1隻，山口1隻，徳島7隻，香川2隻，愛媛5隻，福岡7隻，佐賀3隻，長崎40隻，熊本3隻，大分3隻，宮崎8隻，鹿児島58隻でいずれも10トンより70トンの漁船である。）がマ・ラインの撤廃に伴い大挙朝鮮海域に出漁したのであるが，同年9月の国連軍の防衛水域設定により操業区域に制限を受ける等の障害があったにもかかわらず相当の漁獲をあげている。

ロ　昭和28年度においては，前年度の好成績により出漁許可隻数は約1倍半に増加し，「李ライン」「防衛海域」（「朝鮮防衛水域」のこと──筆者補注）の撤廃によりさらに一層の成績を期待されていたが，同年9月以降の韓国側の強硬措置により，だ捕されるものが続出して事実上漁場よりの締出しを受け，本年度においては，他の漁業に転換するものが多く，李ライン水域への出漁は殆ど行われていない状況である。

ハ　好漁場は済州島の南東北緯33度から34度，東経127度30分から128度付近海域で徐々に北方に移動し11月が終漁期であるが，同漁業は集魚灯を使用するために，相手国監視船に発見されやすい。

(2) まき網（旋網）漁業

イ　戦前においては，朝鮮半島東及び南海岸で発達した漁業で，終戦後は，対馬及び五島近海のイワシ，又は北海道方面のサバ漁に出漁していたが，

---

[20]　『水産業の現況 1954〜55年版』（大日本水産会出版部，1959年11月，東京）6〜7頁。
[21]　『だ捕事件とその対策』（海上保安庁警備救難部公安課，1954年9月，刊行場所不明）87〜89頁。

第Ⅰ部　日韓会談と漁業問題

「マ・ライン」の撤廃により朝鮮半島周辺海域への出漁が大いに期待された
ものである。

ロ　昭和27年度においては，長崎県のみにても90統（運搬船，火船を合わせれ
ば約400隻）が出漁し，漁場はサバ1本釣とほぼ同様であるが，済州島と巨
文島を結ぶ線の南西15海里附近，及び黒山群島南西60海里附近海域が最も
よいとされている。

昭和28年度においては，山口，福岡，佐賀，長崎，熊本，鹿児島の各県
より254統（網船，運搬船計790隻）が出漁している。

ハ　同漁業に使用する網は，長さ500〜600間もあるので，作業中の急速待避
は困難で，又価格も500万円近くもするので，業者自身においてもだ捕に
よる被害が大きいので，比較的自粛操業を行っている状況である。

その外まき網漁業の一種と見られる米式巾着網漁船6〜7隻（大洋漁業）
がある。

この資料にあるように，李承晩ライン水域からサバ一本釣は撤退せざるをえな
かったのに対して，旋網は「自粛」にとどまった。ただし，「旋網漁業は漁船
の機動力が高く強行突破による集団操業や他の漁場を求めることも可能であっ
たので，漁獲高をむしろ増加させることができた。しかし，この漁獲増の裏に
は，漁場の遠隔化による費用の増大が考えられるので，漁獲の伸びは決してそ
のまま利潤増となって」いないという現実があった。[22]

海上保安庁の資料には，上記引用部分に続いて「(3)トロール及び機船底曳網
漁業」の説明があるが，操業許可条件や許可水域の記述がきわめて複雑なため，
引用は省略する。しかし，「本漁業は，以西トロール，以西底曳及び以東底曳
に分れており，黄海，東支那海，南支那海及び朝鮮半島周辺海域に最も発展進
出を行っている漁業である」とあるように，李承晩ライン問題の焦点となった
のは，この「(3)トロール及び機船底曳網漁業」とりわけ以西底曳網漁業であっ
た。表1-2でわかるように，以西トロールと以西底曳を合わせた以西底曳網

(22)　前掲註(15)『水産業の現況 1956〜57年版』298頁。

40

漁船の被拿捕数は174隻で被拿捕日本漁船の半数以上を占めている。

　最後に「中間漁区」に言及しておきたい。以西底曳（以西トロールも含む）と以東底曳の操業許可漁場の境界は，沿岸漁業との紛争を避け以西底曳の遠洋漁業化をさらに推進するため，1952年9月9日の通達で東経130度（佐賀県唐津市付近）から東経128度30分（五島列島西方）に変更された。この結果，東経128度30分から東経130度の水域（「中間漁区」）で操業していた以西底曳漁船には西方海域への転出が求められ，入れ替わりに，中間漁区には1953年7月8日付の通達により以東底曳網漁船の出漁が許可され，同年10月から島根県以西の漁船44隻が出漁した(23)（図9‐2〔310頁〕参照）。よって，図1‐2には以東底曳の漁場として「中間漁区」を加える必要がある。本書第9章で詳しく述べる島根県をはじめとする山陰の漁業者の活動舞台として「中間漁区」は重要である。

⒀　前掲註(9)『二拾年史』15〜16頁。『十年の歩み』（日本機船底曳網漁業協会，1958年12月，東京）100頁。中川恣『底曳漁業制度沿革史』（日本機船底曳網漁業協会，1968年7月，東京）342〜347頁。

41

第2章

韓国の漁業政策と李承晩ライン

　南朝鮮・韓国は，1947年にマッカーサーライン侵犯を理由とする日本漁船拿捕を開始し，1952年には李承晩ライン宣言を行い，日韓漁業紛争は激化した。本章では，日韓漁業紛争開始の過程の考察を行う。すなわち，マ・ラインをめぐる日韓の対立が，どのようにして李承晩ライン宣言という事態に至ったかを検討する。

　加藤晴子「戦後日韓関係史への一考察——李ライン問題をめぐって」（上）・（下）（『日本女子大学紀要 文学部』28，29〔1979年3月，1980年3月〕）は，最も早い時期に書かれた，日韓漁業問題に関する研究論文である。しかし，加藤は日韓漁業問題を魚種や漁業種の実態に即することなく論じている。例えば，日韓の漁業を比較検討する時，李承晩ライン水域ではなく，日韓両国全体の漁獲量や漁船数が比較されている。これでは，李承晩ライン宣言に至った，漁業をめぐる日韓間の対立の具体的様相がわからない。本章は，李承晩ライン宣言を日韓の漁業資源争奪戦の視点から捉え直すことを目的とする。

1　日本の統治終了後の南朝鮮・韓国の漁業

　次の表2‐1は，朝鮮半島（1945年まで），南朝鮮（1946～47年），そして韓国（1948年以降）の総漁獲高をまとめた統計である。

　この表について加藤晴子は，「第二次世界大戦前の朝鮮全域での平均漁獲量は80～100万トンと見積もられる。北半部を除外すると50～60万トンと見積もられるので，解放後，韓国が解放前の漁獲水準に達するのは，ようやく1964年以降」で「解放後韓国水産業のおかれていた状況の困難さは察するに余りあ

第Ⅰ部　日韓会談と漁業問題

表2-1　朝鮮半島・南朝鮮・韓国の総漁獲高

（単位：メタリックトン）

年	1926	1927	1928	1929	1930	1931	1932
総漁獲高	585,593	830,501	848,486	904,833	866,643	1,039,470	1,168,278
1933	1934	1935	1936	1937	1938	1939	1940
1,007,258	1,393,448	1,503,219	1,696,853	2,115,785	1,759,100	2,076,244	1,736,391
1941	1942	1943	1944	1945	1946	1947	1948
1,318,041	845,482		295,803	228,197	298,723	301,952	285,257
1949	1950	1951	1952	1953	1954	1955	1956
300,227	219,376	276,923	276,512	270,515	247,784	261,636	361,950
1957	1958	1959	1960	1961	1962	1963	1964
411,004	366,069	353,406	342,471	412,451	451,384	444,274	524,295

注：本章の対象となる1946～51年の南朝鮮・韓国の漁獲高については，『韓国水産統計年鑑 4285年総
　　合版』（商工部水産局，1953年2月，釜山）所載の表（24頁）とこの表の数値は同一である。
出典：『韓国水産発達史』（水産業協同組合中央会，1966年4月，ソウル）419頁※。1943年の漁獲高は
　　記載されていない。「農林部水産統計年鑑，水産経済年鑑編纂委員会 水産経済年鑑，韓国銀行
　　経済年鑑から作成」と原註にある。統計作成者の金仁台は当時，釜山水産大学校水産経営科助
　　教授であった。

る」と記した。[(1)]

　しかし，加藤の記述は検討を要する部分がある。表2-1によれば，日本の
朝鮮統治終了から朝鮮戦争勃発までの時期（1946～49年）の南朝鮮・韓国は，
平均して年間約30万トンの漁獲量を確保していたことがわかる。実は，この実
績に対する当時の評価は高い。『1947年版 朝鮮年鑑』（朝鮮通信社，1946年12月，
ソウル）※には，「1946年に入ると軍政庁水産局と水産業会等の努力で，他の
産業部門に比べれば比較的速やかに機構を整備して業者を督励し，目下解放前
に匹敵する生産高を上げている」とある（201頁）。『経済年鑑 1949年版』（朝鮮
銀行調査部，1949年10月，ソウル）※にも，「1948年の南韓の漁獲高が28万669ト
ンであることに鑑み，（略）平年漁獲高に比べて不振状態と推定」する。しか
し，「資金資材の不足，水産販路縮減，その他多くの隘路が重なって非常な難
局に遭遇している」にもかかわらず「関係官庁の適切な指導施策とともに，五
十万漁民の共助提携により水産金融資金の調達，水産用資材の獲得，対外貿易

────────

(1)　加藤晴子「戦後日韓関係史への一考察──李ライン問題をめぐって」（下）11頁。

による外貨獲得等々，大体において順調に進捗しわが国経済の隘路を克服する主導的役割を果たしているのは慶賀すべき」とある（26〜28頁）。加藤の記述とは異なって，『1947年版 朝鮮年鑑』での「解放前」の朝鮮半島南部の漁獲高は約25万トン，『経済年鑑 1949年版』での「平年漁獲高」は「全韓60万トン，南韓35万トン」と低く設定されており，それが高い評価の背景となっている。

朝鮮総督府が刊行した『朝鮮水産統計』によれば，1936〜41年の南朝鮮（京畿道・忠清南道・忠清北道・全羅北道・全羅南道・慶尚北道・慶尚南道・江原道）の漁獲高は66〜79万トンであった。しかし，この中には，1923年以後の突如の回遊で驚異的な漁獲高を記録し，一転して1943年以後の漁獲が皆無となった[2]マイワシの漁獲高が21〜39万トン含まれているので，これを除かねばならない。すると1936〜1941年の平均漁獲高は38万トン余りになる。「国際貿易上から見た韓国水産業の展望」（『週報』 8号，大韓民国政府公報處，1949年5月25日）※にも，「数十年間の実績を総合して見れば，我が韓国水産業は毎年全韓で約60万トン，南韓では約30万トンの水産物を獲得」してきたとある（28頁）。日本統治期の南朝鮮の漁獲高50〜60万トンという加藤の記述は，日本統治終了後の南朝鮮・韓国の漁獲高と比較するには適当ではなく，日本統治終了後の南朝鮮・韓国の漁業実績を過小評価する結果になっている。

実際は，日本統治終了直後の南朝鮮・韓国の漁獲高は太平洋戦争中の水準を維持していた。『朝鮮経済年報 1948年版』（朝鮮銀行調査部，1948年7月，ソウル）※には，「1946年度の水産業生産高を1944年度のそれと比べると，（略）大幅増加だった」とある。そして同書には，生産増に努力する水産業者への称賛に続けて次の記述があるのを見逃すべきではない。「ただ，一方これはまた解放後の混乱に乗じた無節制な濫獲に起因するもので，一時的な増産を見た反面で天然の宝庫である漁場を日毎に荒廃させ，魚族の繁殖は急速度に減退しており，もし現状が継続すれば遠からず破綻状態に陥ってしまうことは火を見るより明らかな事実である」（I-76頁）。要するに，日本統治終了後の水産業は一時的に生産増をみたがそれは水産行政の統制の弱体化とそれに乗じた水産業者の無謀

---

(2) 『韓国漁業の概観（1952年）』（水産庁，1953年5月，東京）57頁。

45

第Ⅰ部　日韓会談と漁業問題

な濫獲によるものであり，水産資源枯渇が憂慮されたのであった。

　日本による統治終了後の南朝鮮・韓国の水産行政の混乱を示しているのが，水産法制の変遷であった。『現代韓国水産史』（社団法人水友会，1987年12月，ソウル）※の記述（331～356頁）を次に要約する。

　1945年11月9日，在朝鮮米軍政庁は「軍政法令第27号」によって，1945年8月9日以前に与えた「朝鮮水域内の一切の漁獲権を」無効にした。しかし1946年3月1日発布の「漁業取締規則」と同月15日発布の「漁業取締施行規則」の下では，免許・許可申請の殺到および当局の無原則で無定見な免許・許可の乱発が混乱を招いた。しかも，1946年5月28日発布の「軍政法令第90号」によって両規則は廃止され，「収拾できない漁業秩序の紊乱」がもたらされたのである。乱発された漁業に関する免許・許可の期間は1949年4月15日に満了することになっていたため，更新の際に大混乱が引き起こされることが予想された。そのため1949年4月28日に制定公布された「漁業に関する臨時措置法」（法律第24号）は，「漁業権に関する免許または許可期間を新法制定まで延長させ，新規漁業処分を禁止する」を目的とした[3]。この「新法」とは1953年9月9日に法律第295号として公布された「水産業法」である。「水産業法」と，1929年に朝鮮総督府によって公布された「朝鮮漁業令」「朝鮮漁業保護取締規則」との類似点は少なくなかった。「編成と制度面で見ると，新法は従前の漁業令の配列を大幅に参考にし」，内容面では「大同小異」であった。そもそも，1948年7月に制定された「大韓民国憲法」では，第100条で「現行法令はこの憲法に抵触しない限り，効力を持つ」という規定を設定していた。成立直後の韓国政府の水産行政は「朝鮮漁業令」と「朝鮮漁業保護取締規則」および「漁業に関する臨時措置法」によって運営されたのであった[4]。

日本の朝鮮統治終了後の濫獲は朝鮮総督府の制定した漁業関係法規の撤廃によ

――――――――――
(3)　韓圭卨〔ハンギュソル〕『漁業経済史を通して見た韓国漁業制度変遷の100年』（善学社，2001年2月，ソウル）※にも同様の解説がある（223～265頁）。

46

第2章　韓国の漁業政策と李承晩ライン

るものであった。したがって，南朝鮮・韓国の漁業の混乱を収拾するために，日本統治期の漁業関係法規を復活させざるをえなかったのである。

　1953年6月4日に行われた第16回韓国国会での水産業法の審議における提案理由では，「韓国漁業企業家たちは公正よりも私利私欲に汲々として漁業秩序は一大混乱を来たし，漁業許可免許の濫発そして稚魚濫獲等で漁族の絶滅がもたらされ」たと説明され，それに対応するための「日帝法令」復活は「一大国恥」と表現されている。そして，6月5日の黄　炳珪国会商工委員長の次の説明はさらに具体的である。

　　過去倭政時代には一区に25隻で制限した。(略) 繁殖保護を維持するため
　25隻しか許可しなかった。(略) 軍政時代から今までを通して136隻を許可し
　た。解放直前に25隻だったものが136隻になり，その後だんだん減って65隻
　になっている。一区だけで底曳業者が解放直前より40隻も伸びている。その
　ため現在 (略) 鎮海湾に来るタラが全部稚魚からいなくなっている。鎮海湾
　や釜山近海の魚族が全体的に見えないほど荒廃した状況である。[5]

上記引用文中の「一区」とは鎮海や釜山が位置する慶尚南道の沿岸を指すと思われる。「底曳網漁業」とは，動力漁船を用いる機船底曳網漁業のことであり，1920年代に日本人漁業者によって朝鮮に導入された漁法であった。機船底曳網漁業は資源を激しく枯渇させるため，朝鮮総督府は朝鮮在住の漁業者保護のため操業禁止区域設定などの規制を加えた。そのような機船底曳網漁業への規制が日本の朝鮮統治終了後に撤廃され，沿岸資源の枯渇が激化したと黄炳珪は述

---

(4)　加藤晴子は「朝鮮漁業令は，1949年4月28日，『漁業に関する臨時措置法』が公布施行されるまで存続する状態であった」と記す（「戦後日韓関係史への一考察──李ライン問題をめぐって」〔下〕12頁）が，誤りである。「朝鮮漁業令」は1953年9月9日公布の「水産業法」第79条によって廃止された。

(5)　「我が国水産業の復興対策（下・完）」（『韓国銀行調査月報』50，韓国銀行調査部，1952年10月，釜山※）でも，鎮海湾のタラ漁獲高の激減について，「解放前に施行していた人工ふ化の復旧，沿岸漁業の無秩序な乱獲による漁場荒廃および魚路遮断の打開，蕃殖区域内の荒廃および法定漁獲の禁止，そして各種底魚の稚魚乱獲の取締り等」がタラの「生産増進」の鍵を握ると指摘されている（66頁）。

47

第Ⅰ部　日韓会談と漁業問題

べているのである。[6]

　以上述べてきた，日本による統治終了から朝鮮戦争の時期における南朝鮮・韓国の漁業の課題は，『産業調査叢書第14号　水産業に関する調査』（韓国銀行調査部，1953年5月，刊行場所不明）※で次のようにまとめられている（142〜146頁）。

　　解放以来の社会的混乱と関係当局の監督不徹底により，業者の無秩序な漁撈捕獲は漁業禁止地区の存在を無視したので，その復旧対策は緊急の課題である。（略）解放前の水産行政対策は，魚族蕃殖立に比例して漁業許可および免許を発行したが，解放後の我が国の水産行政を見れば，行き過ぎた乱発によって魚族の萎縮を見たことはいうまでもない。（略）不運な我が国水産業は衰退の運命に遭遇するのであり，これに対する慎重な対策確立こそ我が国水産業の百年の大計となるのである。

2　南朝鮮・韓国の「遠洋」漁業への志向

濫獲による沿岸漁業資源の枯渇に悩む，発足直後の韓国政府の漁業政策を知

---

[6]　鄭文基も「50万漁民の今後（1947.8.31）」で，「機船底曳網漁許可件数が解放前の1945年には全朝鮮を通じて163件であったものが，解放以後南朝鮮だけで205件」となったと述べている（『島汕鄭文基博士古希記念　論文随筆集』〔韓国水産技術協会，1968年4月，ソウル〕※448頁）。ただし，『朝鮮第二区機船底曳網漁業水産組合十年史』（朝鮮第二区機船底曳網漁業水産組合，1940年11月，元山）所載の「朝鮮機船底曳網漁業許可数」（6頁）では1940年の許可数は全朝鮮で245件となっており，鄭文基の記述とは違いがある。鄭文基（1898〜1995）は「本籍全羅南道順天市」，1926年旧制松山高校卒業，1929年東京帝国大学農学部水産科卒業，1945年の日本統治終了時には朝鮮総督府水産試験場木浦支場長であった。1947年に南朝鮮過渡政府農林部水産局長となり1948年からは韓国政府企画處経済計画官を務めた。また鄭文基は第1次日韓会談に韓国側代表として出席した。鄭文基が1947年に校長を務めた釜山水産科大学は，1941年に設立された釜山高等水産学校が1946年に昇格したものである。釜山高等水産学校は，総額350万円の水産業界からの寄付で設立されたが，当時朝鮮の三大漁業といわれた「イワシ漁業」「メンタイ漁（機船底曳）」「鯖巾着網漁」の業者による当初の資金調達目標は250万円（現在の12〜13億円に相当）の巨額であったという（『水産大学校二十五年史』〔水産大学校二十五年史編集委員会，1970年2月，下関〕）。釜山水産科大学は1990年に釜山水産大学校となり，1996年に釜山工業大学校と統合されて現在の釜慶大学校となった。なお，学業途中で引上げた釜山高等水産学校の学生を収容するために設立されたのが，下関にある現在の水産大学校である。

48

第２章　韓国の漁業政策と李承晩ライン

ることができる資料がある。1949年を初年とする「韓国漁業開発五ヵ年計画」
の概略を記した 鄭 文基 『韓国の漁業――その現状と将来』（日本海洋漁業協会，
1952年１月，刊行場所不明）である。五カ年計画の目標数値は表２‐２の通りで
ある。[7]

　この計画について，「国際貿易上から見た韓国水産業の展望」（『週報』８号）
には次のような説明がある（32～33頁）。

　　毎年減退していく沿岸水産資源の防止保護策として，沿岸漁具数を制限す
　ると同時に遠洋漁業と内水面漁業開発に重点を置く方針を立てて（略）推進
　中である。この計画を具体的に政府が善導すると同時に，水産業者自体が自
　覚してこれに協力さえすれば５年後には沿岸水産資源の衰退を防止できる。
　８年後には年32万トンの生産を確保することができ，15年後には沿岸漁業だ
　けで30万トンの生産が復興できるのである。そうなれば遠洋と内水面だけで
　10万トンの水産物を獲得できることになる。毎年都合40万トンの水産物が生
　産され，外貨獲得できる水産物の輸出も増加して我が国家経済の確立の柱と
　なるのである。この計画の進行に従って，沿岸住民の漁場を混乱させ水産資

[7]　国連食糧農業機関（FAO）の主催で，1949年３月24～31日にシンガポールで開催された
　　インド太平洋水産会議における韓国提出資料を，第１次日韓会談漁業委員会開始に備えて
　　日本海洋漁業協会が訳出したという説明がある。鄭文基による「太平洋水産会議報告」
　　が1949年４月22～24日付『水産経済新聞』※に掲載されているが，そこでは，会議に出席
　　していたヘリントン総司令部天然資源局水産部長にマ・ラインを違反する日本漁船への取
　　締強化を要請したと記されている。なお，この冊子の発行者である日本海洋漁業協議会に
　　よる『国際漁業資料』１（1951年４月，刊行場所不明）によれば，同協議会は1951年２月
　　２日に組織され，「日本の漁業に関係のある諸外国と友好提携を促進し，相互の理解を深
　　めるために必要な国際的活動」を行うことを目的としていた。また，同協議会の前身は海
　　洋漁業対策研究会であり，「在京の主な漁業会社および団体をもって組織し，漁業に関す
　　る国際問題を調査研究する機関」として1949年12月２日に組織された。海洋漁業対策研究
　　会の設立は，1949年９月に開催された太平洋漁業会議で対日講和に関連して日本漁業を厳
　　しく規制すべきであるという意見が多かったことに対応したものであり，日本海洋漁業協
　　議会への改組は，対日平和条約に漁業に関する条項が加えられることが確実となった状況
　　に対応したものであった（『日韓漁業対策運動史』〔日韓漁業協議会，1968年２月，東京〕
　　12～13頁）。1953年１月１日，日本海洋協議会は漁業経営者連盟とともに大日本水産会に
　　統合された。

第 I 部　日韓会談と漁業問題

表 2 - 2　　水域別生産高（1949〜65年）

（単位：万トン）

年	1949	1950	1951	1952	1953	1956	1958	1960	1965
沿　岸	287,500	283,500	270,000	265,000	260,000	230,000	220,000	230,000	300,000
内水面	2,500	2,500	5,000	5,000	10,000	20,000	20,000	20,000	20,000
深　海	10,000	15,000	35,000	45,000	50,000	70,000	80,000	80,000	80,000
計	300,000	301,000	310,000	310,000	320,000	320,000	320,000	330,000	400,000

注：1952年の計は原資料のままである。

源を枯渇させる機船底曳網のような漁具は遠洋に転用させ，我が同胞の海洋
進出と海外進出の道を開くことになる。

このように，韓国政府は外貨獲得と沿岸漁業資源保護のため，「遠洋」漁業
（表 2 - 2 中の「深海」に該当する）の推進を目指していた。これは韓国政府成立
前からの南朝鮮の水産関係者の方針でもあった。例えば，『1948年版 朝鮮年
鑑』（朝鮮通信社，1947年12月，ソウル）では，水産物を「外貨獲得の先鋒」とし
た上で，次のように記されている（229頁）。

　沿岸漁業との摩擦回避，特に底曳網船による沿岸漁場の荒廃化防止と豊富
無尽蔵の漁場の発見のため，1946年11月，12月，47年 1 月，三次にわたって
遠洋漁業開拓と機船底曳網漁業試験を実施した。この試験の結果で遠洋漁業
が有利なことが推察された。

また，1948年には機船底曳網漁業を目的とした朝鮮遠洋漁業株式会社が国庫
補助を受けて設立されたことが報道された[8]。また，『朝鮮銀行調査月報』25
（朝鮮銀行，1949年 8 月，ソウル）の「遠洋漁業奨励」の項には，「現下の遠洋漁
業活動の不振に鑑み，当局の積極的な奨励策が要望されていたが，今般商工部
では『遠洋漁業奨励法』草案を作成して法制處に回付した。同法は遠洋漁業者
と漁船建造者に政府奨励金を賦与して遠洋漁業を積極的に育成促進することを

───────────

(8)　「『遠漁』株式公募良好　株数約60％を消化」（1947年12月14日付『水産経済新聞』）※。鄭
　　文基「三面包海の水産資源 経済独立の基礎」（1948年 1 月31日付『東亜日報』）※。「朝鮮
　　水産業に曙光 遠洋漁業船団出航」（1948年 3 月 1 日付『釜山日報』）※。

50

目的としている」という記述がある（96頁）。ただし，文中の「遠洋漁業奨励法」の制定施行は確認できない。そして『韓国旋網漁業史』（大型旋網水産業協同組合，1993年1月，釜山）※では，「漁業に関する臨時措置法」について「1950年5月8日の第3次改正では，第2条に『ただし，トロール漁業，捕鯨漁業，機船底曳網漁業（機関120馬力以上），機船巾着網漁業，鮫鱶網漁業は除外する』という但書条項を新設した。規模が大きい重要漁業として保護助長策を講じる必要性があった漁業に対しては，新規許可禁止措置を解除したのだった」と記されている（120頁）。

朝鮮戦争中の1951年2月19日付「遠洋漁業積極開発に関する緊急措置の件」（商工部公告第13号）では，「外貨を獲得し国家経済を復興させる一方，戦時下軍民需蛋白質の補給を打開」するため，「遠洋」漁業用の船舶は正当な理由のない限り徴発を免れうるなどの措置が打ち出された。さらに，1952年11月1日には「水産奨励補助金交付規則」（大統領令第751号）が公布施行された。第1条で「商工部長官は水産業を奨励するため，毎年度予算の範囲内で（略）補助金を交付する」としていた。『韓国遠洋漁業三十年史』（社団法人韓国遠洋漁業協会，1990年12月，ソウル）では，「朝鮮戦争の動乱の渦中でもさまざまな分野に最高八割までの補助金を交付するようにしたのは，水産業を積極的に奨励しようとする新生政府の意思の法律的表現だった」と，「水産奨励補助金交付規則」は高く評価された（82頁）。

李壬道（イイムド）『韓国遠洋漁業の水産資源』（文化印刷社，1953年11月，ソウル）※によれば，「韓国遠洋漁業者」は「トロール漁業者」「機船底引網漁業者」「機船鯖巾着網漁業者」「捕鯨漁業者」に区分された（169頁）[9]。発足直後の韓国政府が

───────

[9]　「日韓国文の前提条件」（1954年1月4日付『山陰新報』松江）によれば，李壬道は島根県立商船水産学校を経て1933年に北海道帝国大学水産専門部入学，卒業後，1936〜41年に京畿道産業課勤務。1948年に麗水水産高等学校長。その後韓国水産局増産課長を経て1953年1月に商工部水産局漁労課長。第2次，第3次日韓会談に韓国側代表として出席した。島根県立隠岐水産高等学校の卒業者名簿（佐藤忠雄編『昭和50年度 会員名簿』蹴浪会，隠岐・西郷，1976年3月）によれば，李壬道は島根県立隠岐商船水産学校漁撈課の第10期生（昭和8年3月卒業）で，現職は「大韓民国水産局漁政課長」となっている。『昭和二十九年度 北水同窓会名簿』北水同窓会，1954年10月，函館）によれば，函館高等水産学校（1935年に北海道帝国大学から分離独立）養殖学科を1936年に卒業した（144頁）。

第Ⅰ部　日韓会談と漁業問題

表2-3　韓国政府の年度別船舶「導入」表

年	1948	1949	1950	1951	1952	1953	1954	合計
トロール漁船	1							1
機船底曳網漁船				63	6	24	7	100
鯖巾着網船				32	4		2	38
鮮魚運搬船				29	10	11	5	55
その他						10	5	15
合　計	1			124	20	45	19	209

出典:『4288年版 経済年鑑』Ⅰ（韓国銀行調査部，1955年6月，ソウル）※99頁。

振興を目指した「遠洋」漁業とは，動力漁船を使用して操業する漁業であった[10]。発足後の韓国政府の年度別船舶「導入」隻数を示した表2-3によれば，韓国政府はトロール漁船の「導入」にまず着手し，その後の機船底曳網漁船とサバ巾着網漁船とで全「導入」漁船のほとんどを占めている。韓国政府の「遠洋」漁業振興への意欲は強く，同一の漁法と共通の水域で操業する日本の以西底曳網漁業や以東底曳網漁業，そして旋網漁業との激しい対立が引き起こされていくのである。

3　日本政府と以西底曳網漁業者の漁区拡張運動

「遠洋」漁業を志向する韓国を刺激したのが，日本の漁区拡張運動であった。第2次世界大戦による日本の以西底曳網漁業への打撃は大きく，1945年の漁獲量は1940年に比べて「トロールで約一割一分，底曳は僅か四分」にまで減少した[11]。しかし戦後の以西底曳網漁業は急速に復興した。「以西漁業は，漁獲物の集中的な水揚げが可能なため，政府としては，食糧問題の解決のため戦後最も

---

[10]　1990年8月1日に公布された「水産業法」（法律第4252号）では，遠洋漁業とは「海外水域」を操業区域とする漁業とされ（第41条），「海外水域」とは，日本海・黄海および東シナ海と北緯25度以北東経140度以西の太平洋海域を除外する海域とされた（第2条）。このような韓国の遠洋漁業は1957年のインド洋での試験操業からはじまる（『韓国遠洋漁業三十年史』84〜85頁）のであり，本書の主題である東シナ海・黄海・日本海を主漁場とするトロール漁業・機船底曳網漁業・機船旋網漁業は現在の韓国では「近海漁業」に分類される。そこで，本書ではこれらの漁業を「遠洋」漁業と表記する。

[11]　『二拾年史』（日本遠洋底曳網漁業協会，1968年3月，東京）13頁。

実効のある漁業種目として注目していた。企業の側から言っても，漁不漁が比較的に少なく，安定した水揚げと資金回転率の早い経済性からいって，とくに資本企業にとっては最も利潤追求の可能性の強い種目であった」[12]。連合国軍最高司令官総司令部（以下「総司令部」と略記）は日本政府の方針を承認して漁船建造の許可を行った[13]。稼働漁船数は，1945年12月の以西底曳5隻，トロール20隻から，1948年6月の以西底曳844隻，トロール56隻へと激増した[14]。操業隻数の増加に伴って，以西底曳では1948年，トロールでも1949年の漁獲量で戦前水準（1940年）を越え，「関西の大都市における入荷量の50％ないし80％は，以西漁獲物によって占められ」るなど，日本の食糧難解決に貢献した[15]。

　このように復興・発展する日本の以西底曳網漁業にとっての課題が，マッカーサーラインの存在だった。マ・ラインの設定にあたっては「日本政府申請の水域を基礎としたが，東シナ海，黄海方面については，操業区域の拡張の要望がほとんど認められなかった（略）。このため，この方面のトロール及び底曳網漁場は戦前の僅か5％程度の狭隘なもの」になった[16]。日本政府は総司令部に対して操業水域の拡大申請を行い，1946年6月22日付総司令部覚書「日本の漁業及び捕鯨許可区域」（SCAPIN-1033）で東シナ海の操業水域は約2倍に拡大された（図2-1）。

　拡大されたといっても以西底曳網漁場はあまりに狭小だった。「戦前の操業による漁獲量によってこの漁場をみるならば，現在の制限漁区の内外の比率は底曳では，内が30％，外70％であり，トロールでは内15％，外85％程度であり，圧倒的に漁区外に主要漁場があった」[17]のである。この30％あるいは15％の漁場に戦前以上の隻数の漁船が殺到して操業した。戦時中に漁業資源が一時回復し

---

(12)　『大日本水産会百年史 後編』（社団法人大日本水産会，1982年3月，東京）73頁。

(13)　『水産年鑑（戦後版）』（水産新聞社，1948年8月，東京）によれば，1946年の3次にわたる鋼船漁船建造許可では，トロールと底曳だけで776隻中454隻，トン数で45％を占めた（80頁）。特に第1次許可申請では西底曳網漁業だけで73％（トン数）を占めた（岡本信男『日本漁業通史』〔水産社，1984年10月，東京〕231頁）。

(14)　『日本遠洋底曳網漁業協会 創立拾周年記念誌』（日本遠洋底曳網漁業協会，1958年2月，東京）102頁。

(15)　前掲註(11)『二拾年史』14～15頁。

(16)　川上健三『戦後の国際漁業制度』（大日本水産会，1972年3月，東京）19頁。

第Ⅰ部 日韓会談と漁業問題

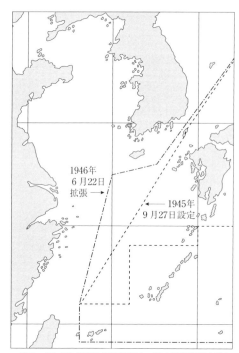

出典:『日本遠洋底曳網漁業協会 創立拾周年記念誌』
(日本遠洋底曳網漁業協会, 1958年2月, 東京)。

図2-1 東シナ海におけるマッカーサーライン

た漁場は急速に荒廃しはじめた。1950年の一曳網当たりの漁獲高(数量)は、1947年に比べて、以西底曳で61%、トロールで49%に落ち込んだ。[18] マ・ラインを越えて操業したとして、1947年からは南朝鮮・韓国が、1948年からは中国(国民党政権)が、1950年からは中国(共産党政権)が日本漁船の拿捕を開始した。

日本政府と漁業者は総司令部に対して操業水域の拡大を訴えた。まず、日本政府が総司令部に対して以西底曳網漁業の漁区拡張を求めた正式文書による陳情は表2-4の通りである。また、占領期において以西底曳網漁場の漁区拡張を求めて、主として漁業界から行った陳情などは表2-5の通りである。

この表でもわかるように、以西底曳網漁場の漁区拡張運動の有力な担い手は、以西底曳網漁業者を組織して1948年2月25日に発足していた日本遠洋底曳網漁業協会である。[19] 同協会による1948年12月2日付の最高司令官宛「漁場拡張に関する陳情」では、漁区拡張の理由として、日本人の摂取する動物性蛋白質の不

---

(17) 農林省水産庁編『我国水産業の現状』(光鱗社, 1949年12月, 東京) 119~120頁。なお、中川恣『底曳網漁業制度沿革史』(日本機船底曳網漁業協会, 1958年7月, 東京)によれば、「(イ)東海黄海の面積211544平方浬 (ロ)内地根拠船による操業面積111554平方浬 (ハ)連合国の許容した総面積70575平方浬 (ニ)(ハ)の内操業面積47660平方浬」であった (270~271頁)。
(18) 前掲註(12)『大日本水産会百年史 後編』74頁。
(19) 日本遠洋底曳網漁業協会は、1942年5月19日公布施行の水産統制令(勅令第520号)を受けて1944年9月18日に設立認可され、総司令部の方針により1948年1月23日に解散認可された西日本機船底曳網漁業水産組合を前身とする。

54

第❷章　韓国の漁業政策と李承晩ライン

表2-4　日本政府から連合国総司令部に対する操業水域拡大への陳情

提出年月日	内　　容
1945年11月22日	東支那海に於けるトロール漁業操業区域拡張
1946年5月11日	支那東海の区域外に於いて5月初旬から9月30日までトロール漁業及び底曳網漁業の操業の一時的許可
1947年5月5日	漁区の総括的拡張許可─支那東海，黄海に於けるトロール漁業及び底曳網漁業操業区域の拡張
1949年5月31日	東支那海に於ける日本トロール漁業及び機船底曳網漁業に対する操業区域拡張陳情書
1950年9月29日	東支那海における漁区拡張に関する陳情書
1951年1月30日	東支那海における日本トロール漁業及び機船底曳網漁業の実情報告書「漁区拡張の機運」

出典：水産庁編『水産業の現況 1952年版』（内外水産研究所，1952年7月，東京）322〜323頁。

足，東シナ海・黄海の漁業資源の豊富さ，現行の漁区を守ることは漁業資源の放棄であると述べ，さらに次のように主張がなされている[20]。

　　我々の知る限りでは，大陸諸国は過去も現在も，東シナ海・黄海における底曳網漁業に従事していない。よって実際の漁業活動において国際競争の問題はこの水域では起こってはこなかった。

このように以西底曳網漁業における日本の圧倒的な実績を主張しながらも，現実には漁船拿捕事件が起こっているためであろう。「日本のために，他の関係諸国──特に中国と朝鮮──と東シナ海・黄海における漁業の特別扱いの問題について，講和会議で最終的に漁業問題が処理されるまでの暫定的協定を締結するよう主導していただきたい」と要請し，さらに中国・朝鮮との友好的な協力と相互協調を強調している。この陳情に添付された漁区拡張の範囲は図2-2の斜線部分である[21]。

----

[20]　米国国立公文書館（RG331）GHQ/SCAP Records, "Petition for Extension of Fishing Area"（Applications and Petitions-Fisheries Divisions Jan. 1949-Nov. 1949）。

[21]　要求された拡張の範囲の正確な経緯度は記されていない。図2-2は前掲註[20]の陳情に添付されていた「東海黄海汽船トロール漁業 東経百三十度以西機船底曳網漁業 漁場区画図」に描かれたものによっている。

第Ⅰ部　日韓会談と漁業問題

表2-5　漁業者から連合国総司令部に対する漁区拡張への陳情

陳情年月日	陳情書標題	陳情書宛先	陳情者
1947年1月15日	東海黄海漁区拡大に関する請願	総司令部水産部	西日本機船底曳網漁業水産組合
1947年11月25日	制限漁区に関する請願	最高司令官	井手組長外十二名
1947年11月21日	東海及黄海に於ける漁区拡張に関する嘆願	総司令部水産部長	全日本海員組合
1948年7月20日	危機に瀕する遠洋底曳網漁業（パンフレット）		日本遠洋底曳網漁業協会
1948年7月30日	底曳漁場問題の真相と我々の主張	総司令部水産部・国会	日本遠洋底曳網漁業協会
1948年12月2日	漁場拡張に関する陳情	最高司令官	日本遠洋底曳網漁業協会
1949年3月	漁区問題に関する我々の要望	対日理事会議長	日本遠洋底曳網漁業協会
1949年5月1日	東海及黄海に於ける漁区拡張の陳情	総理・農林・運輸・安本各大臣	全日本海員組合
1949年5月6日	漁区問題に関する要望	総司令部水産部・米漁業使節団	日本産業協議会
1950年1月30日	海洋漁業対策に関する決議		日本遠洋底曳網漁業協会
1950年5月18日	東海及黄海に於ける漁業操業区域制限の緩和に関する懇願	最高司令官	日本遠洋底曳網漁業協会
1950年8月8日	漁区拡張嘆願署名（71,824名）	総司令部水産部	日本遠洋底曳網漁業協会
1950年9月20日	東支那海の漁区拡張に関する請願書	最高司令官	日本遠洋底曳網漁業協会
1950年10月5日	東支那海の漁区拡張に関する要望	最高司令官・経済科学局・民生局	日本産業協議会
1950年11月21日	東支那海の漁区拡張に関する陳情書	最高司令官	日本労働総評議会
1951年1月	日本漁船の赤十字的役割について	総司令部水産部ウィロビー氏	前根寿一
1951年1月19日	水産人の要望	ダレス氏	大日本水産会
1951年2月6日	漁業問題に関する要望書	ダレス氏	日本海洋漁業協議会
1951年8月	漁区制限撤廃に関する要望	講和全権団	漁業経営者連盟
1951年12月13日	漁船の操業区制限撤廃に関する要望	米漁業代表・最高司令官	全国水産大会
1952年4月10日	マッカーサーラインに関する御願	最高司令官	漁業経営者連盟

出典：『日本遠洋底曳網漁業協会 創立拾周年記念誌』（108～109頁）。

日本政府は，1949年5月10日の閣議決定を経て，5月31日に「日本トロール船及び底曳網漁業の東支那海における漁業区域の拡張に関する請願書」を総司令部に提出した。請願は「現行の漁区が変更されなければ，生産は急速に減少し京阪神地方を含む西日本への食糧供給に深刻な影響を与えるだろう」と述べ，また，乗組員の失業問題が発生して業界そのものの存在を脅かすと訴えた。この請願が要望した日本の漁区拡張の範囲は，図2-3の斜線部分である。[23]

これに対して総司令部は，1949年6月10日付「日本トロール船及び底曳網漁業の東支那海における漁業区域の拡張に関する件 総司令部天然資源局スケンク中佐発森農林大臣宛ステートメント」で次のように回答した。[24]

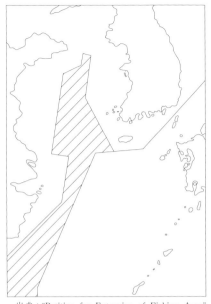

出典:"Petition for Extension of Fishing Area" Applications and Petions-Fisheries Divisions Jan. 1949-Nov. 1949, RG331.

図2-2 日本遠洋底曳網漁業協議会による拡張要請漁区（斜線部）

四 日本の漁夫は，疑いもなく，凡ての諸国に適用される制限以外の制限は少しも受けずに，彼等の作業を実施することを，公海に，再び許容され

---

[22] 米国国立公文書館（RG331）GHQ/SCAP Records, "Petition for Extensions of Fishing Area for the Japanese Trawler and Drag-net Fisheries in the Eastern China Sea"（Applications and Petitions-Fisheries Division Jan. 1949-Nov. 1949）．

[23] 要求された拡張漁区の範囲は，北緯32度42分東経126度―北緯―36度東経125度―北緯36度東経122度30分―北緯28度30分東経122度30分―北緯26度30分東経121度―北緯24度東経123度―北緯32度42分東経126度であった。

[24] 農林大臣官房渉外課訳編『司令部覚書集 自昭和24年1月1日 至昭和25年5月31日』96～97頁．復興金融金庫総務部調査課編『調査報告第7号 以西底曳漁業概観』（刊行場所不明，1949年4月）には，1948年6月までは日本の漁業者は事実上マ・ラインを無視していたという記述がある（6頁）．総司令部の回答はこのような状況への警告であった。

第Ⅰ部 日韓会談と漁業問題

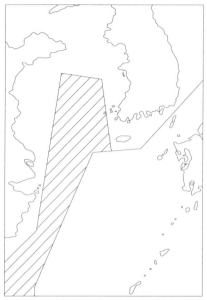

出典：″Petitions for Extensions of Fishing Area for the Japanese Trawler and Drag-net Fisheries in the Eastern China Sea″ Applications and Petitions-Fisheries Division Jan. 1949-Nov. 1949, RG331.

図2-3 日本政府による拡張要請漁区（斜線部）

るよう望むであろう。日本の漁夫がかような目的を達成し得る唯一の道は、連合国最高司令官並びに他の諸国民に次の二つの事を確信させることによるのである。即ち、

a 日本の漁夫は諸規則が連合国最高司令官、日本政府又は国際規定により確立されたものであると否とを問わず、彼等漁夫の作業を統制する規則や協定を遵守すること。

b 日本の漁夫と政府は、水産資源の過剰利用を防止し、適当な研究と抑制によって、確証された最大限度の生産を確保することを希望し、且つ、これをなし得ること。

　五　かような確信は、約束と保証で生まれ得るものではない。それは、効果的な、且つ、継続的な、実行によってのみ、育成され得るのである。このことは、連合国最高司令官及び日本政府により公布された漁業作業に関する諸規則を、日本の漁夫と日本政府が遵守し且つ励行することを要求する。

総司令部の回答は、現行の規制厳守と濫獲防止の徹底を強く命じたものであった。1949年4月上旬から5月にかけて訪日した米国漁業使節団が、帰国に先立って、マッカーサー最高司令官に提出した報告書では、日本漁業への次のような厳しい意見が述べられていた。まず、1937年のアラスカ・ブリストル湾への日本農林省のサケ・マス漁の調査船派遣を「侵略」と評価し、「日本人が無謀

58

な漁獲方法によって国際的反目を捲き起し，他国民の権利と利益とを蔑視する
に至ったのは遠洋漁業の面に於てであり，その反目は今尚存続している」と注
意を促した。さらに，フィリピン・中国・韓国が「自国の沿岸資源を充分に利
用して居らぬことは事実であろう」が，「その漁業を発展しないでいたのにつ
いては，恐らく日本漁業の過度の操業にその責があったであろう」と述べた。
そして，「日本人に対しては，他国民の信頼を確保するまでは国際漁業の平等
な一員として受け容れられぬこと，而して漁業取締規則の侵犯は統制の緩和を
遅らせるに過ぎぬこと納得させるため，普段の宣伝が必要である」と結論づけ
た。韓国はフィリピン・中国とは異なり，戦前の漁業は日本の統治のもとで発
展していた。その点を米国漁業使節団は理解できなかったが，米国漁業使節団
の認識は総司令部の認識と重なる。

　総司令部の回答を受けて，日本政府は２点について特に努力することになっ
た。漁区の厳守については，前年から総司令部に要請していた監視船の派遣が
1949年６月30日付総司令部覚書（SCAPIN-1033-2）で許可され，東シナ海に監
視船４隻を配置した。1949年８月15日には「漁船の操業の制限に関する政令」
（政令306号）を公布して，毎日正午における漁船の位置を無電で水産庁に報告
することを義務づけた。また，資源の保護については，漁区内の漁業資源を保
持しうる水準まで漁船を減船すべきことが真剣に討議された。1949年６月16日，
日本政府（水産庁）は以西底曳，トロールとも約３割の減船の方針を明らかに
して漁業者の協力を求めた。これを受けて1949年から1950年にかけて減船が行
われ，残存隻数は，以西底曳が710隻，トロールが47隻となった[26]。1950年５月
10日付公布の「水産資源枯渇防止法」（法律第171号）と1950年６月22日付公布
の「水産資源枯渇防止法施行規則」（農林省令第66号）の計画では，最大で986
隻あった以西底曳を650隻に，58隻あったトロールを45隻にまで減船すること
になっており，この計画はほぼ達成された[27]。

---

[25]　『米国漁業使節団報告書』（日本水産評論社，1949年10月，東京）28，32〜33，37，49頁。
　　　使節団を構成した３人のうち，エドワード・アレンとドナルド・ローカーは1951年の日米
　　　加漁業交渉で米国代表団に参加した。
[26]　前掲註(14)『日本遠洋底曳網漁業協会　創立拾周年記念史』111〜115頁。
[27]　前掲註(17)『底曳漁業制度沿革史』412，416頁。

59

第Ⅰ部　日韓会談と漁業問題

1949年9月19日付総司令部覚書「日本の漁業及び捕鯨許可区域」（SCAPIN-2046）で新たに許可された漁区は太平洋のマグロ漁場のみで，以西底曳網漁業の漁場に変化はなかった。1949年12月6日にスケンク（シェンク）総司令部天然資源局長は「最近漁区の拡張が問題になっているが総司令部としては当分拡張する意思はない。したがって日本は現在の漁区から出ないで水産資源を有効に保存するよう勤めるべきだ」と語った（「漁区拡張当分望めぬ　スケンク資源局長語る」〔1949年12月7日付『日本経済新聞』〕）。

　総司令部覚書によってマ・ラインが消滅したのは，サンフランシスコ平和条約が発効して日本が主権を回復する直前の1952年4月25日であった。占領期のほぼ全期間にわたって，総司令部は東シナ海・黄海への操業水域の拡大を許さなかったのである。

4　韓国の日本漁区拡張反対運動

　南朝鮮・韓国の漁業関係者や韓国政府は一貫して日本漁区拡張反対を主張した。水産業の専門紙『水産経済新聞』（ソウル）[28]※の主張を，最初に検討してみたい。

　まず，1946年6月22日の日本の操業許可漁区拡張に対しては「再侵略」と位置づけ，朝鮮の漁業資源を奪うものとして次のように非難した。

　これは現在の日本漁区を四倍に拡大し，これにより漁獲量の増大は（略）

---

[28]　『水産経済新聞』は朝鮮水産業会（1949年1月30日に韓国水産業会へと改称）の機関紙であった。朝鮮水産業会は朝鮮水産会などの水産団体を解散統合して1944年4月1日に発足した統制団体で，日本の朝鮮統治終了後も在朝鮮米軍政府や韓国政府のもとで存続した。『水産経済新聞』は1946年6月10日に『朝鮮水産時報』から改称し，同時に日刊となった。『朝鮮水産時報』は朝鮮水産会が1924年から1937年まで刊行した『朝鮮之水産』の後継紙である。『朝鮮水産時報』は最初月刊であったが，1940年3月から旬刊に，1941年11月からは週刊となって日本の朝鮮統治終了後も刊行され続けた。日本統治期から米軍政期にかけての同紙の発行頻度の増加は，朝鮮経済における水産業の比重の増大を示すものであろう。拙稿「朝鮮引揚者と韓国——朝水会の活動を中心に」（崔吉城・原田環編『植民地の朝鮮と台湾——歴史・文化人類学的研究』〔第一書房，2007年6月，東京〕）参照。

莫大な数量になる。（略）元来日本民族は侵略民族だったが，敗戦後も海洋占有の実現計画は彼らの他国の富に対する侵略意図を露骨に表示したものと解釈するほかはない。　　　　　　（「社説 日本漁区拡大の影響」1946年7月31日）

マ・ライン問題への怒りは，次のように南朝鮮の水産行政へのいらだちとして表現される。そして，ここでも「遠洋」漁業への強い志向が現れる。

　まず朝鮮を侵犯しようとする彼らの根性も憎んで余りあるが，要は我々朝鮮水産業が間隙を相手に与えているということ自体が弱点なのである。朝鮮水産を展望できる透徹した力を持つ者ならば，最近朝鮮において遠洋漁業進出の緊急性を充分に斟酌できる。にもかかわらず行政当局が挙げている漁業政策といえば，いつも姑息でこれに対する闘争心も希薄だと言わざるをえない。なぜならば現実情で遠洋進出の二大隘路である技術難と船舶難を克服するにはあまりに不安を感じざるをえないからである。

　　　（「遠洋漁業進出が至急 倭敵再侵の陰謀を防止せよ」1947年7月19日）

「遠洋漁業」振興を目指した1948年の朝鮮遠洋漁業株式会社の創立はマ・ライン問題に対応したものでもあったことは，会社設立を論じた次の記事からわかる。

　問題は（マ・ラインの——筆者補注）限界線が朝鮮漁業において屈指の宝庫である南海漁場に接近していることと，歴史的実証に照らして，また厳しい実情と比較してみて，日人密漁船の頻繁な侵襲で（略）南海漁場が荒廃する恐れがある点だ。（略）結局は遠洋漁業の推進だけがマッカーサーライン問題と日人侵襲を防御できる唯一の道であることを悟るようになった。

　　（「衆論紛々のマッカーサーライン 日漁船航海制限の堅塁」1947年12月20日）

1949年5月27日付『日本経済新聞』に，日本政府が漁区問題で関係方面と交渉を開始するという記事（「東支那海に期待 漁区拡張 政府交渉せん」）が掲載され

第 I 部　日韓会談と漁業問題

た。同年 6 月 8 日以降,『水産経済新聞』はこの問題を大きく報道するように
なり,激しく日本を非難した。結局東シナ海・黄海への日本の操業許可漁区拡
張は実現しなかったが,これに対して韓国政府当局者の 1 人は次のように述べ
ている。

　　マック・ライン拡張に対する日本の要請を拒否したマック司令部に感謝す
　る。これで我が水産界は更生したのだ。その理由はもしマック・ラインが撤
　廃されれば一般自由に公海内で漁業に従事する関係で,日本は韓国近海を攪
　乱する危険性が多いためだ。すなわち日本は現在相当な漁業施設を持ってお
　り,韓国は遠洋に対する漁業施設が原始的な関係で彼らと競争して遠洋を開
　拓することは困難なためだ。よって韓国水産は滅亡状態になるのである。も
　う一つの原因は魚族は沿岸三海里外から百海里以内で棲息しており,三海里
　以内の近海では多年間の濫獲で漁場はほとんど荒廃している。こうして遠洋
　進出でなければ韓国水産は滅亡する。したがって(略)拒否は実に再生の感
　がある。　　　　　　　　　（「再生の感あり　水産局長劉寿勲氏談」1949 年 6 月 21 日）

濫獲による沿岸水産資源の枯渇に悩み,日本に比べてはるかに劣悪な条件下で
「遠洋」漁業を推進せねばならない韓国水産業にとって,マ・ライン維持は死
活的な意味を持つという主張である。これらの記事でわかるように,『水産経
済新聞』は日本漁船の操業水域拡大を韓国の「遠洋」漁業漁場を奪うものとと
らえて反対したのであった。
　1949 年のマ・ライン問題では,韓国国会で黄炳珪議員らの動議により,6 月
14 日に日本漁区拡張に反対する「マッカーサー線に関する緊急動議案」※が提
案され,満場一致で可決された。その提案理由に次のような一節がある。

　　（日本漁区の拡張を――筆者補注）司令部が許容する意図を持つのならば,三
　面環海の地理的条件により水産立国を指向する韓国の民族的生命線の脅威で
　ある。将来,韓国水産の発展はわずか三万四～五千平方海里の沿岸漁業に跼
　蹐することではなく,黄海・東南シナ海・渤海・東海など二十七,八万平方

62

海里の遠洋漁業の開拓にあるのであり，我が五十万余の水産人は万難を排して遠洋進出を早急に期日内に実現して国際漁場の比重と慣行を得ようと鋭意邁進中なのである。我が国重要漁場は大部分が公海にあること，日帝植民政策により我が民族の海洋進出の機会を持つことができなかったため，解放以後まだ充分な実力を持つに至っていない我々にとっては，ただマッカーサーラインの存在を以て遠洋漁業の発展をめざしている。（略）日本の出漁を自由にすれば黄海の魚族は枯渇し韓国漁業は没落を免れず，国民食糧確保と外貨獲得上重大な財貨を失うのである。

　ここでは，日本漁区拡大は「日帝植民政策により」不当に遠ざけられていた「遠洋」漁業の発展を目指す韓国の努力をふみにじるものと主張されている。
　この「遠洋」漁業漁場について水産行政の責任者であった李壬道は次のように具体的に述べている。[29]

　韓国水産業の恒久的発展を図るには，やはりその根本要因の一つとして遠洋漁場の開拓問題があろう。いわゆる遠洋漁場といえば，まず東シナ海を指摘せねばならない。この海域中で機船底曳網及びトロール漁業に適合した（略）漁場は過去日政時代から日本人が開拓し，年漁獲高５万瓲（トン），韓国総漁獲高の六分の一乃至五分の一に該当する漁獲をあげていた。よって（略）我が国漁民は地理的に見て近接するにもかかわらず，漁船の不備も起因し，（略）漁労技術の拙劣さも相俟って，国内業者は全的にこの漁場への進出を避けているという現状である。（政府ではこの漁場への出漁奨励策や補助精度を実施しているが――筆者補註）この漁場は今後国際的に見て国家方針として緊急に確保せねばならない時期に来ている。

　韓国が独占をめざした「遠洋」漁業漁場とは東シナ海の底曳網漁業の漁場であった。日本におけるトロール漁業の創始者であり，日本水産株式会社の創業者

────────────

⑳　「水産業當面問題」（『首都評論』第１号〔1953年６月，刊行場所不明〕）※89頁。

でもあった国司浩助（くにし）（1887～1938）が，「支那東海及黄海も漁場的資源としては相当価値の大なるものあるを認めんとするものである。即ち，之等の資源は（略），我等トロール漁業者，機船底曳網業者等が多年の間刻苦精励努力の結果によって贏ち得た処の資源であると同時に，其の資源は永遠に我等日本人の漁業家によって利用し，実質的に専有すべきものであります。而してその資源は支那東海及黄海（渤海も含む）約二七万平方哩で（略）あります[30]」と述べたように，それは戦前日本漁船が開拓した漁場であった。

　1948～49年に日本が総司令部に対して要望した操業水域の拡大が，朝鮮半島沿岸に対するものではなかったことは注目されてよい。図2-2の斜線部で示した1948年12月の以西底曳網漁業界の陳情による拡大要求漁区も，図2-3の斜線部で示した1949年5月の日本政府の請願による拡大要求漁区も，マ・ラインによる日本の漁区の限界線（北緯26度東経123度～北緯32度30分東経125度～北緯33度東経127度40分～北緯40度東経135度）のうち，対馬北方から済州島南方に至る線は変更されていない。要望された新水域は，主として，黄海の南部と東シナ海の西部であった[31]。しかしこの水域は韓国にとっても未来の「遠洋」漁業の漁場であり，韓国の激しい反発を招いたのであった。

5　「反日の論理」と「冷戦の論理」

　韓国では，1949年のマ・ライン問題に関して，後の李承晩ライン設定に発展する主張が生まれていた。例えば，「マッカーサー漁線拡張は大韓民国の海上権侵害」（『週報』12号，大韓民国政府公報處，1949年6月2日）※には，日本の漁区拡張反対の理由として次の六つの理由が列挙されている（1～2頁）[32]。

---

(30)　桑田透一編『国司浩助氏論叢』（丸善株式会社，1939年4月，東京）728頁。
(31)　当時，トロール漁業に従事していた菊池良兵氏（1925年生）は次のように語った（2011年3月30日に松江にて聞き取り）。当時，マ・ラインは「赤ライン」，その外側の水産庁の違法操業を行う日本漁船の監視船が配置された位置は「青ライン」と呼ばれていた。日本漁船は夜間消灯して「赤ライン」そして「青ライン」を全速力で突破して渤海湾の高価なエビの好漁場を目指した。菊池氏は函館水産専門学校（1944年に函館高等水産学校を改称）卒業後，1947年から大洋漁業株式会社で実習した後1948年に同社に入社。1949年からは水産庁に出向して東シナ海で監視船に乗り組んだ。

一番目に，日本人がマッカーサー漁線を越境するのは我が国民の権利を剝奪し，また一部漁族の絶種をもたらし，将来には韓国水産業を危機に陥れる恐れがあること。

二番目に，これは将来の大韓民国の国防を脅かすものであること。

三番目に，日本再起をあまりに促進する傾向は日本の再軍国化を招き，結局は極東の平和に危機をもたらすこと。

四番目に，日本はすでに日本東部周辺海域に無制限な漁場を所有しており，従って日本が韓国周辺海域にまで漁場を拡張しようとするのは，日本が裏で別個の意図を持っていると見ざるをえないこと。

五番目に，韓国政府の同意がなくマッカーサー線を改定拡張することは，極東における全防衛態勢を弱化させること。

六番目に，我が大韓民国所有の漁場は韓国経済にもっとも重大な関係があること。

このように，マ・ラインの変更には韓国政府にも発言権があると主張した。しかし，もともとマ・ラインは日本漁業を管理するために総司令部が設定したものであって韓国とは本来無関係であり，よって韓国政府の主張は誤りであった。

1954年に発行されたと推定される外務部政務局『外交問題叢書第一号 平和線の理論』※では，韓国が日本漁区拡張に発言権がある根拠について，1946年2月18日に米国の国務・陸軍・海軍・調査委員会（SWNCC）が決定した「日本漁業に対する措置」の「連合国の管理下にある場所に近い海域では関係国の事前許可がない限り日本漁業は許可されてはならない」という項目が提示されている（47~48頁）。したがって，1949年9月19日付の日本漁区拡張は「太平洋内部の海域が新しく操業区域に編入されたのみで，韓国の隣接海域では何らの変更または拡張がなかった」。そして，その後も東シナ海・黄海でマ・ラインが変更されなかったのも，「SWNCCが決定した韓国隣接海域の漁区拡張は韓

⑶　外務部長官から駐日代表部代表に宛てた1949年6月8日付電文「『マッカーサー線』に関する件」（外通交第88号）（『大韓民国外交年表 附主要文献』〔外務部文書局文書課，1962年12月，ソウル〕163~164頁）※とほぼ同内容である。

第Ⅰ部　日韓会談と漁業問題

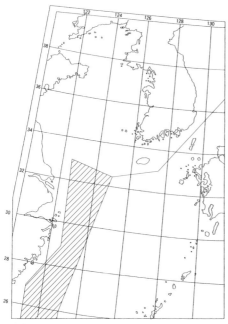

出典：Petititon for Extention of Fishing Areas East China Sea Dec. 1948-?（RG331）.

図2-4　総司令部による拡張要請漁区（斜線部）

国との事前許可がない限り許可されてはならないという政策に依拠したものであり，日本漁船がマッカーサーラインを越境して韓国隣接水域に侵入すれば必ず極東の平和を維持できないという前提下で，日本を平和攪乱できない位置に置こうとしたSCAPの深慮遠謀の努力の結果」であったと説明される。同書において韓国は，韓国の主張する「反日の論理」に従って総司令部は日本漁船の操業許可漁区拡大を行わなかったと主張したのである。

しかし，1949〜50年に日本政府が様々な措置をとったにもかかわらず，総司令部が東シナ海・黄海における日本漁区拡大を許さなかったのは，「反日の論理」ではなく「冷戦の論理」によるものであった。朝鮮戦争において激戦が展開されていた1950年11月18日，総司令部は国務省に対して，東シナ海の日本漁区拡大を提案した。「トロール漁業に与えている危機的な経済状態を救済し国内消費のための生産を増大させるため，公認された東シナ海における漁区を拡大」するというのがその趣旨であった。新しい漁区は，図2-4の斜線部分のように，中国大陸の海岸沿いに線を引いたものであった。この提案は天然資源局が要請し，外交局が中国（国民党政権）の駐日大使館と協議

(33) SEBALD → DEPT OF STATE WASH DC（米国国立公文書館（RG331）GHQ/SCAP Records, Petition for Extention of Fishing Areas East China Sea Dec. 1948-?）．図2-4の新しい漁区の範囲は，北緯32度30分東経125度―北緯33度東経122度30分―北緯32度東経122度30分―東緯30度45分東経123度25分―北緯28度53分東経122度30分―北緯27度東経121度―北緯26度東経121度―北緯26度東経123度―北緯32度30分東経125度である。

した上で行われた。天然資源局は「日本政府と水産業界からの（略）東シナ海における公認漁区の拡大の許可の圧力にさらされ続けた」とある。[34]

国務省の回答は1950年12月1日に行われ，総司令部の提案を却下した。「中共は疑いなく自らの宣伝において，この特別な時点におけるそのような行動は米国が日本と協力した，さらなる中国本土への攻撃的な計画であることを示すものだと指摘するだろう。さらに，もしSCAPが東京の中国大使館と話合い，中共の海岸線で日本が再び漁労することに中国大使館が同意したとするならば，中共の宣伝価値はさらに大きくなる」というのがその理由である。[35] 1950年10月25日に中国（共産党政権）が朝鮮戦争への直接介入を開始し，12月4日に韓国軍が平壌から撤退するという緊迫した状況下で，米国がまず中国（共産党政権）の動向を念頭に置いてマ・ライン問題に対処したことがわかる。総司令部天然資源局はこの回答を受け入れ，それ以上の行動をとらなかった。

この時，マ・ライン問題について，日本遠洋底曳網漁業協会は朝海浩一郎外務省参事官を通じてヘリントン総司令部天然資源局水産部長と折衝した。1950年11月30日の会見内容は次のように記録されている。[36]

　ヘ氏「漁区拡張の問題は，しばしばお話しているとおり既に自分の手を離れており，高い所で決定される段階にある。」

　朝海「小生として漁区を多少拡げることが貴方かぎりの裁量でできず，最高部や華府（ワシントン）の決済まで仰がねばならぬという点が了解しかねる。」

　ヘ氏「そんなことを言っては困る。この関係は恐らく日本では想像しがたいような国際関係の考慮を必要とするのだ。」

　マッカーサー・ラインは，それが設けられたときから米ソ両国家群の境界線的要素が含まれていた。そのため北海道周辺と東海黄海はマッカーサー・

---

(34) "Proposed Extension of Authorized Fishing Area in the East China Sea" Ibid.

(35) STATE DEPT WASH DC → SCAP（USPOLAD）TOKYO JAPAN Ibid.

(36) 前掲註(14)『日本遠洋底曳網漁業協会 創立拾周年記念誌』106頁。引用文中の「マッカーサー・ラインの第一次および第二次の拡張」とは，1945年9月27日の設定と1946年6月22日の拡張を指す。

第Ⅰ部　日韓会談と漁業問題

ラインの第一次および第二次の拡張に際しても取り残されていた。

上記引用文中「高い所」とは前記の米国務省と総司令部の意見交換を指す。「国際関係の考慮」の対象としては，引用文にあるような東西対立に伴うかけひきがあった。米国務省は中国（共産党政権）に神経を使っていた。米国の政策担当者だけではない。1950年における日本漁船拿捕件数の違いによると思われるが，1951年2月24日，同月27日，翌年3月1日に日本の衆議院水産委員会で行われた東シナ海・黄海での漁船拿捕に関する審議でもほとんどが中国（共産党政権）による拿捕事件に時間を費やしている。韓国のマ・ライン反対運動への対応が視野にない点は，1948年12月の日本遠洋底曳網漁業協会の陳情も，1949年5月の日本政府の請願も同じである。日本が希望する操業水域の拡大は，朝鮮半島沿岸ではなく，国共内戦中の中国大陸沿岸に対するものであった。したがって総司令部や米国が考慮せざるをえなかったのは，中国（共産党政権）であった。

『外交問題叢書第一号　平和線の理論』で，総司令部は日本の再侵略から韓国を守るため日本漁船の操業許可区域拡大を行わなかったと韓国は主張した。しかし，朝鮮戦争の時期に東シナ海・黄海のマ・ラインを総司令部が改訂しなかったのは，韓国のいう「反日の論理」に従ったものではなく，米国の「冷戦の論理」に従ったものであった。にもかかわらず，韓国はこの後も「反日の論理」に従って行動し続けることになる。

6　李承晩ライン宣言と漁業問題

1950年2月9日から3月4日にかけて，ヘリントン総司令部天然資源局水産

───────

(37)　前掲註(16)『戦後の国際漁業制度』によると，1946年6月22日の漁区拡張では事前に対日理事会で審議し，ソ連代表は会議後に反対の申し入れをしたが連合国軍最高司令官は漁区拡張を許可した。1949年9月19日の漁区拡張では対日理事会の事前審議は行わなかったが，直後に極東委員会で討議された。オーストラリアとニュージーランドが漁区拡張に強硬に反対し，中国（国民党政権）とフィリピンおよびソ連がこれを支持したため討議は行き詰まった。したがってその後は新たな拡張はなかった（45〜46頁）。

部長が，ECA（経済協力局）の要請により，韓国の水産事情を視察するために訪韓した。その報告書には，「総司令部にとっての重要事項」の一つとしてマ・ライン問題が取り上げられている。以下は報告の要約である（原文は英語）。

　ヘリントンは，李承晩大統領，林炳稷外務部長官，水産行政の担当者，漁民代表に対して，「マッカーサーラインは日本のみに適用される占領行政上の手段であり，マッカーサー司令官によって早期に終了されない限り，連合国が日本との講和条約に署名した時にその存在を終える」こと。また，「米国の水産業界が講和条約に日本の漁労の制限が含まれることを望んでいるにもかかわらず，現時点における米国政府はそのような制限を考えていない」ことを説明した。

　韓国政府の官僚たちはこのような状況を受け入れているように見えた。彼らは日韓間の漁業協定によって現行のマッカーサーラインを継続することを望んでいた。それに対してもヘリントンは，「現行のマッカーサーラインのような公海における漁労の制限に日本が同意することは考えられない。しかし，（日本は──筆者補注）濫獲を防ぐための漁労の全般的な制限には同意する可能性がある」と説明した。

　一方，3月3日の会談での李承晩の反応は「およそ現実的なものではなかった」。彼は「日本漁船の拿捕の問題は完全な誤解から生じたと熱心に述べた。マッカーサー司令官のメッセージは彼には届いていなかった」。彼はまた「マッカーサーラインを他の名前で継続させる考えを示した」。

上記引用文中の「メッセージ」とは，1950年1月9日から1月12日にかけて起こった5隻の日本漁船の韓国による拿捕事件に関して，1月19日に総司令部から駐日韓国代表部に発せられた覚書であろう。この覚書で総司令部は日本漁船拿捕に強く抗議し，「公海における日本の漁労活動は総司令部の命令によっ

---

⑧　"Field Trip to Korea as Requested by ECA to Investigate Fisheries Situation"（米国国立公文書館（RG331）GHQ/SCAP Records 725.3: Korea-Fisheries Division Mar. 1950-Aug. 1950）.

第Ⅰ部　日韓会談と漁業問題

てのみ管理されること」を強調して日本漁船拿捕停止および漁船と乗組員の返還を求めた。総司令部のこの方針を了承した談話を林炳稷韓国外務部長官が発表し[40]，1950年2月7日から同年12月7日まで韓国による日本漁船拿捕はなかった。しかし，李承晩は総司令部の方針に納得しなかったことをヘリントンの報告は示している。マ・ラインのような「漁区の制限を対日講和条約のなかに設けたい」という李承晩の意向は1950年1月28日付『西日本新聞』（福岡）でも報じられた。

　おそらく李承晩は，前述の「マッカーサー漁線拡張は大韓民国の海上権侵害」と同様の発言をしたのであろう。そのうち，一番目の「日本人がマッカーサー漁線を越境するのは我が国民の権利を剥奪し，また一部漁族の絶種をもたらし，将来には韓国水産業を危機に陥れる恐れがあること」と六番目の「我が大韓民国所有の漁場は韓国経済にもっとも重大な関係があること」という項目に注目したい。マ・ラインを日韓の境界線とみなし，日本から見てマ・ラインの外側の漁場を韓国の所有物とするという主張である。韓国にとってマ・ラインによる日本漁船排除は自国の既得権益であった。しかし，前述したように，マ・ラインは日本漁業を管理するために総司令部が設定したものであって韓国とは本来無関係であり，公海に「大韓民国所有の漁場」を設定したものではなかった。

　にもかかわらず，ヘリントンの報告にあるように，李承晩はすでに1950年3月の時点で「マッカーサーラインを他の名前で継続させる考え」を示していた。そしてこの構想を具体化する作業を行ったのは，池鐵根（チチョルグン）（商工部水産局漁労課長，任1948～52年）[41]であった。彼は外国漁船の操業を禁止する「漁業管轄水域」案を1951年春に作成したが，そこでの東シナ海の画線は李承晩ラインに継承さ

───────────────

⑶⑼　SCAP TOKYO JAPAN → EMBASSY SEOUL KOREA, 19 JAN 50（米国国立公文書館（RG331）Korean Seizures July 1946-Sept. 1951）。この書簡は次の文書群にも収録されている。米国国立公文書館（RG331）GHQ/SCAP Records, 433.11 : Seisure of Japanese Fishing Boats, 1950 Jan. 1950-Dec. 1950.

⑷⑽　「調査のみで拿捕せず　漁船取締　韓国との協定成る」（1950年1月26日付『日本経済新聞』）。アジア局北東アジア課内日韓国交正常化交渉史編纂委員会「日韓関係⑴（未定稿）」（日6-827-490）によれば，1950年2月1日に「総司令部と韓国政府の間にマッカーサーラインを越える日本漁船の取締に関する取りきめ成立」とある。

れた。図2-5を見れば，済州島南方および西南方のタイ・レンコダイ（キダイ）の漁場（図2-5の①と②）の確保を池鐵根が目指したことがわかる。彼は，「主要魚種の産卵場になっていた点を考慮して，またこれを含ませねばならない重要性に鑑み」，済州島周辺の漁場を包み込む形で「漁業管轄水域案」を作成したのであった。[42]韓国政府成立前に，鄭文基南朝鮮過渡政府農林部水産局長はすでに次のように述べていた。「遠洋漁業には済州島西南東シナ海のトロール漁場の開拓と南氷洋捕鯨漁業の進出の二つがある」。このトロール漁場に「我が戦士を進出させ，日本漁夫の侵掠企図を防止せねばならない」。「この漁場は我が民族と支那民族が保護利用せねばならない特質の漁場であり，（略）この漁場の蕃殖保護に何ら関係のない日本民族の進出は不当なのであり，我々は民族を挙げてこの漁場の保護開拓に全力を尽くさねばならない」[43]。池鐵根の「漁業管轄水域案」画定作業は鄭文基の主張に沿ったものであった。

　水産庁が残した『拿捕並びにこれに類似した事故を発生した漁船の一覧表昭二六，三，五現在』（水産庁生産部海洋課，刊行年月・刊行場所不明）によれば，1947年2月から1951年3月までに南朝鮮・韓国に拿捕された40件53隻の日本漁

---

(41)　池鐵根『水産富国の野望』（韓国水産新報社，1992年11月，ソウル）※によれば，池鐵根（1914～2007）は「全羅南道高興郡外羅老島塩浦里」に生まれ，1937年に函館高等水産学校（現北海道大学水産学部）を卒業した。『月海 池鐵根博士 私の水産人生』（韓国水産新報社，1998年11月，ソウル）※によれば，日本の朝鮮統治終了時は注文津にあった江原道水産試験場技手であったが，1946～47年に慶尚北道水産局長，1947～48年に「農務部水産局行政官」，1948年の韓国政府成立後は商工部水産局漁撈課長（～1952.12.5），その後，商工部水産局長，海務庁水産局長となった。2002年3月27日に行った筆者による直接取材に対して，ヘリントンの訪韓時に自分が案内したことや，彼とは仲がよかったことを語った。また，池鐵根は1・2・4・6次日韓会談の韓国側代表であり予備会談にも関与した。池鐵根の他の著作は次の通りである。『平和線』（汎友社，1979年8月，刊行場所不明）※，「韓日漁業会談」（『現代韓国水産史』水友会，1987年12月，ソウル）※，『月海 池鐵根博士論説集』（韓国水産新報社，1989年11月，ソウル）※，『韓日漁業紛争史（増補版）』（韓国水産新報社，1990年8月，ソウル）※，『試練期の水産業史』（韓国水産新報社，1998年11月，ソウル）※。なお，日本統治期に欝陵島から竹島に出漁し，注文津でも缶詰工場を経営していた奥村亮は池鐵根を「私と知己の間柄である」と述べている（「奥村亮口述書昭和28年7月11日」〔アジア局第二課『竹島漁業の変遷』1953年8月〕38頁）。

(42)　前掲註(41)『平和線』116頁。なお，2002年3月にソウルで行った筆者の直接取材に対して池鐵根は，済州島東方のサバ漁場確保も「漁業管轄水域」画定のねらいであったと語った。

(43)　鄭文基「三面包海の水産資源 経済独立の基礎」（1948年1月11日付『東亜日報』）※。

71

第Ⅰ部　日韓会談と漁業問題

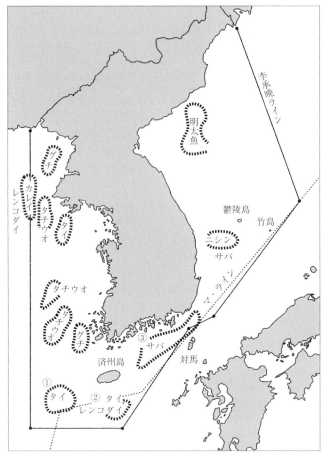

出典：森田芳夫「日韓関係」鹿島平和研究所編『日本外交史28　講和後の外交(1)
　　　対列国関係（上）』（鹿島研究所出版、1973年5月、東京）。漁場は1952年
　　　10月17日付『日本経済新聞』による。

図2-5　李承晩ライン関係図

船のうち、26件39隻が以西底曳漁船、3件3隻がトロール漁船であった。マ・ラインルン問題の最大の焦点は、マ・ライン理由とする拿捕によって、済州島の南方および西南方の好漁場から日本の以西底曳網漁船を排除しようとする韓国と、日本との対立であった。同時期の以東底曳漁船の拿捕は6隻、一本釣漁船の拿捕は2隻であり、それらは主要な問題ではなかった。1946〜49年に『水産経済新聞』に掲載された59件のマ・ライン問題関連記事のうち、以東底曳網漁船の

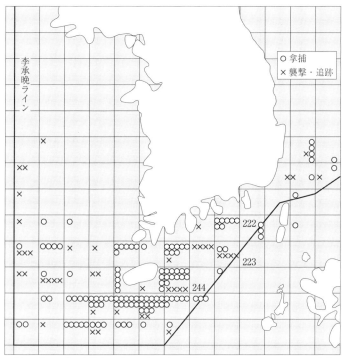

注(1)：○×の数は農林漁区（マス目）ごとの件数である。222・223・244は漁区番号である。
1947〜54年の被拿捕日本漁船数はこの図より多い。この図に表示されているのは拿捕位置が明確なもののみと考えられる。
(2)：森須和男「李ラインと日本戦拿捕」（『北東アジア研究』28，島根県立大学北東アジア地域研究センター，2017年3月，浜田）の情報をもとに、1955年以後の拿捕位置を地図に再現すると、李承晩ライン外の拿捕が増えたものの、済州島から対馬にかけての海域に拿捕が集中していることは変わらないことがわかった。
出典：水産庁福岡漁業調整事務所編刊『以西トロール・機船底曳網漁業現況資料 昭和29年末現在』（1955年）。

図2-6 韓国被拿捕襲撃図（〜1954年）

拿捕や日本漁船による韓国沿岸漁業への被害を伝える記事は5件にすぎない。

図2-6で問題はより明確である。1947年から1954年までに拿捕された日本漁船の位置を示したもので、韓国による拿捕が済州島の東側（サバ漁場）と南側（底魚漁場）に集中していることがわかるであろう。焦点は東シナ海・黄海の好漁場であった。

図2-7と図2-8は、韓国による日本漁船拿捕が激化した1953年9月を境に

第Ⅰ部　日韓会談と漁業問題

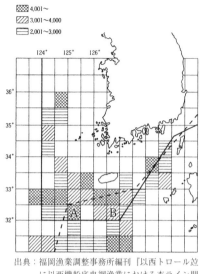

出典：福岡漁業調整事務所編刊『以西トロール並に以西機船底曳網漁業における李ライン問題の資料について』（刊行年不明）。

図 2‐7　以西底曳の曳き網回数（1952年9月～53年8月）

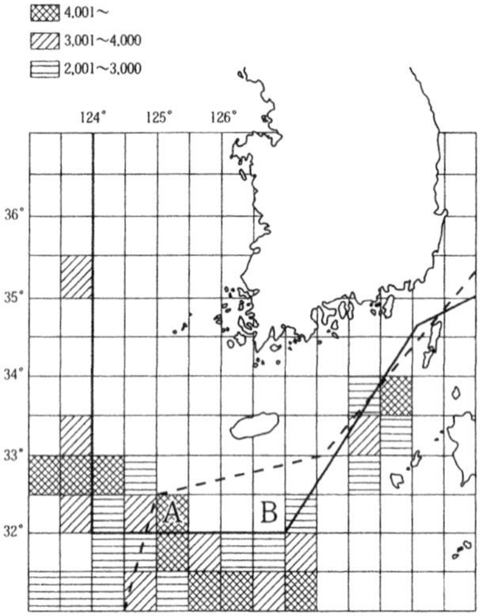

出典：図 2‐7 に同じ。

図 2‐8　以西底曳の曳き網回数（1953年9月～54年8月）

して，その前の1年間とその後の1年間の以西底曳の曳き網回数を比較した図である。図 2‐7 は，済州島の南方，そして西方に日本漁船が集中して操業する以西底曳の好漁場があったこと，李承晩ライン（実線）はこれらの漁場を巧みに囲い込んでいることを示している。図 2‐8 の A の区域（北緯32度～32度30分，東経125度～125度30分）にソコトラロックが，B の区域（北緯32度～32度30分，

---

(44) 李承晩ライン水域の漁場の比率は漁獲量で，トロールは盛漁期（2月）92.70％，年間57.53％，以西底曳は盛漁期（1月）64.37％，年間32.07％であった（「以西底魚漁業資源と李ラインの問題」〔底魚資源調査研究連絡〕20，水産庁西海区水産研究所遠洋資源部，1954年3月，長崎〕21頁）。この報告は土井仙吉「以西遠洋底びき網漁業根拠地の盛衰」（日本地理学会編『地理学評論』32‐1，古今書院，1959年1月，東京）に引用された。『以西トロール並に以西機船底曳網漁業に於ける李ライン問題の資料について』によれば，李承晩ラインによる漁獲（重量）の減少率はトロールで約36％，以西底曳で約68％であった。トロールの減少率が低いのは，「トロールに於ては底曳に比して他の漁場への転換が甚だ困難であるため拿捕等の危険をおかしてもなお従来の李ライン内の漁場に出漁せざるを得なかった」からという説明がある（2～3頁）。なお，池鐵根は，資源分布を正確に把握して李承晩ラインが画線されていることに日本人の専門家たちが驚いたと聞いたと，自慢げに書いている（前掲注(41)『平和線』115頁）。

東経126度30分～127度）にウワテノカキノ瀬があった。この二つの漁場は「とって置きの魚巣」といわれた水域であり，マ・ライン（破線）より南側にあって日本漁船が操業可能な水域であった。池鐵根は，以西底曳網漁業の好漁場を日本から奪おうとしたのである[46]。そして図2‐8からは，日本漁船排除を目指した韓国の圧迫にもかかわらず，日本漁船はＡのソコトラロックに執着して操業していたことがわかる。

韓国「遠洋漁船」がソコトラロック周辺で本格的な操業を開始したのは1960年代のこととされる[47]。韓国が李承晩ライン宣布によって目指したのは，北部東シナ海・黄海の韓国「遠洋」漁業の未来の漁場の確保であった。池鐵根は「我が国水産業の十年」（上）（『週報』55号，大韓民国政府公報處，1955年11月２日）※で「水産資源の保護と遠洋漁業の将来のため『漁業管轄権』を宣布して濫獲を防止」したと李承晩ライン宣言を回想している。この「水産資源」とは，主に東シナ海・黄海の韓国「遠洋」漁業が目指した資源に他ならない。

加藤晴子は，李承晩ライン宣言とは，マッカーサーラインの撤廃に伴い，「朝鮮海域の漁場の『回復』と，そこでの自由操業」を要求して「公海自由の原則」をふりかざす日本に対する，植民地支配と朝鮮戦争により破綻に瀕していた韓国水産業の自衛措置であると述べた[48]。しかし，韓国にとって李承晩ライ

---

(45) 「マ・ライン撤廃へ 講和発効前に 遠洋底引協会が運動」（1952年１月26日付『西日本新聞』福岡）。

(46) 李承晩ラインで「主張された水域はマッカーサー・ラインによって画定されていた水域と同一であった」（深町公信「国連海洋法条約に関連する韓国の国内法」〔『関東学園大学法学紀要』6-2，1996年12月，群馬県〕125頁）。李承晩ラインは「マッカーサー・ラインとほぼ同じ線」（同「日韓漁業問題」〔『現代の海洋法』有信堂高文社，2003年５月，東京〕197頁）。このような説明は事実とは異なる。李承晩ライン水域は「現在のマッカーサー線より若干拡張されるので外務部と法務部で国際事情を把握して時機を逸することのない適切な宣布の手続きを踏もう」にすると韓国側公開文書にあるように，韓国の担当者も二つの違いを意識していた（『韓国の漁業保護政策：平和線宣布 1949-52』※1425頁）。

(47) 松浦勉「韓国の近海漁業の概要」（『水産「技術と経営」』343，水産技術経営研究会，1993年９月）16頁。同論文は『東アジア関係国の漁業事情（韓国・中国・台湾・北朝鮮・極東ロシア）』（海外漁業協力財団，1994年９月，東京）に収録されている。同論文には，「韓国の周辺水域の漁場は，1960年代に済州道近海漁場からソコトラ漁場へ，1970年代は黄海・東シナ海・日本海の大和堆へと拡大していった」とある。

(48) 「戦後日韓関係史への一考察——李ライン問題をめぐって」（下）14頁。

第Ⅰ部　日韓会談と漁業問題

ン宣言とはそのような受動的なものではなかった。韓国は，李承晩ラインも含めて，彼らなりの論理と戦略で日本に対抗し，自国の「遠洋」漁業の発展を企図したのである。

第3章

李承晩ライン宣言と韓国政府

1952年1月18日，韓国政府は李承晩ライン宣言（正式名称は「隣接海洋に対する主権に関する宣言」）を行った。日韓漁業紛争の激化そして竹島問題の表面化をもたらした李承晩ライン宣言が戦後日韓関係に与えた影響は大きいにもかかわらず，李承晩ライン宣言前後の韓国の動きはこれまで明らかではなかった。本章では日韓会談（日韓国交正常化交渉）に関する韓国側の記録（以下「韓国側公開文書」と略記）を主資料として，李承晩ライン宣言に関する韓国政府の動きを整理したい。

1　韓国政府とマ・ライン問題

韓国側公開文書において李承晩ライン宣言に至る韓国政府の動きが比較的詳細に明らかになるのは，1951年2月7日の「吉田・ダレス書簡」の発表以後である。同書簡は，「平和条約中に日本漁業に対する恒久的な制限を規定されることのないようにするため」，日本政府が漁業資源保護のために自発的な措置をとることを約束し，米国がそれを歓迎する意を表したものであった[(1)]。これにより，連合国軍総司令部（以下「総司令部」と略記）の命令により日本漁船の操業範囲を制限していた，いわゆるマッカーサーライン（以下「マ・ライン」と略記）が対日平和条約発効によって撤廃されることが確実になり，韓国政府は対応を迫られたのである。金龍周韓国駐日代表部代表が林炳稷外務部長官に送った1951年2月16日付「週間日本情勢報告」では「吉田・ダレス書簡」の要約

---

(1)　川上健三『戦後の国際漁業制度』（社団法人大日本水産会，1972年3月，東京）128〜131頁。

第Ⅰ部　日韓会談と漁業問題

が添付され，「もしマッカーサー線が撤廃されたならば彼ら日本漁業者たちの行為は露骨化して公然と韓国の漁場を攪乱するので，韓国の水産資源を必然的に枯渇させ韓国の経済に及ぼす損失は莫大なものと思われる」として早急な対策を要望している[2]。4月3日に韓国政府は金勲商工部長官を委員長とする対日漁業協定準備委員会を発足させ，同委員会は4月11日の第2回会議で3段階の「対日漁業政策」を決定し，翌日張勉国務総理にそれを報告した[3]。第1段階はマ・ラインを「今後永久的に存続させるという要請を外務部からマッカーサー司令官に」行うこと，第2段階は対日「媾（韓国側原資料の表記で，以下同表記とする）和条約締結時に，日本の侵略を防ぐためマッカーサー線を存続させる項目を同条約文に入れるよう強力に推進すること」，第3段階はマ・ライン撤廃を想定して総司令部と漁業「協定を締結して我が国に有利な条件を技術的に定めることで」その交渉はマ・ライン撤廃前にするのが有利である，となっていた。

　韓国側公開文書には，これらの対策のうち第2段階の対日平和条約に関する韓国政府の動きを示す資料が多く残されている。1951年4月17日に対日漁業協定準備委員会から張勉国務総理に対する「対日媾和条約草案に関する意見具申」が行われた。そこでは，マ・ライン存続を対日平和条約草案の第4章「安全保障」に挿入することが求められていた。マ・ライン問題は「政治的経済的事項に属することは第2次的な問題で，実は韓国のひいては極東の安全保障に属する」からであった[4]。1951年4月3日付で林炳稷外務部長官から駐米大使に宛てた「対日媾和後の韓日間の漁業に関して米国の諒解要請」でも，「日本人の根性は常に漁夫を前衛隊として隣接国家を侵略してきた過去の歴史が明確に証明している」と日本を非難し，「従来の軍国主義及び全体主義の野望を率直に聯合国裁判廷で告白し，今後は永遠に日本が真の民主主義国家として世界平和に貢献することを約束した」と戦後の日本を評価した。そして「我が韓国も民主主義国家として発展する第1段階にある」とし，「今後両国はこの真正の

―――――――――

⑵　韓国側公開文書「韓国の漁業保護政策：平和線宣布 1949-52」1157～1158頁。

⑶　同前，1275～1276頁。

⑷　同前，1300頁。この対日平和条約草案は1951年3月23日付対日平和条約米国草案である（Foreign Relations of the United States 1951, Volume Ⅵ, pp. 946～947）。

民主主義と民権擁護と世界平和のために」衝突してはならないと述べてマ・ラ
イン存続を訴えた。これらの韓国の主張は，マ・ライン問題を漁業問題として
よりも歴史そして安全保障の問題としてとらえようとするものであった。

　1951年4月18日付で曹正煥外務部次官から梁裕燦駐米大使および李範奭
駐華大使に宛てた「対日媾和後の韓日間の漁業に関して米国の諒解要請に関す
る件」でも，「過去の日本帝国主義の大陸侵寇は漁船による海洋進出から始ま
ったので，連合国総司令部では（日本の──筆者補注）侵略を防止しようとして
マ・ラインを制定した」と述べ，マ・ラインが廃止されれば「我が国の経済上
に大きな損失となるだけでなく，過去日本が大陸を侵略した生々しい実例に照
らして国防上の影響も甚大」と訴えた。日本漁船の操業許可漁区拡大を求めて
日本が総司令部に対する働きかけを強めた1949年6月のマ・ライン改訂問題に
際して，同年6月8日に林炳稷外務部長官が鄭恒範駐日大使に送った「マッ
カーサー線に関する件」では，韓国は漁業問題としてマ・ライン改定問題をと
らえていた。これに対して1951年4月のマ・ライン問題に関する主張では，日
本漁船の操業許可漁区拡大を再侵略とみなしてその脅威を強調するなど，韓国
はもっぱら歴史および日本に対する安全保障の観点から米国の理解を得ようと
していた。

　韓国が対日平和条約にマ・ラインを存続させる条文を挿入させることに固執
した理由について，1951年4月12日付で金龍周韓国駐日代表部公使が林炳稷外
務部長官に送った報告書「対日漁業協定に関する基本問題」には次のような記
述がある。「もし対日媾和条約から分離して今後韓日の直接交渉で協定するな
らば，公海漁業自由の原則によって，日本漁船の我が国海面進出を抑制するの
は極めて困難である」。海洋法における「公海自由」の原則に従えば，公海上
に日本漁船の操業禁止区域を設けることは困難であることは韓国政府も気づい
ていた。したがって，対日平和条約に関して，漁業問題よりも歴史および安全
保障の観点からマ・ライン存続を韓国は求めざるをえなかったのである。

───────────
(5)　同前，1270〜1271，1273頁。
(6)　同前，1306，1309頁。
(7)　同前，1327頁。

第 I 部　日韓会談と漁業問題

　韓国は，対日平和条約草案を作成する過程で自らを日本に勝利した連合国の一員として位置づけ[9]，米国と連携して日本に対峙しようとした。その対日姿勢は，日本漁船のマ・ライン違反操業問題も見ることができる。

　マ・ライン侵犯を理由に南朝鮮・韓国が拿捕した日本漁船は，1951年4月18日付「対日媾和後の韓日間の漁業に関して米国の諒解要請に関する件」によれば，1947年から1951年4月8日までに83隻に上り，韓国はこの事態を「経済上または国防上危機に直面する重大な問題」と訴えた[10]。同文書には，韓国による日本漁船拿捕について次のような記述がある。①1948年4月17日付で「軍政長官ディーン少将」はマ・ラインを侵犯した日本漁船を逮捕することを指令した。②同年7月28日にその指令を取り消して日本漁船が領海侵犯した場合のみ拿捕することを明示した。③1951年3月31日に「UN 南韓海軍司令官から我が国の海軍作戦局長に送った書簡によって，現在不法越境した日本漁船を領海以外の場合でも全部これを拿捕すること」とした[11]。この③だけ見れば韓国の日本漁船拿捕は正当性があるかのように見える。しかし，本来マ・ラインは総司令部の専管事項であって韓国政府の関与できる事項ではなかった。韓国側公開文書には1951年4月14日付で「南韓海軍司令官」から韓国海軍作戦局長に宛てた書簡が残されている。そこでは，「連合国軍最高司令官の（日本漁船の操業——筆者補注）禁止は一方的なものであって韓国との協定ではない」として「日本漁夫および漁船の拿捕および処分に関して貴下が UN 海軍から受けた以前の指示は全部無効とする」と，1951年3月31日付の書簡で伝達していた日本漁船拿捕許可が取り消されていた[12]。

　前章で示したように，総司令部は1950年1月19日に「公海における日本の漁

---

(8)　実際には，対日平和条約草案に関する1951年4月26日付の要望書では，マ・ライン存続の要望は対日平和条約第4章「安全保障」ではなく第5章「政治および経済条項」に組み込まれていた。1951年7月19日から8月にかけて行われた米国に対する要請でも，韓国の歴史と安全保障の観点は副次的なものであった。

(9)　この問題については，塚本孝「韓国の対日平和条約署名問題——日朝交渉，戦後補償問題に関連して」（『レファレンス』494，国立国会図書館調査立法調査局，1993年3月）に詳しい。

(10)　前掲註(2)「韓国の漁業保護政策：平和線宣布 1949-52」1307〜1308頁。

(11)　同前，1305〜1306頁。

80

第3章　李承晩ライン宣言と韓国政府

労活動は総司令部の命令によってのみ管理される」として韓国の日本漁船拿捕
停止を求める覚書を駐日韓国代表部に送っていた。さらに，1950年1月29日付
の書簡[13]において総司令部は，マ・ラインを越えた日本漁船の拿捕は日韓間に敵
対的な関係をもたらすとして，その停止要請を駐韓米国大使館が韓国政府に伝
えることを求めた。この書簡で総司令部は，極東委員会を構成する13カ国に含
まれない韓国が公海上で日本漁船を拿捕することは，韓国が極東委員会の構成
国に取って代わることになると危惧した。極東委員会とは，日本占領管理に関
する連合国の最高政策決定機関であり，総司令部は極東委員会の決定の執行機
関とされていた。このように，マ・ライン問題において韓国は占領下にあった
日本に対して連合国と同様の姿勢で臨もうとした。その姿勢は同書簡で「李大
統領と韓国政府の一部には基本的な誤解がある」と述べたように，総司令部を
苛立たせるほど強硬なものであった。

2　「漁業管轄水域」の画定

　1951年3月23日付対日平和条約米国草案第9条には「日本国は，公海漁業の
規制，保護そして発展のための二国間及び多数国間の協定の形成を希望する当
事国とすみやかに交渉を開始することに同意する」とあった。[14]当時対日平和を
担当していたダレス米国国務長官顧問に対して，林炳稷韓国国連大使は同年4
月26日付で要望書を送った。[15]そこではマ・ラインが「現在の形で存続される」

---

(12)　同前，1280〜1281頁。一方で，1951年5月5日付の総司令部による外務省宛覚書では，
　　「マ・ライン外で発見され，その水域にあることが韓国に於ける国連の軍事的努力に脅威
　　を加える虞れがある日本漁船を拿捕することを（国連海軍司令部は韓国海軍に対して──
　　筆者補注）許可している」とあった（水産庁生産部海洋第二課『拿捕並びにこれに類似し
　　た事故を発生した漁船の一覧表』1951年3月）。この覚書は1951年3〜4月に33隻の日本
　　漁船が拿捕された事態に対応して発されたものである。

(13)　TOKYO → Secretary of State January 29, 1950（米国国立公文書館（RG59）Records of
　　the U. S. Department of State relating to the Internal Affairs of Korea, 1950-54: De-
　　partment of State Decimal File 995, Wilmington, Del: Scholarly Resources, Inc., Reel 33）.

(14)　Foreign Relations of the United States 1951 Volume VI, p. 947.

(15)　『大韓民国史資料集30 李承晩関係書翰資料集3（1951）』（国史編纂委員会，1996年9月）
　　233〜236頁。英文。

81

第Ⅰ部　日韓会談と漁業問題

ことが要求されていた。しかし，米国外交文書中の，5月9日という手書きの
日付がある「米国草案に対する韓国の公文に関するコメント」（英語）で，米
国は韓国のマ・ライン存続の要求を拒否する意志を示した。[16]

　1951年6月14日付対日平和条約改訂米英草案では，第9条は「日本国は，公
海における漁猟の規制又は制限並びに漁業の保存及び発展を規定する二国間及
び多数国間の協定を締結するために，希望する連合国とすみやかに交渉を開始
するものとする」と変更されていた。[17]これに関して，同年7月9日にダレスに
面会した梁裕燦は，「朝鮮半島近海での日本人の漁労を制限する」条項が対日
平和条約に含まれることを求めた。しかしダレスは「多くの国の漁業利益が錯
綜しているため，そのような条項が含まれることは条約締結に深刻な遅れをも
たらす」として韓国の要求を拒否した。[18]同年7月19日，梁裕燦は韓彪頊韓国大
使館一等書記官とともにダレスを再訪した。彼らが提出したアチソン国務長官
宛の意見書の第3項目には，対日平和条約改訂米英草案の第9条について，協
定締結までの間マ・ラインが存続するという文言が添付されることを望むとあ
った。ダレスは前回と同様な理由を述べて即座に韓国の要求を拒否した。[19]梁裕
燦は同年8月2日付書簡でもアチソン国務長官に漁業協定締結までマ・ライン
が存続することを要請したが，同年8月10日付でラスク国務次官補から梁裕燦
に送られた書簡（以下「ラスク書簡」と略記）で米国は韓国の要求を最終的に拒
否した。[20]1951年9月8日に署名された対日平和条約第9条では，対日平和条約
改訂米英草案の文言がそのまま残されたのである。ただし，同年7月9日の会
談で連合国ではないため対日平和条約の署名国にはならないことが韓国に告げ
られていたが，漁業問題については対日平和条約第21条で韓国は同条約第9条
に規定された権利を得ることになっていた。しかも，「ラスク書簡」では平和

---

[16]　前掲註(9)「韓国の対日平和条約署名問題——日朝交渉，戦後補償問題に関連して」97～98
　　頁。

[17]　Foreign Relations of the United States, 1951, Volume VI, p. 1123.

[18]　ibid, pp. 1183～1184.

[19]　ibid, pp. 1202～1206.

[20]　米国国立公文書館 （RG59），Lot54 D423 JAPANESE PEACE TREATY FILES OF
　　JOHN FOSTER DULLES. Box 8. Korea.

第3章 李承晩ライン宣言と韓国政府

条約発効までに韓国は日本と漁業交渉する機会があると示唆されていた。

こうしてマ・ライン存続という韓国の要求は米国に拒絶された。前述した対日漁業協定準備委員会の提案の「対日漁業政策」のうち，第2段階の対日平和条約を韓国にとって有利に導く試みは挫折したのである。しかし韓国は対米交渉と同時に，日本との漁業協定の中で韓国の要求を実現させるという「対日漁業政策」のうちの第3段階の準備を同時に進めていた。

対日漁業協定準備委員会による1951年4月12日作成の「対日漁業政策に関する件」中の「韓日漁業協定案（第三段階）」には「二 マック線は現在の通りに存続すること」とあった。しかし，公海上に日本漁船の操業禁止区域を設けることは困難であることに気づいた駐日韓国代表部は，金龍周韓国駐日代表部公使が卞榮泰外務部長官に送った1951年5月10日付の「我国沿海漁業保護政策に関する稟議と仰請の件」で，新に公海上の「漁業管轄権」を提案した。領海を越えて「沿岸から一定範囲内においてその領海国家と関係国の国際調整下に漁業保護を目的とした管轄権を行使できる」というのである。[21]

「漁業管轄水域」の画定作業は，池鐵根（チ チョルグン）（商工部水産局漁労課長）を中心に商工部水産局で行われ，図3-2に示す「漁業管轄水域案」が作成された。画定作業の基礎となったのは，朝鮮総督府の定めた「朝鮮漁業保護取締規則」（1929年12月10日公布，朝鮮総督府令第109号）中の「トロール漁業禁止区域」（図3-1）であった。「過去日本が韓国を強圧で合併してから，漁業資源保護が不可避だという理由で（略）制定した『トロール漁業禁止区域』を基準とした漁業管轄水域を設定すれば日本も自分たちが資源保護のために設定した水域であるということで反発も少ないと見て画定することにした」と池鐵根は述べている。[22]

(21) 前掲註(2)「韓国の漁業保護政策：平和線宣布 1949-52」1357頁。

(22) 池鐵根『平和線』（汎友社，1979年8月，刊行場所不明）112頁。同書によれば，「漁業管轄水域」の経緯度表示は次の通りである（118頁）。①「咸鏡北道慶興郡牛岩嶺高頂」，②北緯42度15分東経130度45分，③北緯37度30分東経131度10分，④北緯35度30分東経130度，⑤北緯34度40分東経129度10分，⑥北緯32度東経127度。⑦北緯32度東経124度，⑧北緯34度東経124度，⑨北緯34度東経125度，⑩北緯39度45分東経124度，⑪馬鞍島西端，⑫「韓満国境の西端」。なお，この「漁業管轄水域」と，前掲註(2)「韓国の漁業保護政策：平和線宣布 1949-52」1387～1388頁の「領海外の保護管轄権設定区域」の経緯度表示には大きな違いがあるが，その原因は不明である。

83

第Ⅰ部　日韓会談と漁業問題

出典：『朝鮮総督府官報』号外, 1929年12月10日。

図3-1　トロール漁業・機船底曳網漁業禁止区域図

出典：池鐵根『水産富国の野望』（韓国水産新報社, 1992年）。

図3-2　漁業管轄水域案

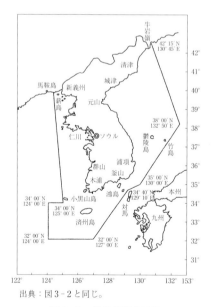

出典：図3-2と同じ。

図3-3　漁業保護水域案

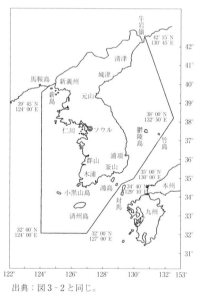

出典：図3-2と同じ。

図3-4　李承晩ライン

日本統治期，朝鮮総督府は沿岸漁業と沿岸漁業資源の保護のため朝鮮半島を根拠地とするトロール漁船を許可せず，日本を根拠地とするトロール漁船の違法操業は朝鮮半島在住の漁業者にとって切実な問題であった。このような経緯から，トロール禁止線を日韓の漁業の境界線とする発想が生まれたのであろう。第1次日韓会談の準備過程で，日本側に「李ラインが当時のものと関連を持つならば，当時の考え方を反駁する材料を集めなければならない」という意見が出たように，池鐵根の目論みは日本側も無視できないものであった。しかし，公海上に二国間の漁業の境界線を引く韓国の行為は海洋法を逸脱するものであり，韓国の主張は「けん強附会」であるとする次のような的確な批判を受けた。

　　トロール漁業禁止区域と機船底曳網禁止区域との大きな差を無視している。資源保護線であるからには，両漁業が，夫々船の大きさもちがい，資源に対する影響も差がある限り，両者を区別して考えるのは当然である。(略) そして今日同海域の資源保存について現実に問題になるのは旋網漁業や底曳船であってトロールではない。

　図3-1を見てもわかるように，朝鮮総督府が設定した「トロール漁業禁止区域」は「機船底曳網漁業禁止区域」よりもはるかに広かった。日本統治期の漁業禁止水域のうち最も広いトロール禁止区域を根拠に，トロールのみならずすべての日本漁船排除を主張する韓国と，魚種・漁業種ごとの資源保存措置を主張する日本は，後の日韓会談において激しく対立することになる。

　1951年6月18日，金勳商工部長官は卞榮泰外務部長官に「我国沿岸漁業保護政策に関する件」を送付した。前述したように，この文書で提案された「領海外の保護管轄権設定区域」(以下「漁業管轄水域」と略記) は朝鮮総督府の定め

---

(23)　「日韓漁業交渉第三回打合せ会」(日本側公開文書 第5次公開 開示決定番号891 文書番号888。以下「日 5-891-888」と略記する)。

(24)　「李ライン問題の経済的分析」(『調査四季報』18，財団法人日本産業構造研究所，1964年3月，東京) 28頁。後に『近藤康男著作集 第11巻』(社団法人農山漁村文化協会，1975年4月，東京) に収録。近藤康男「李ライン撤回の経済的基礎」(『世界』219，岩波書店，1964年3月，東京) にも同様の文章がある (122頁)。

第Ⅰ部　日韓会談と漁業問題

たトロール漁業禁止区域を拡大させて「済州島西方水域」を加えたものであっ
た。「該水域が本邦沿岸に産卵回遊するもっとも主要な魚族の大部分が集団越
冬する場所なので我が国沿岸の重要回遊魚族の消長と直接関係があること。そ
のため沿岸漁民の生産維持上至大な影響があるので該水域を我が国で保護せね
ばならないこと。もし該越冬水域で日本漁船の操業が許容されれば漁労能力が
高度に発展して膨大な隻数を持っているため短時日に資源が枯渇して本土の西
南海岸の漁業は滅亡する」とその理由が述べられていた。前章で述べたように，
建国以来韓国は「遠洋」漁業すなわち動力船を使用した漁業の振興を目指して
いたが，当時の韓国「遠洋」漁業は日本に比べてきわめて貧弱であった。そこ
でその漁場から日本漁船を排除する「漁業管轄水域」を公海上に設定しようと
し，目的を沿岸漁民保護であると韓国は強弁したのである。「公海自由」の原
則により，日本漁船の操業禁止区域を公海上に設けることは困難であった状況
に苦慮する韓国の姿を見ることができる。

3　「漁業管轄水域」から「漁業保護水域」へ

　1951年8月25日，「対日漁業問題に関する会議」が外務部・商工部・海軍・
法務部の代表者によって開かれた。韓国側公開文書ではこの会議の決定事項を
次のように記している。まず米国政府がマ・ライン存続の条項を対日平和条約
に含ませるという韓国の要求を拒否した米国の決定を遺憾とし，「（対日平和
──筆者補注）条約が発効する時から（マ・ラインが──筆者補注）消滅するのは
事実だ。よって本会議では，それを前提とする韓国領海に隣接する公海の漁場
を保護するために保護管理水域または保護管轄水域を宣布する，同時に日本と
漁業協定締結を締結する段階に入る」。そして，この水域の「宣布を対日媾和
条約締結前に行い，韓日間の漁業協定は対日媾和条約発効前に交渉の段階に入
る」。韓国は自らが設定した「保護管理水域または保護管轄水域」を前提とし
た日本との漁業交渉を行おうとしていたことがわかる。既成事実を一方的に積

⒃　前掲註⑵「韓国の漁業保護政策：平和線宣布 1949-52」1375〜1376頁。

⒄　同前，1423〜1427頁。

第3章　李承晩ライン宣言と韓国政府

み上げて，それを前提に日本と交渉を行おうとする韓国の手法であった。

「対日漁業問題に関する会議録」に収められた文書には，韓国の日本観を知る上で，興味深いものが多い。「マッカーサーライン」という項目では，「1951年4月19日に司令部外交局から『マッカーサーライン』は領海と公海とを分割する国際的線ではなく，韓日間に設定された漁業境界線でもないことが言明」されたとある。マ・ライン問題についての韓国政府の対応を総司令部が批判したものであった。これに対して，マ・ライン存続を含む漁業協定締結を希望する理由が，「対日漁業問題に関する会議録」中の「マッカーサーラインに対する韓国政府の意見」という項目で次のように述べられている。

①マッカーサーラインは一つの既得権である。

　連合国軍司令部のマッカーサーライン設置によって反射的に韓国の利益を対日媾和条約が締結される時まで6年間も保有する行為は既得権である。

②マッカーサーラインの設定は一方的（片務的）行為である。

　対日行政管理上の必要によって設置したマッカーサーラインは連合国軍司令部の一方的（片務的）行政措置であり，これを対日媾和条約第4条(b)項で認定された米軍政当局の韓国内の敵産財産に関する一方的（片務的）処理の合法性と比較考察する時，やはりこれを有効と認定させねばならない。

③日本人は不当利得を行う。

　韓国沿岸の黄海および東南支那海隣接水域で産卵養魚または保漁する魚族が越冬して（いる――筆者補注）マッカーサーラインに近接する東南支那海または済州島西南海で，日本人漁船が操業して漁労するので不当な利得を行うと考える。

上記中①の項目は総司令部が重ねて否定したものであり，また③の項目は「公海自由」の原則がある以上，韓国の主張にはおよそ説得力はなかった。②の項目にある「米軍政当局の韓国内の敵産財産に関する一方的（片務的）処理」と

────────

(27)　同前，1405～1406頁。

(28)　同前，1420～1421頁。

87

第 I 部　日韓会談と漁業問題

は，日本および日本人が朝鮮半島に残した国公有財産および私有財産を1945年

12月6日付の「在朝鮮美国陸軍司令部軍政庁法令第33号」により在朝鮮米軍政

庁が取得し，その後1948年9月11日に締結された「米韓財政及び財産に関する

協定」の第5条によって「帰属財産」として韓国政府に委譲したことを指す。

この措置とマ・ラインは，韓国政府とは関係ない「一方的（片務的）処理」で

あった点で共通するのでマ・ラインを存続させよと韓国は主張したのである。

この韓国の主張は牽強付会の域を超えて理解しがたいものであるが，あえて検

討してみたい。

　梁裕燦駐米韓国大使は1951年7月19日および8月2日付書簡で，朝鮮半島に

残した日本政府および日本国民の財産を日本が放棄すること，日韓漁業協定が

締結されるまでマ・ラインが存続することを米国に求めた。これに対して米国

は，同年8月10日付の「ラスク書簡」でマ・ライン存続の要求は拒否したが，

在朝鮮日本財産については韓国の要求に肯定的であり，日本は「合衆国軍政府

により，又はその指令に従って行われた日本国及びその国民の財産の処理の効

力を承認する」という条文を対日平和条約に追加すると回答し，それが対日平[29]

和条約第4条(b)項として追加された。請求権問題で韓国の主張に米国は肯定的

である以上，同時に要求した漁業問題でも米国には韓国の主張を受け入れる余

地が残されていると韓国は考えていたに違いない。このように，状況を最大限

に自己に有利なように解釈しようとする韓国政府の姿勢が興味深い。

　「対日漁業問題に関する会議」後，卞榮泰外務部長官（任1951年4月～55年7

月）は1951年8月31日付で「マッカーサーラインについて」という次の談話を[30]

発表した。

　　韓日両国に公海の界線を定めて各自の漁区を明示したことが相互間の利益

　　となるものだ。これをマック線（マッカーサーラインのこと——筆者補注）と呼

　　ぼうが，或いは他の名前で呼ぼうが，それほど重要な点ではない（略）。対

　　日講和条約の発効でマック線が廃止されると日本人が考えているようには，

---

[29]　前掲註[20]。

[30]　卞榮泰『私の祖国』（自由出版社，1956年2月，刊行場所不明）※239頁。

第3章 李承晩ライン宣言と韓国政府

我々は考えていない。マック線が連合国総司令部の命令によって設定された
ことはされたが，我々がこれを容認することは連合軍総司令部の命令ではな
く，我々の生命線と合致するためである。（略）新しい協定ができることで代
置する前に，この実在がなくなってしまってはならない。ひいては協定が成
立するまでは我々は我々にあるすべての手段を使ってこの生命線を守るもの
だ。この線に関連して何らかの不幸な事態が発生するならばその責任は侵犯
した側にあるのであり，既得権を守護する義務がある我々にあるのではない。

　卞榮泰外務部長官の談話には，マ・ライン問題は総司令部の命令とは関係なく，
韓国の必要性と意思によって解決されるという発想の転換が見られる。ここか
ら李承晩ラインまでの距離は近い。

　1951年9月7日に第98回国務会議が招集された。同会議では「この水域内で
は大韓民国の決定によってのみその保護策が施行され，一切の外国漁船のこの
水域内での漁業従事を禁止する[31]」という「漁業保護水域」の設定が可決され，
翌日李承晩大統領に上申された。これが同年9月8日のサンフランシスコでの
対日平和条約調印に対応したものであることは，外務部が作成したと考えられ
る1951年9月4日付の「漁業保護区域宣布に関する件」に「9月8日以前に
（桑港対日媾和会議における調印日）次のように我が国沿岸に漁業区域を劃定宣布
して（略）将来対日漁業協定締結交渉時にこの線が既定事実だと主張する根拠
を作ること[32]」とあることからもわかる。1951年9月8日付の「漁業保護水域宣
布の件」では，「漁業保護水域」について，「我が国はすでにマック線の恵沢を
受けているが，マック線は我が国および連合国と日本の間の線であり，本漁業
保護水域宣布で劃定された線は我が国と日本およびその他外国の間に設置され
た線である[33]」と説明が加えられていた。マ・ラインに韓国は関与できないこと，
よってマ・ラインは韓国の既得権益ではないとする総司令部の度重なる説得を，
韓国は受け入れていなかった。

---

(31)　前掲註(2)「韓国の漁業保護政策：平和線宣布 1949-52」1491頁。

(32)　同前，1448頁。

(33)　同前，1486頁。

第Ⅰ部　日韓会談と漁業問題

李承晩大統領が裁可しなかったためこの「漁業保護水域」の設定は行われなかった。当時外務部政務局長であった金東祚は，当時韓国はマ・ライン存続を米国に要請しており，「漁業保護水域」の宣言でマ・ラインが消滅することは時期尚早だったとその理由を説明している。1951年8月10日の「ラスク書簡」で米国は，マ・ライン存続を対日平和条約に明記することは拒否したものの，平和条約発効までマ・ラインが存続すること，そして同じく平和条約発効までに日本と漁業交渉を行う機会が与えられていると回答して韓国の要求にある程度の理解を示していた。そのため，韓国は「漁業保護水域」設定作業の一方で，日本との漁業交渉の結果マ・ラインが存続されることに望みをつないでいたのである。幾度となく米国に要求を拒否されながら，わずかな可能性を求めて決して諦めようとはしない韓国の対日姿勢には驚くべきものがある。

　ところで，池鐵根商工部水産局漁労課長は，竹島を含ませたため，「漁業保護水域案」（図3-3）は「漁業管轄水域案」（図3-2）よりも日本海で大きく水域が拡大されたと述べている。ところが，「漁業保護水域」に竹島を新たに含ませたことへの言及を韓国側公開文書に見出すことはできない。1951年7月19日付書簡で，対日平和条約に関して，竹島を韓国に含めるという条文修正要求を韓国は米国に対して行った。しかし8月10日付「ラスク書簡」で米国は，竹島は「かつて朝鮮によって領土主張がなされたとは思われない」と韓国に告げ，

---

(34)　金東祚『回想30年　韓日会談』（中央日報社，1986年11月，ソウル）※18頁。

(35)　前掲註22『平和線』120～122頁。同書では「漁業保護水域」を「卞榮泰追加案」と表記しているが，「漁業保護水域」の経緯度を次のように表示している（「漁業管轄水域」から変更された部分を下線で示した）。①「咸鏡北道慶興郡牛岩嶺高頂」，②北緯42度15分東経130度45分，③北緯38度東経132度50分，④北緯35度東経130度，⑤北緯34度40分東経129度10分，⑥北緯32度東経127度，⑦北緯32度東経124度，⑧北緯34度東経124度，⑨北緯34度東経125度，⑩北緯39度45分東経124度，⑪馬鞍島西端，⑫「韓満国境の西端」。この「漁業保護水域」と，前掲註(2)「韓国の漁業保護政策：平和線宣布 1949-52」1491～1493頁の「漁業保護水域」の経緯度表記とは違いがある（⑦は北緯32度東経122度，⑧は北緯35度東経122度，⑨は北緯35度東経124度）が，その原因は不明である。また，外務部文書局文書課編『大韓民国外交年表附主要文献』（1962年12月）中の「漁業保護水域宣布に関する件」※の経緯度表記（196～198頁）は竹島を含んでおらず（③が北緯38度東経132度になっている），誤りである。この誤りは，1962年当時の韓国では，外務部ですら竹島に対する関心が現在ほど高くなかったことを示している（「漁業保護水域」には竹島が含まれているため，1951年当時の外務部が竹島の位置を知らなかったわけではない）。

韓国の要求を拒否した。このような米国の明確な意思表示にさからって，韓国は「漁業保護水域」に竹島を含ませた。そのための論議が韓国政府内部で行われなかったとは考えにくい（何らかの理由で駐米韓国大使館が「ラスク書簡」を本国に伝達しなかった可能性もなくはないにせよ）。李承晩ライン宣言に至る過程において行われた竹島問題に関する論議の記録を，韓国政府が意図的に非公開にしている可能性はある。[36]

4　日韓会談予備会談と李承晩ライン宣言(1)

李承晩ライン宣言は1952年2月15日に始まる第1次日韓会談の約1カ月前に行われた。1951年10月20日に始まる日韓会談予備会談の結果，韓国政府は最終的に宣言を決断したと考えられる。本節では予備会談と李承晩ライン宣言の関係について検討したい。

李承晩ライン宣言について，韓国政府は1953年10月14日の第3次日韓会談第2回漁業部会で，その正当性を次のように主張した。[37]

　韓国は韓日間の漁業問題を速やかに解決する熱意を有するが故に，サンフランシスコ対日平和条約が締結されて間もない1951年10月に漁業問題の討議を日本に提議した。にもかかわらずこれに対して日本側は，講和条約発効でマッカーサー線が撤廃されるので日本は韓国沿岸の我が国が保有してきた漁場で自由に操業できると予想して漁業問題の討議について熱意を示さなかった。また韓国側は講和条約第9条と第21条によって日本が我が国の漁業会議開催の提議に応じる義務があるので，我が国は貴国と漁業問題に関する討議を行うことを熱望したにもかかわらず，日本側は漁業会談の準備ができてい

---

(36)　金東祚は1965年4月13日に「ライン内に竹島を含めても当時日本側から反対が生じるものとはまったく予測せず，むしろ米軍の演習場であったので，米軍の反発を考えていた」と述べた（「高杉・金首席代表　第12回会合」（日6-1146-1429））。金東祚は「ラスク書簡」を考慮していなかったことになるが，真相は不明である。

(37)　韓国側公開文書「第3次韓・日会談（1953.10.6-10.21）漁業委員会　会議録，1-2次，1953.10.8-14」※1346～1347頁。

第Ⅰ部　日韓会談と漁業問題

ない等の理由でこれに応じなかった。韓日間の漁業問題解決までは尊重するのが当然なマッカーサー線を無視して数度にわたって侵入し，日本側の誠意を疑わせたのである。したがって我が国政府はやむを得ず，1952年1月に「李ライン」を宣布した。

　韓国側の主張は，李承晩ライン宣言の直接的責任は，日韓会談予備会談における日本側の漁業交渉開始への消極的な姿勢にある，というものである。この主張は1953年10月13日の第3次日韓会談第2回本会議で初めて行われ，その後韓国政府の公式見解となった。日本にとって韓国のこのような主張は不可解なものであった。外務省にあって日韓会談の記録を整理した森田芳夫は，「韓国側は，李ラインの宣布は，日本側が漁業交渉開始に応じなかったことを理由にしているが，日韓間では，（略）11月28日の会合で2月から漁業交渉を行うことに合意を見ていた」と，普段の冷静な筆致には珍しく，韓国の主張に不満を表明している。

　日韓会談予備会談は「当初は主として『在日韓人の法的地位』を議題とし，その後船舶問題も議題となり，これに並行して『日韓間に存在する一切の懸案に関する両国交渉のための議題の作成と交渉方法の研究』に関する会議が行われて，全面的な会議に発展する素地が作られ」た。韓国側公開文書によれば，韓国側が本会談での議題の討議を提議したのは1951年10月30日の予備会談第5

⑶⑻　韓国側公開文書「第3次韓・日会談（1953.10.6-10.21）本会議　会議録および1-3次韓日会談決裂経緯，1953.10-12」※1265頁。

⑶⑼　外務部政務局『外交問題叢書第一号　平和線の理論』（195?年，刊行場所不明）※60頁。外務部『外務行政の十年』（1959年5月，刊行場所不明）※159頁。葛弘基広報室長「日本の約束は信じることはできない」（『週報』210号，韓国政府公報處，1956年5月16日）10頁。

⑷⑴　森田芳夫「日韓関係」（鹿島平和研究所編『日本外交史28 講和後の外交（Ⅰ）対列国関係』（上）鹿島研究所出版会，1973年，東京）43頁。同書では，俞鎮午・劉彰順「対談・交渉十年，会談六回の内幕──二人の前代表が語る韓日会談の全貌」（『思想界』133号，思想界社，1964年4月，ソウル※，33頁）と元容奭『韓日会談十四年』（三和出版社，1965年6月，ソウル※，81～85頁）が引用されているが，李承晩ライン宣言の直接的責任を日本側に求める主張は日韓会談の他の韓国側関係者が残した次の回想録でも見ることができる。前掲註⑶⑷『回想30年　韓日会談』35頁，林炳稷『林炳稷回顧録──近代韓国外交の裏面史』（女苑社，1964年9月，ソウル）※501頁。

第3章　李承晩ライン宣言と韓国政府

回本会議であり，日本側は1951年11月8日の予備会談第6回本会議で漁業問題を本会議の議題とすることを提案した。[42]その後1951年11月22日の予備会談第8回本会議で日本側は，「漁業に関する日本の専門家数が不足して明年2月に韓国と交渉開始できるか疑問である」と述べた。[43]さらに日本側は，予備会談第8回本会議で韓国のマ・ライン存続要求を次のように拒否した。[44]

　　梁（裕燦——筆者補注）大使が，「ところでマッカーサー線を延長施行すればよいのではないか」と確認すると，日本側は米加日漁業協定を見本にしてもマッカーサーラインを是認する結果は出ないということと，暫定的な措置として協定することができるという答弁があった。韓国側から，それならば日本政府上層部と連絡して平和条約発効時まで条約ができないときは，現在SCAP（総司令部——筆者補注）が制定した一切の措置，例えば通商・海運協定，マックライン等はそのまま延長施行するという根本方針を回答してほしいと要請した。日本側では，明年2月になれば漁業に関しては条約がなくとも国際法の原則が適用され，公海自由の原則に従って研究する問題で，2月に回答するということであった。

このような日本の態度に対する韓国側の不満は総司令部が残した文書に残されている。次は，予備会談の韓国側代表であった梁裕燦駐米韓国大使とアリソン国務次官補との1951年12月19日付会談記録である。[45]

　　漁業問題に関して，梁裕燦大使は，日本代表団の態度はずっと逃げ腰だっ

---

(41)　「日韓会談に横たわるもの　　会談決裂までの経緯をたどる」（『世界週報』34-32，時事通信社，1953年11月，東京）16頁。

(42)　韓国側公開文書「韓日会談　予備会談（1951.10.20-12.4）本会議　会議録，第1-10次，1951」※154，180〜181頁。

(43)　同前，208頁。

(44)　同前，211〜212頁。

(45)　"Korean-Japanese Treaty Negotiation and Questions Relating to Armistice Talks"（米国国立公文書館（RG84）Office of the U. S. Political Advisor for Japan, Tokyo Classified General Correspondence 1945-52（1950-52：320：Japan-Korea, 1951-1952））.

93

第Ⅰ部　日韓会談と漁業問題

たと感じている。彼らは，公式の漁業合意に達するまでマッカーサーライン
を実効性のあるものにしたいという韓国側の要求を拒絶した。優先されねば
ならない，他の多くの国との漁業交渉に時間をとられていること。漁業専門
家たちはそれらの交渉に拘束されており，韓国との問題を討議する時間はな
いこと。これらを日本は主張し続けた。

日本側が漁業交渉を意図的に先延ばしにしたためマ・ラインが撤廃される平和
条約発効を韓国は無協定状態で迎えることになる。しかも，韓国のマ・ライン
継続の要求が拒否されたため日本漁船の自由な操業が可能になる。韓国側の予
備会談に対する焦燥感はこのようなものであった。

　韓国を苛立たせた，韓国との漁業交渉に関する日本の対応は次のような論理
に基づいていた。まず，公海漁業に関する条約締結についての日本の方針は，
相手国の漁業資源保存措置の状況に応じて漁業条約の内容を決定するという原
則によっていた。この原則は1951年2月7日の「吉田・ダレス書簡」で打ち出
され，日米加漁業交渉（1951年11月5日～同年12月14日）で確立された。日本が
米加との交渉，さらにはインドネシアとの漁業交渉（1951年12月18日～52年1月
18日）を韓国との交渉よりも優先させた理由については，1952年1月23日の衆
議院水産委員会における与党自由党の鈴木善幸委員の次の発言で明らかである。
「資源保存に対して具体的な措置を講じておりますアメリカ並びにカナダと」，
「ほとんど資源に対して何らの措置も講」じていないインドネシアと，「両極端
の要件を備えております条約がまず締結されるということは，爾後の各国との
条約はその二つの極端にありますところの諸条件を持ってその中に全部入って
いく」。「そういう意味でインドネシアとの漁業条約というものは，今後の漁業
条約の締結の上に非常に重要な問題であります」。日本は，二つの漁業交渉に
より，漁業資源保存措置の状況に応じて相手国の隣接公海における日本漁船の
操業状況を決定するという原則を確立させ，その上で韓国との漁業交渉に臨も
うとしたのであった。

　これに対して韓国側はあくまでもマ・ライン継続を前提として日韓会談予備
会談に臨もうとしていた。1951年9月7日の第98回国務会議で決定され李承晩

94

大統領に上申された「漁業保護水域宣布に関する件」の添付資料である「漁業問題に関する対策根拠要点」中の「韓日漁業協定に関する基本政策に関する要綱」という文書では，「韓日漁業協定において我が国が要求すること（段階的に）」が次のように列挙された。[46]

①マッカーサー線は存続させ日本漁船だけは絶対にこの線を侵犯できないようにすること。

②①の要求が不成立のときはマッカーサー線を存続させ日本漁船だけでなく韓国漁船も相互侵犯しないようにすること。

③②の要求が不成立のときには我が国が漁業保護水域を宣布してこれを日本が承認すること。

④③の要求が不成立時には相互間の漁業保護水域を宣布してこれを相互に承認すること。

日韓漁業協定にマ・ライン存続の条項を含ませる，それが不可能ならば日本漁船の操業を禁じる「漁業保護水域」を設定する。これが日韓会談予備会談に臨む韓国政府の意志であった。

　李承晩ライン宣言の直接的要因を日本の対韓姿勢に求める韓国側主張に対する森田芳夫の不満は，次のようなものであったであろう。第1次日韓会談での漁業交渉は1952年2月20日から4月21日まで15回にわたって行われたではないか。その期間は，サンフランシスコ平和条約で義務づけられた連合国との漁業条約締結交渉のモデルケースとして日本が取り組んだ日米加漁業交渉に要した期間よりも長かったではないか。しかし，韓国が考える日韓漁業協定とは韓国が関心を持つ水域——それは東シナ海・黄海の底曳網漁業の好漁場を中心とする公海にあった——での日本漁船の操業を阻止するものでなければならなかった。このような韓国の姿勢を見れば，韓国にとっての日韓漁業交渉は予備会談でマ・ライン継続を日本に要求した時点ですでに始まっていた。このような一

---

(46) 前掲註(2)「韓国の漁業保護政策：平和線宣布 1949-52」1484頁。

95

第Ⅰ部　日韓会談と漁業問題

方的な韓国の姿勢と，公海自由の原則に立ちながらも，科学的調査に基づいた資源保存措置の状況に応じて相手国隣接公海での自国漁船の操業を規制するという日本の漁業交渉の方針——それは日米加漁業交渉で日本が確立した方針であったが——との差はきわめて大きかった。

　翌年2月の漁業交渉開始を正式に決定した日韓会談予備会談第9回本会議の翌日，すなわち1951年11月29日に韓国政府は李承晩ライン宣言の最終的な準備を開始した。一見矛盾するように見えるこの行動も，対日漁業交渉・日韓漁業協定に対する韓国政府なりの論理に基づいてとったものであった。しかし，その論理は「公海自由」を原則とする海洋法とは乖離しており，日本の激しい反発を招いたのであった。

　このような経緯から見れば，漁業資源保護のためのやむをえない「最後の手段」であるとして李承晩ラインを正当化する韓国の主張が誤りであることは明白である。李承晩ラインとは漁業交渉の前にすべての日本漁船の操業を禁止する区域があることを既成事実として日本に示して交渉を優位に導こうとする「最初の手段」であった。

5　日韓会談予備会談と李承晩ライン宣言(2)

　李承晩ライン宣言の直接的要因を日韓会談予備会談における日本の消極的な対韓姿勢に求める韓国の主張については，検討せねばならないことがもう一つある。それは韓国政府の公式文書にある次のような主張である。

　韓日会談は檀紀4284（西暦1951——筆者補注）年10月20日から日本東京でSCAP（総司令部——筆者補注）側のオブザーバー出席下で開催されたが，日本側は回避的態度で一貫して，口を開けば「準備ができていない」式の遅延戦術を使った。日本はSCAP管轄下で韓国側と会談することを避け，日本

⑷7　前掲註㊴『外交問題叢書第一号　平和線の理論』60～61頁。
⑷8　『「竹島問題100問100答」に対する批判』（独島資料研究会，2014年6月，大邱）※81頁。
⑷9　前掲註㊴『外交問題叢書第一号　平和線の理論』60頁。

が主権を完全に回復した後に有利な立場で韓国側と会談しようと（したため
だった。──筆者補注）このような日本の不遜な態度に不満を持った外務部は
平和線宣布の緊急性を痛感（した。──筆者補注）

　すなわち，日本は1952年4月28日の対日平和条約発効により，主権回復した後
の有利な立場で韓国との漁業交渉を行おうとした。よって日韓会談予備会談で
日本は韓国との漁業交渉開始に即座に入ろうとしない「遅延戦術」をとったと
いう韓国の主張である。しかし，これは事実に反する。日本海洋漁業協議会編
『日米加漁業条約の解説』（内外水産研究所，1952年12月，東京）によれば，「連合
国軍最高司令部外交部は，特に昭和26年11月5日付日本政府あての覚書で，こ
の条約の交渉と締結に当って，日本政府の地位に関し誤解のないようにするた
め，日本代表は，北太平洋漁業の国際条約の交渉と締結を，『日本政府がカナ
ダ並びに合衆国政府と特にこれがために同等の主権を有する基礎において行
う』ことを確認した旨を指示するところがあった。これにより，会議は終戦後
日本政府が完全な主権国の立場で，且つ主催国として招集することの許された
最初の国際会議としての栄誉を担うことになった」（37〜38頁）。
　つまり，すでに日本は日米加漁業交渉において特別に主権を回復して会議に
臨んでいた。このような事実がある以上，韓国との漁業交渉において主権回復
していたか否かを日本が考慮する必要があったとは思われない。韓国の主張は，
日韓会談予備会談において，主観的には連合国の一員として占領下の日本に対
しようとした韓国側の意識の現れであった。韓国側代表の1人であった葛弘基
は，予備会談に関する韓国政府の訓令には「この会談において韓国側は事実上
『連合国』の一員の姿勢で臨むこと」とあったと述べているなど，韓国側代表
は主観的には連合国の一員として予備会談に臨んでいたのである。
　ところで，李承晩ライン宣言については，「日本を反共の防波堤として育成
しようとしていた米国は，韓国側の対日賠償請求を押さえ込もうとしていた。
李承晩ラインは，そうした状況をふまえ，韓国側が国交正常化交渉を有利に進

---

(50)　前掲註(40)『林炳稷回顧録──近代韓国外交裏面史』496頁。

第Ⅰ部　日韓会談と漁業問題

めるため，新たな交渉材料として作り出されたものであったというのが，その本質である[52]」という説明がされる。確かに，1951年9月8日に李承晩大統領に上申された「漁業保護水域宣布に関する件」には「日本と漁業協定を締結するときに我が国の立場が有利になるようにすること」とねらいが記されていた。しかし，日韓会談の他の懸案，特に請求権問題を韓国側に有利に進めるための手段にまで拡大して李承晩ライン宣言の目的を説明することには，筆者は疑問を覚えずにはいられない。確実な根拠が示されていないからである[53]。この説明は，「1957年12月31日の合意」で被抑留日本人漁船員釈放とひきかえに在韓日本人財産への請求権を日本政府に放棄させるなど，李承晩ライン問題を利用した韓国の「人質外交」が後に「成果」を納めたことに影響されすぎているように思われる[54]。韓国側公開文書には，漁業問題以外の日韓間の問題をも視野に入れた李承晩ライン宣言のねらいを示す資料は見あたらない。筆者の疑問は解消されていないのである。

6　「海洋主権線」から「平和線」へ

　1952年1月18日の李承晩ライン宣言に対して，日本政府以外にも米国政府と中華民国政府（台湾の国民党政権）そして英国政府が韓国政府に抗議文を送付していたことは関係者の回顧録等で知られていた[55]。米中英は「いつでも最大限の権益を確保できる」「強大国」であり，三国の抗議は韓国のような「弱小国家」

---

(51)　兪鎮午『韓日会談──第一次会談を回顧しながら』（外務部外交安保研究院，1993年3月）※67〜68頁。前掲註(22)『平和線』240〜241頁。駐日韓国代表部参事官であった柳泰夏は，「当時は率直に言って，我が韓国が彼ら（日本のこと──筆者補注）よりも優位にあって彼らは敗亡した国家として我々の下にあるという感じで，我々は優越感を持って彼らは劣等感を持って……，事実当時の日本の政治はマッカーサー司令部でしていました。（日韓会談予備会談の時も──筆者補注）マッカーサー司令部と話をして，日本から代表団は出てきたけれども彼らはオブザーバーのような感じ」であったと述べている（「李ラインと韓日会談」〔『權五琦政界秘話対談　現代史の主役たちが語る政治証言』東亜日報社，1986年11月，ソウル〕※341頁）。

(52)　内藤陽介「『竹島切手』発行を許した日本外交の不作為」（『中央公論』1438，中央公論社，2004年3月，東京）82頁。同『韓国現代史──切手でたどる60年』（福村出版，2008年7月，東京）98頁。

第3章　李承晩ライン宣言と韓国政府

の立場を理解しようとしない「無事安逸主義的な思考方式」ではないかという不満を抱きながらも，「友邦海洋国家」であるこれらの国々の主張に韓国は対応せざるをえなかった。[56]　韓国側公開文書にはその経過が収録されている。

---

(53)　李鍾元「韓日会談とアメリカ──『不介入政策』の成立を中心に」（『国際政治』105，日本国際政治学会，1994年1月，東京）中の韓国政府が李承晩ライン宣言を決断した理由に関する記述「アメリカの支援という交渉手段を期待できなくなった李承晩政権が，二月に予定された本会談をにらんでとった措置であることは明らかであった」（167頁）はさらなる資料的根拠が必要であろう。李元徳「日本の戦後処理外交の一研究──日韓国交正常化交渉（1951～65）を中心に」（東京大学大学院総合文化研究科博士学位論文，1994年。韓国語版は『韓日過去史処理の原点──日本の戦後処理外交と韓日会談』〔ソウル大学校出版部，1996年11月※〕では「私は予備会談の進行と日本側の会談に臨む態度やわが方の主張に対する反応を鋭意注視しながら，日本が講和条約締結とその効力が発生する時点で主権を回復して，特にマッカーサーラインがなくなる場合を想定する時，韓日会談を推進しても利益がないだけでなく，どこまでも日本が主導権を握って韓日会談に臨もうとする思惑が明らかなので，我々がこれに対応するカード」として李承晩ライン宣言が必要だったという，前掲註34『回想30年　韓日会談』の記述（35頁）が根拠として引用されている（34～35頁。韓国語版では48～49頁）。しかし，引用部分でわかるように，この「韓日会談」とは漁業交渉のことである。同書の日本語訳である『韓日の和解──日韓交渉14年の記録』では，この交渉が漁業交渉であるとわざわざ付け加えているのである（39頁）。李承晩ライン宣言の目的を漁業問題から考察する筆者の分析に対しては，「平和線宣布の'経済的'背景中の一部だけを浮き彫りしすぎる」（オ・ジェヨン「平和線と韓日交渉」〔歴史問題研究所『歴史問題研究』14，2005年6月，ソウル〕※114頁），「平和線は韓日関係の核心キーワードであったのだから設定背景や目標を多角的に分析」せねばならない（朴鎮希『韓日会談──第一共和国の対日政策と韓日会談の展開過程』〔先人，2008年4月，ソウル〕※126頁），李承晩ライン問題の「一つの側面だけを強調し，それに基づいて解析する傾向」すなわち「解析の偏向性」が研究の限界である（趙胤修「日韓漁業交渉の国際政治──海洋秩序の脱植民地化と『国益』の調整」〔東北大学大学院法学研究科博士論文，2008年〕5頁），といった批判がある。しかしこれらの論考に，李承晩ライン設定の目的に関する筆者の疑問を解消するだけの資料的根拠は見あたらない。

(54)　『李ラインに阻まれた良識』（みなと新聞社，1957年2月，下関）にあるように，当時の日本人関係者にも「李ラインの設定が会談を有利に導くための手段」とする見方があった。同書には，「漁業問題は逃げ遅れた日本の連子のようなものである。親はつかまらないだけの逃げ足も実力もあるが，漁業はつかまってさんざんいじめ抜かれた。これでもかこれでもか，とばかりやられる。日本政府がわが子の苦労を見兼ねて悲鳴をあげるまで痛めつけられるのである」とあり（12～13頁），日韓会談における他の問題と違って，漁業問題だけは韓国を無視することはできなかった，それが韓国につけ込まれる所となったと説明している。ただし，この記述も後からの視点のものである。交渉カードとしての李承晩ラインの破壊力に，韓国が画定過程ですでに気づいていたかはわからない。

(55)　前掲註40『韓日会談十四年』85～86頁。

(56)　同前，86～87頁。

第Ⅰ部　日韓会談と漁業問題

韓国側公開文書にある「平和線問題関連事項年表」（英文）[57] によれば，李承晩
ライン宣言に対する諸外国の抗議とそれに対する韓国政府の反論の経過は次の
通りである。

　①1952年１月28日，日本外務省は口上書で宣言に反駁した。

　②1952年２月11日，駐韓米国大使は書簡と添付覚書で宣言の合法性を論駁し
　　た。

　③1952年２月12日，駐日韓国代表部は1952年１月28日付口上書に関する見解
　　を日本外務省に送達した。

　④1952年２月13日，外務部長官は，1952年２月11日付駐韓米国大使の書簡へ
　　の返答書簡において宣言に関する弁明を行った。

　⑤1952年６月11日，駐韓中華民国大使は書簡において，宣言に関する中華民
　　国の権利と利益を保持するとした。

　⑥1952年６月26日，韓国外務部次官は，1952年６月11日付駐韓中華民国大使
　　の書簡への返答において，中華民国政府が何らの懸念を感じる必要がない
　　という韓国政府の意志を中華民国政府に伝えた。

　⑦1953年１月12日，駐韓英国公使は，韓国外務部次官への書簡において英国
　　政府は宣言が作成された根拠が正当なものとは認めないと述べた。

　⑧1953年１月28日，韓国外務部長官代理は，1953年１月12日付英国公使の書
　　簡への返答において韓国政府の宣言に関する姿勢を明確にした。

　李承晩ラインの宣言文では[58]，第３項後半で規定された水域（以下「李承晩ライ
ン水域」と呼ぶ）に韓国政府が行使する権力について，２種類の異なる概念が
混在していた。一つは第１項と第２項前半に記された主権であり，「隣接大陸
棚」および「隣接海洋に対する国家の主権を保存しまた行使する」と表現され
た。もう一つは第２項後半と第３項前半に記された漁業資源保護のために「水
産業と漁労業を政府の監督下に置く」権利であった。「明確さを欠いており，

────────

[57]　韓国側公開文書「平和線宣布と関連する諸問題 1953-55」178～179頁。

100

第3章　李承晩ライン宣言と韓国政府

その主張の内容を的確に知ることすら困難」[59]と指摘されたように，宣言文には

---

[58]　李承晩ライン宣言の宣言文は次の通りである。

国務院告示第14号

国務会議の議決をへて隣接海洋に対する主権に関して次のように宣言する。

大統領　李承晩

檀紀4285年1月18日

国務委員　国務総理　　　許政
　　　　　署理
国務委員　外務部長官　　卞栄泰
国務委員　国防部長官　　李起鵬
国務委員　商工部長官　　金勳

確定された国際的先例に依拠し，国家の福祉と防御を永遠に保障せねばならないという要求により，大韓民国大統領は次のように宣言する。

一　大韓民国政府は，国家の領土である韓半島および島嶼の海岸に隣接する大陸棚の上下に既知または将来発見されるすべての自然資源，鉱物および水産物を，国家にもっとも有利に保護，保存および利用するため，その深度の如何を問わず，隣接大陸棚に対する国家の主権を保存しまた行使する。

二　大韓民国政府は，国家の領土である韓半島および島嶼の海岸に隣接する海洋の上下および内に存在するすべての自然資源および財富を，保有，保護，保存および利用するのに必要な左のように限定した延長海洋にわたって，その深度の如何にかかわらず隣接海洋に対する国家の主権を保持しまた行使する。特に，魚族のような減少する憂慮がある資源および財富が韓国住民に損害をもたらすように開発されたり，または国家の損傷となるように減少あるいは枯渇しないため，水産業と漁業を政府の監督下に置く。

三　大韓民国政府は，ここに大韓民国政府の管轄権と支配権にある上述の海洋の上下および内に存在する自然資源および財富を監督しまた保護する水域を限定する左に明示した境界線を宣言しまた維持する。この境界線は将来究明される新しい発見，研究または権益の出現によって発生する新情勢に合わせて修正できることを合わせて宣言する。大韓民国の主権と保護下にある水域は，韓半島およびその付属島嶼の海岸と左の諸線を連結して組成される境界線間の海洋である。（略）

四　隣接海洋に対する本主権の宣言は公海上の自由航行権を妨害しない。

（出典：『官報』号外，檀紀4285年1月18日，大韓民國政府公報處※）

宣言文中第3項の「左に明示した境界線」を図3-4で示したが，黄海の水域を拡大するため「漁業管轄水域案」に対して李承晩ラインは若干変更された。その経緯度表示は次の通りである。①「咸鏡北道慶興郡牛岩嶺高頂」，②北緯42度15分東経130度45分，③北緯38度東経132度50分，④北緯35度東経130度，⑤北緯34度40分東経129度10分，⑥北緯32度東経127度，⑦北緯32度東経124度，⑧北緯39度45分東経124度，⑨馬鞍島西端，⑩「韓満国境の西端」。

[59]　小田滋「李承晩宣言の違法性」（『法律時報』25-10，日本評論社，1953年10月，東京）82頁。同論文は『海洋の国際法構造』（有信堂，1956年9月，東京）と『海洋法の源流を探る——海洋の国際法構造（増補）』（有信堂，1989年1月，東京）に収録されている。

第Ⅰ部　日韓会談と漁業問題

混乱があった。外務部政務局政策係長として李承晩ラインの画定作業に加わった陳弼植（チンピルシク）も，一方で南米諸国に倣って主権宣言を行い他方で米国によるトルーマン宣言を引用して資源保護水域を宣言したために「前半と後半の内容が合致していない」と，宣言文に問題があったことを認めている[60]。

　広大な水域に突如一方的に主権を及ぼす非常識に気づいた韓国は，諸外国の抗議以前にすでにその弁明に苦心していた。韓国側公開文書に一部収録されている1952年１月27日付声明で韓国は，「保護水域の宣言は公海への領海の拡張を意味しない。このことは宣言において，わが国が，公海における自由航行の諸権利を保証したことによって完全に裏付けされている」と述べて，李承晩ライン宣言中の主権の主張を後退させた[61]。「隣接海洋主権宣言に対して敷衍」と題された1952年２月８日付声明で韓国は，「隣接海洋の主権という語句表現が不正確であった故に誤解が生じた模様である。我々の一つの目的は他国の主権やその利益を損傷することなく海中資源や漁業を保護するため隣接海上に公平な分割線を設定して韓日両国間の平和と友誼を維持しようとするものである」と述べた[62]。韓国は李承晩ライン宣言にあった主権の主張の部分を自ら撤回したのである。

　1952年１月28日付日本外務省による駐日韓国代表部への口上書で，日本は，李承晩ライン宣言を「長年国際社会に確立されている海洋自由原則と相いれないのみならず平等の立場で公海漁業資源の開発および保護を達成しようとする国際協力の基本原則に逆行する」と批判した[63]。これに対する同年２月12日付韓国外務部による日本政府への口上書では，主権の主張への言及はもはや見あた

---

[60]　陳弼植『外交官の回顧——陳弼植大使回顧録』（外交通商部外交安保研究院，1999年９月，ソウル）※41〜42頁。陳弼植は1950年６月から1952年７月まで外務部政務局政策係長を務めた。

[61]　「李承晩宣言韓国政府筋声明」（『レファレンス』33，国立国会図書館調査立法考査局，1953年11月）７〜８頁。『国際関係資料（一）　李承晩ラインと朝鮮防衛水域』（参議院法制局，刊行年・刊行場所不明）にもこの声明は収録されている（35〜36頁）。前掲註58「平和線宣布と関連する諸問題 1953-55」にはこの声明は収録されていないが，109頁に，断片的ではあるが，この声明と同内容の文章がある。

[62]　『大統領 李承晩博士談話集』（大韓民国政府公報處，1953年12月，刊行場所不明）※150頁。同声明は前掲註[61]『レファレンス』33に「李大統領，海洋主権に重ねて声明（昭和27年２月９日釜山９日発 KP 電話）」として日本文で掲載されている（8頁）。

第3章 李承晩ライン宣言と韓国政府

らない。韓国は，李承晩ライン宣言は「米国・メキシコ・アルゼンチン・チリ・ペルー・コスタリカ・サウジアラビアなど，続々と行われた一方的な宣言と大まかには同様な性格のもの」と述べた。そして，「四十年間の日本の占領と独占の結果である今日見られる韓日間の漁業装備の不均衡への考慮」の必要性を指摘した上で，宣言は「両国の真の平和を確実にするための唯一の安全装置」と主張した。漁業問題を「歴史認識カード」によって有利に導こうとする韓国の姿勢が表明されている。また，「平和線」という呼称はまだ使われていないが，李承晩ライン宣言の目的を日韓両国間の平和維持とする韓国の主張が登場したことが確認できる。

　1952年2月11日付駐韓米国大使による韓国外務部への書簡は，李承晩ライン宣言に関する韓国政府の主張を真っ向から否定するものであった。同書簡で米国は，李承晩ライン宣言を認めれば「どんな国家でも宣言によって公海を領海に転換できる」と懸念を示した。宣言文第4項の，同宣言は「公海における航行の自由を侵害しない」という部分を韓国は主権の主張についての釈明の根拠としていたが，この点についても，主権の主張がなされている以上李承晩ライン宣言水域では国際法に基づく航行の自由よりも韓国政府の特権が優位となり，米国の懸念は解消されないと指摘した。また，韓国が李承晩ライン宣言を「確定された国際的先例に依拠」したのに対して，「韓国の主権の拡張を認めるような合法的な先例」を示す国際法の原則を見出すことはできないと述べた。特に，李承晩ライン宣言と同性格のものと韓国が主張した，1945年9月28日に米国政府が発表したトルーマン宣言については，同宣言は資源保護を目的とした

(63) 前掲註57「平和線宣布と関連する諸問題 1953-55」115頁（英文）。この口上書と同内容の「日本外務省情報文化局長談（昭和27年1月25日）」が前掲註61『レファレンス』33に掲載されている（7頁）が，竹島を李承晩ライン水域に含ませたことへの抗議の部分はない。

(64) 前掲註57「平和線宣布と関連する諸問題 1953-55」117頁（英文）。前掲註61『レファレンス』33に「李承晩人統領宣言にたいしての日本政府からの抗議口上書にたいする韓国政府からの回答覚書（昭和27年2月12日付）」として同口上書の全文日本語訳が掲載されている（8～10頁）。韓国側公開文書の口上書よりも，『レファレンス』33掲載のもの（日本文）は詳細である。なお，1952年1月28日付日本側口上書と1952年2月12日付韓国側口上書は，外務部『独島関係資料集（Ⅰ）──往復外交書（1952～76）』（1977年7月）にも英文で収録されている。

(65) 前掲註57「平和線宣布と関連する諸問題 1953-55」119～122頁（英文）。

第Ⅰ部　日韓会談と漁業問題

ものであって領海の拡張を意味したものではないとして，関連性を完全に否定
した。

　1952年2月13日付の，駐韓米国大使の書簡に対する韓国政府の弁明は，韓国
側公開文書には断片的な記録しか残されていない。「もったいぶって古風で意
味不明でそして混乱している」とムチオ駐韓米国大使が酷評した[66]ことからもわ
かるように，卞榮泰外務部長官の書簡は米国の抗議への当惑ぶりを示すもので
あったため韓国側公開文書には収録されなかった可能性がある。他の三国への
対応が2週間後であったのに比べて，米国に対しては抗議のわずか2日後と，
際立って速やかに対応したことも，韓国がいかに動転したかを示している。

　この卞榮泰外務部長官の書簡全文を筆者は米国外交文書の中から発見するこ
とができた。そこには，「厳密でなく用いられた語句『主権（sovereignty）』は
完全な意味で用いられたのではない。その語句は『管轄権と支配（jurisdiction
and control)』と言い換えることができる」，李承晩ライン宣言は「『トルーマ
ン宣言』と同様に，決して韓国の領海の拡張を意味しない」と韓国は釈明して
いた。そして，「主として朝鮮水域でも行われた40年間の事実上の漁業独占の
結果として韓国漁業は著しく弱体なため，特別な防御方法が必要」と述べて米
国に理解を求めた[67]。確かに，同年2月11日付の駐韓米国大使の書簡には「米国
政府は3マイル外の公海においてある種の防衛的管轄権を行使したことがあ
る」とあった。しかし同時に，その管轄権とは税関や密輸の監視のためのもの
であったと記されていた。1952年1月27日付声明で韓国政府は「公海の一部分
で同時に隣接水域を構成する公海のもつ特殊な性格は国連国際法委員会を含む
多くの国際機関によって承認されている」と述べていた。しかし1951年の国連
国際法委員会の法典草案には，「漁業活動に従事することを希望する他国の国
民に対して或る区域が閉鎖されることはない」（第2部第1条）「沿岸国の領水
に隣接する公海上において，沿岸国はその領土または領水内における関税，財

───────────

[66]　MUCCIO → SECRETARY of State February 16（米国国立公文書館（RG59）Records of
　　the U. S. Department of State relating to the Internal Affairs of Korea, 1950-54: De-
　　partment of State Decimal File 795, Wilmington, Del: Scholarly Resources, Inc., Reel 29).

[67]　Ministry of Foreign Affairs → Ambassador of the United States, February 13, 1952,
　　ibid. この文書は韓国国家記録院のホームページでは公開されている。

104

第3章　李承晩ライン宣言と韓国政府

政または衛生規則の違反を防止するために必要な管轄権を行使することができる。（略）提案された隣接水域は（略）排他的な漁業権の諸目的のために企図されたものではない」（第2部第4条）と明記されていた[68]。このように，韓国が援用した1951年の国連国際法委員会の法典草案も，管轄権設定の目的から漁業が除外されていた点は，駐韓米国大使の書簡と同様であった。

1952年2月20日から4月21日にかけて開催された第1次日韓会談漁業委員会において韓国側は，李承晩ライン水域におけるすべての漁業活動を韓国政府のみが管轄できる「漁業管轄権」を主張したが日本側に論破された。この時，韓国側が日本側の主張に反論らしい反論を行わなかったことは，筆者にとって意外であった。しかし，韓国の主張を否定する駐韓米国大使の書簡を第1次日韓会談直前に突きつけられていた韓国側にとって，論戦の敗北はある程度予想されていた事態であったように思われる。

1952年6月11日付の中華民国大使による韓国外務部への書簡において[69]，中華民国政府は，韓国政府が李承晩ライン宣言を行った理由については同情すべきものがあるとしながらも，同宣言中の主権の主張が中華民国の領海に近接した公海における中華民国の権益を侵害する懸念があると述べた。これに対する1952年6月26日付葛弘基外務部次官による中華民国大使への書簡では[70]，李承晩ライン宣言は，同じ性格を持つ他の宣言と同様に，韓国の領海を拡張するものではなく海洋資源の荒廃を防ぐ防衛水域を確立するためのものとされた。したがって，中華民国政府は何ら不安を覚える必要はない，なぜならば同宣言は無謀な濫獲に対して適用されるのであるからと韓国は主張した。李承晩ライン水域から排除されるのは日本漁船のみであることを示唆したのである。

1953年1月12日付駐韓英国代表部による韓国外務部への書簡では[71]，「特別な歴史的理由がない限り，国際法では，海岸から3海里をこえる（略）海域に主

---

[68]　「大陸棚とその関連諸問題に関する国際法委員会草案及びその公式注解（その一）」（前掲註[61]『レファレンス』33）24～27頁。Yearbook of the International Law Commission, 1951, Volume II, pp. 143-144.

[69]　前掲註[57]「平和線宣布と関連する諸問題 1953-55」123頁（英文）。

[70]　同前，124頁（英文）。

[71]　同前，125頁（英文）。

105

第Ⅰ部　日韓会談と漁業問題

権を及ぼそうとするいかなる要求も認められない。（日韓間に――筆者補注）特
別な歴史的理由は存在しない」という英国政府の見解が韓国政府に伝えられた。
これに対して韓国政府は，1953年1月28日付曺正煥韓国外務部次官による駐韓
英国代表部公使への書簡において，英国政府の見解を新聞の誤報がもたらした
「誤解」であると釈明した。そして，「この保護線は公海に於ける特権とは関係
ない。ひとえに漁業および他の海産物についての日韓間の関係に関するもので
ある」と述べ，日本の漁業者が過去40年間と同様の態度で韓国の経済資源を搾
取しようとしていると日本の脅威を訴えた。他国民も操業する公海での漁業に
規制は相互の協議と同意によらねばならない，一方的な宣言は行われてはなら
ない。この原則はトルーマン宣言で打ち出され，1953年の国連国際法委員会の
法典草案にも明記された。しかし，韓国政府はこれを無視したのであった。韓
国政府はさらに，「将来において二国間の平和的関係を維持するためには，そ
れぞれの国家がその内側で水産開発を行う境界線が必要である」と述べて李承
晩ライン宣言を正当化した。

　注目されるのは，英国公使に対する韓国外務部次官の書簡では李承晩ライン
の呼称を「保護線（the conservation line），我々は時に平和線（the peace line）
と呼ぶ」と記されていることである。李承晩ライン宣言中の公海への主権行使
を批判された韓国は漁業管轄権を主張したが米国に否定され，第1次日韓会談
漁業委員会で日本に論破された。「保護線」はおそらくそのために考え出され
た呼称であったと思われる。しかし，後述するように，1953年5月6日から7
月21日にかけて開催された第2次日韓会談漁業関係委員会において自らの漁業
資源保護措置が不充分であることを追求された韓国側は，李承晩ライン宣言の
目的は漁業資源の保護ではなく独占であると告白せざるをえなかった。このよ
うな経過を検討すれば，韓国にとって李承晩ラインの呼称は「平和線」しか残
らなかったことがわかる。韓国政府が「平和線」という呼称を初めて公式に使

⑺　同前，126頁（英文）。
⑺　「大陸棚とその関連諸問題に関する国際法委員会草案及びその公式注解（その二）」前掲註
　　⑹『レファレンス』33）28頁。Yearbook of the International Law Commission, 1953,
　　Volume II, p. 217.

用したのは，日本漁船大量拿捕を開始した時期にあたる，1953年9月11日のことであった。[74]

「平和線」という呼称は李承晩ライン宣言の宣言文にはなく，韓国政府が公海への主権行使を宣言するという自らの失策を糊塗するために作り出されたものであった。李承晩ライン宣言の原案となる資料を李承晩大統領に提出した黄山徳は，「『主権』という表現は私が誤って使用した言葉だった。隣接海洋に対しては主権を行使することはできない。（中略）日本はこの『主権』という言葉に即座に抗議し，これに対して我が方はその後この線を『平和線』と呼び直すことにした」と述べている。[75]

孫元一国防長官が書いた「平和線に対する国防上の見解」では，「民主国家と言いながら，昔の侵略根性を未だ捨てずに虎視眈々と再侵略の機会を窺っている日本」，とりわけその先兵である日本漁船から韓国を守るために「平和線」は必要と強調されている（『週報』77号，大韓民国政府公報處，1953年10月28日）。「平和線」という呼称には，日本を侵略国家として敵視する韓国の意図が含まれていた。したがって，「平和線」という用語を日韓会談の分科会の名称として使用することは，単なる呼称の問題にとどまらず，韓国の主張や意図を認めることでもあり，日韓会談の日本側代表にとっては不本意なものであった。韓国側公開文書では，第4次日韓会談と第5次日韓会談の開始前に漁業問題を討議する分科会の名称について日韓間で対立があったこと，そして日本側の反対

(74) 前掲註(57)「平和線宣布と関連する諸問題 1953-55」179頁（英文）。孫元一国防長官が「平和線」の呼称を使うよう軍に指示したのも同日である（同年9月12日付『自由新聞』）。

(75) 黄山徳「元老交友記」（『週刊毎経』452，毎日経済新聞社，1988年5月，ソウル）※94頁。黄山徳は1948〜52年に高麗大学校法政大学副教授であった。なお，黄山徳は，自分が翻訳した1947年8月1日のペルーの大統領令がほぼそのまま李承晩ラインの宣言文になったと述べている（92頁）。しかし，同令の英訳文を記載した United Nations Legislative Series / LAWS AND REGULATIONS on the REGIME OF THE HIGH SEAS（New York-1951）および同書を韓国語訳した『公海に関する法令輯（上巻）』（大韓民国法務部，1953年3月，刊行場所不明）※を見ると，李承晩ライン宣言は，ペルーの大統領令よりも1947年6月23日のチリの大統領宣言を模倣したものであることがわかる。隣接海洋に及ぼされる国家権力は，チリの大統領宣言では主権（national sovereignty）と，韓国と同様であるのに対して，ペルーの大統領令では主権と管轄権（sovereignty and national jurisdiction）である。李承晩ライン宣言が「主権」を宣言したことへの黄山徳の釈明の一つのように思われる。

第Ⅰ部　日韓会談と漁業問題

を押し切って韓国側が「漁業委員会」から「漁業および平和線委員会」と改めさせたことが確認できる。[76]

7　李承晩ライン宣言と韓国政府

本章で筆者は，韓国側公開文書を主資料として，李承晩ライン宣言に関する韓国政府の動きを検討した。第1に，韓国はマ・ラインを越えた日本漁船の操業を朝鮮半島再侵略と非難し，自国の安全保障上のために必要であるとして，マ・ライン存続を対日平和条約に盛り込むために米国と交渉しようとした。しかし米国にとってマ・ライン問題はあくまでも漁業問題であり，また総司令部はマ・ラインに韓国政府は関与できないことを伝えた。結局，1951年9月8日に署名された対日平和条約にマ・ライン存続の条項はなかった。第2に，対日平和条約にマ・ライン存続を盛り込むことに失敗した韓国は，商工部が主導して「漁業管轄水域」設定を画策した。「漁業管轄水域」は1951年9月7日に招集された第98回国務会議で「漁業保護水域」に改められ，その水域には竹島が新に含まれた。公海上に日本漁船の操業を禁止する水域が存在することを既成事実として，韓国は日本との漁業交渉に臨もうとしたのである。一方で，韓国はマ・ライン存続を日本に約束させるという目論みもこの時点で捨ててはいなかった。第3に，「漁業保護水域」設定を時期尚早であるとして見送った韓国は，1951年10月20日から始まる日韓会談予備会談においてマ・ライン継続を日本に要求した。そして，マ・ライン継続要求を拒否する日本の「誠意のない」姿勢に憤った韓国は1952年1月18日に李承晩ライン宣言を行ったのである。第4に，李承晩ライン宣言は広大な水域に主権を宣言したものであったため米中

---

(76)　韓国側公開文書「第4次韓・日会談（1958.4.15-60.4.19）予備交渉，1956-58，全3巻（1957）」1697頁（英語）。同「第5次韓・日会談予備会談（1960.10.25-61.5.15）本会議会議録および事前交渉，非公式会談報告，1960.10-61.5」45頁（韓国語）。1953年11月24日に韓国国会で決議された「韓日会談に関する緊急決議」※には「魚族保護を目的とした李承晩ラインの正当性と平和線の設定は国際的慣例であることを日本政府は即時に承認すること」とあった。李承晩ライン水域に及ぼす権力について，韓国は「主権」の主張は取り下げたものの，「漁業管轄権」および日本を潜在的な敵とみなす「平和線」の主張はあきらめていなかった。

108

（国民党政権）英三国は韓国に抗議した。これに対応して韓国は李承晩ラインの意味合いと呼称を変化させた。その結果，李承晩ライン水域を主権下に置くという当初の対日要求こそ後退させたものの，「平和線」という，被拿捕漁船が続出する日本にとってはいささか奇異な呼称が登場した。韓国政府は，マ・ライン撤廃反対の主張でその根拠とした日本の脅威をふたたび持ち出して，自らの非常識な行動を正当化したのである。

　以上の経過において，韓国が関心を持つ公海上の水域における日本漁船の操業を絶対に許すまいとする韓国の強い意志を見ることができる。背景にあるのは，日本の主張をいっさい理解しようとせず自己の主張をひたすら相手に押し付けようとする韓国の対日姿勢である。日韓会談予備会談と李承晩ライン宣言の時点において，韓国はすでに1948年8月15日に建国されていたのに対し，日本は1945年から1952年4月28日まで続く連合国軍総司令部の占領下にあった。韓国は自らを主観的には連合国と位置づけて日本に対して臨もうとした。対日平和条約作成の過程で竹島を日本領に含ませた米国の明確な意思表示にさからって，竹島を李承晩ライン内に取り込んだ韓国の行動も，こうした日本に対する優越意識との関係を考えざるを得ないのである。[77]

---

[77]　自らを連合国，日本を敗戦国と位置づけて有利な立場で日韓会談に臨もうとした韓国の姿勢が，根拠がないにもかかわらず李承晩ライン宣言で竹島に主権を主張した韓国の行動の背景にあることを，筆者は「日韓会談の開始と竹島問題」（『第2期「竹島問題に関する調査研究」中間報告書』島根県総務部総務課，2011年2月，松江）で指摘した。また，拙稿「第1次日韓会談における『旧条約無効問題』について」（『東洋史訪』15，史訪会，2009年3月，兵庫）参照。なお，本書でしばしば登場する駐日韓国代表部については，本書第9章註22（315頁）参照。日本政府は駐韓日本代表部の設置を要請したが，1963年まで外務省職員ソウル常駐は実現しなかった。

第4章

李承晩ラインと日韓会談

——第1〜3次会談における日韓の対立——

　1950年代半ばの日韓間に国交関係はなく，両国は深刻な対立の中にあった。李承晩ライン侵犯を理由とする韓国による日本漁船拿捕が相次ぎ，1955年11月17日の韓国連合参謀本部による日本漁船に対する砲撃声明に対応して，同年12月7日の衆議院農林水産委員会では自衛隊の出動が論議される事態に至った。本章は，日韓両国の最大の対立点であった漁業問題の解明を目的とする。すなわち，1952年1月の李承晩ライン宣言から1953年10月の第3次日韓会談決裂までの時期における漁業問題に関する日韓の主張と対立点の整理を行いたい。

1　李承晩ライン宣言と日韓の対応

　1952年1月18日，韓国政府は李承晩ライン宣言を行った。連合国総司令部が管理して日本漁船の操業水域を限定していたいわゆるマッカーサーラインが，1952年4月28日の日本の独立までには撤廃されることを恐れたための措置であった。

　「隣接海洋に対する主権に関する宣言」と題された李承晩ラインの宣言文では，李承晩ライン水域に韓国政府が行使する権力について，「主権」と漁業に関する権利という2種類の異なる概念が混在していた。韓国政府が李承晩ライン宣言を行うまでには，まず黄海・東シナ海北部の漁場から日本漁船を排除するため商工部水産局が「漁業管轄水域案」を起草し，次に外務部が竹島を含む日本海に大きく水域を拡大させた「漁業保護水域案」を作成し，最後に李承晩大統領が李承晩ライン宣言を行うという3段階があった。漁業問題と領土問題

第 I 部　日韓会談と漁業問題

（竹島問題）が結合していった宣言への過程が，韓国政府の二つの異なる意思が宣言文に混在したことに影響している。

　その後韓国政府は李承晩ライン宣言の内容を修正した。前章で述べたように，李承晩ライン宣言で表明した二つの権力のうち主権についてはこれを撤回したのである。1952年2月12日付の韓国政府の覚書では，「すべての宣言をなす場合においては元来一方的に行われるものであるが，いずれにせよ大韓民国の保護水域宣言が一方的になされたことは避け難いとしても，双務会議において該宣言に関する討議の機会を封殺するものではない」として，李承晩ライン宣言が一方的であったことを釈明した。同覚書ではさらに，「この点を証明することのできる最近の例の一つとして日米加漁業協定を挙げることができる。即ち該協定においては米国の一方的宣言が討議対象になったものである」と続けて，韓国政府は1945年9月28日付のトルーマン宣言と日米加漁業交渉（1951年1月5日～12月14日）を李承晩ライン宣言と日韓漁業交渉になぞらえた。

　トルーマン宣言は，隣接公海の漁業資源保護を目的として，従来米国民だけが漁業を行ってきた漁場については米国政府が漁業を「統制と管理」する保存水域を設定する，他国民と共同開発した漁場については「当該他国との合意の下に」保存水域を設定するという内容であった。李承晩ライン水域では戦前からの日本の操業実績があり，李承晩ライン宣言をトルーマン宣言になぞらえるならば，韓国は「当該他国との合意の下に」，すなわち「一方的」ではなく日本との交渉によって漁業問題解決を目指さねばならなかった。同年2月11日付の駐韓米国大使による韓国外務部への書簡で，米国は李承晩ライン宣言とトルーマン宣言の関連を全面的に否定していた。にもかかわらず，韓国は自らを米加両国政府になぞらえて日本と漁業交渉を行おうとした。ここに，前章でも指

⑴　「李承晩大統領宣言にたいしての日本政府からの抗議口上書にたいする韓国政府からの回答覚書（昭和27年2月12日付）」（『レファレンス』33，国立国会図書館調査立法考査局，1953年11月）9頁。
⑵　トルーマン宣言には「大陸棚の地下および海底の天然資源についての米国の政策に関する大統領宣言」と「公海の一定水域における沿岸漁業についての米国の政策に関する大統領宣言」の二つがある。本章に関係するのは後者の沿岸漁業に関する宣言であり，川上健三『戦後の国際漁業制度』社団法人大日本水産会，1972年3月，東京）に翻訳・収録されているもの（80～81頁）を引用した。

112

摘した，連合国（戦勝国）として日本に向かい合おうとする韓国の対日観を指摘することができる。

　日本政府は，1952年1月25日に「かかる措置は国際社会の通念として容認し得ないところであることは疑いなく，これを真面目に採り上げることをためらわざるを得ない[3]」とする，李承晩ライン宣言に対する抗議文を発表し，同年1月28日には同趣旨の抗議文を駐日韓国代表部に送付した[4]。1952年1月29日付の「日韓漁業交渉の基本方針（案）[5]」と題された文書にある日本政府の方針は，「国際的に確立されている公海自由の原則を貫く」，「李大統領宣言やマ・ラインの存置を前提とするような交渉には応じない」であった。「公海における漁業資源は，平等な基礎においてすべての国家に開放されており，いかなる国も公海のいかなる漁場からも差別的に排除され，又はその操業について差別的な制限を課せられるべきではない」と説明されている。一方で同文書では，「漁業資源の，最大の持続的生産性の確保のため（略）漁業活動に対する必要な制限及び規制」を，あくまでも「両国が平等な立場において行う」ことを前提として行うとされていた。その一つが，資源を激しく枯渇させる恐れのある東シナ海・黄海の底曳網漁業（トロール漁業と以西底曳網漁業）について「現段階において可能な限度の保存措置を講ずる」ことであった。具体的には，交渉の結果，かつて朝鮮総督府が定めた底曳網漁業の操業禁止区域を踏襲することはやむをえないとされていた。ただし，同区域は「勘で線を引いているので科学的裏付け」がなく，「資源維持よりもむしろ沿岸漁業との紛争防止という目的の方が大きかったので，相当沿岸から広い範囲に及ぶ」ため，日本にとって同区域の踏襲は望ましいものではなかった。

---

(3)　「日本外務省情報文化局長談（昭和27年1月25日）」（前掲註(1)『レファレンス』33）7頁。
(4)　1953年10月15日付『官報 第8035号 附録』1頁。
(5)　日本側公開文書 第5次公開 開示決定番号891 文書番号888。以下「日 5-891-888」のように略記する。

第 I 部　日韓会談と漁業問題

2　第 1 次日韓会談における日韓の対立

1952年 2 月20日から 4 月21日にかけて15回にわたり開催された第 1 次日韓会談漁業委員会では，前半に日本側漁業協定案が，後半に韓国側漁業協定案が討議された。[6]

　2 月20日の第 1 回漁業委員会で日本側が提出した漁業協定案は公海自由の原則を基調とするものであった。ただし底曳網漁業については，科学的調査の結果必要であれば，東シナ海・黄海の一定水域で一定期間操業を禁止することになっていた。[7]

　2 月22日の第 2 回漁業委員会から 3 月15日の第 8 回漁業委員会まで行われた日本側協定案の討議では，協定案そのものよりも，日米加漁業交渉の結果1951年12月14日に仮調印された日米加漁業条約（正式名称は「北太平洋の公海漁業に関する国際条約」）に論議の時間が多く割かれた。[8]韓国側は同条約を根拠として日本側協

---

(6)　両国の協定案は『外交問題叢書第九号 韓日会談略記』（外務部政務局，1955年 3 月）所収のもの（日本側協定案 305〜319頁，韓国側協定案 320〜329頁）によった。正式名称は，日本側協定案は「漁業に関する日本国政府と大韓民国政府との間の協定案」，韓国側協定案は「漁業に関する大韓民国政府と日本国政府の協定案」である。なお，東シナ海について，日本側協定案の原文（日本語）では「東海」と表記されたため，金東祚『回想30年 韓日会談』（中央日報社，1986年11月，ソウル）※では原文通り「東海」（42頁），同書を翻訳した『韓日の和解』（サイマル出版会，1993年10月，東京）では「日本海」（50頁）となっているが，いずれも誤りである。3 月15日に開催された第 8 回漁業委員会で韓国側は，「日本で『日本海』と呼ぶ海を韓国では『東海』と呼んでいる。（略）この海の呼称を研究したい」と述べた（韓国側公開文書「第 1 次韓・日会談（1952.2.15-4.21）漁業委員会会議録，1-15次，1952.2.20-4.21」1859〜1860頁）※。この時の韓国側は同一水域に対する呼称の違いとして日本海の呼称問題を取り上げており，1990年代のように，歴史問題として問う雰囲気ではなかった。

(7)　日韓漁業交渉において「日本は韓国周辺地域での日本漁船の操業を制限すること，漁業協定でそのことを明文化することが期待されていた。だがしかし，そうした韓国側の期待に反して，日本側には操業を制限する意思はなかったといってよい」（内藤正中・金炳烈『史的検証 竹島・独島』〔岩波書店，2007年 4 月，東京〕112頁）という言説は，誤りである。

(8)　日米加漁業条約は1952年 5 月 9 日に正式調印された。本章では日本海洋漁業協会編『日米加漁業条約の解説』（内外水産研究所，1952年12月，東京）所収の条文を引用した。

定案を批判し，日本側も同条約の解釈でこれに応じた。第1回漁業委員会で，日本側協定案は日米加漁業条約と同一趣旨と日本側が発言したためでもあった。[9]

　日米加漁業条約に関する最大の問題は「自発的抑止」であった。同条約第3条1項aの但書では，オヒョウ・ニシン・サケについては「自発的抑止」のための条件が満たされているとして，日本は5年間米加両国に近い一定水域で「漁獲を自発的に抑止」し，米加両国は同水域で「必要な保存措置を引き続き実施する」ことになっていた。韓国側は，「自発的抑止」は日本が米加両国の「漁業管轄権」を認めた前例であると主張し，日本側協定案の公海自由の原則を批判した。[10]韓国側は李承晩ライン水域を，外国漁船も含むすべての漁業活動を沿岸国が管轄できる漁業管轄水域にしようとした。李承晩ライン宣言後に示されていた，漁業資源保護水域設定を日本との協議の上で行うという韓国の姿勢は変更されたのである。

　これに対して日本側は次のように反論した。まず，日米加漁業条約第9条に「自発的抑止を同意した魚種」について漁業活動が禁止されるとあるのだから「同意外の魚種」については自由な漁獲が保証されている。次に，同条約4条の但書にあるように，締結国の漁獲実績がある魚種は「自発的抑止」は勧告されない。日本が「自発的抑止」を行う3魚種は1930年代に試漁を行ったのみで漁獲実績はない。そして，同条約第5条2項と第9条では締結国のうちある国の「自発的抑止」に対して他の締結国の保存措置実施義務が生じることを詳細に規定している。漁業管轄権を認めたのならば，他の締結国による保存措置実施義務の規定などは不要である。漁業管轄権が「あるとすれば，かかる詳細な条約の規定を俟たず，その国が自主的に規定出来る筈である」。[11]要するに，これほど制限された管轄権はないという反論であった。

　また，「この条約の如何なる規定も領水の範囲または沿岸国家の漁業管轄権に関する締約国の主張に不利な影響を与える（主張を害する）ことと見なしてはならない」という日米加漁業条約第1条2項についても激論が交わされた。

⑼　前掲註⑹「第1次韓・日会談（1952.2.15-4.21）漁業委員会会議録」1689頁。
⑽　前掲註⑹「第1次韓・日会談（1952.2.15-4.21）漁業委員会会議録」1776～1778頁。
⑾　「日韓会談第5回漁業委員会議事要録」（日 5-893-989）。

第Ⅰ部　日韓会談と漁業問題

この条項は，領海の範囲や漁業管轄権のような結論を出しにくい問題での論争
を棚上げして日米加三国間が当面する漁業問題の解決を優先するという趣旨で
ある。将来三国以外の国が同条約に参加する時に支障が起きないように，1949
年2月8日に調印された北西大西洋漁業条約を踏襲して，日米加漁業条約にも
挿入されたものであった。韓国側はこの条項によって米加両国の漁業管轄権を
日本は認めたと主張した。日本側は，「漁業管轄権に関する締約国の主張に不
利な影響を与えることと見なしてはならない」ということと漁業管轄権を尊重
するということは異なる，この条項は漁業管轄権を「肯定も否定もしない」の
だと反論した。[12]

　韓国側は日米加漁業条約に関する日本側の反論を理解しようとはしなかった。
第1次日韓会談で韓国側代表の1人であった金東祚外務部政務局長は回想録で，
日本は米加両国の漁業管轄権を認めたにもかかわらず韓国の漁業管轄権を認め
ようとはしなかった，米加両国沿岸での操業を自粛しながら韓国沿岸での自由
操業を求める日本は「強者には限りなく弱く弱者には限りなく残酷」だったと，
日本を強く非難している。[13]しかし，これは事実誤認であり，自らを連合国であ
る米加両国になぞらえた韓国の対日姿勢を考えれば，金東祚の回想は日本を語
るように見えて，実は韓国を語ったかのような印象を受ける。

　日本側漁業協定案に関しては，前文の「両締約国はこの資源の保存を促進す
る義務を自由かつ平等な立場において行う」という部分をとらえて，韓国側は，
両国は漁労も平等に行わねばならないと強弁して日本側を閉口させた。[14]

　また，日本側漁業協定案について韓国側は，日米加漁業条約で規定された北
太平洋漁業国際委員会（以下「国際委員会」と略記する）の権限よりも日本側協
定案で規定された日韓漁業共同委員会（以下「共同委員会」と略記する）の権限
が弱いことに不満を示した。国際委員会の任務が「締約国にとって共同の利害
関係のある漁業の最大の持続的生産性を確保するために必要とされる保存措置

---

(12)　前掲註(6)「第1次韓・日会談（1952.2.15-4.21）漁業委員会会議録」1789～1790頁。

(13)　前掲註(6)『回想30年 韓日会談』52頁。加藤晴子「戦後日韓関係史への一考察——李ラ
　　　イン問題をめぐって」（下）（『日本女子大学紀要 文学部』29，1980年3月）でも日本の対韓
　　　姿勢に関する同様の評価がある（16頁）。

(14)　前掲註(6)「第1次韓・日会談（1952.2.15-4.21）漁業委員会会議録」1736頁。

116

の確定に必要な科学的研究」を「推進」し，「締約国にその保存措置を勧告する」ことであったのに対し，共同委員会の任務は「両締約国が共通の利害関係を有する漁業資源の保存と一層有効な活用のために科学的調査と研究を行う」ことであり，締約国への必要事項の報告と意見の「通報」であった。これについて日本側は，米加両国には漁業資源の科学的調査研究の蓄積があるが東シナ海・黄海にはそれがない，そのため日韓間で当面必要な調査研究が共同委員会の主目的となったと答えた。さらに，条約に違反した場合の罰則について，日米加漁業条約では国際委員会で共同審議するのに対して，日本側協定案では共同委員会が関与せず各自の国内法に一任するとあるのは均衡を欠くと韓国側は主張した。これに対して「協定案には『（罰則を――筆者補注）審議する』という条文がないので疑いを持ったのかもしれない」が「日本側も（略）保存措置に熱心だという点を信じて欲しい」と日本が懇請する場面もあった[15]。

　韓国側は日米加漁業条約と日本側協定案について日本側に執拗に質問を浴びせかけた。その態度は建設的であったとは言い難い。1952年3月19日付のおそらく総司令部作成と思われる報告書には，「松本俊一首席代表はついに梁裕燦（ヤンユチャン）首席代表に対して，漁業委員会におけるあら探しのすぎる韓国側の態度に不満を述べた」と記されている[16]。

　3月20日の第9回漁業委員会で韓国側が漁業協定案を提出した。韓国側協定案は，双方の領海の外側に漁業管轄水域を設定して相手国の漁業活動を禁止し，さらにその外側に協定水域を設定してそこでは資源保護のための共同措置をとるという内容であった。つまり，「実質的には『李ライン』を取極によって確保しようとするものであった[17]」。

　この韓国側協定案に対して，日本側は「受取ることも含めて一切の態度を保

---

(15)　前掲註(6)「第1次韓・日会談（1952. 2. 15-4. 21）漁業委員会会議録」1837頁。

(16)　To SECSTATE WASH DC March 19, 1952（米国国立公文書館（RG84）Office of the U. S. Political Advisor for Japan, Tokyo Classified General Correspondence 1945-52 (1950-52 : 320 : Japan-Korea, 1951-1952)）。1952年3月15日付の日本側公開文書「兪代表と非公式会談の件」には，「漁業問題については（略）韓国側委員の中には徒に議論の為の議論をなし理論で相手方をやっつけたと言って快哉を叫ぶと云った風潮が見られる」と，兪鎮午韓国側代表も懸念を示したとある（日 6-806-399）。

第Ⅰ部　日韓会談と漁業問題

留する」と述べて会談は一時中断した。日本側にとって韓国側協定案は，１月25日付「日本外務省情報文化局長談」での李承晩ライン宣言への評価同様に，「真面目に採り上げることをためらわざるをえない」常識外のものであった。しかし日本側は結局，３月27日の第10回漁業委員会で，「上部の反対もあったが再度会議を開き審議することは幸い」と譲歩して討議を再開した[19]。こうして，韓国側協定案をめぐる討議が開始された。

　４月７日の第12回漁業委員会で，日本側が韓国側に漁業管轄権の前例を示すよう求めたのに対して，韓国側は漁業管轄権を「一方的に主張した先例を参考として」，「日米加漁業条約」「トルーマン大統領宣言」「中南米諸国の主張」「1930年ハーグの国際法編纂委員会」など七つの事例を挙げた[20]。

　日本側はまずトルーマン宣言について韓国側の認識の問題点を指摘した。米国は自国に隣接する公海で漁獲実績を持つ国の利益を認めているではないか，トルーマン宣言を韓国側が主張の根拠にするならば，李承晩ライン水域での漁獲実績を持つ日本漁船を一方的に排除できないはずだと日本側は主張したのである。これに対して韓国側は，漁業管轄権は「トルーマン宣言」と「日米加漁業条約」に文言ではなく精神で入っているのだと弁明した[21]。中南米諸国の漁業管轄権の主張については，「米国自身が抗議したのであり，関係国間でもこれに関して争っているという事実は，漁業管轄権をそのまま認めれば紛争がおき，人類の共同利益に背反する」ことを示していると日本側は述べた[22]。

⒄　前掲註(2)『戦後の国際漁業制度』239頁。1953年２月１日に日本漁業者代表団と会見した李承晩大統領は，「一方的な線を引くよりも，お互いに協議をして，繁殖上必要ならば，その区域を定めることも可能ではないか。昔，総督府時代にもトロールや底曳の禁止区域があったくらいで，われわれはラインそのものを絶対に否認するものではない」と鍋島態道（前大日本水産会会長）が述べたのに対して「そういう提案をしたが，決裂したのは遺憾である」と述べた（『日韓漁業対策運動史』〔日韓漁業協議会，1968年２月，東京〕69頁）。第１次日韓会談での韓国側提案は「一方的」かつすべての日本漁船の操業を一定水域から排除しようとするものであり，「そういう提案をした」という李承晩の発言は誤りである。なお，この時の鍋島とともに李承晩と会見したのは，伊藤猪六（大日本水産会副会長）と田口新治（日本遠洋底曳網漁業協会参事）であった。

⒅　前掲註(6)「第１次韓・日会談（1952.2.15-4.21）漁業委員会会議録」1865頁。

⒆　前掲註(6)「第１次韓・日会談（1952.2.15-4.21）漁業委員会会議録」1873頁。

⒇　前掲註(6)「第１次韓・日会談（1952.2.15-4.21）漁業委員会会議録」1904～1911頁。

第4章　李承晩ラインと日韓会談

「1930年ハーグの国際法編纂委員会」を漁業管轄権主張の先例とした点に，韓国側の主張の苦しさが現れている。実は，韓国政府は1952年1月27日付声明で「隣接水域を構成する公海の部分の持つ特殊な性格は国連国際法委員会を含む多くの国際機関によって承認されている」と李承晩ライン宣言の正当性を訴えていた[23]。しかし，前章で見たように，1951年の国連国際法委員会の法典草案は韓国側の主張に反する内容であったため，日韓会談で韓国側は，1930年の国際連盟国際法典編纂会議を漁業管轄権主張の先例と述べたのであろう。

しかし，韓国側が漁業管轄権主張の先例とした1930年の国際連盟国際法典編纂会議に関しても，日本側は管轄権の討議は行われたがその管轄権とは「漁業以外の関税，衛生，保安，其の他」に関するもので，「結局合意を見ることができなかった」と反論した[24]。そして，日本側は「漁業管轄権の主張があるかもしれないが国際的には尊重されていないのであり，（略）漁業管轄権を認めた先例はない」と結論づけた。これに対して韓国側は，漁業管轄権の「一方的主張があり研究中だという事実を参考に」述べたと弁明した[25]。

漁業管轄権を認めるのか，認めるとすればその範囲はどの程度なのかといった問題は，1958年の第1次国連海洋法会議と1960年の第2次国連海洋法会議で論議された。そして，1965年の日韓漁業協定を含む，1960年代に締結された世界の漁業協定では漁業専管水域の設定が一般的となった。しかし漁業専管水域

---

[21]　前掲註(6)「第1次韓・日会談（1952.2.15-4.21）漁業委員会会議録」1913頁。トルーマン宣言について，1951年8月25日付の「対日漁業問題に関する会議録」中の「領海」という項目では，「1945年9月にトルーマン大統領が，必要に応じて，米国は領海の制限なしに漁場を保護するため200海里までの公海の地帯に領海を拡張できると宣言」したと，誤った情報が記されている（韓国側公開文書「韓国の漁業保護政策：平和線宣布1949-52」1410頁）。一方，1951年9月8日付の「漁業保護水域宣布に関する件」では，トルーマン宣言は漁業資源保護のための政策を言明したものであると正確な情報が記されている（同前，1486～1487頁）。当時の韓国が海洋法や国際事例についての知識が不足し，混乱していたことがわかる。

[22]　前掲註(6)「第1次韓・日会談（1952.2.15-4.21）漁業委員会会議録」1914頁。

[23]　「李承晩宣言韓国政府筋声明」（前掲註(1)『レファレンス』33）7頁。

[24]　前掲註(6)「第1次韓・日会談（1952.2.15-4.21）漁業委員会会議録」1915～1916頁。1930年の国際連盟国際法典編纂会議については，立作太郎「第一回国際法典編纂会議に於ける領海の範囲の問題」（『国際法外交雑誌』29-10，国際法学会，1930年12月）が詳しい。

[25]　前掲註(6)「第1次韓・日会談（1952.2.15-4.21）漁業委員会会議録」1917頁。

は，接続水域に対する沿岸国の権利を拡大させた結果生まれたものではない。[26]
接続水域と漁業専管水域は異なる概念であり，接続水域に漁業管轄権を行使で
きるという韓国側の海洋法の認識には問題があった。外務部で李承晩ラインの
画定作業に加わった陳弼植（チンピルシク）が回想しているように，当時の韓国政府は「海洋法
および事例に関する資料がきわめて制限され」ていたのである。[27]

　韓国政府は「確定された国際的先例に依拠して」李承晩ラインを設定したと
宣言文で主張し，1952年1月27日発表の声明では「隣接水域における漁業の絶
対的自由を主張する人々は，国際法の進化を知らないものと考えられる[28]」と日
本を非難した。しかし李承晩ラインの宣言文の原案作成に関与した黄山徳（ファンサンドク）自身
が，「海洋主権宣言はすでに先例は多いが未だ国際法上確立された原則ではない[29]」
と後に述べざるをえなかったように，第1次日韓会談での漁業管轄権が海洋法
上確立されたものかをめぐる日韓の論争は韓国側の敗北であった。日米加漁業
条約への理解度を見ても，「国際法の進化を知らない」のは韓国側であった。

　さらに日本側は4月17日の第14回漁業委員会で，韓国側がそれまで主張して
きた漁業管轄権の概念を5項目にまとめ，その確認を求めた。その第2項には
「漁業管轄権は国内法上の取締規則の制定および対外宣言をその形式的成立要
件とする」とあり，第3項には「漁業管轄権は漁業資源が満限に達し，これに
ついて保存措置が執られていることをその実質的成立要件とする。従って管轄
水域は総べて保存水域である」と記されていた。[30]

　この事態は韓国側を困惑させたに違いない。もし韓国側がこの確認書の内容
を認めれば，韓国側が主張する漁業管轄水域の漁業資源の状況について日本側

---

(26)　小田滋『海の資源と国際法Ⅰ』（有斐閣，東京，1971年5月）374～375頁。

(27)　陳弼植『外交官の回顧——陳弼植大使回顧録』（外交通商部外交安保研究院，1999年9月，
　　　ソウル）※42頁。

(28)　前掲註(23)「李承晩宣言韓国政府筋声明」7頁。

(29)　黄山徳「国際法から見た海洋主権線」（『首都評論』1，首都文化社，1953年6月，ソウ
　　　ル）※15頁。

(30)　前掲註(6)「第1次韓・日会談（1952.2.15-4.21）漁業委員会会議録」1950～1951頁。この
　　　確認書は外務省と水産庁が作成したもので，「今後日本側が右（韓国側の——筆者補註）
　　　見解を反駁する場合，有力な証拠になるであろう」と解説されている（「日韓漁業会談の
　　　打合に関する件」（日 5-891-901）。

第4章　李承晩ラインと日韓会談

に説明せねばならなくなり，韓国側は窮地に追い込まれたであろう。当時の韓国では，漁業資源の科学的調査や資源保存のための施策はきわめて不十分であったからである。逆に，もし韓国側がこの確認書の内容を認めなければ，漁業資源保存のためと称して漁業管轄権を主張してきた韓国側はその主張を自ら否定することになったであろう。

　結局，確認書に対する韓国側の回答はなかった。4月21日の第15回漁業委員会で金東祚代表は，「任哲鎬代表が欠席なので次回に提示する」と述べたが，請求権問題の対立により第1次日韓会談は打ち切られ，4月24日に開催予定だった漁業委員会は開催されなかった。

　日米加漁業条約における「自発的抑止」と日韓漁業交渉における漁業管轄権とを同一視して日本側に譲歩を迫る韓国側に対して，はたして韓国にその資格があるのか，韓国と米加両国は同じ地点に立てるのかと問いただしたのが第14回漁業委員会で日本側が提示した確認書であった。そもそも，日本にとって日米加漁業交渉とは，単に米加両国近海の公海での日本漁船の操業を協議する以上の意味があった。将来行われるであろう他国との漁業交渉を準備する場でもあったのである。

　日米加漁業交渉において，米国側は当初漁業資源保存のためには「特定国の漁業活動を差別的に排除することを国際的に合意することは差し支えない」という立場をとった。日本側は論議の末にこれを撤回させ，漁業資源保存のための「自発的抑止」という，より公平な措置に置き換えさせたのだった。日本側はこの条約を，日本の「自発的抑止」と米加両国の保存措置の実施義務は連動しているので三国は平等であると評価し，「公海における漁業活動について片務的義務を負わされることはないという原則が再確認されることになる結果，今後の他国との漁業交渉を有利に導くための有力な基礎が確立」されたと歓迎した。

------

(31)　前掲註(6)「第1次韓・日会談（1952.2.15-4.21）漁業委員会会議録」1953頁。任哲鎬は「自由党要人の一人で」，韓国側代表団を「総括するある意味で監視役的な，李承晩大統領に非常に近いお目付役」であったという（前田利一「日韓会談と久保田発言」〔『日韓経済協会三〇年史——戦後日韓経済交流の軌跡』社団法人日韓経済協会，1991年3月，東京〕17頁）。

121

第Ⅰ部　日韓会談と漁業問題

そして，日米加漁業条約では，締約国が「自発的抑止」を，他の締約国が保存措置の実施義務を勧告されるのは同条約第4条の次の3条件が満たされた場合のみとされた。当該魚種が完全に利用されているかについての科学的調査が行われていること，締約国の法的措置により資源保護のため当該魚種の漁獲が科学的調査に基づいて制限・規制されていること，より強度の漁獲が当該魚種の漁獲高を減少させることが科学的調査の結果明らかであること，である。日本側が困惑した日米加漁業条約交渉での当初の米国側協定案ですら，その説明にあたってヘリントン米国代表は「漁業権行使の放棄は科学的資料に基づいて行わなければならないことを規定している。そしてある国が完全にその資源を利用しているか否や，科学的調査の裏付を求めている。（略）日本の漁業関係調査員はよく知っていると思うが，このような条件を具えたところは特にアジアにはない」と発言した。この発言は日本側に他の国との漁業交渉を行う上での自信を与えたであろう。

さらに，日米加漁業条約の「決議3」には締約国が第3国と漁業交渉を行う際には「この条約の精神及び意図に充分な考慮を払うことを勧告する」と明記されていた。これについて，1952年1月23日の衆議院外務委員会で塩見友之助水産庁長官は「科学的な調査に基づきまして，相手国におきましてもその満限資源については十分規制をするという前提でなければ，こちらも公海漁業については規制を受けるというふうな点については了承できない」，「各国との協商においては日本もその精神によってやっていく」と説明した。交渉相手国と平等な立場で，そして科学的調査に基づいた資源保存措置の状況に応じて，相手国の隣接公海での自国漁船の操業を規制するという日本の方針は国際公約でもあった。

第1次日韓会談漁業委員会で日本側は，日米加漁業交渉において自らが形成した公海漁業の原則に韓国側が従うことを要求した。それに対して韓国側は，

---

(32)　前掲註(8)『日米加漁業条約の解説』79頁。日米加漁業条約については「自国の資源管理を責任を持って行い，資源を完全に利用していない場合は他国にも漁獲させるという観念は，ここで初めて生まれたものである。その後，経済水域などが設定された後でも，そのまま引き継がれているので，この条約は画期的ものであった」という高い評価がある（三宅眞「サカナの政治力学⑳」2002年11月4日付『産経新聞〔大阪本社版〕』）。

(33)　外務省『日米加三国漁業会議議事録』（1951年12月，刊行者・刊行場所不明）67頁。

122

日米加漁業条約では従来の文字通りの公海自由の原則は適用されなかったことを論拠に，自らを米加両国になぞらえて反論した。当時の日本には，日米加漁業条約における「権利行使の自発的抑止」は「権利の放棄と実質的には異ならない」のではないか，同条約がアジア諸国との漁業交渉に悪影響を及ぼすのではないかという懸念があったが，それは的中した。前章で示した1952年2月11日付の韓国に宛てた書簡で米国は，日米加漁業条約の「自発的抑止」実施のための上記の条件，および「自発的抑止」実施には関係国の合意が必要なことを伝えていた。韓国の対日姿勢はそれすら無視するほど強硬であった。

3　第2次日韓会談における日韓の対立

第2次日韓会談漁業委員会は，1953年5月6日から7月23日にかけて13回にわたって催された。日韓双方の代表団が外務・水産の当局者を中心に構成されていたことは第1次日韓会談と同様であったが，韓国政府は李承晩ラインをめぐる論争に備えて，「法律専門家の」洪璡基法務部法務局長らを加えて代表団を補強した。第1次日韓会談での漁業管轄権をめぐる論争での敗北を意識したものであろう。しかし第2次会談では「ひとまず法理論をはなれて実際問題について具体的に話し合うこととなり，まず関係漁業の実態，保存措置の実際についての説明と意見交換を」行った。

---

(34)　小田滋「公海漁業の統制——資源の保存と独占」(『ジュリスト』51，有斐閣，1954年2月，東京) 6〜7頁。同論文は『海洋の国際法構造』(有信堂，1956年9月，東京)と『海洋法の源流を探る——海洋の国際法構造 (増補)』(有信堂，1989年1月，東京)に一部修正されて収録されている。

(35)　前掲註(6)『回想30年 韓日会談』47頁。

(36)　前掲註(2)『戦後の国際漁業制度』241頁。韓国側公開文書「第2次韓・日会談 (1953.4.15-7.23) 漁業委員会会議録，1-13次，1953.5.6-7.23」※にも「法理論より実質的に討議することに合意」したとある (912頁)。法理論の討議を棚上げして具体的な論点を討議した点で，請求権問題と漁業問題の討議は共通している。この二つの問題は第1次日韓会談で紛糾し会談決裂の原因となった。第1次日韓会談の決裂に際して日本側は，他の三つの問題 (基本関係，在日韓国人の国籍処遇，船舶) については協定に署名し，この二つの問題は継続審議を行うという提案を行ったが韓国側は拒否した (「日韓関係に横たわるもの」〔『世界週報』34-32，時事通信社，1953年11月，東京〕)。

第Ⅰ部　日韓会談と漁業問題

　5月12日の第2回漁業委員会で日本側は，保存措置の対象として底魚を，開発の対象として浮魚を考えていると述べ，5月20日の第3回漁業委員会で韓国近海における日本漁業の現況を説明した。一方，韓国側は5月28日の第4回漁業委員会で韓国漁業の現況を説明し，「我が国は底魚と浮魚漁業に対して保存措置として網目制限，禁止区域，漁船隻数の統制，漁法制限等を多く行っている」と述べた。浮魚資源の減少を主張する韓国側に対して日本側が「浮魚資源が減少したという客観的な証拠があるのか」と質問すると，「浮魚資源が減少したのは漁獲高等客観的に現れた事実がある」と韓国側は答えた。第1次会談で底魚を対象とする底曳網漁業への規制に日本側が同意した以上，サバを中心とする浮魚漁業への規制を日本側に認めさせることが韓国側の目標となり，浮魚漁業への規制をめぐる論争が行われたのである。

　6月4日の第5回漁業委員会で日本側は，韓国側の主張するサバ漁獲高の減少と，朝鮮戦争に伴う次の4条件との関係を明らかにするように求めた。「①漁船が減少した。②漁業従事漁民の数が減少した。③漁船に必要な資材が減少した。④作戦上の要因で操業の制限があった」。韓国側は即答できず，次回に回答すると述べた。

　6月10日の第6回漁業委員会でサバ漁業に関する資料が交換された。日本側は「年次別漁獲高の変化」「鯖漁船隻数」「鯖の回遊状況」の3種類の資料を提示して「漁獲高は全般的に上昇している」と述べ，「調査研究対象者の経験的な結論としては，体長・体重についても，大きな変化はない」と主張した。次に韓国側が漁業統計資料を説明したが，資料は詳細ではなく，日本側説明にはあった「サバの体長，体重については説明も，資料提出もなかった」，そしてサバの回遊状況については「わが方作成の図面を利用しつつ説明」した。付表

──────────

⒄　前掲註㊱「第2次韓・日会談（1953.4.15-7.23）漁業委員会会議録」935頁。

⒅　前掲註㊱「第2次韓・日会談（1953.4.15-7.23）漁業委員会会議録」958〜959頁。

⒆　前掲註㊱「第2次韓・日会談（1953.4.15-7.23）漁業委員会会議録」961頁。

⒇　前掲註㊱「第2次韓・日会談（1953.4.15-7.23）漁業委員会会議録」969〜971頁。

(41)　「日韓交渉報告㉑漁業関係部会第6回会議状況」（日本側公開文書 5-894-996）。

(42)　同前。日本側が記録しているこの部分は，韓国の漁業資源調査の不備を如実に示すものである。

資料のうち「年次サバ漁獲高」の推移[43]は1911年以後の漁獲高を1000トン単位で示した大まかなもので，1944年以後の漁獲高の激減がわかる程度であった。また，同じく「年次漁業従事件数表」[44]はサバ漁業のものであるかすらも明確でなく，1912年から1952年までの数値のうち1943年以後は1951年を除いて空欄である。第5回漁業委員会における日本側の質問に答えたものとは言えず，日米加漁業交渉で提出された米国の資源保存措置に関する詳細な報告書[45]とは比較にならないものであった。米国には，サケ，ニシン，オヒョウについての科学的な資源調査および漁獲の規制・制限を1920年代から多額の経費をかけて行ってきた実績があった。

当時の韓国では漁業資源の科学的調査はおろか，漁業資源保存のための施策も行われていなかった。例えば，第2次日韓会談と同時期に制定作業が進められていた「水産業法」の原案には，同法案が範とした1929年公布の「朝鮮漁業令」（制令第1号）「朝鮮漁業令施行規則」（朝鮮総督府令第107号）「朝鮮漁業保護取締規則」（朝鮮総督府令第109号）にあったような詳細な資源保護の規定はなく，資源保護のための規制の細目は行政命令に委ねられていた。1953年6月4日の国会審議でその点を追及された政府は，「水産動植物の回遊状態・産卵場所・漁場などが流動的でこれを発見するには高度の技術が必要なためだ」と答弁して漁業資源調査の不十分なことを認めている[46]。また，1953年5月刊行の『産業調査叢書第14号 水産業に関する調査』（韓国銀行調査部，刊行場所不明）※には，「解放以来，社会的混乱と関係当局の監督不徹底によって業者の無秩序な漁労捕獲は漁業禁止地区の存在性を等閑視したので，その復旧対策が緊急の問題である。復旧対策としては水産法令（特に水産動植物の繁殖，保護および漁業取締に関する条文）の速やかな制定公布，当局の監視監督の徹底，禁止区域の標示等をあげることができる」と記されている（142～143頁）。

第6回漁業委員会での漁業統計資料の交換の前に韓国側は唐突に漁業管轄権

(43) 前掲註(36)「第2次韓・日会談（1953. 4. 15-7. 23）漁業委員会会議録」1009～1010頁。
(44) 前掲註(36)「第2次韓・日会談（1953. 4. 15-7. 23）漁業委員会会議録」1011～1012頁。
(45) 前掲註(33)『日米加三国漁業会議議事録』201～221頁。
(46) 『現代韓国水産史』（社団法人水友会，1987年12月，ソウル）※341～342頁。『第16回国会臨時会議速記録 第2号』（国会事務處）※1953年6月4日，27～29頁。

第Ⅰ部　日韓会談と漁業問題

の正当性を主張しはじめた。「実際問題について具体的に話し合う」という第
２次会談当初の合意を韓国側が破ったのは，自国の漁業資源の保存状況につい
て追及され不利をさとったためであろう。

　韓国側は，「韓国が李ラインで画定された水域での漁業管轄権を主張せねば
ならない特殊事情」を次のように主張した。「①同水域内における魚族（底魚
及び浮魚）の減少」「②同水域内で過去および現在において韓国側だけが魚類の
保存措置及び開発の実績を持っていること」「③漁業能力において現在の韓国
が日本に比して非常な劣勢であり，したがって韓日両国が同水域内で自由競争
による漁労を行えば漁獲において大きな不平等を招来すると同時に紛争が引き
起こされる恐れがある」の３点であった。そして，漁業管轄権の認定は，漁業
資源保護に「もっとも効果的で，もっとも実質的公平（水産資源の公平な分配）
を期するもの」と述べた。公海における漁業資源保護は平等な立場で行われね
ばならないという日本側の主張を意識したものである。

　上記特殊事情①の，李承晩ライン水域での漁業資源減少を主張する韓国側の
根拠が不十分であったことはすでに述べた。

　特殊事情②の，韓国のみが李承晩ライン水域で漁業実績を持つとする韓国側
の主張は，米国は自国領海に隣接する公海で漁獲実績を持つ国の利益を認めて
いるではないかという，トルーマン宣言と日米加漁業条約に関する日本側の主
張に対応したものであった。韓国側は，開発実績については「日政時代の韓半
島居住日本人の韓国水域内における漁業開発は総督府治下で行われたもので韓
国側の開発実績と見ること」ができると述べ，また「我々は旧韓国時代から継
続して漁業保存措置を取ってきた実績」があるとして，「1908年隆熙２年法律
第29号韓国漁業法，1911年および1929年の漁業令同施行規則，1929年の漁業保
護取締規則及び各道取締規則」を挙げた。

　確かに日本側は，1952年４月10日の第１次日韓会談第13回漁業委員会で，朝
鮮半島での戦前の日本人の漁業実績を漁業協定の資料として認めると，「韓国

───────────

(47)　前掲註(36)「第２次韓・日会談（1953.4.15-7.23）漁業委員会会議録」991頁。

(48)　前掲註(36)「第２次韓・日会談（1953.4.15-7.23）漁業委員会会議録」993〜994頁。

(49)　前掲註(36)「第２次韓・日会談（1953.4.15-7.23）漁業委員会会議録」982〜983頁。

に不利になることを熟知しているので」その点は考慮すると発言していた。[50] しかし，李承晩ライン水域は朝鮮半島を根拠地とする漁業者のみの漁場ではなかった。同水域のうち特に重要な済州島南方から西方にかけての底曳網漁場は，戦前から日本本土を根拠地とする漁業者の好漁場となっていた。韓国側の主張には相当の無理があった。そもそも，「日本の四十年間にわたる韓国占領を通じて日本は，韓国水域の漁業を事実上独占し，韓国水産業を委縮させ，更に現在の韓国には近代化した漁船が殆どないという事実でもよく知悉し得る韓国水産界を原始状態に放置した[51]」と批判した韓国が，その朝鮮総督府の政策を自らの実績と主張せざるをえなかった点に，彼らの苦しさが現れている。

また，韓国側は「解放後には前記漁業法制による在来の措置の他に李ラインを設定して保存措置を強化しており，マッカーサー線，クラーク線等によってもこの措置の実施が補強された[52]」と述べた。しかし，マ・ラインは韓国政府ではなく総司令部が日本漁船の操業水域を規定したものであった。クラークライン（朝鮮防衛水域：SEA DEFENSE ZONE）は1952年9月27日にクラーク国連軍司令官が朝鮮戦争に対応して設定したものである（図4-1参照）。「朝鮮水域において，沿岸にたいする攻撃を予防し，国連軍の連絡を確保し，韓国領内にたいする禁輸品の輸送若しくは敵スパイの侵入を予防する」ことがその目的であった。[53] どちらも韓国の漁業資源保存措置の実績とは関係がないことは明らかで

---

(50) 前掲註(6)「第1次韓・日会談（1952.2.15-4.21）漁業委員会会議録」1922〜1933頁。

(51) 前掲註(1)「李承晩大統領宣言にたいしての日本政府からの抗議口上書にたいする韓国政府からの回答覚書（昭和27年2月12日付）」9頁。

(52) 前掲註36「第2次韓・日会談（1953.4.15-7.23）漁業委員会会議録」983頁。

(53) 「国連軍韓国防衛水域を設定（1952.9.27）」（前掲註(1)『レファレンス』33）29頁。この布告の全文（英文）は『国際関係資料（一）李承晩ラインと朝鮮防衛水域』（参議院法制局，1953年3月）に掲載されており（41〜42頁），クラークラインの経緯度表示は次の通りである。①北緯42度5分東経130度47分，②北緯38度東経130度，③北緯35度15分東経130度，④北緯33度東経126度47分，⑤北緯33度東経126度，⑥北緯34度東経125度，⑦北緯36度東経125度，⑧北緯39度37分東経124度。図2-5参照。金東祚は前掲註(6)『回想30年 韓日会談』で「米国は独島を旧日本領土から離脱させたことは明白であり，独島が韓国の領土であることを明らかに承認したのである。しかも，53年9月26日にクラーク国連軍司令官が宣布した韓国近海の防衛線（いわゆるクラークライン）にも独島が含まれた」と記した（74頁）が，竹島はクラークラインが囲む水域には入っておらず，誤りである。なお，済州島周辺はクラークラインに含まれたが欝陵島周辺は含まれていない。

第Ⅰ部　日韓会談と漁業問題

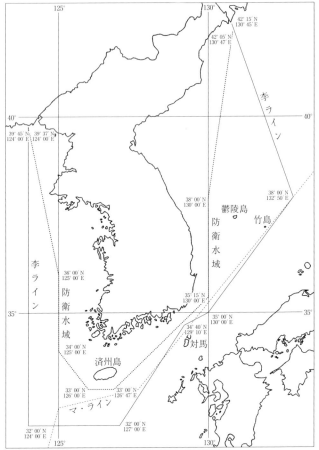

出典:『日韓漁業対策運動史』。

図4-1　海上に引かれた朝鮮半島に関する三本の線

あった。さらに，第1次日韓会談の直前に漁業資源保護のため李承晩ラインを日韓漁業交渉に提起するとしたのは韓国であった。そして，韓国による保存措置の実績を示さねばならない場面になって，韓国側が持ち出したのが李承晩ラインだったのである。以上，韓国側の論理は破綻していた。

李承晩ライン水域を漁業管轄水域にしたいとする韓国の特殊事情のうち，①と②は多くの問題点を含み，説得力はない。韓国側が示した特殊事情③の日韓

の漁業能力の格差こそ，李承晩ライン宣言の真の理由であった。それは次のように明らかになった。

　6月17日の第7回漁業委員会で日本側は，「保存措置はそれが適用されるべき具体的な魚種によって考えねばならぬものであり，つまり韓国側の管轄権の主張は，このような各魚種の具体的状況と無関係，従って保存措置とは全然無関係といわなければならない」と喝破し，「具体的な問題について真剣に誠意をもって考えもし話しもしてきたのにかかわらず，前回韓国側が再び管轄権というわが方の到底容認できない主張を持出したことは全く心外である」と抗議した。これに対して韓国側は本音を語り出した。張　曖根外交委員会委員は，オフレコであることを前提に，「我国の漁業者と国民は日本の発達した巨大な漁業能力と日本国民に対して，警戒心を感じていることを考えねばならない。すなわち日帝三六年間の圧政を受けた体験があるが故に，日本の漁業実力が韓国より非常に強いということは，日本がまた我国を漁業において侵略しようとするのではないかと感じているので，この点を考慮しても管轄水域を認めねばならないのではないか」と述べた。これに続く池　鐵根商工部水産局長の次の発言はより具体的である。サバの「一本釣り漁船にしても一度に五六百隻もが韓国近海に来て操業すれば，実際上韓国側には獲れないことになってしまうであろう。(略) 韓国側が韓国近海を確保したいとする気持ちは水産学を学んだものには常識であり，理屈や科学的データ云々からではない」。これらの発言は，漁業資源保護のためと主張してきた李承晩ライン宣言の目的を韓国側が自ら撤回したことを示している。

(54)　「日韓交渉報告(24) 漁業関係部会第7回会議状況」（日 5-894-997）。韓国側公開文書では，この発言の前半は「保存措置は具体的に各魚種別にその生物学的事情によって異なるので漁業管轄権と保存措置である」と，理解不能な記述となっている（前掲註(36)「第2次韓・日会談（1953.4.15-7.23）漁業委員会会議録」1019～1020頁）。

(55)　前掲註(36)「第2次韓・日会談（1953.4.15-7.23）漁業委員会会議録」1024頁。日本側公開文書では，この発言は「韓国が管轄権を主張するとの根本は韓国が漁業能力において劣勢であることにある。両国が自由競争でいくとすれば，漁船の数や型から見て韓国は到底問題にならない。韓国の漁民は日本側が韓国近海の魚を全部獲ってしまうのではないかとの危惧の念を起こさざるを得ないのであって日本はこの恐れを和らげる義務がある」（前掲註(54)「日韓交渉報告(24) 漁業関係部会第7回会議状況」）となっており，「日帝三六年間の圧政」という表現はない。

第Ⅰ部　日韓会談と漁業問題

表4-1　李承晩ラインに関係する日韓の主要漁業の漁船数

(単位：隻)

	日　本	韓　国
トロール	58	1
以西底曳	786	240
以東底曳	300	65
旋　網	450	170
サバ一本釣	350	不明

出典：「日韓交渉報告⒀漁業関係部会第3回会議状況」(日本外務省公
　　　開日韓会談文書 5-894-993) および「日韓交渉報告⒄漁業関係
　　　部会第4回会議状況」(同 5-894-994) より筆者作成。

　韓国側代表が述べた日韓間の漁業能力の格差について具体的に見てみたい。
第2次日韓会談漁業委員会で報告された，韓国近海における日韓両国の主要漁
業の漁船数は，表4-1の通りである。韓国の漁獲高は，底曳網漁業が2万
2356トン（1951年実績），旋網漁業が1万4113トン（1952年実績）にすぎず，李承[57]
晩ライン内の日本漁業の漁獲高（1952年実績で底曳網漁業11万206トン，旋網漁業6
万562トン）に比べてはるかに少なかった。さらに，漁船の性能における日韓間
の格差は韓国の漁業関係者を焦燥させた。

　底魚漁業では，1952年当時の韓国の底曳網漁船282隻はほとんどすべてが鋼
船に比べて耐久性の劣る木造船であり，うち東シナ海・黄海に出漁する「西南
海岸の底曳」漁船は平均トン数40〜50トンで，燃費のよいディーゼル船は1隻[58]
のみであった。これに対して，1952年末の時点で，韓国の「西南海岸の底曳」
と競合する可能性のある日本のトロール漁船の平均トン数は334トン，同じく
以西底曳漁船の平均トン数は72トンで鋼船比率は48％となっていた。また以西[59]

⒃　前掲註⒁「日韓交渉報告⒇漁業関係部会第7回会議状況」。韓国側公開文書では，この発
　　言は日本のサバ漁業の「発展状況を見る時，自由放任に任せれば漁業資源が枯渇し，また
　　我が国漁業に対する脅威が大きいことは事実ではないか。(略) どうして資源保護ができ，
　　我が国漁業が競争出来るのか」と，省略された記述となっている（前掲註㊱「第2次韓・
　　日会談〔1953.4.15-7.23〕漁業委員会会議録」1025頁）。

⒄　『韓国水産発達史』(水産業協同組合中央会，1966年4月，ソウル) ※425〜426頁。

⒅　『産業調査叢書第十四号 水産業に関する調査』(韓国銀行調査部，1953年5月，刊行場所
　　不明) ※182〜183頁。同書の「二隻曳」が東シナ海・黄海を漁場とする「西南海岸の底
　　曳」に該当する。耐用年数は，木造船は7年までであったのに対して鋼船はその4倍も長
　　かった（古島敏夫・二野瓶徳夫『明治大正年代における漁業技術発展に関する研究（Ⅱ）』
　　〔水産研究会，1960年3月，東京〕62頁）。

130

第４章　李承晩ラインと日韓会談

表4-2　漁場別1夜最高漁獲高
（単位：貫）

漁　　場	1夜最高漁獲高	漁　　場	1夜最高漁獲高
済州島沖合漁場	5,300	臥蛇島西沖漁場	1,000
薩南海域漁場	1,500	魚釣島漁場	2,000
草垣島西沖漁場	1,700	シナ東海中央漁場	4,000
シナ東海北部漁場	700		

出典：綿内寛「東シナ海さば漁場の開拓とその現状」（『水産時報』6-61，農林協会，1954年7月，東京）。「No. 2・3共和丸実績による」という注記がある。

底曳漁船のディーゼル船比率は，1950年末の時点で，すでに3割近くになっていた。しかも，1952年末の時点で日本のトロール漁船と以西底曳漁船は約8割が1945年以降に進水した新造船であった。これに対して，韓国の底曳網漁船のうち建国後から1952年までに「導入」されたのは69隻ほどで，「現存漁船の大部分は八・一五前に日本人が所有していた老朽漁船で毎年大修理を加えても安全な操業はできない実情」であった。すべてが李承晩ライン水域で操業するのではないにせよ，東シナ海と黄海で戦前に濫獲を行った経歴のある日本の以西底曳網漁業に対して，韓国側がかなりの警戒感を抱いていたことは間違いない。

　戦後，九州西部から済州島東方にかけての水域に最初に出漁したサバ釣漁業者は宮崎県からの出漁者であり，1950年9月のことであった。翌1951年8月には，房総・伊豆七島方面の漁場が「衰微の兆候」を見せたため，静岡県のサバ釣漁業者がこの水域に出漁した。その結果「済州島東方25～30浬の付近一円の海域は日本近海随一の鯵・鯖の漁場」と評価されるほどの豊漁の情報がもたらされた。そこで，静岡県に加えてやはり戦前には見られなかった神奈川・千葉両県のサバ釣漁業者も出漁した。表4-2を見ても，済州島沖合のサバ漁場の漁獲高は突出しており，その優良さは明らかである。

　1952年頃にはサバ釣漁業の盛漁に刺激されて，日本の機船旋網漁船もこの水

⑸9　水産研究会編『水産年鑑 1954年版』（水産週報社出版部，1953年12月）182頁。
⑹0　水産庁編『水産業の現況 1952年版』（内外水産研究所，1952年7月，東京）339頁。
⑹1　「海水動力漁船の船令構成について（水産庁調査部漁船課調査）」（『漁船資料』3，水産庁，1954年3月，東京）23頁，41頁。
⑹2　『4288年版 経済年鑑 I』（韓国銀行調査部，1955年6月，ソウル）※99頁。
⑹3　前掲註58『産業調査叢書第十四号 水産業に関する調査』232頁。

第Ⅰ部　日韓会談と漁業問題

域に向かうことになった。これには魚群探知機や合成繊維漁網の新技術を備え
た新造船が導入されていた。好漁場の済州島東方海域については，「数百隻の
漁船が暗夜に放つ強烈な集魚灯で，一帯は不夜城さながら。(略) いくら三浬
外は公海といっても目と鼻の先では相手を刺激する。『自粛操業』の声が業界
内部でも高い」と，韓国の反感を危惧する意見が日本の漁業関係者の中にすら
あった。実際，1953年6月24日の第8回漁業委員会で韓国側は，「前記三地方
(千葉・神奈川・静岡の三県——筆者補注) の沿岸のサバ資源が枯渇しているので
なければ，なぜ前記三県の漁民たちが遠い九州にまで来て漁業をするのか」と
日本のサバ一本釣漁船への不安を訴えた。日本側がサバ一本釣漁船は各地の漁
期の違いを有効に利用しているので九州西海でも操業していると説明しても韓
国側は納得しなかった。

　韓国では建国後から1952年までに36隻の巾着網漁船が「導入」されてはいた
が，巾着網漁船の「九割以上は十年乃至三十年程度の老朽船なので毎年一億萬
円内外の莫大な修理費を要して操業上や収支面で波及される影響は少なからざ
る現状」があった。また，第2次日韓会談漁業委員会で韓国側は「延縄と一本
釣」で6055隻と報告したが，隻数で6.1％，噸数で20.8％という1952年におけ
る全韓国漁船の動力船比率を考えれば，一見多数に見えるこれらの漁船のほと
んどは無動力船と考えられ，日本漁船との間に大きな格差があったことは間違
いない。

⑷　『焼津漁業史』(焼津漁業組合，1964年11月，焼津) 537～538頁。同書によれば，1951～53
　　年には焼津港所属のサバ漁船のほとんどが九州西部から済州島東方にかけての水域に出漁
　　した (498頁)。『文藝春秋』31-16 (文藝春秋社，1953年11月，東京) 所載の「日本人よ，
　　海を拓け——水産王国の前進基地『焼津』にての現地座談会」には，「大体あの済州島付
　　近の漁場は私共が発見し，私共がそこで漁労する権利があるのです」という小川漁業共同
　　組合長 (小川町は1955年に焼津市に編入された) 植村功の発言が残されている (65頁)。
⑹　金子厚男『日本遠洋旋網漁業協同組合三〇年史』(日本遠洋旋網漁業協同組合，1989年10
　　月，福岡) 98～103頁。
⑹　「『李ライン』はどうなる」(1953年9月14日付『朝日新聞〔東京本社版〕』)。
⑹　前掲註㊱「第2次韓・日会談 (1953.4.15-7.23) 漁業委員会会議録」1039頁。
⑹　前掲註㊽『4288年版 経済年鑑 Ⅰ』99頁。
⑹　前掲註㊺『産業調査叢書第十四号 水産業に関する調査』305頁。
⑺　前掲註㊼『韓国水産発達史』409頁。

このような状況に置かれていた韓国の漁業関係者にとって，韓国人漁業者自身による李承晩ライン水域の漁業資源保護の必要性が理解されていたかは疑わしい。例えば，池鐵根の回想録には次のような記述がある。[71]韓国政府は1953年12月12日に「漁業資源保護法」（法律第298号）を公布・施行して李承晩ライン水域を「管轄水域」とした。その目的は第1条で「漁業資源を保護するため」とされていた。しかし，同法案を審議した国会の商工委員会は，同法は「韓国漁民には適用されない」という但書を加えた修正案を採択したため，仰天した池鐵根は議員たちを説得してこの修正案を撤回させたという。この修正案は第6回漁業委員会で韓国側が主張した「同水域内における魚族（底魚及び浮魚）の減少」という漁業管轄水域の設定理由を自ら否定するものであり，池鐵根はこれが日本の攻撃材料となることを恐れたのであった。しかし，「韓国側は，李承晩ラインは資源保護のために必要なりという。（ところが――筆者補注）韓国から日本に売っている鮮魚は昨年度の統計では約百万弗に達している。これは明らかに彼らが国内消費に必要な以上に魚を獲っている何よりの証拠である」[72]と，韓国の主張の矛盾は日本には明白であった。

　1953年12月1日に黄炳桂商工委員長は韓国国会で「外来の侵入を防止して我国の資源を確保するため」と漁業資源保護法の提案理由を述べ，[73]公布された漁業資源保護法には1952年2月19日現在の「漁業に関する許可，免許または届出は本法による許可を受けたものとみなす」と附則に記されていた。池鐵根は前記回想録で漁業資源保護法は「運用においては事実上我が漁民たちを制限しない」ものであらねばならないと述べたが，その通りの結果となっていたのである。

　以上要するに，韓国による李承晩ライン宣言の目的とは漁業資源保存ではなく，李承晩ライン水域から日本漁船を排除して同水域を韓国漁船が独占することであった。

---

(71)　池鐵根『平和線』（汎友社，1979年8月，刊行場所不明）※204～205頁。

(72)　「昭和28年10月22日付外務省情報文化局長談」（『世界の動き　特集号6　日韓会談のいきさつ――韓国の態度が決定する』外務省情報文化局，1953年11月，東京）30頁。

(73)　『第17回国会臨時会議速記録　第18号』（国会事務處）1953年12月1日※，16頁。

第Ⅰ部　日韓会談と漁業問題

　第7回漁業委員会では今までの議論をふまえて漁業協定要項を提示し合うことで最終的に合意し，6月29日の第9回漁業委員会で日本側がまず「日韓漁業協定要綱」を提示した。この日韓漁業協定要綱と第1次会談で日本が提示した漁業協定案との違いの一つは共同委員会の規定であった。日韓漁業協定要綱では，共同委員会は「漁業資源の保存について，必要な措置を両国政府に勧告」し「勧告した保存措置又は開発措置を両国が受諾した場合，両国は夫々その措置を実行せねばならない」と権限が強化されたのである。第1次会談で韓国側が示した不満に日本側が配慮した結果であった。

　そして日韓漁業協定要綱の焦点は第4項の「特別に考慮を払うべき事項」であった。第4項には，底曳網漁業禁止区域の設定，漁船同士の紛争防止のための措置，領海侵犯防止のための措置，濫獲防止のための措置の4点について，考慮することが記されていた。日本側は「韓日両国の漁業能力には非常な格差があるという点を解決するため韓国側のように必ず漁業管轄権によらねばならないということではない」と第4項を説明し，これと「条約との『コンビネーション』として（格差を解消──筆者補注）できると考えている」と述べた。

　7月3日の第10回漁業委員会で韓国側は，「特に第4項は実質的に相当な前進を見せているようにも見え」ると評価して日韓漁業協定要綱に関心を示した。韓国側の期待は，6月30日に外務省を訪れた柳泰夏駐日韓国代表部参事が倭島英二アジア局長に対して，「昨日の漁業関係部会などは相当よいところに行った」と述べたことにも現れている。

　しかし，7月9日の第11回漁業委員会での日韓漁業協定要綱に関する質疑応答の結果に韓国側は不満だった。例えば，漁業資源の保存のための必要な措置は「両国に平等に適用される」という日韓漁業協定要綱の文言を根拠に，漁業能力の格差是正のため，第4項で提案される操業禁止区域には日本漁船だけが操業を禁止される区域もあるのかと韓国側は質問したが，日本側は操業禁止区

───────────

⑺４　前掲註㊱「第2次韓・日会談（1953.4.15-7.23）漁業委員会会議録」1058頁。

⑺５　前掲註㊱「第2次韓・日会談（1953.4.15-7.23）漁業委員会会議録」1047頁。

⑺６　前掲註㊱「第2次韓・日会談（1953.4.15-7.23）漁業委員会会議録」1064頁。

⑺７　「倭島局長，柳参事官会談要旨」（日 6-1109-1700）。

域では日韓両国とも操業が禁止されると回答した。[78]第4項の各項目について，具体的内容は資源に関する科学的調査の結果と韓国漁業の実態をふまえた上で決定すると日本側は答弁したが，これに対して韓国側は「日本側の説明がもっと具体的な内容を持っていることを期待していたが，抽象的な説明に過ぎず遺憾である」と述べた。[79]

　7月17日の第12回漁業委員会で韓国側は韓日漁業条約要綱を提示した。第1次会談で韓国側が提示した漁業協定案同様，領海に隣接した水域に沿岸国の漁業管轄水域を設定し，その外の「両国共通の利害関係がある水域」では共同で規制を行うという内容であった。[80]ただし，日韓の漁業能力の格差是正を漁業管轄水域設定の目的として掲げている点は，第1次日韓会談での韓国側協定案の理由説明にはなかったものである。これに対して，漁業管轄権は「国際法上も保存措置の必要上からも認めることはできない」と日本側が再度説得した結果，韓国側は韓日漁業条約要綱の審議を延期して日韓漁業協定要綱第4項を中心に討議を進めることに同意した。[81]7月23日の第13回漁業委員会で漁業交渉は休会に入ったが，この時点では，李承晩ラインをいったん棚上げにした漁業交渉という，日本側が苦心の末に応じさせた韓国側の態度はかろうじて維持されていた。

4　第3次日韓会談における日韓の対立

　国連軍が設定していたクラークラインが，韓国の延長要請にもかかわらず，1953年8月27日に実施停止された後，韓国による日本漁船拿捕は急増した。[82]クラークライン設定期間中の被拿捕船は7隻であったが，停止後の9月6日から10月6日にかけて済州島周辺を中心に38隻が拿捕され，[83]9月27日には水産庁漁業監視船「第2京丸」（290トン）の拿捕事件が起こった。[84]「一国の公船にかかる

---

(78)　前掲註(36)「第2次韓・日会談（1953.4.15-7.23）漁業委員会会議録」1076〜1077頁。
(79)　前掲註(36)「第2次韓・日会談（1953.4.15-7.23）漁業委員会会議録」1077頁。
(80)　前掲註(36)「第2次韓・日会談（1953.4.15-7.23）漁業委員会会議録」1098頁。
(81)　前掲註(36)「第2次韓・日会談（1953.4.15-7.23）漁業委員会会議録」1094〜1095頁。

第Ⅰ部　日韓会談と漁業問題

行為をとるということは，理由のいかんを問わず主権への侵害であり，こうし
た問題が原因となって戦争にまで発展した例もある重大事件であった」[85]。

孫元一韓国国防部長官は「昔日の侵略根性をなおも捨てずに虎視眈々と再
侵の機会を窺っている」と日本を非難した上で，李承晩ラインの必要性を次の
ように述べた[86]。

　　平和線は国防・経済両面において必要不可欠の生命線である。このような

---

[82] Background of the Fishery Problem (REPORT OF THE VAN FLEET MISSION TO
　　THE FAR EAST 26 APRIL-8 AUGUST 1954). 当初クラークラインによる操業への規
　　制を懸念していた日本の漁業関係者は，「国連軍の力によって韓国の行動がけん制された
　　ため，漁業にとってはむしろよい結果をもたらした」「事実この間における拿捕件数は少
　　なかった」とクラークラインを好意的に評価した（『李ラインに阻まれた良識』〔みなと新
　　聞社，1957年2月，下関〕14頁）。「当時は朝鮮戦争が激烈であって韓国の目は北にそそが
　　れ，近海の監視は国連軍の艦艇があたっていたので，韓国側による日本漁船の臨検，拿捕
　　はすくなかった。国連軍の許可を得て日本政府の出漁許可証をもった漁船は，国連軍の指
　　示を守る条件で，かろうじて操業する余地は残されていた」（「日韓交渉と李ライン問題」
　　〔『水産調査月報』54，水産事情調査所，1957年4月，東京）28頁）という説明もある。
[83] 「平和線侵犯日漁船拿捕状況」（『週報』77号，大韓民国政府公報處，1953年10月28日）※。
　　『日韓漁業対策運動史』（日韓漁業協議会，1968年2月，東京）447頁。李元徳は『日本の
　　戦後処理外交の一研究──日韓国交正常化交渉（1951〜65）を中心に』（東京大学大学院
　　総合文化研究科博士学位論文，1994年）で，「第一次会談で日本側が逆請求権を主張した
　　直後や第三次会談で久保田発言が出された以後において，李政権の平和ラインでの日本漁
　　船の拿捕，漁民の抑留措置が頻繁にとられた」としている（35頁。同書の韓国語版である
　　『韓日過去史処理の原点──日本の戦後処理外交と韓日会談』〔ソウル大学校出版部，1996
　　年11月〕※では49頁）。しかし『日韓漁業対策運動史』巻末の「日韓漁業対策関係年表」
　　でわかるように，この記述は誤りである。日本側が在韓日本人財産への請求権を主張した
　　第1次日韓会談第5回請求権委員会の開催は1952年3月6日のことであるが，その直後に
　　韓国による日本漁船拿捕は起こってはいない。1953年10月の第3次日韓会談は韓国による
　　日本漁船拿捕が激化したため日本の要請で開催されたのであり，李元徳の記述は事実関係
　　が逆である。玄大松は「平和線を越えた日本漁船が韓国側に拿捕され始めると，1953年
　　からは海上保安庁の巡視船が独島に接近して監視活動を行った」としている（「独島問題
　　と日韓関係1965-2015」（『日韓関係史1965-2015 Ⅰ政治』東京大学出版会，2015年6月，
　　東京，224頁）。竹島近海での海上保安庁巡視船の哨戒活動は，1953年5月28日に島根県水
　　産試験場試験船「島根丸」が韓国人の竹島での不法漁労を確認したことに対応して6月か
　　ら行われたもので，同年9月にはじまる日本漁船大量拿捕とは直接の関係はない。日本漁
　　船拿捕は海上保安庁が第1回竹島巡視を行った同年6月27日までは3月10日以来発生して
　　いない。大量拿捕は9月6日に始まった。

第4章　李承晩ラインと日韓会談

制限がなければ敵性国家およびその他外国船舶の侵害は免れえない。特に現下戦時態勢である我が国において何ら制限を加えない場合は，敵は無制限に展開される海路を利用して容易に我が領土に接近ないし侵入して，後方の攪乱，産業施設の破壊，産業の侵害を加えることができ，一般国民は安心して生業に従事できず，これによって戦力の極度の低下は免れえない。

　ここで孫元一は李承晩ラインの設定目的として朝鮮戦争に対応した国防上の必要性を強調している。実は，これはクラークラインの設定目的であった。韓国はクラークラインに便乗して李承晩ラインを正当化した。1952年9月10日付の在韓米軍から本国政府宛の報告書には，防衛水域について国連軍は「漁業紛争への言及を避けたにもかかわらず，韓国は意図的に李ライン内の海域を独占する権利の主張を補助する行為であると意図的に解釈した」とある。[87]

　9月24日に日本政府は金溶植駐日公使に日韓会談再開を要望し，同月30日の奥村勝蔵外務次官と金溶植公使の会談で会談開催が決定した。[88] 10月6日の第3次日韓会談第1回本会議で日本側は漁業問題の先行討議を要請したが，韓国側は漁業問題のみならず他の諸問題も含めた協議を要求し，日本側はこれを受け入れた。[89]「これは日本漁船の無差別拿捕を続けつつ日本側に圧迫を加え，他の

(84)　この事件については，1953年11月27日付『みなと新聞』（下関）に，逮捕・裁判の後11月26日に長崎に帰還した吉田午邦監督官の手記「"獄中記"無視された陳述　乗組員の温情に泣く」が掲載されている。それによると，済州島東方で日本漁船の保護監視中に韓国艦艇が接近，停止命令を出した。洋上会談を行うつもりで韓国船に船長とともに乗り組むと，「日本の監視船は李ラインに入っている，監視船はライン侵犯を幇助している，韓国の退去命令に違反したとの理由で拿捕せよとの命令が出ている」と拿捕され済州島に連行されたという。韓国側が姿勢を硬化させていたことは，手記中の「海軍済州道警備隊金司令官は以前私が下関根拠の底曳船の座礁のとき会ったことがあり種々折衝してみたが，金司令官は以前の場合日韓融和のため便宜を計ったが，今度は事情が違う。自分としては是々非々で扱うといって釈放しなかった」という部分でもわかる。

(85)　前掲註(83)『日韓漁業対策運動史』82頁。

(86)　「平和線に対する国防上の見解」（前掲註(83)『週報』77号）32頁。

(87)　USARMA KOREA FM SAN → DEPTAR WASH DC FOR G2 9 OCT 52（米国国立公文書館（RG59）Records of the U. S Department of State relating to the Internal Affairs of Korea, 1950-54: Department of State Decimal File 795, Wilmington, Del: Scholarly Resources, Inc., Reel 29).

(88)　「日韓会談年表（Ⅱ）」（日 6-827-491)。

137

第 I 部　日韓会談と漁業問題

問題について日本側の譲歩を強制しようとの意図であるやに受取れた。しかし日本側は黙ってこれに応じた」。第 3 次日韓会談では，第 2 次日韓会談に続いて日本側首席代表の久保田貫一郎外務省参与が漁業関係部会にも出席し，清井正水産庁長官が新たに代表に加わった。日本政府は漁業問題解決を重視したのである。しかし，第 3 次日韓会談漁業委員会は1953年10月 8 日と10月14日の 2 回のみの開催に止まり，成果を得ることなく終わった。

　第 3 次日韓会談漁業委員会では韓国による日本漁船拿捕問題が討議された。韓国による日本漁船拿捕は1952年 4 月の第 1 次日韓会談決裂以来1953年 5 月の第 2 次日韓会談開始までに11隻に達し，1953年 2 月 4 日には第 1 ・第 2 大邦丸が銃撃を受けて船員 1 人が死亡する事件があった。にもかかわらず，第 2 次会談漁業委員会では韓国による日本漁船拿捕に対する日本側の抗議は行われなかった。当時，日本の漁業関係者は「大邦丸事件をはじめ，これまでの漁業上の争いは全部この会談の漁業分科委員会に持ち込まれた」と第 2 次日韓会談を見ていたが，実際はそうではなかった。

　大邦丸事件について第 2 次日韓会談における日本政府の方針は，当初「韓国政府として遺憾の意を表し，本件の解決のために今後双方の話合いを進めて行きたき旨の意向を正式に表明すべきこと」であった。ところが，会談直前になると「大邦丸事件は会談とは別に解決をはかることとし」た。「先方に事件の経過説明を尽くさせて後その矛盾をついて行くこととし，再抗議は一応見合わせ，目下事実の照会中である。もっとも水掛論となる公算が多い。会談がうまく進捗すれば，先方も従来の態度をあらため，陳謝して来ることも考えられる」からであった。第 2 次日韓会談では日本側は韓国側を刺激することを避け，会談の進行を優先させたと思われる。

　第 3 次日韓会談では，10月 8 日の第 1 回漁業委員会の冒頭で，日本側は日本

───────────────

⑻⑼　前掲註(6)『外交問題叢書第九号　韓日会談略記』145頁。

⑼⑽　「昭和28年10月22日付外務省情報文化局長談」（前掲註⑺⑵『世界の動き　特集号 6　日韓会談のいきさつ──韓国の態度が決定する』）29頁。

⑼⑴　『李ライン問題と日本の立場』（日韓漁業対策本部，1953年10月，東京）22頁。

⑼⑵　「日韓会談交渉方針（案）28. 3. 24」（日 5-904-1050）。

⑼⑶　「朝鮮問題各省連絡会議状況（28. 4. 14）」（日 5-904-1051）。

138

漁船拿捕しかもその中に公船が含まれていることに抗議し，拿捕に関する韓国政府の法的根拠の説明を要求した。同時に拿捕を実施した機関と根拠，拿捕乗組員の安否確認，漁獲物を積載して通過中の漁船まで拿捕したことの責任を明確化することを要求した。そしてこの問題の速やかな解決がない限り会議の進行は困難と考える日本側代表の心情を理解するよう求めたが，これに対して韓国側は次のように答えた。[94]

①我々が宣布した李ラインは国際慣例上正当に認められたもので，魚族保護と漁業交錯，濫獲による紛争の防止を目的として宣布したものだ。従ってこの線の侵犯は国際法違反であると同時に韓国の漁業規制に関する国内法の違反となる（略）。

②韓日会談の進行のための好雰囲気を漁船拿捕によって打ち壊したと韓国側を非難するが，この責任はそもそも日本側にある。なぜなら数百隻の船団を組織して厳然と確立している李ラインを侵犯してこのような不祥事を引き起こしたのは日本側だからだ。もし日本側が侵犯しなければ拿捕事件は起こらなかった。

③監視船を拿捕したというが，もしこれが事実なら，多くの船団に入り混じっていたため漁船と区分することが難しかったためだと思う。（略）

④李ライン外で航行する漁船を拿捕することはない。また李ライン内でも航海の自由を拘束することはないので，漁業をしていないことが明らかでただ航海通過する漁船を拿捕することはない。

このようにすべての責任を日本に転嫁する韓国側に日本側は反論したが，議論はかみ合わないままで終わった。

　日本側は韓国側の弱点である李承晩ラインの法的正当性を突こうとした。第1次日韓会談での論争で明らかなように，「李ラインは国際慣例上正当に認められたもの」とはいえなかった。そして，韓国側主張中の「韓国の漁業規制に

───────────
(94)　韓国側公開文書「第3次韓・日会談（1953.10.6-21）漁業委員会会議録，1‐2次，1953. 10. 8-10. 15」※1330〜1332，1333〜1334頁。

第Ⅰ部　日韓会談と漁業問題

関する国内法」に従えば，韓国による日本漁船拿捕は不可能なはずであった。李承晩ライン水域を漁業管轄水域として同水域内の日本漁船の操業を不可能にした漁業資源保護法の公布施行は1953年12月12日であり，第3次日韓会談の時点では同法は未成立であった。漁業資源保護のための規制を含む「水産業法」（法律第295号）は1953年9月9日に公布されていたが施行はその90日後であり，この時点では施行されていなかった。当時，効力を持っていたのは「水産業法」施行とともに廃止された1929年12月10日公布の「朝鮮漁業保護取締規則」（朝鮮総督府令第109号）であったが，そこで規定された機船底曳網漁業禁止区域とトロール漁業禁止区域には1953年9月に拿捕が行われた済州島の南方および西南方の水域は含まれていなかった。また，済州島の東方および東南方で拿捕が集中したサバ漁業については規制の条項そのものが同規則にはなかった。

　1953年10月6日付『国際新報』（国際新報社，釜山）※で，「平和線」を侵犯して拿捕された日本人漁船員に，「法律第65号」および「朝鮮漁業令」の第3，14，70条を適用させることに国防・法務・内務の三部が合意したと報じられた。「法律第65号」とは1949年11月17日に公布された「外国人の出入国及び登録に関する法律」であり，「朝鮮漁業令」第3条には「外国人又は外国法人の漁業又は漁業権の享有に付必要なる事項は朝鮮総督之を定む」，同令第14条には「（朝鮮総督の免許によらない――筆者補注）漁業を為さんとする者は道知事に届出づべし」，同令第70条には第3条および14条の規定の違反者への罰則が規定されていた。しかし，公海で操業する日本漁船にこれらの規定を適用することは不可能であった。拿捕の法的根拠に窮した韓国は，日本人漁船員に領海侵犯や密入国を無理やり認めさせようとした。韓国による日本漁船拿捕は，国際法に照らしても，また韓国の国内法に照らしても，不法であった。

　1953年10月14日の第2回漁業委員会で，日本側は李承晩ラインに関してこれまで韓国側が述べてきた主張への反論を文章化したものを読み上げて韓国側に意見を求めた。その趣旨は次の4項目であった。

①公海に一定海域を画し，そこに一方的に外国の船舶，国民に管轄権を及ぼすことは国際法，国際慣習に反し，従ってそこで国内法規により強制措置

140

第4章　李承晩ラインと日韓会談

を行うことは重大な国際法違反である。

②魚族保護のためには関係国間で科学的根拠に基く保存措置をとることが効果的であり，その先例もあるが，管轄権の設定は不可である。

③漁業能力の差等ないし紛争の防止ということは，管轄権設定の根拠とならない。

④両国漁業の共存共栄をはかる具体的措置に関しては，わが方においても考慮の余地がある。

韓国側は，日韓会談予備会談における漁業交渉への日本側の消極的姿勢が李承晩ライン宣言の理由であると主張して日本側に責任転嫁し，「李ライン宣布の根拠に関する貴代表の発言はすべて誤解によるもの」としてすでに論破された主張を次のように繰り返した。[97]

─────────

(95) 1953年2月21日に開催された第15回国会衆議院水産委員会・法務委員会連合審査会で，参考人として出席した永井次作（1914年生。大洋漁業株式会社長崎支社漁業課長。1952年11月に拿捕船員への差し入れ品を持って済州島に上陸した）は，韓国側は被拿捕日本漁船の「裁判を合法づけるために非常に苦労しておった。（略）結局韓国漁業法（「朝鮮漁業令」──筆者補注）違反並びに外国人出入国取締令違反（「外国人の出入国及び登録に関する法律」──筆者補注）というような二項の法文に当てはめた」と証言した。1952年8月14日に拿捕された第5七福丸は，済州島南東約30海里で拿捕されたにもかかわらず，済州島東の牛島の東方1海里半で発見されたという確認書に調印させられた（「対馬海峡出漁の恐怖」〔『日本週報』228，日本週報社，1952年11月〕）。前掲註(84)『みなと新聞』によれば，水産庁漁業監視船「第2京丸」船長は，木浦裁判所での判決では，「弁護人は一人もなく，しかも求刑よりは判決の方が重くなるのには驚いた。罪名は，①法律65号外国人出入国規則違反②韓国漁業法違反の二つ」であったと記している。拿捕された農林漁区244区（北緯33度〜33度30分，東経127度30分〜128度）は済州島から30海里以上離れた公海であった（図2-6〔73頁〕）。韓国は公海で勤務する日本の公務員を連行して密入国の罪で罰したのである。「平和線の守護」を目的の一つとして，海洋警察隊が創設されたのは1953年12月23日のことであり，韓国の日本漁船拿捕は「泥縄式」といわれても仕方がないものであった（『海洋警察隊30年史』〔非売品，1984年12月，ソウル〕※3頁）。「漁業資源保護法」の公布を「1952年12月12日」と実際より一年早く記すという奇妙な記述（元容奭『韓日会談十四年』三和出版社，1965年7月，刊行場所不明※，85頁，水協中央会漁村指導課編『韓国水産発達史』水産業協同組合中央会，1966年4月，ソウル※，542頁，池鐵根『平和線』汎友社，1979年8月，刊行場所不明※では1952年の出来事としている〔306頁〕。）も，大量拿捕がはじまった時点では日本人漁船員を「処罰する法律もなかった」（前掲註(6)『回想30年 韓日会談』46〜47頁）実態を取り繕うためのものかもしれない。

(96) 「日韓交渉議事要録 漁業関係部会第二回」（日 3-2434-177）。

141

第Ⅰ部　日韓会談と漁業問題

①漁業技術の発達により漁業資源が枯渇してきたため，前回の会談（去る7月）に科学的根拠を示して説明したので日本側も納得したであろう。したがってこのような資源の枯渇を防止するため，魚族を保護育成することにより漁業資源の継続的開発を可能にすることは，沿岸国の権利であり義務である。したがって李ラインは目的を達成するため，保存と開発の実績を持つ唯一の国家であり，沿岸国である韓国が設定したもので，トルーマン宣言と全く同じものである。

②我々の李ライン宣言は一方的措置であると非難するが，前回の会談でも説明したように，トルーマン宣言でも述べているが，実質的に一沿岸国にだけ利害関係がある水域，即ち当該国だけが漁業保存措置を継続して漁業資源を開発してきた水域においては，その利害関係がある沿岸国が一方的に漁業管轄権を設定して自国の国内法で当該水域の漁業資源の保存に必要な措置を施行することができる。

我が国沿岸水域では隆熙（大韓帝国──筆者補注）時代からいわゆる総督時代と，戦後ではマッカーサー線，李ライン，クラークラインによって我が国だけが継続して漁業資源の保存開発措置をとってきた。よって実績を持つ唯一の国家である我が国のみが管轄せねばならない。

③李ライン宣言中で「主権」という文字を使用しているが，同宣言における「主権」という文字の意味は，李ライン内の領土に対するもののようにすべての種類の国家権力を行使するものではない。漁業という特定事項に関してのみの国家権力，換言すれば管轄権を行使するということである。これは同宣言第4項に李ラインは航海の自由を阻害しないと明記してあるのを見ても十分にわかるのであり，漁業管轄権という言葉で領海の拡張を意味するのではない。

第1次日韓会談で否定されたにもかかわらず韓国側はあくまでも漁業管轄権を主張した。第2次日韓会談での杜撰な漁業資源に関する報告を十分であると強

───────────

⑼⑺　前掲註⑼⑷「第3次韓・日会談（1953. 10. 6-21）漁業委員会会議録」1347～1349頁。

142

弁した。李承晩ライン宣言とトルーマン宣言は同様であるとするあまりに，日本の統治期の水産施策を自らの業績であるとした。日本側公開文書でのこの部分は，漁業資源の保存措置が「朝鮮総督府の管轄下に行われたことは，それを継承した韓国が行ったことになる[98]」とある。日本の朝鮮統治の肯定的な面に言及し，そのため韓国が強く反発した「久保田発言」前日のこのような発言は，韓国側が窮地にあったことを示している。そして日本側が読み上げた反論ではほとんど言及されていないにもかかわらず，李承晩ライン宣言は主権を公海に及ぼすものではないと強調した。韓国がいかに米国などからの批判に苦慮していたかを物語っている。

　韓国の非妥協的な姿勢は変わらなかったにもかかわらず日本側は，李承晩ラインを解消するために第2次日韓会談第9回漁業委員会で提示した「日韓漁業協定要綱」第4項を具体化した案を次回提出することを明らかにした。久保田貫一郎代表は韓国側が一方的に「李ラインを出し，それを呑めといわれるのならば，本来かかる会議をやる必要はないのであって，決裂になることもやむを得ない[99]」と強く主張した。これに対して韓国側張暻根代表は，「我々としては李ラインという案を提出したと認めており（略）貴国の案が根本的に李ラインと同じ精神ならば討議しようと思う。漁業協定成立前に李ラインの強制措置について云々するのは話にならない[100]」と応じた。「久保田発言」の前日に，激しいやりとりが漁業委員会であった。

　10月15日の第3次日韓会談第2回請求権委員会での「久保田発言[101]」を問題視した韓国側の要求で10月21日に緊急の本会議が開催され，その場で韓国側は日韓会談の継続を拒否した。10月21日開催予定だった第3回漁業委員会も開催されなかった。日本政府は10月21日および同月22日付の声明で韓国の非協力的な態度の反省を求め，会談再開を呼びかけたが，韓国は10月23日付の声明でこの呼びかけを無視した[103]。こうして日韓会談は1958年4月まで4年半にわたって中断され，日韓関係は険悪な時期を迎えるのである。

⒆　前掲註⒃「日韓交渉議事要録　漁業関係部会第二回」。

⒆　前掲註⒃「日韓交渉議事要録　漁業関係部会第二回」。

⑽　前掲註⒁「第3次韓・日会談（1953.10.6-21）漁業委員会会議録」1353頁。

第Ⅰ部　日韓会談と漁業問題

日韓会談を打ち切った韓国側の真意について，日本では次のような推測がされた。[104]

　漁業問題については日本側は水産資源の共同保全措置について具体的な提案をなし，漁業問題解決への一歩をすすめんとする前夜にあったから，日韓会談全体につき日本側の相当な譲歩を期待していたと思われる。韓国の見込があやしくなったと判断したのであろう，具体的提案を受取る前に一気に会談決裂をはかったものと考えられるふしがある。

---

[101]　「久保田発言」は本来オフレコのものであった。「久保田さんはやり合いの冒頭に，『（略）あなたたちがいろいろ私に向かって激しいことを言い，これについて返事をしろと言うから，私の個人的な意見であって，決してそれが日本側の正式な意見と取らないでくれ』と念を押した上で話をしたんです。そういう性質の話だから記録を取らないでくれということを強く日本側は言った。（略）だから本来なら久保田発言というのはなかったんです」（前掲註(31)前田利一「日韓会談と久保田発言」18頁）とある。森田芳夫は次のようにまとめている。1953年10月27日の参議院水産委員会で久保田貫一郎は次のように報告した。10月20日の会合で，金溶植韓国側首席代表が20日の発言について次の5項目の確認を求めた。①韓国が講和条約の発効の前に独立したことは国際法違反であると言った。②日本人が終戦後朝鮮から裸で帰されたことが国際法違反であると言った。③請求権の解釈について，日本は米国と韓国が国際法違反をしていると言った。④カイロ宣言の「奴隷状態」は興奮状態で書いたものであると言った。⑤36年間の朝鮮の統治は日本は貧慾と暴力を以て侵略したのであって朝鮮人は奴隷状態になった。これに対して久保田代表は，①韓国の独立ということは日本から見れば異例であり，それは国際法違反であるとかないとかという問題ではない。②日本人の送還は，これは国際法違反であるともないとも言わなかった。③財産請求権に対する日本の解釈は，米国側の軍政府も国際法違反を犯したことにはならない。④カイロ宣言は戦争中の興奮状態で書かれたものである。⑤朝鮮36年間の統治は悪い部面もあったかも知れないけれども，いい部面もあつた。この問題は日本側は触れたくなかったのだけれども，あなたがたはマイナスばかりを述べるから，私のほうはプラスのことを述べた，と答えた（「日韓関係」〔鹿島平和研究所編『日本外交史28　講和後の外交（Ⅰ）対列国関係（上）』鹿島研究所出版会，1973年，東京〕64～65頁）。

[102]　「昭和28年10月21日付外務省情報文化局長談」「昭和28年10月22日付外務省情報文化局長談」（前掲註(72)『世界の動き　特集号6　日韓会談のいきさつ——韓国の態度が決定する』27～30頁）。

[103]　STATEMENT ANSWERING THE SO-CALLED STATEMENT OF THE JAPANESE GOVERNMENT ON THE RUPTURE OF THE THIRD ROK-JAPAN CONFERENCE DATE OCT. 21 and 22, 1953, By the Spokesman of the Korean Delegation to the ROK-Japan Conference（前掲註(6)『外交問題叢書第九号　韓日会談略記』495～499頁）。

[104]　前掲註(36)「日韓関係に横たわるもの」26頁。

144

第4章　李承晩ラインと日韓会談

1953年10月13日起案，同月17日決裁と記されている，アジア局第二課長による
「日韓交渉処理方針」中の「漁業関係処理要案」には，底曳網漁業への規制だ
けでなくサバ漁業についても操業禁止区域の設定や集魚灯の光力さらには隻
数・漁獲量の制限などの規制が盛り込まれていた[105]。浮魚漁業への規制を求める
韓国側に配慮した内容であり，内容を知る日本の漁業関係者には，「あの方法
によって解決しようというなら，漁業問題に限っては或いは交渉も成立するだ
ろうが，現在といくらも違わぬ制限で，一体業者はそれで納得しますか」と，
「漁業関係処理要案」への不満があった[106]。しかし，韓国側は日本側漁業条約案
の要項を「相当の譲歩」とは受け取らなかったであろう。韓国が要求したのは
あくまでも全日本漁船の李承晩ライン水域からの排除であったからである。

　また，日本遠洋底曳網漁業協会下関支部長副島伊三は次のように述べた[107]。

　　韓国側は日本政府の再開要求に対してやむを得ず応じたものとしか受け取
　れず，最初から誠意に欠けていた。久保田発言をきっかけとして交渉の本筋
　から脱落させたのも，もし漁場問題で日本側と具体的な交渉段階に入れば日
　本側の申し出をのまねばならぬという苦境に陥るというのが，韓国側の見通
　しであったとしか思えない。

魚種・漁業種ごとの操業状況や資源状況を具体的に討議すれば，韓国側は漁業
管轄権を主張することはできなくなるという副島の見方は，第2次日韓会談の
経過を念頭に置いたものであろう。第2次日韓会談漁業委員会において，漁業
管轄権の主張は漁業資源保存措置と無関係であると日本側に論破された韓国側
は，李承晩ラインを棚上げした協議に応じざるをえなかったのであった。

　実際，1953年7月23日の第2次日韓会談第13回漁業委員会で日本側が提出し
ていた韓国の漁獲実績や漁業資源保存措置への詳細な質問書に対して，韓国側

---

(105) 「日韓交渉処理方針に関する件」（日本側公開文書 5-905-1060）。ただし，第3次日韓会談
　　では未提出に終わったという「日韓漁業条約案」（「日韓会談における五議題」〔日 6-1144
　　-1518〕）では隻数・漁獲量の制限には言及していない。
(106) 「波鎮まるか 朝鮮海峡」（『フィッシャマン』1-3，水産通信社，1953年11月，東京）7頁。
(107) 1953年10月23日付『朝日新聞〔東京本社版〕』夕刊。

145

第Ⅰ部　日韓会談と漁業問題

は第3次日韓会談第2回漁業委員会で回答を拒否した。この質問書は，「『日韓漁業協定要綱』の第4項に対して具体的措置を考慮するため」[108]のものであり，第4項が具体的でないという韓国側の不満に応えるためのものであった。韓国側は回答拒否の理由を，「日本側が提出した韓国の漁業資源状況に関する質問書に答えようとすれば，その質問書は結局韓国の漁業の全面にわたるもので（略）到底短時日では回答は不可能である」[109]と述べたが，「継続して漁業資源の保存開発措置をとってきた」という韓国側の主張が事実ならば質問に「短時日」で答えられるはずである。日本側が主導する，魚種・漁業種ごとの具体的な討議に応じた場合，第2次日韓会談と同様の結果となることを韓国側は恐れて回答を拒否したのであろう。第2次日韓会談と第3次日韓会談の漁業委員会に出席した李壬道商工部水産局漁労課長は，「日本側は我が国が不用意に提供した漁業に関する諸統計によって自分たちに有利な結論を導き出そうとしていることが明らか」だったからだと，回答を拒否した理由を述べたという[110]。

　上記二つの推測は，漁業交渉を継続しても日本の譲歩は期待できずかえって自らの不利益につながると考えた韓国側が，「久保田発言」を契機に日韓会談継続を拒否したというものであり，説得力はある。第1次日韓会談から第3次日韓会談までの漁業問題の論議を整理すると，韓国側には交渉継続から生まれる利益はなかったことが確認できるからである。この推測をさらに確実なものにするためには，日韓会談の他の問題，特に日韓間のもう一つの難題になっていた請求権問題においても，韓国側が交渉継続拒否によって得ようとしたものが明らかにされねばならない[111]。「久保田発言」，韓国側の交渉継続拒否，第3次日韓会談決裂という一連の動きについて，従来はもっぱら「久保田発言」そのもの，とりわけ発言中の日本の朝鮮統治の肯定的評価を非難することに関心が集中してきた。しかし日韓会談の全体像を解明するためには，交渉継続を拒否した韓国の意図をも考察する必要がある。

---

[108]　「日韓交渉報告(31)漁業関係部会第13回会議状況」（日本側公開文書 5-894-1004）。

[109]　前掲註(94)「第3次韓・日会談（1953.10.6-10.21）漁業委員会会議録」1349～1350頁。

[110]　姜錫天「韓・日間の漁撈問題」（『新天地』8-7，ソウル新聞社，1953年12月，ソウル）※29頁。

5 韓国の主張と日本の対応

　漁業問題に関する韓国の主張は，日本との論争を通して変化し続けた。1952年1月の李承晩ライン宣言では「隣接海洋に対する主権」を主張したものの，米国の抗議などにより，韓国は「主権」の主張を撤回し，第1次日韓会談前には漁業資源保護水域設定を日本と討議する意思を示した。しかし1952年2～4月の第1次日韓会談では，韓国は漁業資源保護のためすべての漁業活動を韓国が管轄できる漁業管轄権を主張して日本と激しい論争を行った。論争に敗北した韓国は，漁業管轄権は海洋法では確立されたものではないことを認めざるをえなかった。1953年5月～7月の第2次日韓会談で韓国は再び漁業管轄権を主張したものの，主張の前提となる漁業資源の具体的な保護状況について韓国は日本に問いつめられた。その結果韓国は，李承晩ライン宣言は漁業資源保護のためではなく，圧倒的な漁獲能力を持つ日本漁船を李承晩ライン水域から排除して同水域を韓国が独占するためであることを明らかにせざるをえなかった。日本は韓国に配慮して漁業管轄権によらなくても日韓の漁業能力の格差を是正できる方策を示した。しかし韓国は同年9月から日本漁船大量拿捕を強行した。この時に李承晩ラインの正当性の根拠として韓国が強弁したのは，日本の脅威

⑾　1953年5月28日の第2次日韓会談請求権委員会第3回非公式会合で日本側は「終戦後韓国で米軍政府及び韓国政府が日本財産に対してとった措置及びその現状について照会を行ったのであるが，実際には韓国側は（略）わが方からの質問に対しては言を左右して」結局回答しなかった（「昭和三十年一月三十一日　日韓会談の経緯　アジア局第五課」〔日 6-6822-481〕）。この経緯は漁業交渉で日本の質問書に韓国が答えようとしなかった経緯に通じるものがある。当時浮上していた請求権の相互放棄という日本側の打開策を見据えた上での韓国側の判断による行動であろう。韓国の第3次日韓会談での請求権問題への韓国側の態度を日本側は次のように記録している。「（請求権の相互放棄は――筆者補注）昨年の日韓首席代表間の非公式会談において梁（裕燦――筆者補注）韓国代表が提案したものである。日本側としては，日韓間の友好関係樹立のため今回この案を真剣に研究するにやぶさかでないことを明らかにした。然るに驚くべきことには，日本側が本案を考慮せんとすることを知るや，韓国代表は梁氏はかかる提案をしたことはないと主張しさらに進んで日本人は在韓私有財産に対し，一切のクレームを認められない，反対に韓国の在日財産のみに対して韓国のクレームがあり得ると強弁した」（前掲註⑿「昭和28年10月22日付外務省情報文化局長談」29頁）。

第Ⅰ部　日韓会談と漁業問題

や朝鮮戦争に対応した国防上の必要性であった。結局，同年10月の第3次日韓会談で韓国が選んだのは交渉の継続拒否であった。

　韓国の主張の変化は，日本との論争の敗北による。海洋法の理解度において韓国は日本に圧倒的に立ち遅れていた。[112]李承晩ライン問題に対応するため，当時の韓国は海洋法に関する精緻な情報を得ていたなどといった評価が事実とは[113]思われない。

　主張の変化にもかかわらず，李承晩ライン水域からの日本漁船の排除を目指す韓国の強硬な方針に変化はなかった。それに対して，同水域での自国漁船の操業を実現するため日本は，海洋法をめぐる論争では韓国側を論破しながらも，韓国側に配慮し続けた。第1次日韓会談では海洋法の常識とは乖離した内容を持つ韓国側漁業協定案の審議に応じ，第2次日韓会談では，前述した通り，韓国に配慮して漁業管轄権によらなくても日韓の漁業能力の格差を是正できる方策を示した。そして，第3次日韓会談では，韓国側の要求に応じて底曳漁業のみならず浮魚漁業への規制も提案しようとしたのである。しかし，韓国の主張のうち配慮しうるものは配慮するという日本の姿勢は，韓国には善意とはみなされず，かえって韓国の姿勢を強硬にさせた。韓国側代表の金東祚は予備会談・第1次日韓会談の船舶返還交渉における日本の姿勢を，「あれこれと逃げ道を探し，どうしようもないとなれば取引に応じる日本式駆け引き作戦」と述[114]べたが，韓国は同様の対日観で漁業交渉に臨み日本に譲歩を迫ったと思われる。

　長く困難な交渉に，双方の交渉担当者，特に日本側担当者は激しい消耗を強いられたに違いない。しかし，これは1965年に妥結する日韓会談における漁業交渉の幕開けにすぎなかった。

---

(112)　1952年3月6日の第1次日韓会談第5回漁業委員会で，日米加漁業条約の解釈に関する論争において，韓国側は日本の国際法学者一又正雄の見解を援用しようとした（「日韓会談第五回漁業委員会議事要録」〔日 5-893-990〕）ことは興味深い。

(113)　例えば「当時，韓国は朝鮮戦争（1950〜53年）の真っただなかで，臨時首都を釜山に置かざるをえないくらいの状況だったにもかかわらず，海洋秩序に関する国際社会の最新の動向を緻密に調査し，分析していた」（浅羽祐樹『したたかな韓国——朴槿恵時代の戦略を探る』〔NHK出版，2013年3月，東京〕142頁）といった評価がある。

(114)　前掲註(6)『回想30年　韓日会談』35頁。

148

第4章 李承晩ラインと日韓会談

補論　李承晩ラインと200海里排他的経済水域

李承晩ラインを現在の200海里排他的経済水域（沿岸国が排他的に資源を管理でき，他国は沿岸国の許可なしに資源を利用できない水域。）の先行例として肯定的に評価する主張がある[115]。

李承晩ライン宣言およびその後の韓国の主張には，宣言された広い水域に対して韓国政府が行使する権利に関して，主権と漁業管轄権という二つの主張が混在していた。排他的経済水域は沿岸国がその水域の資源の探査と開発に関する権利を持つというもので，主権を行使するわけではない。韓国は主権の主張については，諸外国にその非常識を指摘されて取り下げた。第1次日韓会談中に行われた1952年2月27日の非公式会談で兪鎮午代表（高麗大学総長。大韓民国憲法の起草者でもある。）は，「当初はjurisdiction and controlとなっていたのが段々と元気のよい意見に押されてsovereigntyとなってしまった。このsovereigntyがjurisdiction and controlの意味であることは金（東祚外務部──筆者補注）政務局長が（略）コメントとして発表した通りであるが，如何にコメントしても大統領宣言の文句がそうでない以上は芳しくないことである」と「主権（sovereignty）」という語句が不適切であったことを認めた[116]。このような韓国政府の失態に言及しない論考がある[117]。

李承晩ラインについての韓国のもう一つの主張である漁業管轄権についても，正当化はできない。沿岸国の距岸12海里漁業水域（沿岸国が領海の外側に設置す

---

[115] 坂元茂樹「韓国国際シンポジウムにおける竹島論争」（『島嶼研究ジャーナル』創刊号，島嶼資料センター，2012年6月）。2011年11月25日にソウル大学法科大学院において開催された「韓国政府による李承晩ライン宣言60周年──法的回顧」と題したこのシンポジウムは，「海の憲法と呼ばれる国連海洋法条約に採用された排他的経済水域（Exclusive Economic Zone: EEZ）の概念の先駆けとして，李承晩ラインを評価しよう」とするものであった（83頁）。坂元は「韓国側は李ラインという日本側からみると暴挙にしか映らない外交政策であっても，その正当性のために国際シンポジウムを開催し，これを国際的に積極的にアピールしようと攻勢を示している。李ラインの肯定的評価によって，独島に対する韓国の立場の強化を目指そうという狙いがそこには垣間見られる。」と，このシンポジウムに参加した感想を記した（95頁）。

る水域で沿岸国のみが漁業資源を管理できる。現在の排他的経済水域の先駆けとなった。漁業専管水域ともいう）が国際的に認められるのは1960年代であり，宣言の10年以上後のことである。この漁業水域は「沿岸国と海洋国との妥協を図り，あたらしい漁業制度の確立を企図した」もので，韓国が主張した漁業管轄権のような「一方的，かつ恣意的な主張」とは「本質的にその性格を異にする」[118]。

200海里排他的経済水域を設定した国連海洋法条約（正式名称は「海洋法に関する国際連合条約」）は1973年から開催された第3次国連海洋法会議で1982年に採択されたもので，1994年に発効した。日韓両国は1996年に同条約を批准しているが，漁業水域と同様，この条約を遡及適用することはできない。また同条約では，同水域において沿岸国は資源の管理・保護の責任を伴い（61条），外国人は漁獲可能量の余剰部分がある場合は沿岸国の許可を得て操業が認められる（62条）。李承晩ラインは，韓国の資源調査や資源保存措置が不完全なまま，漁業資源の一方的な独占を目的としており，200海里排他的経済水域と同一の性格とはいえない。国連海洋法条約の排他的経済水域の漁業資源に対する沿岸国の保存・最適利用の義務は，第3次国連海洋法会議で，沿岸国の排他的経済水域での操業を求める海洋国との妥協の中でまとまった。韓国の主張のような一方的で恣意的な要求が，そのまま現在の国連海洋法条約の内容になったわけではない。

そして，公海で外国漁船を警告なしに銃撃し，漁船・漁獲物・漁具・船員の

---

(116) 「国籍処遇問題に関する非公式会談」（日 5-852-606）。金東祚のコメントとは1952年2月8日付「隣接海洋主権宣言に対して敷衍」のことであろう。第二次日韓会談で張基栄韓国側代表は久保田貫一郎日本側代表に，李承晩大統領は「意見が間違っているにせよ，進言に対しては頭から受付けない。一例として李ラインが国際法上どうおこおといった意見を我々から出しても全然取り上げない」ともらした（「張基栄代表との非公式会談に関する件 二八，六，一八」〔日 6-1109-1699〕）。これは，韓国側も諸外国の抗議や日本との論戦によって李承晩ラインの違法性を意識せざるをえなかったことを示している。

(117) 南基正「日韓漁業交渉に見る東アジア国際社会の出現——漁業及び「平和線」をめぐる国際法紛争を中心として」（『法学』76-6，東北大学法学会，2013年1月）。南基正は，韓国は「『沿岸国主権の承認』という戦後型主権秩序の確立を要求」したとする（711頁）が，「沿岸国主権」と李承晩ライン宣言の「主権」の主張との異同を説明していない。

(118) 前掲註(2)『戦後の国際漁業制度』794頁。1960年代に設定された漁業水域では，伝統的にその水域で操業を続けてきた国に対しては，一定期間に限り操業の継続が認められた。

私物まで奪うといった行為が許されるはずがない。国連海洋法条約第73条では排他的経済水域で「拿捕された船舶及びその乗組員は，合理的な保証金の支払又は合理的な他の保証の提供の後に速やかに釈放される」「排他的経済水域における漁業に関する法令に対する違反について沿岸国が科する罰には，関係国の別段の合意がない限り拘禁を含めてはならず，また，その他のいかなる形態の身体刑も含めてはならない」と，韓国が行った日本人漁船員の長期抑留も禁止している。

なお，玄大松は「独島問題と日韓関係1965-2015」（『日韓関係史1965-2015 Ⅰ 政治』東京大学出版会，2015年6月，東京）の「表1 独島問題の発展段階と対内外的要因」（220頁）で1945〜52年を「国際海洋法秩序」の「無秩序期」と形容しているが，李承晩ラインのように公海に一方的に主権を及ぼそうとする行為すら容認される印象を与える恐れがあり，適切な表現とは思われない。

当時の公海における漁業の原則は決して「無秩序」ではなかった。ある国に隣接する公海での資源保護のための漁労の規制は，関係各国との協議の上で行うという原則があった。これは，現在の国連海洋法条約（公海における生物資源の保存および管理における国の間の協力の原則を定めた第118条や第119条）の基礎となるもので，1951年の国連国際法委員会の法典草案に盛り込まれ，同年に調印された日米加（北太平洋）漁業条約の基本原則でもあった。当時の韓国が李承晩ライン正当化のためにしばしば引用した1945年の米国のトルーマン宣言も，韓国の目論見とは異なり，この原則によっていた。さらに日本は日米加漁業条約で，規制は資源調査に基づいて行わねばならないこと（恣意的であってはならないこと）を明確にさせて韓国との漁業交渉を行った。玄大松のいう「無秩序期」にも論議の基礎となる規範があったと考える。

第5章

日韓漁業交渉の妥結

　1951年10月20日に開始された予備会談以来，中断を繰り返して難航をきわめていた日韓会談が妥結の方向に向かうのは，1962年10月20日および同年11月12日に行われた大平正芳外務大臣・金鍾泌中央情報部長会談において，請求権問題解決に一応の方向が示されて以降である。「大平‐金合意」は，無償3億ドル・有償2億ドルの政府資金の日本の韓国に対する供与および「相当多額の民間の信用供与」によって，韓国が日本に要求するすべての請求権が消滅するというものであった。

　漁業問題においても，1962年11月12日の会談で，大平外相が「従来のような抽象的原則論から一歩進めて速やかに具体的な規制措置について話し合いを始める用意がある」と述べたのに対して金部長も「速かに協定案を提出すべき旨約束」[1]し，実質的な討議が開始されることになった。以来，数度にわたって日韓双方の漁業協定案が提示され，特に1963年10月22日に日本側が提案した「和田試案」以降，交渉は進展した。その結果，1965年4月3日に「日韓間の漁業問題に関する合意事項」(以下「漁業問題合意書」と略記)が調印され，さらに同年6月22日に「日本国と大韓民国との間の漁業に関する協定」(以下「日韓漁業協定」と略記)が調印されて交渉は妥結した。

　本章で筆者は，1962年の「大平・金鍾泌会談」から1965年の漁業問題合意書

---

(1)　「11月12日の大平大臣・金部長第2回会談における大平大臣の発言要旨（案）」「大平大臣・金鍾泌韓国中央情報部長　第2回会談記録」(日本側公開文書，第6次公開開示決定番号1165，文書番号1826。以下「日 6-1165-1826」のように略記する)。韓国側公開文書では，金部長は「請求権問題が進捗を見ないのならば（具体的な漁業協定案を──筆者補注）提出しない」と述べたが「両国は漁業問題に関する討議を予備折衝で促進させることにした」と記録している（「金鍾泌特使日本訪問，1962. 10-11」※163頁）。

153

第Ⅰ部　日韓会談と漁業問題

成立までの時期の日韓会談における漁業交渉の過程，すなわち日韓漁業交渉が
妥結していく過程を整理してみたい。日本において日韓漁業問題に関するほぼ
唯一の研究として引用されてきたのは加藤晴子の論文[2]であった。しかし，同論
文は日韓会談の議事録を検討できなかったこともあって問題点を含んでいる。
本章で筆者は，日韓両国政府が公開した文書を主資料として日韓漁業交渉の検
討を試みる[3]。日本側公開文書によれば，本章の対象時期における漁業問題を討
議した主な会議は次の通りである。

①第6次日韓会談予備交渉漁業関係会合（1962年10月5日〜64年1月10日，全42
　回）

②漁業関係日韓主査非公式会合（1962年10月15日〜64年2月19日，全20回）

③日韓漁業問題に関する和田・金命年非公式会合（1963年6月3日〜64年1月
　28日，全32回）

④漁業六者会談（1964年2月3日〜同年3月7日，全10回）

⑤日韓漁業閣僚（農相）会談（1964年3月10日〜同年4月6日，全12回）

⑥日韓漁業閣僚会談に関する専門家会合（1964年3月14日〜同年5月1日，全10
　回）

⑦第7次日韓会談漁業委員会（1964年12月7日〜65年5月20日，全25回）

───────────

(2)　「戦後日韓関係史への一考察──李ライン問題をめぐって」（上）・（下）（『日本女子大学紀
　　要 文学部』28・29〔1979年3月・1980年3月，東京〕）。

(3)　また本章では，次に掲げる，1960年代の日韓漁業交渉の担当者が残した記録や手記も利用
　　する。日本語の記録としては，6・7次会談の代表であった和田正明による『日韓漁業の
　　新発足』（水産経済新聞社，1965年7月，東京），1・4・7次会談の代表であった川上健
　　三による「日韓漁業会談」（『戦後の国際漁業制度』大日本水産会，1972年3月，東京）が
　　ある。韓国語の記録としては，1・2・4・6次会談の代表であり予備会談にも関与した
　　池鐵根による『平和線』（汎友社，1979年8月，刊行場所不明）・「韓日漁業会談と協定遂
　　行状況」（『現代韓国水産史』社団法人水友会，1987年12月，ソウル）・『韓日漁業紛争史』
　　（韓国水産新報社，1989年8月，ソウル）・『水産富国の野望』（韓国水産新報社，1992年10
　　月，ソウル），1次会談の代表であり予備・4・7次会談に関与した金東祚による『回想
　　30年 韓日会談』（中央日報社，1986年11月，ソウル），農林部長官（任1963年12月〜64年
　　5月）であった元容奭『韓日漁業会談はなぜ難しい問題なのか』（非売品，1965年1月，
　　刊行場所不明）・『韓日会談十四年』（三和出版社，1965年6月，刊行場所不明）などであ
　　る。

⑧第7次日韓会談漁業委員会専門家会合（1965年1月25日〜同年5月31日，全19
　回）

⑨四者会談（1965年2月4日〜同年2月26日，全5回）

⑩第2次日韓漁業閣僚（農相）会談（1965年3月3日〜同年4月1日，全11回）

　これらのうち②③⑥⑧⑨の議事録は，韓国側公開文書では詳細ではない。
そこで本章では日本側公開文書を主に利用し，韓国側公開文書の該当部分に留
意すべき差異がある場合および韓国側公開文書に該当部分がない場合のみ，註
で示すことにする。

1　「和田試案」以前

　1962年12月5日，日韓予備交渉漁業関係会合第5回会合で，日本側は「漁業
協定に盛られるべき規制措置の主要点」（以下「1962年12月日本案」と略記）を提
示した。低潮線から12海里の範囲内で，漁業に関して領海と同様な権利を行使
できる漁業専管水域の設定を韓国の沿岸に認めた点に主眼があった。「1962年
12月日本案」について日本側は，「最近の国際漁業の趨向や，韓国漁民の立場
も十分勘案した上，日本側の立場上考慮しうる最大限の譲歩を行ったもの」と
説明した。さらに，「日本側としても未だかつて公海上にかかる漁業管轄水域

---

(4)　日 5-896-1022。

(5)　『『12月7日の日韓予備折衝漁業関係第6回会合における韓国側の意見』に対する日本側意
　　見　37.12.12」（日 5-896-1023）。12海里漁業専管水域設定を認める方針は1962年3月に
　　行われた外務省と水産庁との間の討議の結果発案され，同年9月に決定された。1960年に
　　締結された英国・ノルウェー間の漁業協定および1961年に締結された英国・アイスランド
　　間の漁業協定では，距岸6海里までの漁業水域設定，およびその外側6海里での年数を切
　　っての非沿岸国の漁撈が認められていた。1960年にジュネーヴで開かれた第2次国連海洋
　　法会議では，領海6海里とその外側にさらに6海里の漁業水域を沿岸国に認める米加案が
　　提案された。外務省作成の1962年3月8日付「日韓会談における漁業交渉の今後の進め方
　　について（案）」では，「（12海里漁業専管水域設定を認める──筆者補注）考え方を日韓
　　間に採用することにふみきるとしても，わが国の国際法上の一般的立場をさほど害するこ
　　とにならない」と記されている（日 5-882-816）。12海里漁業専管水域と第2次国連海洋
　　法会議については，小田滋『海の資源と国際法Ⅰ』（有斐閣，1971年5月，東京）が詳し
　　い。

を他国に対して認めたことはないのであります。それにもかかわらず，日本側は領水に近接した一定の水域に対する沿岸国の漁業管轄権を認めるべきであるとの韓国側の従来の主張に歩み寄るため，最大限の譲歩をあえて行って韓国に対し距岸12カイリの漁業水域設定を認めるとの提案を行ったのであります」と述べた。1952年2月に始まった第1次日韓会談以来続けてきた方針を，韓国に譲歩して日本側は転換したのであった。

　一方，韓国側も1962年12月5日の日韓予備交渉漁業関係会合第5回会合で，「漁業規制に関する韓国案」（以下「1962年12月韓国案」と略記）を提示した。李承晩ライン水域の大部分を韓国側漁業専管水域とし，さらに，その西端に李承晩ライン水域の内外にわたって2カ所の，また東端に李承晩ライン水域の内側に1カ所の，共同規制水域の設定を提案したものであった（図5‐1参照）。「規制の目的」として韓国側が示したのは，漁業資源保存と沿岸漁業者の保護，そして「漁業上の紛争の未然防止」であった。

　「1962年12月韓国案」は日本側にとって衝撃的であった。1962年12月7日の日韓予備交渉漁業関係会合第6回会合において，「請求権問題が解決すれば李ラインと漁業問題に好影響があるとの韓国側の態度に従って」日本が懸命に努力した結果，大平外相・金部長会談で請求権問題にある程度の目途がついたにもかかわらず，韓国側が李承晩ラインをそのまま残すような案を提示したことは，深刻な問題を引き起こす恐れがあると日本側は訴えた。また，この韓国側案を「（池田勇人──筆者補注）総理にまで報告し，併せてわれわれが当事者のショックを総理に伝えることはためらっている」とも述べた。

　李承晩ライン維持に固執する韓国側が「1962年12月日本案」を容認する可能性はなかった。1962年12月7日の日韓予備交渉漁業関係会合第6回会合において韓国側は，「韓国沿岸の漁業資源に関して日本側は『現在では韓国沿岸12海里の外では資源保存のための具体的措置が必要とは考えられない』と述べてい

⑹　「『12月18日の日韓予備交渉漁業関係第8回会合における韓国側の意見』に対する日本側意見　昭37.12.21」（日 5‐896‐1023）。

⑺　日 5‐896‐1022。

⑻　「日韓予備交渉漁業関係会合第6回会合」（日 5‐896‐1023）。

第5章　日韓漁業交渉の妥結

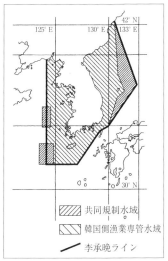

出典:「日韓漁業交渉の現状」(日 6-1137-928) および「漁業水域に関する国際先例」(日 6-1162-1503)。

図5-1　1962年12月韓国案

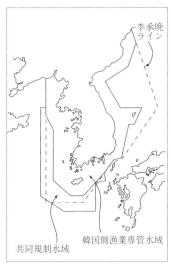

出典:「日韓予備交渉漁業関係会合第5回会合」(日 5-896-1022)。

図5-2　1963年7月韓国案

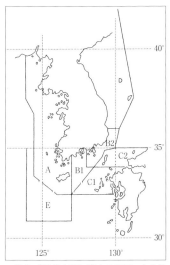

出典:「日韓会談に関する和田・金命年非公式会合第18回会合」(日 5-874-702)。

図5-3　金命年試案

出典:1965年6月23日付『朝日新聞』。

図5-4　日韓漁業協定

157

第Ⅰ部　日韓会談と漁業問題

るが，日本側がこのような見解をもっているかぎり，韓国側としては，（略）その保護の緊急性にかんがみ，一方的な保存措置を取るほかに方法がないものと考える」と述べて日本側提案を拒絶したのである[9]。

　1962年12月21日の日韓予備交渉漁業関係会合第9回会合においても韓国側の強硬な姿勢に変化はなかった。「日韓双方から真面目な案を出すということで日本側は真剣に考えて譲歩を含んだ案を出したが，韓国側はこれに対して李ラインをそのままを認めよとの案を出した。従って日本側の考えによれば韓国側の日本案に見合う第一次案は出ていない」と日本側が述べたところ，「韓国側においても同じことがいえる」と韓国側は答えた[10]。すなわち，日本側が「1962年12月日本案」よりもさらに韓国側の主張に歩み寄った提案をすべきであると韓国側は要求したのである。1963年1月23日の日韓予備交渉第23回会合でも，漁業問題において「双方がともに各自の案を再検討し，新たな案を提示」すべきであると韓国側は繰り返した[11]。

　大平外務大臣・金溶植（キムヨンシク）外務部長官会談が近づいた1963年7月5日，日韓予備交渉漁業関係会合第28回会合において，韓国側は「韓日漁業協定中専管水域と共同規制水域設定に関する韓国側見解」（以下「1963年7月韓国案」と略記）を提示した[12]。直線基線から約40海里にわたって漁業専管水域を設定し，その西側と南側に李承晩ラインの内外にわたる共同規制区域を設定するという内容であった（図5‐2参照）。提案理由として韓国側は，漁業資源保存と沿岸漁業者の保護を強調した。日本側は，この提案は「失望に堪えない」「韓国の提案は日本に対して全世界に向かって40カイリの漁業専管水域を認めろというのに等しい」と不満を示した。これに対して韓国側は，「韓国側が平和線を維持することからここまで動いて来たのは大きな意義があり，韓国の国内にとっては大き

---

(9)　「12月5日 日韓予備折衝漁業関係第5回会合で提案された『漁業協定に盛られるべき規制措置に関する発言』に対する韓国側の意見」（日 5‐896‐1023）。

(10)　「日韓予備交渉漁業関係会合第9回会合」（日 5‐896‐1023）。

(11)　「韓日予備交渉第23回会合における韓国側発言要旨」（日 6‐858‐612）。

(12)　日 5‐896‐1027。韓国側公開文書「第6次韓・日会談（1961.10.20‐64.4）第2次政治会談予備折衝：漁業関係会議録，1963.4‐64.1」中の同名の文書（99～101頁）※には，韓国側が主張する漁業専管水域・共同規制区域の経緯度表示はない。

158

な出来事である」と弁明した。[13]

　日本側にとっては評価できないものであったにせよ，韓国側が李承晩ライン維持の方針から転換したこと自体は重要である。1962年12月27日の日韓予備交渉漁業関係会合第10回会合を最後に，1950年代から漁業交渉の韓国側代表を務めてきた首席代表の池鑶根（チ　チョルグン）が韓国側代表団から退いたことは，それと関係すると思われる。沿岸国の特殊利益を強調し，資源調査に先行する規制措置の必要性を主張するなど，漁業交渉において，池鑶根は日本と真っ向から対立してきた人物であった。[14]池鑶根は日本との妥協に傾きがちな朴正熙（パクチョンヒ）政権に対する不満から漁業交渉から身を引いたと回想録で記している。[15]

　1963年7月26日の大平・金外相会談で大平外相は，「12カイリの専管水域の問題は国際社会で行われている公理の尊重の問題で日韓双方が国の名誉にかけて守るべきルール」であると主張したが，金外務部長官は同意しなかった。[16]同月30日の外相会談で大平外相は，「12カイリということを暗黙の前提として」次の議論に進んではどうかと提議したが，金外務部長官は「現在の段階では暗黙の前提すらも困る」と拒絶した。韓国側は両外相のみの会談で決着をつけようとしたが，日韓の主張の差が大きい中で安易な妥協が行われる危険性を察知して日本側は応じなかった。[17]

　抽象的で短い「共同コミュニケ」を発表したのみで大きな進展がなかったかに見える外相会談であったが，外相会談に併行して開かれた，7月27日の和

---

(13)　「日韓予備交渉第28回会合記録」（日5-896-1027）。

(14)　「日韓予備交渉漁業関係会合第10回会合」（日5-896-1023）。池鑶根が首席代表を務めた1962年11月29日の会議では，対立の余り「12分間にわたり双方が黙して語らぬ場面があった」ほどであった（「日韓予備交渉漁業関係会合第4回会合」（日5-896-1022）。2002年3月にソウルで行った筆者の直接取材で，函館高水留学時代の記憶を懐かしそうに語る池鑶根に，「随分楽しかったようですね」と問うと「あの後，私は日本とはケンカしてしまったから」と口を濁した。

(15)　前掲註(3)『水産富国への野望』252頁。2002年3月の直接取材で，池鑶根は「朴正熙は私に日本と妥協しろと命じてきた」と憤りをにじませながら語った。

(16)　「金・大平会談要旨（38.7.26）」（日6-1101-1717）。韓国側公開文書「第6次韓・日会談第2次政治会談（金溶植-大平外相会談）東京，1963.7.25-31」※には海洋法をめぐる論争の記録はあるが，大平外相のこの発言の記録はない。

(17)　「金・大平会談（第2回）要旨」（日6-1101-1717）。前掲註(16)の韓国側公開文書にこのやりとりの記録はない。

第Ⅰ部　日韓会談と漁業問題

田・金命年非公式会合第8回会合および7月29日の日韓予備交渉漁業関係会合第35回会合では興味深い論議が行われていた。7月27日の会合で，韓国側が漁業規制の必要性の根拠として主張し続けてきた漁業資源の減少および沿岸漁業者の保護について，説明が混乱していると和田代表が指摘したのであった[18]。7月29日の会合で韓国側は，「資源論に基づくものであれ，韓国漁民の生活保護の見地よりするものであれ，とにかく（漁業専管水域を――筆者補注）40海里まで確保したい」，漁業専管水域が12海里の場合でもその外側に「形式上は平等であるが実質的は優先的な取扱いを行う」こととしたい，と述べた[19]。「韓国側漁業は実際に弱体であるからハンディ・キャップをつけて結果的に魚の獲れるようにしてもらわなければならない」として，韓国漁船が優先して漁獲する水域の設定を訴える韓国側の主張に，日本側代表の1人は「過去10年間の漁業交渉を通じて唯今はじめて本筋の話しが出たと思う，資源論に名をかりて別の主張を行おうとすれば議論に無理が出る」と感想を述べた[20]。漁業問題における韓国の真のねらいは，漁業資源保護や沿岸漁民保護よりも，韓国漁船が独占して操業できる水域の確保であることを韓国側は吐露したのであった。

2　「和田試案」

　1963年10月22日の和田・金命年非公式会合第18回会合において，和田正明代表（水産庁漁政部長）は「和田試案」を提案した[21]。「和田試案」は，漁業専管水

---

(18)　「日韓予備交渉漁業関係会合第8回非公式会合」（日 5-874-700）。この会合は，和田正明水産庁漁政部長と金命年農林部水産局長による非公式の専門家会合であり，1963年5月30日の日韓予備交渉漁業関係会合第23回会合で設置が決定された。韓国側公開文書にこの非公式会合の議事録はない。

(19)　「日韓予備交渉漁業関係会合第35回会合」（日 5-874-696）。

(20)　前掲註(19)。前掲註(12)の韓国側公開文書では「過去十年間の交渉で初めて本音の話が出てきたようだ。日本側としてはできることとできないことがあるので，12マイルになればどのようなことができるかを研究したい」となっている（177頁）※。

(21)　「日韓漁業問題に関する和田・金命年非公式会合第18回会合記録」（日 5-874-702）。「和田試案」は，韓国側公開文書では「日韓予備交渉漁業関係会合」関係の資料に記録されている（「第6次韓・日会談 第2次政治会談予備折衝：漁業関係会議，1962.2.6-64.3，全5巻（v. 4 1963.10-64.1）」45〜50頁）。

160

域12海里を前提としながらも，その外側に共同規制区域を設けるという内容であった（図5‐5参照）。共同規制区域は，「1962年12月日本案」で日本側が提示した12海里と「1963年7月韓国案」で韓国側が提示した漁業専管水域40海里の間をA〜Eに区分し，区域ごとに異なる規制を行うことになっていた[22]。提案にあたって和田代表は，日本が韓国沿岸漁業の実情を考慮すること，韓国も日本漁業者の操業維持に配慮すること，日本が実施してきた規制措置を韓国が尊重すること，の三原則を主張した。

　1963年10月18日に行われた日本側交渉担当者の事前協議において和田代表は，「規制区域・範囲に関し韓国側の40カイリの主張の顔を立て，また韓国側はかねて自主規制の考え方を提案して欲しいと求めている如く見受けられるのであまり抵抗はないのではないか」と述べて，「和田試案」に自信を示した[23]。実際，1963年10月25日の和田・金命年非公式会合第19回会合で，金命年代表は「和田試案」について，「これまでにないほど思い切って提案した方式と考えられるので，実質的には韓国側の考えと大分食い違うところもいくつかあるが，この方式を基礎として討議を進めて行ってもよい」と述べた[24]。

　「和田私案」提示を契機に日韓漁業交渉が進捗しはじめた理由は，「和田試案」の内容が韓国側の面子を立てたものであったためだけではなかった。1963

---

[22] 「昭和38年10月22日の日本側（和田）提案の内容」（日 5-874-702）によれば，各区域の規制内容は次の通りであった。
　　A・B・D…トロール，底曳，旋網，鯖一本釣について網目，漁船規模，光力，禁漁期，隻数を定める。なお，隻数については両国とも現状維持とする。
　　B…日本側は4漁業種類以外の漁業種類について自主規制の形で隻数を制限する。
　　C…韓国側は4漁業種類以外の漁業種類について自主規制し，また4漁業種類については出来れば出漁しないことを望む。
　　E…日韓両国共通のトロールの禁止区域とする。
　　　イ…東経128度線以東では50トン以上，以西では50トン未満の底曳，トロール禁止。
　　　ロ…旋網は今後10年間位12カイリの専管水域の外側6カイリでの操業を認める。
[23] 「日韓漁業問題に関する水産庁との打合せについて」（日 5-1128-837）。
[24] 「日韓漁業問題に関する和田・金命年非公式会合第19回会合記録」（日 5-874-702）。韓国側公開文書にこの発言の記録はない。なお，「和田試案」と同様の「12カイリの線と7月5日の韓国提案の専管水域との間を共同規制区域を設ける」という日本側提案を，1963年7月11日の非公式会合で，卜部敏男外務参事官が崔世璜代表に腹案として伝えていた（「日韓漁業交渉の件」〔日 6-1142-1162〕）。

161

第Ⅰ部　日韓会談と漁業問題

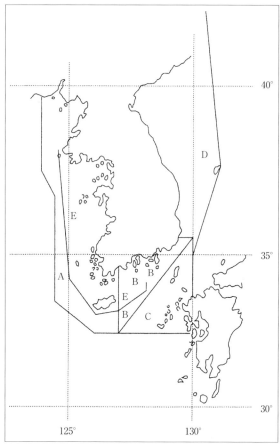

出典：「日韓漁業問題に関する和田・金命年非公式会合第18回会合」
（日 5-874-702）。

図5-5　「和田試案」

年9月26日の日韓予備交渉本会議第50回会合で杉道助日本側首席代表は、「(イ)専管水域の幅、(ロ)専管水域外の共同規制措置（隻数制限含む）、(ハ)漁業協力、の三点がまとまれば、漁業の大筋合意はできた」状態になると発言して漁業交渉の方向性を示したが、「和田試案」が提示された時点で、杉発言中の(ロ)および(ハ)の問題での協議も進展していたのである。

専管水域外の共同規制措置については、1963年7月22日の和田・金命年非公式会合第6回会合で、和田代表は底曳・旋網・延縄・サバの一本釣の4漁業種で隻数制限を行うことを表明した。同年9月5日の和田・金命年非公式会合第12回

---

(25) 「日韓予備交渉第50回会合記録」（日 5-1005-1170）。韓国側公開文書「第6次韓・日会談第2次政治会談予備折衝：本会議，1～65次，1962.8.21-64.2.6，全5巻（v. 5 47-65 1963.8.8-64.2.6)」には、この発言の詳細な記録は残されていない。

(26) 「日韓漁業問題に関する和田・金命年非公式会合第6回会合記録」（日 5-874-700）。韓国側公開文書「第6次韓・日会談 第二次政治会談予備折衝：漁業関係会議，1962.2.6-64.3，全5巻（v. 3 1963.6-9)」に残されたこの会合に関するメモでは発言の記録はない。

会合で，日韓が対立する漁業専管水域の幅の問題を棚上げにして規制の細目について話し合うことが合意され，[27]第13回（同年9月13日），第14回（同年10月4日），第15回（同年10月8日），第16回（同年10月16日）の同会合で協議が進められた。その結果，底曳・トロール・旋網・サバ一本釣といった「韓国側の希望する」漁業について，網目の大きさ・漁船の大きさ・集魚灯の光力・休漁期間の項目で，具体的な規制方法の合意が形成された。[28]

　漁業協力問題は，1963年4月12日の日韓予備交渉漁業関係会合第20回会合で日本側が提起したことが討議の糸口となった。同年5月23日の日韓予備交渉漁業関係会合第22回会合で韓国側は，「韓国内では平和線がなくなれば魚が日本漁民によりとりつくされてしまうと一般的に考えられているので，日本側から韓国の漁業が弱体ならば漁業協力を行い，助けてやるといってもらいこれを韓国の新聞等に掲載し，その結果韓国民もこの日本側の誠意を信用するようになれば専管水域の話もやりやすくなる」と応じた。[29]その後，同年7月4日の後宮虎郎外務省アジア局長・崔圭夏駐日大使会談で日本側が漁業協力の具体的内容を示すよう求めたため，[30]同年7月12日の日韓予備交渉漁業関係会合第30回会合で韓国側は総額1億7800万ドルにのぼる漁業協力案の概要を示し，[31]さらに同年9月26日の日韓予備交渉本会議第50回会合で韓国側は漁業協力案の詳細を示した。[32]これに対して同年10月17日の日韓予備交渉本会議第52回会合で日本側は，「億という単位では名実ともに大平・金了承線の3億プラス2億の修正になる

⑵7　「日韓漁業問題に関する和田・金命年非公式会合第12回会合記録」（日 5-874-701）。前掲註⑵6の韓国側公開文書に残されたこの会合に関するメモでは合意の内容は明確でない。

⑵8　「日韓漁業交渉の経緯について」（日 6-1162-1492）。「5/2/64　水産庁持参」と付記されている。韓国側公開文書には，専管水域外の共同規制措置に関する交渉の詳細な記録は残されていない。

⑵9　「日韓予備交渉漁業関係会合第22回会合」（日 5-896-1026）。韓国側公開文書では，この発言は要旨のみ残されている（『第6次韓・日会談（1961.1.20-64.4）第2次政治会談予備折衝：漁業関係会議会議1963.4-64.1』28頁※）。

⑶0　「崔大使との会談要旨」（日 6-1101-1728）。韓国側公開文書にこの会談の記録はない。

⑶1　「日韓予備交渉漁業関係会合第30回会合」（日 5-896-1027）。

⑶2　「漁業協力案」（日 5-1005-1168）。韓国側公開文書では，韓国側漁業協力案の詳細は，日韓予備交渉本会議ではなく日韓予備交渉漁業関係会合の記録に残されている（前掲註⑵1および⑵6）。

第Ⅰ部　日韓会談と漁業問題

から」問題にならないと反駁した。漁業協力問題はもっぱら日韓予備交渉本会議を舞台として論議が継続されていた。

1963年10月4日の日韓予備交渉本会議第51回会合で杉日本側首席代表は，「12カイリの原則が受諾されるとの前提に立って，それ以外の問題についての討議を行う」「万一韓国側が12カイリの原則を受諾されない場合には，漁業協定のその他の問題及び漁業協力問題の討議において日本側が表明する意見や提案はすべて白紙にかえされる」と提案した。これに対して同年10月17日の日韓予備交渉本会議第52回会合で裵義煥韓国側首席代表は，「専管水域の問題だけを解決することにより問題全体が解決されるのではない」「規制問題も漁業協力問題や専管水域の問題と同様に円満に解決されなければならない」と答えて，12海里漁業専管水域を前提とした日本側提案に対応した。

1963年7月30日の外相会談で12海里漁業専管水域は「暗黙の前提すらも困る」とした韓国側はその一方で，同年7月12日の日韓予備交渉漁業関係会合第30回会合で，「一二カイリプラスアルファで本件交渉を進めて行こう」という日本側提案に応じたいと本音を述べていた。日本側が韓国側に配慮して，専管水域外の共同規制措置および漁業協力の問題で日本が韓国に「プラスアルファ」を与えることを代償に，専管水域12海里を韓国に認めさせる方向で「和田試案」後の漁業交渉は進行していくのである。日本側交渉担当者は，「和田試案」について，「38年10月末日本側はさらに交渉を促進するため，妥協案として日本案の12浬と韓国案の40浬との間を共同規制区域とし，日本側の出漁許可数を現状以上に増加しないこと，韓国側漁船等については『漁業協力』によりその装備を近代化すること等に協力する旨の提案を行った」と説明しており，ここに日本側の方針が率直に表明されている。

⑶　「日韓予備交渉第52回会合記録」（日 5-1005-1171）。
⑶　「10月4日の予備交渉第51回会合における杉代表の発言」（日 5-1005-1171）。
⑶　「1963年10月17日の第52回日韓予備交渉で行った裵首席代表の発言」（日 5-1005-1171）。
⑶　前掲註⑶。

3 「金命年試案」

　1963年11月29日の和田・金 命 年 非公式会合第24回会合で，韓国側は「金命年試案」を提示した（図5‐3参照）。「金命年試案」は，規制区域の位置はおおむね「和田私案」によっていたものの，一部の共同規制区域については日本漁船の操業禁止区域とする，大部分の共同規制区域については日本漁船の出漁を当分の間認めない，という内容であった。[38] 金命年代表（農林部水産局長）は，「和田試案」提示の際に日本側が示した三原則以外に強調したい点として，「日本側は従来の操業隻数に基づく操業を考えてほしい」「新興水産国としての韓国の立場を考え日韓両国漁業の発展段階の差異を考慮して欲しい。また，両国が共通の利害を有する漁業資源の濫獲を防止するため，重要魚種の越冬場にお

---

[37]　前掲註[28]。専管水域の幅の問題（李承晩ライン）を棚上げして専管水域外の共同規制措置の問題および漁業協力の問題を討議することは，第5次会談における日韓漁業問題に関する非公式会合ですでに行われていた。1960年12月16日の第3回会合では漁業協力問題が討議され，1961年5月2日の第13回会合では重要魚種の資源量や韓国の主要漁業の実態が報告された（日 5-1037-1199・1209）。韓国側公開文書（「第5次韓日会談予備会談。漁業および平和線委員会会議録および非公式会談報告，1960-61」）ではこの会合の記録は詳細ではない。

[38]　「昭和38年11月29日の韓国側（金命年）提案の内容」（日 5-874-703）によれば，各区域の規制内容は次の通りであった。

　A・D…日本側の底曳・トロール・流刺網は当分の間出漁しない。

　B1…日本側の底曳・トロール・流刺網は当分の間出漁しない。その他の漁業種類については日本側が自主規制する。

　C1…韓国側の底曳・トロール・流刺網は当分の間出漁しない。その他の漁業種類については韓国側が自主規制する。

　B2・C2、D2は韓国側，C2は日本側のみが操業する。

　E…両国の底曳・トロールについて12～2月の間出漁隻数を制限する。

　　イ…A・B1・Dにおける旋網・鯖一本釣についての規制は共同委員会で別途定める。

　　ロ…E128度以西では50トン以下，以東では50トン以上，30トン未満の底曳・トロール漁船の操業を禁止する。

　　ハ…両国の底曳・トロール禁止区域は相互に尊重する。

　　ニ…アジ・サバの棒受網は日韓双方とも全面的に禁止する。

　　ホ…日本側は韓国近海における鯨資源の有効な管理のため自主的に協力する。

　「金命年試案」も韓国側公開文書では前掲註[21]の資料に記録されている（175～183頁）。

第Ⅰ部　日韓会談と漁業問題

いて漁獲制限を共同の立場で行いたい」と述べて「金命年試案」の正当性を主張した。同年10月29日の和田・金命年非公式会合第20回会合で金代表は,「和田試案」について「C海域に韓国漁船が出漁しない代りにB海域に日本漁船が出漁しないこととしたい」と要求して和田代表に厳しく拒絶されていたが,「金命年試案」はそのような「海洋分割論」的な要求の延長上にあった。将来の韓国漁船の操業を懸念する日本の漁業者への配慮から,日本よりのC水域では韓国漁船の操業を自主規制し,韓国よりのB水域では日本漁船の操業を自主規制すると日本側が「和田試案」で提案したことが,韓国側に逆用されてしまったのである。

　「金命年試案」が提示された直後に和田代表は,「その内容は実質的に漁業専管水域を広大に要求しているに等しいと語気激しく反論した」。これに対して金代表は,「提案内容は専管水域みたいなものかもしれないが専管水域ではないと弁明に努めた」。日本側の怒りの背景には,「テイクすることばかり提案され,われわれの欲するものを全然ギブしようとしない」という韓国側に対する不満があった。1963年7月の日韓外相会談後の同月30日付「共同コミュニケ」では,「日本側は韓国側の要請に応え韓国漁業の発展のため各般の漁業協力を行う用意があることを明らかにし」たとあった。そして「韓国側より,関係水域における漁業資源の保存のための適切な規制措置を講ずる必要性を主張した。日本側より,同措置が両国に公平に適用され,かつ実施可能である限り,これを採用する用意がある旨答えた」と記されていた。「和田試案」や漁業協力そして共同規制区域での規制と,日本側は韓国側の要求に応じたにもかかわらず,「金命年試案」は規制を「両国に公平に適用」するという日本側の主張に配慮

⑶9　「日韓漁業問題に関する和田・金命年非公式会合第24回会合記録」(日 5-874-703)。韓国側公開文書にはこの発言の記録は残されていない。

⑷0　「日韓漁業会談に関する和田・金命年非公式会談について」(日 5-874-702)。韓国側公開文書にはこの討議の記録は残されていない。

⑷1　前掲註⑶『日韓漁業の新発足』105～106頁。

⑷2　前掲註⑶9。

⑷3　「金・大平会談(第2回)要旨」(日 6-1101-1717)。前掲註⒃の韓国側公開文書には大平外相のこの発言の記録はない。

⑷4　日 6-1101-1717。前掲註⒃の韓国側公開文書にこの文書の記録はない。

166

したものではなかったのである。1963年12月12日の和田・金命年非公式会合第
25回会合で，「金命年試案」について全体的な意見を韓国側から求められた和
田代表は，「日本側が一方的に排除される如き性格のもので認め得ず日韓平等
に操業出来るものでなければならないということにつきると述べた[45]」。

　和田代表の抗議に対して，1964年1月14日の和田・金命年非公式会合第27回
会合で金命年代表は，「日本側の従来よりの漁業実績を維持するとの方針にも
変りはない」と述べた。しかしその一方で金代表は，「韓国沿岸の資源保護，
韓国漁民の権益の保護及び韓国漁業の近代化」の三原則が漁業問題妥結のため
の方針であり，「和田試案」ではそれらが満たされていないとして，日本側に
さらなる譲歩を求めた[46]。

4　済州島周辺の基線問題

　和田・金命年非公式会談が膠着状態に陥ったため，1964年2月3日から漁業
六者会談が開催された[47]。漁業六者会談で最大の争点となったのは済州島周辺の
基線問題であった（図5-6参照）。この問題が浮上したのは「1963年7月韓国
案」の討議の際であった。

　1963年7月12日の日韓予備交渉漁業関係会合第30回会合で韓国側は，40海里
漁業専管水域を確定するための基線について，「南海岸は島が多く低潮線を採
用したのでは複雑になりすぎるし，また，これらの島の内側は内海のようなも
のであるから，これら沿岸には直線基線を採用したい」と述べた[48]。同年7月15
日の和田・金命年非公式会合第3回会合で和田代表は，「済州島及び大黒山島
は本土とは切離して独立のものとして取扱うべきである」と韓国側基線案（図

(45)　「日韓漁業問題に関する和田・金命年非公式会合第25回会合記録」（日5-874-703）。韓国
　　側公開文書にこの発言の記録はない。
(46)　「日韓漁業問題に関する和田・金命年非公式会合第27回会合記録」（日5-874-704）。韓国
　　側公開文書にこの発言の記録はない。
(47)　漁業六者会談は漁業専門家に日韓予備交渉本会議の代表を加えた会合であった。日本側か
　　ら後宮虎郎・卜部敏夫外務省アジア局参事官および和田正明，韓国側から崔世璜弁護士
　　（日韓予備交渉漁業関係会合代表）および金命年・李圭星駐日韓国代表部参事官が出席し
　　た（「日韓会談問題別経緯(2)（漁業問題）（その3）」〔日5-1104-531〕）。

167

第Ⅰ部 日韓会談と漁業問題

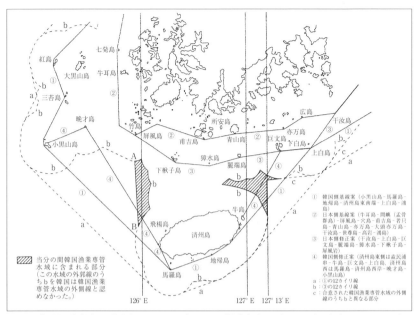

出典：「日韓漁業交渉の現状」（日 6-1137-928）および「漁業水域に関する国際先例」（日 6-1162-1503）。

図5-6 済州島周辺の基線

5-6の①）に反対して日本側基線案（図5-6の②）を示した。朝鮮半島南岸の基線をめぐる論争は1963年7月18日の和田・金命年非公式会合第4回会合でも繰り返され，同年7月24日の和田・金命年非公式会合第7回会合でいったん論議は棚上げされたが，同年7月27日の日韓外相会談では日韓の対立事項の一つとなった。

韓国側は1958年にジュネーヴで開かれた第1次国連海洋法会議で採択された

---

(48) 前掲註(31)。前掲註(12)の韓国側公開文書にはこの発言の記録はない。「日韓漁業問題閣僚会談 日本側議事録付属資料」によれば，朝鮮半島南岸の韓国側基線案は，小黒山島―馬羅島―地帰島―済州島東南端―上白島であり（図5-6の①），その12海里線は図5-6のaであった（「日韓会談問題別経緯(2)（漁業問題）（その3）」〔日 5-1104-531〕）。

(49) 「日韓漁業問題に関する和田・金命年非公式会合第3回会合記録」〔日 5-874-699〕。「日韓漁業問題閣僚会談 日本側議事録付属資料」によれば，朝鮮半島南岸の日本側基線案は，屏風島―穴島―甫吉島―者只島―青山島―亦万島―大頭亦島―干汝島であった（図5-6の②）（前掲註(48)「日韓会談問題別経緯(2)（漁業問題）（その3）」）。韓国側公開文書にはこの和田発言の記録はない。

168

「領海及び接続水域に関する条約」を自らの基線案の根拠とした。和田・金命年非公式会合第3回会合で金代表は、「領海及び接続水域に関する条約」第4条第4項の「特定の基線を決定するにあたり、当該地域に特有な経済的利益でその現実性及び重要性が長期間の慣行によって明確に証明されているものを考慮に入れることができる」を根拠に、「経済的にも本土と今や不可分の関係にある」済州島を含めた直線基線の採用を主張した。これに対して川上健三代表（外務省条約局調査官）は、同条約第4条第4項の文言の前に「直線基線の方法が一の規定に基づいて適用される場合には」とあることに注意を促した。第4条第1項には「海岸線が著しく曲折しているか又は海岸に沿って至近距離に一連の島がある場所においては」直線基線を引くとあった。直線基線は経済的利益ではなく地理的条件によって引かれるという原則を示して韓国側を論破したのである。韓国側の「領海及び接続水域に関する条約」に対する認識不足は明らかであった[50]が、韓国側は日本側提案に同意しようとはしなかった。

　漁業六者会談で、韓国南岸とりわけ済州島周辺の基線問題をめぐる論議が再燃したのは、漁業専管水域が距岸12海里に決着した場合、交渉の結果が日本の漁業者の利害に強く影響する局面が訪れていたからである。「5/2/64 水産庁持参」と付記されている文書「一、十二浬を計測する基線についての問題点」では、韓国側基線案に対する日本側の次のような具体的な危惧が記されている[51]。

　一　済州島の東側について
　　韓国案は、済州島の東端の牛島燈台から、下白島を結ぶ線を基線としている。この案によれば韓国案（略）には殆ど公海はなく、この区域は実質的意味を持たず又まきあみの主漁場は全部韓国の専管水域となり、まきあみ漁業は操業できなくなる。

---

(50)　和田・金命年非公式会合第4回会合で韓国側は、京畿湾の湾口に直線基線を引きたいと述べたが、「領海及び接続水域に関する条約」第7条第4項で湾口に直線基線を引く場合はその距離が24海里以下と規定されていることを日本側に指摘されて韓国側があわてふためく場面もあった（「日韓漁業問題に関する和田・金命年非公式会合第4回会合記録」〔日5-874-699〕）。韓国側公開文書にはこの討議の記録はない。

(51)　日6-1162-1492。

第Ⅰ部　日韓会談と漁業問題

二　済州島の西側について

　韓国案は黒山島（小黒山島のこと——筆者補注）から済州島西端の馬羅島燈
台を結んでいるが，このような基線によると前記まきあみ及び以西底曳の
主漁場の一部が韓国の専管水域となり，現状維持の原則は著しくくずれる
こととなる。

　この資料でわかるように，日韓間の争点は済州島西側の旋網漁場そして済州島
東側の旋網漁場および以西底曳網漁場であった。よって，この時期，日本の漁
業者は済州島周辺漁場の確保のための日本政府・与党への働きかけを強めた。
日本遠洋旋網漁業協同組合は，「交渉に対するまき網業界の態度を関係当局に
説明して善処を要望，機会あるごとに連絡を各方面にとって万全を期」したと
1963年の活動を記録している。同組合は済州島西北の水域を「まき網漁業にと
って最重要漁場」と位置づけ，その確保に不退転の決意を示した。また，日本
遠洋底曳網漁業協会も1964年2月10日に自民党水産部会に漁場確保を申し入れ
た。[53]

　一方，韓国にとっても旋網漁業と底曳網漁業は「わが国最大規模の漁業であ
った」[54]ため，その漁場確保は重要な課題であったことは想像できる。旋網漁業
の漁場は「1970年代初めまでは済州島—小黒山島—巨文島を連結する海域」[55]で
あり，底曳網漁業にとって「東経128度（済州島と対馬の中間付近——筆者補注）
以西の黄海および東シナ海域は海底が平坦で岩石がなく漁撈作業が容易で海上
気象条件も良いので良好な漁場」[56]であった。これらの漁場は直線基線問題で日
韓間の争点となった水域と重なる。1953年9月から同年10月にかけて，韓国が
日本漁船を大量拿捕して日韓間に緊張をもたらしたのもこの海域であった。

　1964年2月18日の第5回漁業六者会談で，日本側は「済州島を含む如き直線

---

[52]　『日本遠洋旋網漁業協同組合三〇年史』（日本遠洋旋網漁業協同組合，1989年10月，福岡）
　　　245頁。

[53]　『二拾年史』（社団法人日本遠洋底曳網漁業協会，1968年3月，東京）151頁。

[54]　『韓国の水産』（水産庁，1966年9月，刊行場所不明）※84頁。

[55]　『現代韓国水産史』（社団法人水友会，1987年12月，ソウル）※427頁。

[56]　前掲註[54]『韓国の水産』61頁。

170

基線の採用が認められない理由」を提出した。「領海及び接続水域に関する条約」では「基線は，原則として『沿岸の低潮線』であり，例外として，低潮線に沿った基線を用いることが実際上不可能であるような地形について，直線基線の採用が許されるにすぎない」。「例外」とは「海岸線が著しく曲折しているか又は海岸に沿って至近距離に一連の島がある場所」のことである。「済州島は地理的に見ても本土から45浬の距離にあって，決して本土と切り離しえないような地形では」ないと記されていた。海洋法をめぐる論争では不利な立場にあった韓国側は1964年2月21日の第6回漁業六者会談で，「済州島を含む如き直線基線の採用が認められない理由」を受けとることすら渋った。韓国側は1964年3月7日の第10回漁業六者会談で「直線基線の確定に関して」を提出して「直線基線の確定が沿岸国の権能に属する」と主張した。この主張は「済州島を含む如き直線基線の採用が認められない理由」で日本側が国際司法裁判所の判例を根拠にすでに否定したものであった。済州島周辺の基線問題に関する韓国側の態度は強硬であった。

5　日韓農相会談と韓国の日韓会談反対運動

　難航する漁業交渉を打開するため，韓国側の提議により，1964年3月10日から同年4月6日まで12回にわたって，赤城宗徳農林大臣と元容奭農林部長による日韓漁業閣僚（農相）会談（以下「農相会談」と略記）が開催された。日本側にとって討議の焦点は次の2点であった。

　①漁業専管水域12マイルを計測する基線は低潮線か直線基線か。さらに直線

---

(57)　「第5回漁業六者会談概要」（日 6-1142 1159）。

(58)　「第6回漁業六者会談概要」（日 6-1142-1160）。韓国側公開文書「漁業高位会談および専門家会議，1964.2.3-3.7」（「第6次韓・日会談 第2次政治会談予備折衝：漁業関係会議，1962.6-64.3，全5巻（v.5 1964.2-3）」）にはこの韓国側の対応の記録はない。

(59)　「第10回漁業六者会談概要」（日 6-1142-1160）。前掲註(58)の韓国側公開文書には「基線に対する日本側の立場に対する我が方の立場を参考資料として文書で提示した」とあるのみで，この文書は残されていない（205頁）。

(60)　前掲註(3)『日韓漁業の新発足』53頁。

第Ⅰ部　日韓会談と漁業問題

　　基線を用いる場合にはそれをどこに引くのか。
　②共同規制水域での規制は両国に公平平等であるべきであって，日本漁船の
　　みに対する規制であってはならないこと，および日本の操業実績を歪める
　　ものであってはならないこと。

　論点１は漁業六者会談で，論点２は「金命年試案」をめぐる論議で，日韓間の
合意が得られなかったものであった。
　論点１の問題，特に済州島周辺の基線問題については1964年３月13日の第３
回農相会談で日韓双方が修正案を示しあった（図５-６参照）。同年３月19日の
第５回農相会談で赤城農相は，基線は日本側修正案通りとした上で「東経127
度以西および東経126度以東における済州島と韓国本土間の水域には，日本漁
船は当分の間出漁しない」ことを提案した（図５-６参照）。この「赤城試案」
に韓国側は興味を示し，討議が行われた。同年３月24日の第７回農相会談では，
日本漁船操業禁止水域について，済州島西側については東経126度以東に韓国
側は同意したのにもかかわらず，済州島東側については東経127度７分以西ま
で譲歩した赤城農相に対して東経127度10分以西まで譲歩したもののそれ以上
は譲歩できないとする元長官が対立して合意が得られなかった。その後韓国側
は態度を硬化させ，同年３月26日の第８回農相会談で，済州島西側の日本漁船
の操業禁止水域を東経127度13分以西とすることを主張した（図５-６参照）。そ
して同年３月28日の第９回農相会談で提示した文書では，韓国側は「赤城試
案」の討議には触れず，第３回農相会談での韓国側妥協案を「国際法に合致し

⑹　「日韓漁業閣僚会談第３回会合記録」（日 6-1134-1442）。日本側修正案は干汝岩―上白島
　　―巨文島―麗端島―獐水島―下楸子島―屛風岩を結ぶ線を基線とするものであり（図５-
　　６の③），その12海里線は ｂ であった。韓国側修正案は，済州島東側は盡民浦串―牛島―
　　巨文島―上白島，済州島西は馬羅島―済州島西岸―晩才島―小黒山島を結ぶ線を基線とす
　　るものであった（図５-６の④）。韓国側公開文書では日本側修正案が第３回農相会談で提
　　示されたとは明記されていない（「続開 第６次韓・日会談農相会談（漁業関係）東京.
　　1964.3.10-4.6」）。
⑹　「済州島及び小黒山群島・大黒山群島周辺の基線の処理案」（日 6-1134-1442）。
⑹　「日韓漁業閣僚会談第７回会合記録」（日 6-1134-1443）。
⑹　「日韓漁業閣僚会談第８回会合記録」（日 6-1134-1443）。

172

たもの」と主張した。赤城農相は文書の受け取りを拒否し，済州島周辺の基線問題についての合意は成立しなかった[65]。

　論点2の共同規制水域における規制の問題については，基線問題のような部分的合意すら得られなかった。例えば，1964年4月1日の第10回農相会談で元長官は，底曳・トロール・旋網・サバ一本釣の4漁業種については「Ｂ区域においては日本漁船のみが協定上の規制を受けるのであり，Ｃ区域においては韓国側漁船のみが協定上の規制を受ける」と主張した。これに対して赤城大臣は「一方のみが協定上の規制を受けるのでは専管水域が変形した如きものとなるので認められず，共同規制として日韓双方とも規制されるか，あるいは自主規制とするものでなければならない」と反論した[66]。

　漁業問題解決の鍵と日本側が考えていた漁業協力問題について元長官は，第3回農相会談で総額1億1400万ドルまで要求額を引き下げたものの，1962年の「大平－金合意」中の「無償3億ドル，有償2億ドル，民間商業ベース1億ドル計6億ドルの別枠として長期低利の政府借款」とすることを希望した。しかし赤城大臣は，漁業協力は「大平－金合意」中の「民間信用供与」の内枠という前提で7000万ドルとすることを提案して譲らなかった[67]。

　結局，1964年4月6日の第12回農相会談で元長官は「最近の学生デモに対する配慮」から会談を中断して帰国する意志を赤城農相に伝え，農相会談は終了したのである[68]。

　日韓農相会談の内容の一部が外部に伝えられたため，韓国では3月末から日韓会談即時中止を求める運動が激しくなっていた。1964年3月2日付『東亜日報』に掲載された「ここは平和線　すでに消え去りつつある」では，日本漁船

---

[65]　「日韓漁業閣僚会談第9回会合記録」（日 6-1134-1443）。前掲註(61)の韓国側公開文書では，「済州島周辺の基線確線および共同委員会と協定解釈上の異議解決方法に関する韓国側の立場を文書で提示した」としか記されていない。

[66]　「日韓漁業閣僚会談第10回会合記録」（日 6-1134-1443）。前掲註(61)の韓国側公開文書では，韓国側提案のＢ・Ｃ区域は「専管水域が変形した如きもの」ではないかという日本側の批判は記録されていない。

[67]　「日韓漁業閣僚会談日本側協議事録」（日 6-1134-1444）。

[68]　「日韓漁業閣僚会談第12回会合記録」（日 6-1134-1443）。前掲註(61)の韓国側公開文書ではこの経過は記されていない。

第Ⅰ部　日韓会談と漁業問題

が巡視船に警護されて韓国の全漁獲高25万トンに匹敵する23万トンを李承晩ラ
イン水域で漁獲しているとし，「専管水域だとか規制水域という言葉でカムフ
ラージュしながら平和線を譲歩すれば，韓国の魚は3年以内に絶滅を免れ得な
い」と警告した。同年4月に刊行された「韓・日会談の諸問題」と題した月刊
誌『思想界』緊急増刊号では，漁業問題については特別に「『両南漁民たちの
声』　平和線は何があっても守れ」というルポを12頁にわたって掲載した。同
年3月27日，韓国の第41回国会本会議は「平和線は守護され，沿岸国としての
漁業管轄権を充分に考慮して我が漁民の権益および魚族を保護して漁業の持続
的生産性を確保できるようにする」とする「韓日会談に関する建議案」を可決
した。同年3月31日には韓国国会国防委員会で「平和線警備強化に対する決議
案」が可決された。この決議案には，「大韓民国は独立国家としての主権線を
守護してこれを再確認し，最近沸騰している国民与論に対応するため（略）主
権線守護および警備に万全を期そうとしてここに提案する」と記されていた。

　日韓会談反対運動に対応するため，韓国の政権与党民主共和党が交渉進展を
目指して1964年3月に発刊した宣伝資料では，全103頁中82頁が漁業問題に割
かれていた。そこでは「韓日漁業協定はそれを通して韓国近海の漁業資源を保
護して適切な漁業協力を受けて韓国漁業を現代化させると同時に，漁民の所得
水準を向上させて漁民の実質的権益を確保使用とする所にその目的がある」と
日本の漁業協力の必要性が主張された。漁業問題は日韓会談をめぐる韓国内の
論争の焦点になっていたのである。

　1952年の第1次日韓会談の韓国側代表であった鄭　文基は前述の『思想界』
緊急増刊号で，「韓・日漁業会談で平和線が撤廃されて我が国沿海12浬まで日
本漁船が侵入するようになれば，我が国水産業は発展の基盤と資源が荒廃す
る」と主張して李承晩ライン撤廃に反対した（「漁業と平和線問題——平和線の生
活史」）。専管水域の幅の問題について明確な回答を避けていた元長官は第10回
農相会談で，オフレコとしながらも，「韓国側は専管水域が12カイリとなるこ

---

⑥⑨　『思想界』12-4（通巻123）（思想界社，1964年4月，ソウル）※。

⑺⓪　『韓日国交正常化問題——韓日会談に関する宣伝資料 補完版（一）』（民主共和党宣伝部，
　　1964年3月，刊行場所不明）※。

174

とは認めており，また，李ラインは消滅する前提で農相会談を進めていることは事実だ」と率直に認めた。しかし続けて「これらの事項については韓国国内に対し発表する時期が」難しいと述べた。[71]元長官の発言は，韓国国内の李承晩ライン撤廃反対の主張を意識したものであった。

6　韓国の非妥協的な対日姿勢

　1963年9月23日の非公式会合で崔世璜代表は「漁民の生活が確保されることを前提とし，この前提が満たされるなら12カイリを呑んでも良い」という朴正煕国家再建最高会議議長の意向を伝えた。[72]しかし，第1次農相会談の時点では韓国政府に漁業問題を妥結させる確固たる意志はまだなかった。

　1964年2月7日の日韓会談に関する韓国政府の閣僚会議で，鄭一永外務部次官は「平和線は現行国際法上不法」なので「両国間に漁業協力問題が解決されれば，平和線は自動的に消滅する」という見解を示した。これに対して金聖恩国防部長官は李承晩ラインを「国防線として存続させること」を主張した。結局，金溶植無任所長官の「平和線の法的性格だけを問い詰めれば困難な点が多いこと。平和線は国防線として存置させ（略）専管水域という用語は使用しない方がよい」という意見が韓国政府の「公式的な立場」となった。[73]「弱小国家は領海自体を12浬に拡張しようとしている」のに，「韓国政府が"専管水域12浬"を受諾したなら（略）今後強大な海洋国と弱小国間に漁業紛争が生じた場合に弱小国に強要できる一つの悪先例になる」というのが，韓国が日本の提案を受け入れることができない理由であった。1964年4月1日の第10回農相会談での，李承晩ラインには「国防上と漁業上の二つの問題がある」という韓国側の発言[74]も，李承晩ラインを国防の観点から残そうとする意志を示したもので

---

(71)　前掲註(66)。前掲註(61)の韓国側公開文書では，この発言は記されていない。

(72)　「日韓漁業会談の件」（日 6-1142-1162）。韓国側公開文書にはこの会合の記録はない。

(73)　1964年2月10日付朴正煕大統領宛報告書「題目：韓日会談」※（韓国側公開文書「第6次韓・日会談 第2次政治会談予備折衝：漁業関係会議，1962.6-64.3，全5巻（v. 5 1964.2-3)」114～116頁）。

(74)　前掲註(66)。

第Ⅰ部　日韓会談と漁業問題

あった。

　1964年2月8日に開催された，日韓会談に関する韓国政府の与党幹部連席会議の結果行われた建議には「政府は，形態の如何を問わず，平和線を存置させるのに自信と信念を持つこと」とあった。一方で，日韓会談では「平和線の法律的な性格を絶対強調してはならないこと。法的性格の主張は日本外務省の主張を代弁する結果となることを警戒せねばならないこと」とも記されていた[75]。日韓会談では，最長で距岸約200海里近くにも及ぶ李承晩ライン水域に主権や漁業管轄権を及ぼすという1952年の「李承晩ライン宣言」は海洋法から逸脱していると韓国側は日本側に指摘され，論破されてきた。日韓会談におけるこのような経緯が建議に見られる韓国の自信のなさの背景にあった。

　1964年3月4日付の韓国政府の内部文書では，日韓農相会談に臨む韓国政府の方針について次のように記されている。「韓国側としては，韓日交渉において漁業問題が最大の“取引材料”であり，これがまず解決されてしまっては，その後の韓日交渉を我々に有利に進行させるのに必要な“取引材料”がなくなってしまうこと。したがってこの問題（漁業問題──筆者補注）は最後の段階に入って解決されねばならないこと」[76]。

　漁業専管水域12海里は受け入れられない，何らかの形で李承晩ラインを残す，日本を譲歩させるため漁業問題解決を先延ばしにする。これらが韓国政府の漁業交渉に関する方針であった。日韓漁業交渉の最前線にいた和田正明が，1963年11月の訪韓の印象もふまえて述べたように，1964年春の時点では「会談妥結の機まだ熟せず」[77]であった。

　1964年12月7日，同年5月1日の専門家会合第10回会合以来7カ月ぶりに，漁業問題の討議が再開された。この第7次日韓全面会談漁業委員会でも韓国側の非妥協的な姿勢は維持されたままであった。済州島周辺の基線問題については，「赤城試案は基線問題の解決策としては受け入れられない旨繰り返した」[78]。

───────────

[75]　前掲註(73)，121頁。

[76]　1964年3月4日付朴正煕大統領宛報告書「題目：韓日農相会談と政治会談」※（韓国側公開文書「続開　第6次韓・日会談（漁業関係）東京。1964.3.10-4.6」）14頁。

[77]　前掲註(3)『日韓漁業の新発足』58頁。

[78]　「第7次日韓全面会談漁業委員会第5回会合記録」（日 5-910-1129）。

176

共同規制水域における規制の問題については，「金命年試案」に表示された「C水域を廃止し，B水域を韓国側の自由操業，日本側のみの規制水域とする」という韓国側提案に対して，「それでは共同規制ではなく一方的規制である」「公海であるB水域で韓国は自由であり，日本は規制を受けるということは原則論としては日本側として受け入れられない」と反論しながらも，日本側はその討議に応じざるをえなかった[79]。同じく「金命年試案」におけるA・D水域について「韓国漁船1隻の漁獲能力は日本漁船1隻の4分の1にしかあたらないといった要素を考慮した上での実質的平等に基づくものでなければならない」と主張して，「国際先例から見て，共同規制（Joint Conservation Measure）は，関係国が全て同じような規制に服するという意味で平等な（いわば形式的に平等な）ものでなくてはならず，韓国側のいう如き実質的平等といった国際先例は聞いたことがない」という日本側の反論を受けた[80]。漁業協力問題について韓国側は，従来と同様に，民間借款ではなく政府間借款によることを主張し，さらには韓国農水産物の輸入制限の撤廃，対韓漁船輸出禁止の解除を要求した[81]。1964年12月17日の非公式会合の後，韓国側の非妥協的な姿勢について日本側は，「三億二億の請求権関係だけを解決し漁業問題をたなあげしたまま一応国交正常化をはかるという方向にもっていくための布石ではないか」と韓国側の意図を疑った[82]。

　韓国の非妥協的な姿勢は，1964年12月22日に和田正明（水産庁次長）が外務省に伝達した韓国側非公式提案で頂点に達した。「韓国側の国民感情としては，最低限受け入れ可能な妥結方法は次のようなものである」としたこの提案は，李

---

[79] 「第7次日韓全面会談漁業委員会第3回会合記録」（日 5-910-1129）。韓国側公開文書では，この日本側の対応は詳細ではない（「第7次韓・日会談 漁業関係会議および訓令，1964. 12-65. 6，全4巻（v. 1　漁業および平和線委員会，1964. 12-65. 2）」）。

[80] 「第7次日韓全面会談漁業委員会第4回会合記録」（日 5-910-1129）。前掲註[79]の韓国側公開文書では「同等な共同規制といえば，関係国に対して形式的で，数字的にも同等な規制ということが，今までの国際先例に照らした解釈だと考える」となっている（64頁）※。日韓が漁獲量において平等にならねばならないという「実質的平等」の主張は，1952年の第1次日韓会談で韓国側が表明して日本側が困惑したものであった。

[81] 前掲註[78]。前掲註[79]の韓国側公開文書ではこの韓国側発言は詳細ではない。

[82] 1964年12月16日の広瀬・和田・李圭星・金命年による会食後の報告（日 6-900-1032）。韓国側公開文書ではこの会食の記録はない。

177

承晩ライン水域を「韓国漁業保護のため日本漁船の操業隻数のみを制限する海域」とし，その中に入漁する日本漁船は「相当額の漁業協力資金」を支払う。「日本側は，日本国内に向かっては，李ラインは事実上消滅したと説明すればよいではないか」という内容であった。この提案について外務省は，「李ライン存置を前提とした案は絶対に受け入れられないこと，基線・隻数等の実質的問題をまず解決すべき」であると述べて同年12月24日付のコメントで拒絶した。李承晩ラインについて，日本政府は撤廃されたと国民に説明し，韓国政府は世論対策のために残存していると強弁するという，日韓の「同床異夢」的な解釈が生じることを日本側は恐れたのであった。

7　日韓漁業交渉の進展

　年が明けて，1965年1月21日に第7次日韓全面会談漁業委員会が1カ月ぶりに開かれた。この第6回会合で李圭星代表は1964年末の韓国側新提案には触れず，「漁業問題の日韓会談全体にあたえる影響は無視できないので，今後もピッチをあげて討議を進めたい。特に今次の会合では結論を出す方向にもっていきたく，本国での数次の打合せの結果自分も大きな裁量をもらってきている」と述べ，漁業交渉妥結への意欲を示した。

　1965年1月11日付韓国政府作成の文書には，「請求権5億ドル中無償1億ドルと対日漁業借款8千万ドルが我が国漁業開発に使用される」という前提はあるものの，従来の非妥協的な対日姿勢とは異なる「農林部が考慮している解決方案」が，次のように記されていた。「専管水域の幅」の問題では「国際通念に依拠する」。「直線基線」問題のうち済州島周辺の基線問題については，「我が方の従来の立場を維持する」が日本側の対応次第では「赤城試案」を修正の

――――――――――――――

(83)　「日韓漁業問題に関し，12月22日午前水産庁和田次長より接受した情報」（日 6-1162-1507）。韓国側公開文書ではこの韓国側非公式提案は確認できないが，1964年12月27日付『朝鮮日報』では，「平和線を保存水域とし」「日漁船出漁許可制と」する新提案を日本側に打診中と報道されていた。

(84)　「韓国側漁業新提案についてのコメント」（日 6-1162-1508）。

(85)　「第7次日韓全面会談漁業委員会第6回会合記録」（日 5-910-1130）。

178

上一部許容する。そして「漁業協力」については1億1400万ドルの韓国案を8000万ドルに減額するというものであった。このように韓国の対日姿勢が軟化した結果，日韓会談における漁業交渉は最終局面を迎え，同年4月3日に「日韓間の漁業問題に関する合意事項」が調印されるのである。

　1965年1月から第2次日韓漁業閣僚（農相）会談（以下「第2次農相会談」と略記）が開催される同年3月までの間に，第7次日韓全面会談漁業委員会会合（4回）・漁業委員会専門家会合（12回）・四者会談（4回）[87]が開催された。一連の会議では共同規制水域での操業が論議の焦点となった。韓国漁業が日本漁業よりも圧倒的に劣っていたため，日韓が公平に規制を受けるという前提で討議が行われたにもかかわらず「実質的平等」を目指す韓国側は日本漁船の操業を規制しようとし，その結果次の三つの論点が焦点となった。

　①日本側の制限出漁隻数をめぐる問題。
　②年間総漁獲基準量をめぐる問題。
　③協定違反漁船の取締りおよび裁判管轄権をめぐる問題。

前年1964年12月の合意により，論議の対象となった共同規制水域は，「金命年試案」に表示された水域からC水域を除外したものとなっていた。また，共同規制水域内のA・B・D水域の区別も，論議の過程で消滅していた。1964年12月15日の第7次日韓全面会談漁業委員会第4回会合で，区域をまたがって操

---

(86)　「韓日会談 各懸案に関する両側の立場と解決方案（外務部亜州局，1965.1.11）」（韓国側公開文書「韓日会談 各懸案に関する両側の立場と解決方案，1965」）。韓国側公開文書中に1964年12月30日付の外務部亜州局による「第7次韓日全面会談 漁業及び平和線問題委員会会議（1964.12.7-12.17）を通じた両側の立場 対照表」※という文書があり　第7次日韓全面会談漁業委員会第5回会合の後の1965年1月前半に韓国政府内で漁業問題についての討議が行われたことがうかがえる（「第7次韓・日会談 漁業関係会議及び訓令，1964.12-65.6，全4巻（v.1　漁業及び平和線問題委員会，1964.12-65.2）」）。

(87)　四者会談は広瀬達夫外務省アジア局参事官・和田水産庁次長・李圭星韓国代表部公使・李鳳来水産局長による会合で，1965年2月3日の第7次日韓全面会談首席代表会談第3回会合で「漁業委員会討議の停滞状況を打開するため」開催が決定された（「第1回4者会談（広瀬・和田・李星圭・李鳳来）」〔日6-900-1032〕）。四者会談および第7次日韓全面会談漁業委員会専門家会合の要旨は，前掲註(79)の韓国側公開文書に収録されている。

第Ⅰ部　日韓会談と漁業問題

表5-1　共同規制水域における日本漁船の制限出漁隻数(1)

	Ⓐ実績船数	Ⓑ日本側案	Ⓒ韓国側案
以西底曳 （トロール含む）	796	11〜4月：370 5月・8〜10月：200	11〜1月：160 2〜5月・8〜10月：60
以東底曳	232	190	15
旋　網	162	150	45
サバ一本釣	約500	330	未定
各種沿岸漁業	約2,500	1,900	900

注：旋網は統数。

業する漁船は重複して数えられるため全体の漁船数が多くなるとして，和田代表は共同規制水域を「共通の一水域」とすることを提案した。[88]その結果，1965年3月16日の第7次日韓全面会談漁業委員会第11回会合で「A，B，Dの区分はつけず，その外周のみを規定する」ことが決定されていた。[89]

　まず，①の日本側の制限出漁隻数をめぐる問題について，日韓双方の主張の推移をまとめたのが表5-1である。第7次日韓全面会談漁業委員会第6回会合で，日本側は共同規制水域における日本漁船の操業実数を示した（表5-1中のⒶ）。そして，1965年1月26日の同委員会第7回会合で日本側は「日本側案」を示した（表5-1中のⒷ）。これに対して韓国側は同年2月2日の同委員会第8回会合で「韓国側案」を示した（表5-1中のⒸ）。同年2月13日の同委員会第9回会合で日本側は，「日韓双方で過去の実績を尊重し，実績は出漁隻数，しかも最高出漁隻数で提示することが合意されており，日本側は既に最高隻数を出しているのに対し，韓国側はこの数字を何とか削ろうとしているが，これは実績尊重の原則にそぐわないもので日本側として納得できない」と不満を表明した。[90]

　②の年間総漁獲基準量をめぐる問題についての論議は，1963年11月25日の日

---

(88)　「第7次日韓全面会談漁業委員会第4回会合記録」（日5-910-1130）。前掲註(79)の韓国側公開文書ではこの提案は記録されていない。

(89)　「第7次日韓全面会談漁業委員会第11回会合記録」（日5-910-1131）。第7次日韓全面会談漁業委員会の議事録は，韓国側公開文書には第10〜18回の分が残されていない。

(90)　「第7次日韓全面会談漁業委員会第9回会合記録」（日5-910-1131）。前掲註(79)の韓国側公開文書ではこの発言は「それは日本側の実態に相応していない」と省略されている（322頁）。

韓予備交渉漁業関係会合第38回会合で，韓国側が日本の底曳漁業および旋網漁業の漁獲高を明らかにするよう求めたのが最初である。日本側は，統計がないことと日本漁業者の反発を引き起こすことを理由に要求を拒絶した。韓国側は「韓国漁民にとっては日本漁船はよく魚をとれるのだとの意識が強いので，（略）一応漁獲高がどの程度にしかならぬのだということを韓国国内に示したい」と述べた。1965年2月24日の第2回四者会談で，「韓国側の不安解消のため，隻数調整のための参考資料として示した」日本の漁獲量を韓国側は逆用し，「以西底びき35000トン，以東底びき15000トン，まき網12ないし13万トン計17ないし18万トンを」14万トン以下にするよう求めた。日本側は「隻数の交渉を漁獲量の交渉にすりかえるようなことには絶対反対である」と答えた。1965年2月26日の第3回四者会談でも韓国側は，「共同規制海域では規制隻数とともに漁獲量を並行して協定に盛りたい（略）その漁獲量を何とか14万トンから16万トンの間で押えてほしい」と要求した。日本側は「提示した漁獲量は取引するためのものではなく，単に参考資料としての数字にすぎない」と反論した。

③の協定違反漁船の取締りおよび裁判管轄権をめぐる問題は，1964年の農相会談ですでに論議された事項であった。この時，共同規制水域の裁判管轄権は旗国（漁船の属する国）にあることは合意されたが，「共同規制区域の取締りについては，韓国側は，共同取締り（共同監視を含む。）を主張し，日本側は，共同規制水域といえども公海であるから旗国のみによる取締りを主張し，合意をみなかった」。日本側は旗国主義が国際法上の原則であると主張したが，韓国側は1965年3月1日の第7次日韓全面会談漁業委員会第10回会合で述べた，日本漁船の遵法精神は疑わしく「韓国官憲の日本漁船への干与の程度が大きされけれ

---

(91) 「日韓予備交渉漁業関係会合第38回会合」（日 5-874-697）。前掲註(21)の韓国側公開文書にはこの発言は記録されていない。なお，1963年11月22日の日韓漁業問題に関する和田・金命年非公式会合第23回会合でも同様の論議があった（日 5-874-703）。

(92) 「第2回4者会談（広瀬・和田・李星圭・李鳳来）」（日 6-900-1032）。前掲註(79)の韓国側公開文書ではこの討議の記録は詳細でない。

(93) 「第3回4者会談」（日 6-900-1032）。前掲註(79)の韓国側公開文書ではこの討議の記録は詳細でない。

(94) 「日韓漁業閣僚会談日本側議事録」（日 6-1134-1444）。前掲註(61)の韓国側公開文書では，日韓双方の提案が記されているのみで討議の経緯は残されていない。

第Ⅰ部　日韓会談と漁業問題

ば大きいほど韓国国民に対して協定の実効性が保障されている旨説明しやすい」という主張[95]を譲ることはなかった。

　1965年2月22日，金東祚首席代表は李承晩ライン内，共同規制水域外の水域を漁業資源共同調査水域とすることを赤城農林大臣に提案して拒否された[96]。同年2月26日の第3回四者会談でも同様の案を日本は拒絶した[97]。前年末に日本に拒絶されたにもかかわらず，韓国は何らかの形で李承晩ラインを残そうとする試みを諦めてはいなかった[98]。韓国による李承晩ライン侵犯を理由とする漁船拿捕に長く悩まされてきた日本は，韓国のこのような動きを警戒して旗国主義を強く主張したのであった。

8　第2次日韓農相会談と漁業交渉の妥結──3懸案について

　共同規制水域に関する以上三つの論点および，懸案事項となっていた三つの問題すなわち漁業専管水域の幅の問題，済州島周辺の基線問題，そして漁業協力問題は，1965年の3月から4月にかけて開催された，赤城宗徳農相と車均禧農林部長官による第2次農相会談での討議により決着した。

　第1の漁業専管水域の幅の問題については，第2次農相会談で韓国側は漁業専管水域を距岸12海里とすることに異議を唱えず，新たな論議は行われなかった。1965年1月11日付韓国政府作成の文書にあった「国際通念に依拠する」という韓国政府の方針通り，同年4月3日に仮調印された漁業問題合意書では，「両国は，おのおのが自国の沿岸の基線から測定して12マイルまでの水域を，同国が漁業に関して排他的管轄権を行使する水域として設定する権利があることを相互に認める」と記された[99]。「平たく言えば李ラインが専管水域まで縮小された[100]」のである（図5‐4参照）。

　第2の済州島周辺の基線問題については，日韓間で激しい応酬が繰り返され

---

[95]　「第7次日韓全面会談漁業委員会　第10回漁業専門家会合記録」（日6-900-1029）。前掲註[79]の韓国側公開文書にはこの討議の記録はない。

[96]　前掲註[92]。前掲註[79]の韓国側公開文書にはこの討議の記録はない。

[97]　前掲註[93]。前掲註[79]の韓国側公開文書にはこの討議の記録はない。

182

第5章　日韓漁業交渉の妥結

(98) 李東元によれば，1965年2月20日の日韓基本関係条約仮調印の後，李東元外務部長官は椎名悦三郎外務大臣に，漁業専管水域と李承晩ラインの間を共同資源調査水域とすることを提案した。「我われは，『調査水域』を掲げ，国民に，名称を変えただけで平和ラインは存在すると説得できるし，日本は日本で平和ラインの名が消えたからそんなものはないと言い訳することができる。どっちにも取れる便利な策だ」と述べて椎名もこの提案に同意したという（李東元『韓日条約締結秘話』〔PHP研究所，1997年12月，東京〕）106頁，同『日韓条約の成立』〔彩流社，2016年8月，東京〕128〜129頁）が疑わしい。この提案は金東祚が発案したものであったらしい（前掲註(3)『回想30年 韓日会談』284頁）が，実現しなかった。日韓漁業協定第5条で共同規制水域の外側に設けられると規定されていた共同資源調査水域（右図）について日本政府は，1965年11月4日の衆議院の日韓条約に関する特別委員会で李承晩ラインとの関連を否定した。韓国政府は「共同資源調査水域を平和線内だけでなくその外にも設定」

出典：水産庁監修『漁業に関する国際条約集 昭和55年版』（新水産新聞社 1980年3月，東京）。

図　日韓漁業協定関係図

したいと述べた（『韓・日会談合意事項（仮調印内容解説）』〔大韓民国政府，1965年5月，ソウル〕※，73頁）が，1966年7月に第1回日韓漁業共同委員会で設定された共同資源調査水域は，「共同規制水域内で漁獲される重要漁種が分布回遊する黄海，東シナ海及び西部日本海」であり，北緯30度以北東経132度30分以西（東シナ海では東経130度以西）の海域とされ，李承晩ラインとは関係なかった（韓日漁業共同委員会事務局編『韓日漁業共同委員会 第1次定期年次会談 共通文書集』〔韓日漁業共同委員会，1966年7月，ソウル〕※，137頁）。「この委員会で問題となったのは，日本側が調査対象漁種が決まれば，調査水域は共同規制水域のどの程度の範囲で行うかは自ら決まってくるとして，調査水域の明示に難色を示したのに対し，韓国側はかなり広い範囲にわたって緯度，経度ではっきり明記すべきだ，と主張」して対立した（山口県海外漁業協力協会編発行『日韓漁業協定後の諸動向』〔1967年3月，下関〕32頁）ところに共同資源調査水域を広くとろうとした韓国側の意図が見える。また，李承晩ライン水域を共同資源調査水域として残したかのような宣伝を韓国政府が行ったのは事実である（『韓日会談の昨日と明日』〔大韓民国広報部，1965年5月，ソウル〕※3頁の「韓日漁業規制図」前掲註(3) 元容奭『韓日会談十四年』101頁の図）。この宣伝は日韓漁業協定への誤解を生んだ。1965年6月25日付『朝鮮日報』※の記事「専門家たちの韓日協定内容診断」には「平和線が形式上共同規制水域または共同資源調査水域に変更された」とある。ロー・ダニエルは『竹島密約』（草思社，2008年11月，東京）で，李承晩ラインと漁業専管水域の間を共同資源調査水域として共同規制水域に含ませたとしている（10〜11，201頁）。専門家の崔宗和ですら，共同資源調査水域を正確に記述しているにもかかわらず同じ著作に誤った図を掲載する（崔宗和『現代日韓漁業関係史研究』〔海洋水産部，2000年10月，釜山〕※77，113頁）など，韓国政府が国民を説得するために李承晩ライン水域を共同資源調査水域に読み替える宣伝をした影響は残る。

183

第Ⅰ部　日韓会談と漁業問題

た。1965年3月6日の第2次農相会談第4回会合で車長官は、済州島東側については1964年3月13日の第3回農相会談で示した韓国側妥協案とほぼ同様な案を、済州島西側については同妥協案から若干譲歩した案を提案した[(99)]。1965年3月11日の佐藤栄作首相と李東元（イ・ドンウォン）外務部長官の会談で「基線については国民への説明のうえから済州島を売渡したという批難を免れるような形で解決したい」と、李東元は韓国側の心情を述べていた[(102)]。第2次農相会談第4回会合で赤城農相は、「済州島を含んだ形でななめ線をひきその外側12マイルを韓国漁業水域とするといった韓国側案は、与党の中でも説明がつかず絶対に受けられない」と反発した[(103)]。同年3月16日の第2次農相会談第8回会合で赤城農相は、済州島西側の日本漁船の禁漁線について韓国側が譲歩するならば、済州島東側の日本漁船の禁漁線を東経127度13分まで譲るという「日本側最終案」を提出した[(104)]。同年3月24日の第2次農相会談第10回会合で車長官は、「日本側最終案」に応じて、済州島東側の日本漁船の禁漁線は東経127度13分とし、済州島西側の日本漁船の禁漁線は図5-6のAとBを結ぶ直線とすることに合意した[(105)]。済

---

(99)　「日韓間の漁業問題に関する合意事項」（韓国側公開文書「第7次韓・日会談　漁業関係会議及び訓令，1964.12-65.6，全4巻（v.2　農相会談：1965.3.3-4.2）」475頁）。この文書は日本語である。

(100)　前掲註(3)『日韓漁業の新発足』94頁。李承晩ライン宣言は、韓国が広大な公海に一方的かつ恣意的に主権や「漁業管轄権」を及ぼそうとするものであって「漁業専管水域」とは異なるため、厳密に言えばこの表現は正しくない。

(101)　「第2次日韓閣僚会談第4回会合記録」（日 6-900-1033）。

(102)　「佐藤総理・李東元長官会議録」（日 6-1136-735）。韓国側公開文書にはこの会談の記録はない。

(103)　前掲註(101)。

(104)　「第2次日韓閣僚会談第8回会合記録」（日 6-900-1034）。前掲註(99)「第7次韓・日会談漁業関係会議及び訓令，1964.12-65.6，全4巻（v.2　農相会談：1965.3.3-4.2）」にはこの日本側提案の具体的記述はない。

(105)　「第2次日韓農相会談第10回会合記録」（日 6-900-1034）。Aは北緯33度56分25秒東経125度55分30秒，Bは北緯33度24分20秒東経125度56分20秒であった。前掲註(99)の韓国側公開文書では、「妥結の内容は、済州島西側の禁漁線は従来の日本・韓国両国間のほとんど中間に線を引く」となっている（286頁）。日本経済新聞社編発行『私の履歴書 第48集』（1973年，東京）中で赤城宗徳は、1965年1月に「河野一郎氏は宇野宗祐代議士を韓国に派遣し金鍾泌その他韓国要人の意向を打診させ『赤城私案』を押しつづければ、韓国側はそれをのむ意向だとの情報を漏らしてくれた」とあり（79頁）、韓国が第二次農相会談を妥結させる心算であったことがうかがえる。

第5章　日韓漁業交渉の妥結

州島周辺の漁業専管水域は低潮線を基準とすべきであって合意された直線はあくまでも禁漁線であるとする日本側と，合意された直線を韓国漁業専管水域の外郭線とする韓国側の対立が残ったが，3月末の事務折衝によって，「当分の間大韓民国の漁業に関する水域に含まれることを確認する」という文言に漁業問題合意書の表記は落ち着いた。同年8月11日の韓国国会第52回第10次韓日間条約と諸協定批准同意案審査特別委員会で車長官は，済州島両側の「黄金漁場」の4分の3は我が国の漁業専管水域として確保したと述べた。

　第3の漁業協力問題について，1965年3月5日の第2次農相会談第3回会合で韓国側は1億ドル以上の漁業借款を金利等において有利な条件で日本が提供することを求めた。「従来漁業協力を民間経済協力とすることを固執し，国会に対しても順次この方針を明示してきている。従って金利その他の条件は，民間経済協力の建前上，個々の民間契約によって決定されるものであり，予め一定の条件を明示しえない」という立場をとってきた日本側は対応を迫られた。同年2月27日の衆議院予算委員会で後宮虎郎外務省アジア局長が答弁したように，「漁業協力というものは交渉全般をまとめるために非常に重要な要素となってきて」おり「漁業のために特別の配慮を日本側もしているということを示す政治的な要請」があると日本側は認識していたからであった。第2次農相会談第10回会合で赤城農相は，総額9000万ドルの漁業協力を低金利で行うことを提案した。「条件が通常の民間借款の場合よりも有利であり，且つ政府間でこれを決めている点」で日本側の従来の方針を逸脱するものであったが，「韓国の海産物輸出は昨年は総輸出1億2000万ドルのうち2300万ドルを占めている」という状況で漁業協力の意義は大きいと日本側が判断したのであった。結局，漁業協力資金の総額は9000万ドルで決着し，同年4月3日に調印された「日韓間の請求権及び経済協力問題に関する合意事項」の第3項で，「船舶輸出のための民間信用供与」3000万ドルとともに，明記されることになった。

───────────

(106)　前掲註(105)および「日韓漁業交渉の現状」（日 6-1137-928）。韓国側公開文書にはこの事務折衝に言及したものはない。

(107)　「韓国漁業協力に関する韓国側提案 1965.3.5」（日 6-900-1033）。

(108)　「対韓漁業協力の処理方針（案）　昭和40.3.20　外務省アジア局」（日 6-1137-924）。

(109)　前掲註(108)。

185

第Ⅰ部　日韓会談と漁業問題

9　第2次日韓農相会談と漁業交渉の妥結——共同規制水域の規制

　共同規制水域に関する三つの論点のうち，「①日本側の制限出漁隻数をめぐ
る問題」について，第2次農相会談第3回会合で車長官は日本側漁獲量につい
ての提案を行った（表5-2中の⑩）。これに対して赤城農相は，「韓国側は共同
規制水域内での漁獲量から換算した数字としての隻数を提示している趣だが，
日本漁船の実情は，共同規制水域の内外を問わず，季節に応じた漁場を追って
操業しており，その限りにおいて隻数も多くなるので韓国側の考え方は漁業の
実態からも認め難い」と主張したが，韓国側は「資源保護の立場から現行制度
のある程度の変更はやむを得な」いと反論した[110]。結局，第2次農相会談第4回
会合で赤城農相は，「何ら理由はないが政治的に双方の主張の中間をとったも
の」として修正案を提示した（表5-2中の⑪）[112]。1965年3月9日の第2次農相
会談第5回会合で車長官は，焦点となっていた済州島周辺のサバ一本釣につい
て日本側の譲歩をさらに求めた[113]。日本側がそれに応じたため若干の修正はあっ
たが，漁業問題合意書の内容は，日本側修正案とほぼ同内容となった（表5-2
中の⑫）。また，韓国の出漁隻数は，「この協定の最高出漁隻数又は統数を基準

---

[110]　「日韓間の請求権及び経済協力問題に関する合意事項」（前掲註99の韓国側公開文書，458
頁）。この文書は日本語である。漁業問題合意書では漁業協力の精神のみを規定して漁業
協力資金等の具体的な金額が記入されなかったのは，「先例」がないとする日本側の主張
によるものであった（「第7次日韓全面会談漁業委員会　第13回専門家会合記録」〔日6-
900-1030〕。韓国側公開文書にはこの専門家会合の記録はない）。これによって「大平－金
合意」以来1億ドルとされてきた「相当多額の民間の信用供与」の金額は3億ドル以上と
なった（「自民党両院議員総会における椎名大臣の報告 40.4.1」（日6-1136-746））。外務
省編・発行『わが外交の近況 昭和48年版』（1973年8月）には，「1965年6月の日韓両国
間の交換公文に基づく商業上の民間信用供与状況は，1972年6月末現在，輸出承認ベース
で，一般プラント4億9617万ドル，漁業協力4002万ドル，船舶輸出2920万ドルで，総額5
億6539万ドルとなっている」とある。

[111]　「第七次日韓全面会談における漁業交渉（未定稿）」（日6-1096-1658）。前掲註99の韓国側
公開文書では，赤城農相の発言は詳細ではない。

[112]　前掲註100。前掲註99の韓国側公開文書では赤城農相のこの発言は省略されている（118頁）。

[113]　「第2次日韓閣僚会談第5回会合記録」（日6-900-1033）。前掲註99の韓国側公開文書では
この要求は記録されていない。

186

第5章　日韓漁業交渉の妥結

表5-2　共同規制水域における日本漁船の制限出漁隻数(2)

(単位：隻)

	Ⓓ韓国側修正案	Ⓔ日本側修正案	Ⓕ最終合意内容
以西底曳 （トロール含む）	11～2月：160 3～5月・8～10月：60	11～4月：270 5・8～10月：100	11～4月：270 5・8～10月：100
以東底曳	20	115	115
旋　網	45	120	120
サバ一本釣	約50	30	15
各種沿岸漁業	1,200	1,700¹⁾	1,700²⁾

注：(1)25～50トンのサバ一本釣漁船含む。これらは「サバ一本釣」には含まれない。
　　(2)60トン以下のサバ一本釣漁船175隻含む。これらは「サバ一本釣」には含まれない。
　　（旋網は統数）

とし，その（日韓間の漁獲能力の——筆者補注）格差を考慮して調整される」と漁業問題合意書に記された[114]。共同規制水域での漁獲の「実質的平等」を求める韓国側に配慮したものであった。

　共同規制水域に関する三つの論点のうち，「②年間総漁獲基準量をめぐる問題」では，1965年3月4日の第2次農相会談第2回会合で車長官が「韓国国民を説得する」ために日本の漁獲量を14万トン以下にすることを求めたのに対し，赤城農相は「漁獲量制限はむずかしく隻数制限で規制すべき」と反対した[115]。第2次農相会談第3回会合で車長官が「何とか妥協案はないものかと述べたのに対し，赤城農相より，漁獲量については両国主張の真ん中をとって15万トンとし，10％の上下を認めることとしてはどうかと述べた[116]」。第2次農相会談第4回会合でこの提案について合意をみたが，「韓国側は隻数と併記することを主張し，日本側は隻数を記載した文書より低いレベルで参考資料として記することを主張」するという対立が残った[117]。この対立については同年3月12日の第2次農相会談第7回会合で韓国側が譲歩し，その結果，隻数制限については日韓漁業協定の「付属書」に，総漁獲量規制については日韓漁業協定の合意議事録

(114)　漁業問題合意書では，旋網は1月16日～5月15日は60統という規制が加わった。また，「以西底曳」は「50トン以上の漁船による底曳漁業」に，「以東底曳」は「50トン未満の漁船による底曳漁業」に表記が改められた。

(115)　「第2次日韓閣僚会談第2回会合記録」（日 6-900-1033）。前掲註(99)の韓国側公開文書ではこの討議の記録は詳細ではない。

(116)　「第2次日韓閣僚会談第3回会合記録」（日 6-900-1033）。

(117)　前掲註(101)。前掲註(99)の韓国側公開文書ではこの討議の記録は詳細ではない。

187

第Ⅰ部　日韓会談と漁業問題

に記されることになった。漁業問題合意書の文言は，「いずれの国も共同規制水域内における底曳，旋網及び60トン以上の漁船による鯖釣漁業による年間総漁獲量が，15万トンを超過すると認める場合には，漁期中においても年間総漁獲量を16万5000トン以下にとどめるため出漁隻数又は統数を抑制するよう行政指導を行う」となった。また，第2次農相会談第4回会合で車長官は「日本側15万トンの漁獲量の漁業種類別内訳を資源保護の立場から明確にしておく必要がある」と主張したが，赤城農相は「15万トンの数字は政治的なものとして決定された以上，その内訳はあり得ない」と反論した。[118]この対立については日本側が譲歩し，「50トン未満の漁船による底曳漁業については1万トン，50トン以上の漁船による底曳漁業については3万トン及び旋網漁業と60トン以上の漁船による鯖釣漁業については11万トン」とすることが漁業問題合意書に盛り込まれた。

　1965年8月11日の韓国国会で車長官は年間総漁獲量15万トンについて，内容が「細分化され」て規制が厳しく，「日本の現在の実績よりははるかに少ない漁獲量」であると述べ，さらに「我が国と日本との協定のように，すべての魚種にわたってこのように量を定めたのはそれこそ世界に類例のない厳格な規制措置」であるとして交渉の成果を強調した。

　一方日本では，「日本の漁業者にとって「隻（統）数の制限はやや厳しいようであるが，漁獲量では1952年の実績に近い」という肯定的評価があった。[119]確かに，表1-4（35頁）と比較すると，旋網とサバ一本釣で11万トンの漁獲高の削減はなかった。しかも，韓国による拿捕に圧迫されて「朝鮮海峡，東シナ海のサバ一本釣りは昭和27，28年をピークに減少し，30年ごろには完全に姿を消して」[120]いた。競争者のいない旋網漁業者にとっては受け入れやすい合意内容であったように見える。しかし，隻数・漁獲高ともに3割に削減された底曳網漁業者にとっては，不安の残るものがあった。[121]

─────────

⑾⑻　前掲註⑽⑽「第七次日韓全面会談における漁業交渉（未定稿）」。前掲註⑼⑼の韓国側公開文書ではこの討議の記録は詳細ではない。

⑾⑼　土井仙吉「東シナ海の漁業──国際漁場としての東海（東シナ海）・黄海の漁業」（『地理』10-7，古今書院，1965年7月，東京）30頁。李承晩ライン水域は日韓漁業協定の共同規制水域よりも広く，単純比較はできないが，土井はある程度の目安として比較した。

第5章　日韓漁業交渉の妥結

　共同規制水域に関する三つの論点のうち，「③協定違反漁船の取締りおよび裁判管轄権をめぐる問題」は，他の二つの論点が第2次農相会談の前半に妥協点が見出されたのとは異なり，交渉は最後まで難航した。1965年3月25日付「日本側第1次案」では，「日韓漁業協定により合意される制限又は規制に服する場合を除き，それぞれの国の漁船は，公海上における漁業活動に関し，その所属する国の政府により課せられる制限又は規制以外のいかなる制限又は規制も受けるものではないとの国際法上の原則」と明記されたのに対して，同年4月1日の第2次農相会談第11回会合で韓国側は，「韓国側は実質的には日本側案に何ら異存はないが，これを協定本文に正面から規定することは，先例もないことだし，また韓国の国民感情に対する考慮からも，どうしても受諾し得ない」と述べた。これに対して日本側は「韓国政府は長い間李ラインを国際法上合法妥当なものとして日本漁船をだ捕してきており（略），日韓漁業協定ができても一般国際法に基づくとの理由でまただ捕が行われる可能性を排除する趣旨の規定を協定上明記しておかねば国会の承認が得られない」と反論した。結局，「漁業問題合意書」には日本の主張が反映され，漁業専管水域の「外側における取締り（停船及び臨検を含む。）及び裁判管轄権は，漁船の属する締約国のみが行ない，及び行使する」とされた。さらに日韓漁業協定では，前文で「公海自由の原則がこの協定に特別の規定がある場合を除くほかは尊重される」と明記された。このように韓国側は最終的に旗国主義を承認したが，4月3日の漁業問題合意書作成直前の交渉は難航した。討議の過程で韓国側は，日本政府が「いかに誠実にわが方（日本──筆者補注）漁船を取締まるかという点に異

---

(120)　『漁業で結ぶ日本と韓国』（みなと新聞社，1966年11月，下関）72頁。サバ一本釣については，日韓漁業協定発効に伴い，「昭和27年当時活況を呈していた漁場が開放されたことから業者も期待し関係県は試験船を派遣して漁場開発につとめたが魚群を発見し得ず，昭和42年までは出漁証明書の割当も行ったが，出漁したものは皆無」という状況であった（『西日本の沿岸漁業〔Ⅲ〕釣・延縄漁業 日韓水域に出漁する沿岸漁業等』水産庁福岡漁号調査事務所1968年9月，福岡，202頁）。

(121)　『遠洋底曳網漁業 福岡基地開設三十周年史』（日本遠洋底曳網漁業協会福岡支部，1968年5月，福岡）118頁。前掲註(120)『漁業で結ぶ日本と韓国』70頁。

(122)　「資料七 日本側第一次案（四〇・三・二五）」（日 6-1096-1665）。

(123)　「第2次日韓閣僚会談第11回会合記録」（日 6-900-1034）。前掲註(99)の韓国側公開文書ではこの日本側反論は記されていない。

189

第Ⅰ部　日韓会談と漁業問題

常な関心を示し」てきたため，漁業問題合意書に「いずれの国の政府も，その
国民及び漁船が暫定的漁業規制措置を誠実に遵守することを確保するため，適
切な指導及び監督を行い，違反に対する適当な罰則を含む国内措置を実施す
る」とする項目を置いた[124]。

10　日韓漁業交渉の妥結

　以上，本章において筆者は，1962年から1965年に至る日韓漁業交渉の経過を，
日韓会談の議事録を検討して整理した。その結果，次の諸点を指摘することが
できる。

　第1に，韓国の主張の多くが当時の海洋法を逸脱したものであったことであ
る。そもそも李承晩ライン宣言自体，最長で距岸約200海里近くまで主権や漁
業管轄権を及ぼすというきわめて非常識なものであった。1964年2月7日の日
韓会談に関する韓国政府の閣僚会議の討議を見ると韓国側も李承晩ラインの違
法性についての認識があったことが確認できる。その結果を記した大統領宛の
報告書には「平和線の不当性を強力に主張する日本側の主張の前に萎縮してま
るで国際法に違反しているため一種の罪意識を持つのではないか」と，交渉に
あたる韓国側代表を気遣う意見が述べられていた[125]。また，1965年8月11日の韓
国国会で車均禧農林部長官は，「1963年7月韓国案」に盛り込まれた40海里漁
業専管水域の主張には科学的根拠はなかったこと，済州島を含む基線という韓
国側主張は「現行国際法上では多少の無理な主張」であったことを明らかにし
た。海洋法を逸脱した韓国の主張は，世界各国との漁業交渉にも臨まねばなら
ない日本にとって受け入れがたいものであった。

　第2に，海洋法をめぐる論争では不利な立場にあった韓国側は，専門家によ
る実務的な討議を嫌って高位の政治家同士による会談で懸案を決着させようと
したことである。1963年7月の外相会談，1964年3月〜4月の農相会談，1965

---

(124)　前掲註(011)「第七次日韓全面会談における漁業交渉（未定稿）」。韓国側公開文書では「漁業
　　　問題合意書」作成直前の交渉の記録はない。

(125)　前掲註(73)115頁。

190

年3月～4月の第2次農相会談は，日本側交渉担当者が「早すぎる」と懸念する中で開催された。赤城農相が共同規制水域内での年間総漁獲量15万トンを提案した第2次農相会談第3回会合の後，1965年3月8日に開催された第7次日韓全面会談漁業委員会第10回会合が年間総漁獲量の性格についての対立で紛糾すると，第2次農相会談第5回会合で車長官は「両農相間のみで話をつけたいと述べた」。これに対して赤城農相は「事務当局がいると話が進まないという主張はおかしい」と反論した。赤城農相の妥協により多くの課題が解決された第2次農相会談であっただけに，いわゆる「ボス交渉」を求める韓国側の姿勢は露骨であった。

　第3に，問題解決のために韓国側に配慮しながら日本側が落としどころを探り示したことである。1963年10月に提案されてそれ以後の交渉を進展させた「和田試案」は，「1963年7月韓国案」の枠組みを残して，当時の海洋法で許容される限界であった漁業専管水域12海里を韓国に認めさせようとするものであった。「1962年12月日本案」は，漁業専管水域12海里の外側6海里内の水域で10年間は日本漁船の操業を可とするものであったが，日韓漁業協定では日本漁船は漁業専管水域12海里全域から排除されることになった。日本側が譲歩した結果であった。1964年の農相会談における赤城試案は，日本側が韓国側主張も勘案しながら，済州島周辺の基線を海洋法による基準に近づけようとしたものであった。交渉の最終段階で，図5-6のAとBを結ぶ直線を，禁漁線ではなく韓国漁業専管水域の外郭線とするという韓国側の主張に日本側が譲歩して同意したことは，「国際法上の根拠があるものとは思え」ないという国際法の専門家の批判を受けた。

　以上のような日本の韓国に対する配慮の背景には，韓国漁業の実情を視察して交渉にあたった和田正明の次のような認識があった。「韓国側が，自国の非力な漁業事情を反映して日本の出漁制限について強い主張を繰り返したのは，韓国の立場としては当然であり，韓国の漁業が漁業協力資金を有効に活用して

---

(126)　前掲註(111)「第七次日韓全面会談における漁業交渉（未定稿）」。前掲註(99)の韓国側公開文書ではこの討議の記録は詳細ではない。

(127)　小田滋「日韓漁業協定の成立」（『ジュリスト』327，有斐閣，1965年8月，東京）。

第Ⅰ部　日韓会談と漁業問題

対等の力を持つように一日も早くなってほしい」[128]。

　加藤晴子は，日韓漁業問題において，日本の「漁業関係者は「自らの『権益』のみを追求し，政府は（略）『国益』を追求した」。「日本は，終始一貫，圧倒的な国力の上にあぐらをかいて，相手の立場を理解することなく『国益』のみを追求して今日まで来ている」と述べた[129]。しかし，日韓漁業交渉において日本が「終始一貫」していたのは，交渉相手国と平等な立場で，そして科学的調査に基づいた資源保存措置の状況に応じて，相手国隣接公海での自国漁船の操業を規制するという方針であった[130]。日韓漁業協定でも，漁業水域は認めたものの，その外側での規制措置は両国に平等に適用され，共同規制水域と共同資源調査水域の設定は漁業資源の科学的調査を前提としたものであった。

補論　韓国政府の国民への釈明

　1965年4月の漁業問題合意書の調印後，同年6月22日の日韓漁業協定調印，同年8月14日の韓国国会での承認，同年12月18日の批准書の交換といった過程で，李承晩ラインを実質的に撤廃する（日本漁船の拿捕を停止する）ことについて，韓国政府は国民への説明に苦慮することになった。1964年3月31日の第41回国会第2次国防委員会で可決された「平和線警備強化に対する建議案」に「平和線は韓国の主権線であるのに最近日本の漁船が現代化された装備で（略）韓国の近海で不法操業を敢行している」とあったように，李承晩ラインを「国境線」とみなす考え方が残存していたためであった。

　1965年8月8日の第52回国会第7次韓日間条約と諸協定批准同意案審査特別委員会で李東元外務部長官は，「（李承晩ライン宣言の──筆者補注）主権という用語は（略）厳密な意味で使われたのではない」。「（李承晩ライン宣言の──筆者補注）意図と内容は，まず国家防御の目的，二番目に漁業資源を含む水産資源の保存，三番目に大陸棚資源の確保にあった」と釈明した。元容奭無任所長官（前農林部長官）は「（李承晩ライン宣言は──筆者補注）当時としては英雄的な措

---

(128)　前掲註(3)『日韓漁業の新発足』111頁。

(129)　前掲註(2)「戦後日韓関係史への一考察──李ライン問題をめぐって」（下）27，28頁。

192

置として不可避なもので，それこそ自衛的な防衛線」だった。「（李承晩ライン
の──筆者補注）国防上の必要性はそのまま存続して」いると補足した。李承
晩ライン宣言の主権の主張を国防目的に替えようとしたのだった。

　韓国海洋警察隊の管轄区域は1965年以降も李承晩ライン水域を継承している

---

(130)　日韓漁業協定の前文および主要部分は次の通りである。この協定本文に「韓国の漁業水域
　　の直線基線に関する交換公文」「韓国の漁業水域に関する交換公文」「合意された議事録」
　　「標識に関する交換公文」「漁業協力に関する交換公文」「安全操業に関する往復書簡」「討
　　議の記録」，そして協定署名に際して行われた両国政府の声明が付属している。

　　　日本国及び大韓民国は，両国が共通の関心を有する水域における漁業資源の最大の持続
　　的生産性が維持されるべきことを希望し，前記の資源の保存及びその合理的開発と発展
　　を図ることが両国の利益に役立つことを確信し，公海自由の原則がこの協定に特別の規
　　定がある場合を除くほかは尊重されるべきことを確認し，両国の地理的近接性と両国の
　　漁業の交錯から生ずることのある紛争の原因を除去することが望ましいことを認め，両
　　国の漁業の発展のため相互に協力することを希望して，次のとおり協定した。
　　第一条
　　1　両締約国は，それぞれの締約国が自国の沿岸の基線から測定して十二海里までの水
　　　域を自国が漁業に関して排他的管轄権を行使する水域（以下「漁業に関する水域」と
　　　いう。）として設定する権利を有することを相互に認める。ただし，一方の締約国が
　　　この漁業に関する水域の設定に際し直線基線を使用する場合には，その直線基線は，
　　　他方の締約国と協議の上決定するものとする。
　　第二条
　　両締約国は，次の各線により囲まれる水域（領海及び大韓民国の漁業に関する水域を除
　　く。）を共同規制水域として設定する。
　　第三条
　　両締約国は，共同規制水域においては，漁業資源の最大の持続的生産性を確保するため
　　に必要とされる保存措置が十分な科学的調査に基づいて実施されるまでの間，底びき網
　　漁業，まき網漁業及び六十トン以上の漁船によるさばつり漁業について，この協定の不
　　可分の一部をなす附属書に掲げる暫定的漁業規制措置を実施する。
　　第四条
　　1　漁業に関する水域の外側における取締り（停船及び臨検を含む。）及び裁判管轄権
　　　は，漁船の属する締約国のみが行ない，及び行使する。
　　2　いずれの締約国も，その国民及び漁船が暫定的漁業規制措置を誠実に遵守すること
　　　を確保するため適切な指導及び監督を行ない，違反に対する適当な罰則を含む国内措
　　　置を実施する。
　　第五条
　　共同規制水域の外側に共同資源調査水域が設定される。その水域の範囲及びその水域内
　　で行なわれる調査については，第六条に定める漁業共同委員会が行なうべき勧告に基づ
　　き，両締約国間の協議の上決定される。

第Ⅰ部　日韓会談と漁業問題

（海警30年史編纂実務委員会編『海洋警察隊30年史』〔海洋警察隊，1984年12月，ソウル〕※97〜100頁）。また，李承晩ラインを理由とする日本漁船拿捕の法的根拠となった「漁業資源保護法」は，1966年４月23日付で若干の改正が行われたが廃止されることなく現存している。1965年に李承晩ラインは消滅したと言われるが，厳密にはそれは正しくない。

　ただし，1965年８月11日の第52回国会第10次韓日間条約と諸協定批准同意案審査特別委員会で，「最初我々は平和線をそのまま認めさせようと努力したが話にならなかった」と車均禧農林部長官が報告したように，日韓条約を審議した韓国国会における政府答弁は李承晩ラインの実質的撤廃を前提とした説明であった。日韓条約の他の案件については日韓「両国政府の解釈が実質的に相違し，いわば同床異夢的な状態で条約が締結された[131]」のとは異なる。

　主権の主張を国防目的とすることで，朴正煕政権は日本とではなく李承晩ライン宣言当時の李承晩政権との間で，宣言の"同床異夢的解釈"を行ったのであった。

──────────

[131]　塚本孝「（補論）日韓基本関係条約をめぐる論議」（日韓歴史共同研究委員会編・発行『日韓歴史共同研究報告書 第３分科篇下巻』2005年11月）243〜244頁。日韓基本条約では，日韓併合までに日韓間で結ばれた条約・諸協定は「もはや無効（already null and void）」であるとされた。これを韓国は，締結当時から無効としたのに対して，日本は現時点から無効と解釈した。日本側を閉口させた韓国の要求については，拙稿「第一次日韓会談における『旧条約無効問題』について」（『東洋史訪』15 史訪会，2009年３月，兵庫）参照。請求権および経済協力協定では，韓国は，請求権問題解決が主で附随的に結果として経済協力がある，日本からの資金は賠償的な性格を持つとした。日本は，有償・無償５億ドルは賠償ではなく経済協力であって韓国の新しい発展の祝い金であるとした。ただし「完全かつ最終的」な問題解決という点では一致していた。「紛争の解決に関する交換公文」では，韓国は「両国間の紛争」には竹島問題は含まれず未来の紛争を意味するとしたのに対して，日本はこの交換公文は竹島問題解決のために作成されたものであるから「両国間の紛争」とは竹島問題であるとした。「両国間の紛争」には竹島問題は含まれないというのは韓国政府が日韓条約承認のための国会審議を乗り切るための便法であり，韓国の竹島不法占拠を日本が容認したということではない（第10章参照）。

第6章

日韓漁業問題と日本の朝鮮統治

本章では，歴史的な視点から日韓漁業問題を検討する。歴史的な視点とは，日本統治期の朝鮮漁業と戦後の日韓漁業問題の関係を考えることである。

1　関連する日韓の漁業の沿革

日韓漁業問題を検討する際に欠かせないのは朝鮮半島周辺の漁業の実態の解明である。日韓漁業交渉で共同規制水域における日本漁船の漁獲量や操業隻数をめぐって激論が交わされたのは，底曳網漁業であるトロール漁業と以西底曳網漁業および以東底曳網漁業，そしてサバなどを漁獲する旋網漁業と一本釣漁業であった。そこで，まずこれらの日本漁業の戦前の沿革と朝鮮との関わりを概観したい。

日本における動力漁船を利用した底曳網漁業の開始は，明治末から大正初にかけてであった。まず1908年にイギリスの技術導入によるトロール漁船の本格的な操業が始まった。しかしトロール漁業は高能率のあまりに沿岸漁業者との深刻な紛争を招いたため，日本政府は漁場を東シナ海へと誘導し，1912年に操業を東経130度（佐賀県唐津市付近）以西に限定した。次いで1913年頃から，伝統的な無動力船による底曳網漁業を動力化した機船底曳網漁業の操業が始まった。トロール漁業と同様に機船底曳網漁業でも沿岸漁業者との紛争が起き，効率的な「二艘曳き」漁法の開発は東シナ海の漁業資源の枯渇を招いた。そのため日本政府は1924年に東経130度以西で操業する機船底曳網漁業の新規許可を行わない措置を実施した。これ以後，東シナ海・黄海の機船底曳網漁業では漁船が大型化するなど遠洋漁業化が進んだ。以西底曳と以東底曳はこのようにし

195

第Ⅰ部　日韓会談と漁業問題

て分岐したのである。また，底曳網漁業の発展の結果，朝鮮をはじめとする各
植民地行政機関は，日本本土（以下「内地」と表記）を根拠地とする底曳網漁船
への対応，および各植民地を根拠地とする底曳網漁業の振興という課題を抱え
ることになった。

　旋網漁業に動力漁船を導入する試みは1918年に山口県水産試験場所属船が朝
鮮半島東海岸で操業したことに始まる。この機船旋網漁業を採用して好成績を
あげたのが，朝鮮から日本へ鮮魚を運搬していた業者や朝鮮半島に通漁を行っ
ていた香川県伊吹島出身の漁業者であった。瀬戸内海の伝統的な漁法の改良や，
米国の技術導入が機船旋網漁業の成功を支えた。1924年頃には漁船の動力化も
完了し，これ以後サバを漁獲する東海岸・南海岸，イワシを漁獲する東海岸の
機船旋網漁業は朝鮮の重要漁業になっていった。朝鮮の機船旋網漁業の技術は
内地以上に発達し，日本本土の漁業者はこの漁法を朝鮮から導入した。戦前の
朝鮮のサバ漁場の重要性については次の記述で明らかである。「現在機船巾着
網の全国に於ける網数は大体二百三，四十統に達して居るが，其内最も多数を
占むるのは朝鮮の八十九統であって，次で山口県の五十六統，長崎県の三十八
統，福岡県の十統，其他福井県，鳥取県であるが，右の内朝鮮のものは勿論山
口，福岡，長崎の許可船も殆どは朝鮮近海に於て操業せられるもので，朝鮮近
海が如何に鯖の豊富なるかは推して知るべしである」。ただし，朝鮮を根拠地
とする漁業者が漁獲したサバの市場は内地であり，「朝鮮においては一割も陸
揚げされて」いなかった。

　内地から出漁する済州島近海の好漁場でのサバ釣漁業は戦前から行われてい

―――――――――――

(1) 底曳網漁業の沿革については岡本信男『近代漁業発達史』（水産社，1965年3月，東京）
　　および中川恣『底曳漁業制度沿革史』（日本機船底曳網漁業協会，1968年7月，東京）に
　　よった。

(2) 拙稿「日韓漁業問題の歴史的背景――旧植民地行政機関の漁業政策比較の視点から」（『東
　　アジア近代史』5，東アジア近代史学会，2002年3月，東京）。

(3) 中井昭『香川県海外出漁史』（香川県・香川県海外協力会，1967年3月，高松）255～256
　　頁。水産庁編『旋網漁業』（水産週報社，1956年2月，東京）にも同様の記述がある（12
　　～14頁）。

(4) 大海原宏「まき網漁業概史」（『全国まき網漁業拾年史』全国まき網漁業協会，1980年5月，
　　東京）85頁。

(5) 片山年『鯖漁業』（水産社，1940年2月，東京）52～53頁。

196

た。中でも古い歴史を持つのは，1879年以降対馬から釜山にかけての水域に出漁していた鹿児島県串木野村（現いちき串木野市）の漁業者である。彼らは1917年からは済州島近海漁場で操業するようになり，同時に漁船の動力化も進めた。[7]一方で，朝鮮半島を拠点とするサバ釣漁業の漁獲は微々たるものであった。[8]

　以上のような内地の漁業の発展と関連して，日本統治期には朝鮮漁業の振興も著しかった。朝鮮漁業の実証研究で知られる吉田敬市（1902～71）は日本人による朝鮮水産開発を次の三つの時期に区分した。「明治年間を中心とする日本人漁業者による通漁出稼ぎ時代」「大正年間を中心とする移住漁村建設時代」「昭和になってからの自由発展時代」である。

　このうち「自由発展時代」とは，それまでの「政府または府県等の保護援助の下に行われた零細漁業」から朝鮮漁業が脱却した時代であり，朝鮮漁業は「漁船の動力化と共に漁港の修築となって，沖合漁業へと飛躍し，我が朝鮮水産開発の最後の実を結ぶに至った」時代であった。[9]吉田敬市は，顕著な発展ぶりを示した漁業として，サバ漁業，マイワシ漁業，機船底曳網漁業，ノリを中心とする養殖業などを示している。これらの漁業と戦後の日韓漁業問題とは深く関連するのである。

---

(6)　「鯖漁業の新性格展望　新しき角度から朝鮮の鯖漁業を語る」（1941年12月1日付『朝鮮水産時報』朝鮮水産会，京城）。「戦前朝鮮を根拠として漁獲されたいわし，さばなどもその大部分は内地に移出されていた」という評価も残されている（「日韓漁業交渉の基本方針（案）昭和27.1.29」〔日本側公開文書　第5次公開　開示決定番号891　文書番号888。以下「日 5-891-888」のように略記する。〕。

(7)　「鹿児島県漁船の韓国海域における操業の沿革」（鹿児島県作成「日韓漁業問題綴り」刊行場所・刊行年不明）。串木野の漁業者は夜間に釣ったサバを活き餌として昼間にカジキ延縄を行った。

(8)　『朝鮮近海漁場に於けるサバ漁場の性状』（朝鮮総督府水産試験場，1941年10月，釜山）19頁および同「附録」5頁。

(9)　吉田敬市『朝鮮水産開発史』（朝水会，1954年5月，下関）158頁。朝鮮漁業の実証的研究として評価が高い同書の刊行事情については，拙稿「朝鮮引揚者と韓国——朝水会の活動を中心に」（崔吉城・原田環編『植民地の朝鮮と台湾——歴史・文化人類学的研究』第一書房，2007年6月，東京）参照。なお，「朝鮮漁業開発の歩み」（『漁業で結ぶ日本と韓国』みなと新聞社，1966年11月，下関）は戦前の朝鮮漁業の発達を吉田敬市の時代区分に従ってまとめておりわかりやすい。

第Ⅰ部　日韓会談と漁業問題

2　日韓漁業問題の歴史的背景——歴史認識の違い

　日韓漁業問題の歴史的背景として，第1に歴史認識の問題がある。日本統治期の朝鮮では，サバ漁業とマイワシ漁業の中心となった機船巾着網（旋網）漁業そして機船底曳網漁業など動力船を用いた漁業は日本人がほぼ独占していた。それは，川谷遊亀（1940年1月15日付『朝鮮水産時報』には朝鮮総督府殖産局水産課庶務係主任とある）が「終戦当時」の実績を書き残した表6‐1で明らかである。川谷は朝鮮にあった動力漁船約3000隻のうち6割は日本人が所有したと記している。

　日本統治期の朝鮮漁業における民族間の就業形態の違いは，日本の朝鮮統治終了後，韓国人に批判されることになった。「過去36年間の日帝の（略）水産部門の搾取は特に甚だしかったことは過去の実績が証左している。（略）漁業における利権である底曳網業，巾着漁業，（略）その他大規模な魚市場，水産物製造加工業等の実権は倭人が独占し，特に林兼開発，南鮮水産，釜山水産会社の諸会社は巨大な組織体として全面的搾取の牙城的役割を果たした」という主張がそうである。[10]

　朝鮮総督府の水産政策に対する批判は，韓国政府が李承晩ライン宣言の正当性を強弁する際にも用いられた。1953年2月1日，李承晩大統領は訪韓した日本水産業界代表に対してソウルで，「日本が四十年間にわたって，経済的にも漁業的にも占有していたことに韓国人としては不満がある。韓国人がやろうとしても，できなかった」と不満を表明した。そして「われわれの側からいえば，四十年遅れたので，それを取り戻し，水準に達すべく努力している」と述べて韓国漁業を発展させる意志を示し，韓国漁業の漁場確保のために李承晩ラインが必要であると主張した。[11]

　日本統治期における日本人と朝鮮人の漁業就業形態の違いを差別ととらえ，

---

(10)　1947年7月5日付『水産経済新聞』（ソウル）社説「漁民が提唱する対日賠償」※。

(11)　『日韓漁業対策運動史』68頁。1953年2月1～2日に訪韓して李承晩と面会した日本水産業界代表は，伊東猪六（大日本水産会副会長），鍋島態道（大日本水産会前会長），田口新治（日本遠洋底曳網漁業協会参事）の3人である。この面会は，同年1月5～7日の李承晩大統領訪日をきっかけに実現した。

198

第6章　日韓漁業問題と日本の朝鮮統治

表6-1　朝鮮の民族別漁業経営者数

業　種	総　数	日本人経営数	朝鮮人経営数
機船底曳網漁業	197統	166統	31統
機船巾着網漁業	86統	77統	9統
捕鯨漁業	23隻	23隻	0隻
潜水器漁業	185隻	173隻	12隻

出典：川谷遊亀「大韓民国の独立式典に当りて」（『朝水』10，朝水会，1948年10月，下関）8頁。

　日本人による漁業経営を搾取と批判するこのような主張は，現在の韓国の定説といってよい。例えば，韓国漁業史研究者の朴九秉（パク　ク　ビョン）は朝鮮総督府の統計を利用して，1人当たりあるいは1隻当たりの漁獲高で日本人と朝鮮人の間に数倍の格差があったことを強調した。日本の統治は，「沿岸性の落後した零細経営を主体とする韓国人の漁業と，資本制的大規模経営を主体とする日本人の漁業の間の不均衡的な発達をもたらし，その結果漁業経済構造は二重構造を持つに至った」と主張したのである。[12]

　韓国の批判は，日本人の朝鮮水産業関係者にとっては心外なものであったに違いない。朝鮮から引き揚げた水産業者が1946年に下関で設立した「朝水会」の日本政府への陳情書には，日本人の努力により，日韓併合「当時僅々七萬屯に過ぎざりし漁獲数量は其の後遂に二百萬屯を突破するの驚異的躍進を見るに至」ったという自負が見られる。[13]「思いもうけぬ敗戦の結果引揚に際しては漁船漁具其他の設備一切は其の儘残し，しかも従来の従業員であった朝鮮人に概

---

[12]　水協中央会漁村指導課編『韓国水産発達史』（水産業協同組合中央会，1996年4月，ソウル）※376～378頁。朴九秉『韓国水産業史』（太和出版社，1966年2月，釜山）※にも同一の記述がある（371～373頁）。朴九秉は『朝鮮総督府統計年報』から「民族別出漁船数，従業員数および漁獲高」表を作成して根拠を示している。ただし，『朝鮮総督府統計年報』では昭和7年版までしか民族別統計は掲載されなかったため，朴九秉が提示しえたのは1932年までの統計である。このような統計の欠落を補う表6-1は貴重な資料といえよう。なお，金秀姫『近代日本漁民の韓国進出と漁業経営』（景仁文化社，2010年3月，ソウル）※も朴九秉の主張を踏襲している。

[13]　「朝鮮海への通漁許可と援護事業等に関し陳情」（『朝水』1，1947年2月）6頁。『昭和15年 朝鮮水産統計』（朝鮮総督府，1942年3月）によれば，朝鮮の漁獲高（数量 養殖高除く）は，1911年が1万7695貫でこれは6万6000トンに相当し，また，最高になったのは1937年の211万6000トンであった。漁獲高（金額）で13.2倍，製造高（金額）で35.2倍の増加であり，ほぼ同時期の内地のそれぞれ3.9倍，5.6倍をはるかにしのいでいた。

199

第Ⅰ部　日韓会談と漁業問題

ね事業を継承させた」という認識は，複数の朝鮮引揚者に見られる。元朝鮮総督府水産試験場長の西田敬三は引き揚げ後に，「朝鮮の水産業が日韓併合以来三十余年の間に，日本人の手によって如何に進歩発展し来たり，その道程において（中略）朝鮮民衆の生活を如何に豊かにしたかという事は，朝鮮の人々においても充分認識せねばならぬ」，日本人水産業者の活動を「搾取と見，鮮人圧迫と解するは当たらない。日鮮共存共栄の為日本人が朝鮮人の為に尽くした功績は没却すべかざるもの」があると主張した。戦前済州島で水産加工業を営み，戦後は衆議院議員（任1946〜52年）となった石原圓吉（1877〜1973）は李承晩ライン問題について，1952年5月20日の第13回国会衆議院水産委員会で，「日本の漁業の指導のために，朝鮮の海岸の漁民が全部生活の安定を得たという喜びは，今も持っておる」。よって「日本の古い漁業経営者と朝鮮の漁村の古老の人々とが十分懇談することができたならば，朝鮮の情勢は一変する」とまで述べた。

———————

(14)　川谷遊亀「大韓民国の独立式典に当りて」（『朝水』10，1948年10月）8頁。

(15)　「将来における水産業の提携に就て」（『朝水』創刊号，1947年2月）18頁。朝鮮総督府が大正10（1921）年版からほぼ毎年刊行した『朝鮮の水産業』の最終版（昭和17〔1942〕年版，朝鮮総督府農林局発行，1943年4月）では，朝鮮総督府の水産振興策を次のようにまとめている（2〜3頁）。「韓国併合前に在りては漁政の基礎薄弱にして営業の安固を欠くのみならず，漁業に関する諸般の施設にして見るべきものなく，漁民も亦概ね無智にして且其の経済状態極めて幼稚なりしが為，徒に旧慣を墨守するに過ぎざるの状況に在りしを以て，併合後に於てはもっぱら漁獲の増産に力を注ぎ，且水産製品の改良及産額の増加を図ると共に，一面漁民の知識技能を啓発し其の経済状態と社会的地位を向上せしめ，漁村の健全なる発を促進せしめんことを期し，漁業令以下水産に関する法令を発布して諸般の制度を確立し，漁業の保護取締を厳にして営業の安固を得せしめ，水産物検査を施行して製品品位の向上を図り，漁業組合の普及改善を図りて漁村の維持経営に資し，朝鮮水産会の施設を助長して水産業の改良発達を促進し，又斯業の奨励に関しては，国費を補助して優良漁船並びに鮮魚冷蔵貯蔵設備の普及を図り，一面のり，かき，はまぐり，てんぐさの増殖施設を助長し，尚最近に於ては漁業経営費の低減施設を講じ，其の他従来の施設を充実して益々其の効果を大にし，更に漁民の教養に関しては実地に之を指導する等中央地方相呼応して或は国費を支出し或は道費を支出し以て朝鮮水産業の発達進歩の為力を致せし所勘からず」。なお，西田敬三は朝鮮総督府刊行の『朝鮮』に「朝鮮近海の海潮流と漁業」（193号，1931年6月）と「朝鮮の水産資源について」（248号，1936年1月）を書いている。日本に引揚後は広島大学水畜産学部教授を務めた（1950〜56年）。

(16)　石原圓吉は1906年に済州島城山浦に設立されてヨード製造を行った韓国物産会社の中心的人物であった（「島嶼から見た朝鮮半島と他地域の交流——済州島を中心に」〔『青丘学術論集』19，財団法人韓国文化振興研究財団，2001年11月，東京〕中の河原典史「植民地期の済州島における日本人漁民の活動」117頁）。

第6章　日韓漁業問題と日本の朝鮮統治

　吉田敬市は日本人と朝鮮人の就業形態の違いは「資金・技術等の面から朝鮮人の進出が遅れた結果」と説明し、いわば「棲み分け」的なものとした。そして、朝鮮漁業の「自由発展時代」に朝鮮総督府殖産局長（任1932～41年）として水産行政の責任者であった穂積眞六郎は、「併合以後の産業に対する朝鮮総督府の方針は、大企業を呼び込むよりも、中小企業や、零細企業を育てて行くということに重点を置き、漁業の場合もごく小さな漁業者を保護育成するということを目的としてやり出した」と述べた。朝鮮総督府は朝鮮人の多い零細漁業者の保護に留意したというこの見解は、韓国の主張を否定するものである。

　穂積眞六郎の見解を裏付ける事例は多い。例えば、朝鮮総督府は動力漁船を用いた漁業の振興には抑制的であった。表6-2でわかるように、1930年代においても、内地・台湾に比べて朝鮮の漁船の動力化率は低い。内地・台湾の動力漁船が全漁船の2割を越えているのに対して、朝鮮は5％を下回っている。漁獲高（金額）において朝鮮・台湾がともに最高を記録した1940年において、台湾における動力漁船を使用した漁業の漁獲高（金額）は総漁獲高（金額）の73.1％であったのに対し、朝鮮における動力漁船を使用した漁業の漁獲高（金額）は総漁獲高（金額）の40％弱であった。

　朝鮮総督府が刊行した雑誌『朝鮮』1922年10月号で、朝鮮総督府の水産行政担当者は朝鮮では「動力船に依る漁業が殆ど行われていない」理由を次のように述べている。

―――――――

(17)　吉田敬市「朝鮮近海の漁業と日韓漁業問題」（『地理学』1-5、梶谷書院、1953年6月、東京）16頁。

(18)　穂積真六郎『朝鮮水産の発達と日本』（財団法人友邦協会、1968年12月、東京）44頁。

(19)　『昭和15年 台湾水産統計』（台湾総督府殖産局水産課　1942年2月）および『昭和16年 朝鮮の水産業』（朝鮮総督府殖産局、1942年3月）。朝鮮では1940年には機船巾着網漁業と機船底曳網漁業の両者で漁獲高（金額）の38.8％を占めた。『昭和16年 朝鮮水産統計』（朝鮮総督府、1943年3月）によれば、朝鮮の動力漁船を使用した漁業は他にさば機船流網といわし機船流網漁業があったが、これらの漁獲高はわずかであった（42～43頁）。なお、動力漁船を使用した漁業は、朝鮮総督府が1929年1月26日に公布した「漁業令」（制令第1号）および同年12月10日公布の「朝鮮漁業令施行規則」（府令第107号）では「許可漁業」と位置づけられて朝鮮総督府の管理下にあった。

(20)　樫谷政鶴「朝鮮に於ける漁業の将来」262頁。

201

第Ⅰ部　日韓会談と漁業問題

表6-2　動力漁船数とその漁船総数に対する割合

年		5噸未満	5噸以上	10噸以上	20噸以上	50噸以上	蒸気船	漁船総数	動力船総数（割合）
1934	朝鮮	223	225	743	124	3	0	43,149	1,318（ 3.1%）
	台湾	200	132	367	95	50	4	4,367	848（19.4%）
	内地	37,053	6,772	6,724	1,871	522	87	364,582	53,029（14.5%）
1935	朝鮮	275	246	736	148	5	0	47,858	1,410（ 2.9%）
	台湾	241	152	381	60	67	4	4,952	905（18.3%）
	内地	40,658	6,841	7,154	2,108	621	96	366,019	57,478（15.7%）
1936	朝鮮	358	326	1,091	235	5	0	49,225	2,015（ 4.1%）
	台湾	283	169	491	53	82	4	5,206	1,082（20.8%）
	内地	44,774	6,999	7,454	2,117	719	106	366,267	62,169（17.0%）
1937	朝鮮	422	548	1,187	357	34	0	51,519	2,548（ 4.9%）
	台湾	282	167	462	46	88	8	5,130	1,053（20.5%）
	内地	48,105	7,196	7,804	2,295	802	97	364,260	66,299（18.2%）
1938	朝鮮	525	557	1,187	347	65	1	55,883	2,682（ 4.8%）
	台湾	303	197	492	59	135	8	5,210	1,194（22.9%）
	内地	50,111	7,568	7,346	2,105	831	194	356,482	68,155（19.1%）
1939	朝鮮	648	462	1,188	343	76	1	57,246	2,718（ 4.7%）
	台湾	369	217	575	49	139	8	5,141	1,357（26.4%）
	内地	53,767	7,449	7,195	2,348	757	123	354,729	71,639（20.2%）
1940	朝鮮	721	445	1,229	366	89	1	58,885	2,851（ 4.8%）
	台湾	477	246	563	34	151	8	5,467	1,479（27.1%）
	内地	56,784	7,513	7,588	2,323	816	173	354,215	75,197（21.3%）

注：台湾の漁船数には「竹筏」は含まれない。台湾と内地の「蒸気船」は動力船のうち「蒸気機関ヲ有スルモノ」で「発動機ヲ有スルモノ」と区別されている。

出典：昭和10～15年版『朝鮮水産統計』（朝鮮総督府），昭和16年版『台湾水産統計』（台湾総督府殖産局水産課，1943年2月），『昭和十五年 第十七次農林省統計表』（農林大臣官房統計課，1941年12月）より筆者作成。

　朝鮮の漁業組織が個人的企業のみで，会社組織に依るものがないこと，従来朝鮮人に対する授産の爲め，指導奨励が勢い小規模の労力的漁業を選ぶの外なかった結果，之と利害の一致し難い機械的沖合漁業の振興に堆しては積極的に之が指導奨励を爲ささざりしこと，沿岸漁業が（略）尚発展の余地を存したることなどは，朝鮮が今尚労力的若は小規模の沿岸漁業地として取残されたる原因と思われる。

第6章　日韓漁業問題と日本の朝鮮統治

　1926年4月13～15日，農林省は関係各県と植民地の水産行政担当者を東京に集めて第1回「支那東海黄海漁業協議会」を開催した。東シナ海・黄海の底魚資源の枯渇と中国との漁業紛争に対応したものであった。農林省は，内地・朝鮮・台湾・関東州合わせて，出漁するトロール漁船を70隻以内に，同じく機船底曳網漁船を150組（300隻）以内に制限することを求めた。この方針に，底曳網漁業振興に積極的な台湾総督府の担当者が反対したのに対して，朝鮮総督府の担当者は異議を唱えなかった。この時，朝鮮総督府の担当者は，トロール漁業は「沿岸漁業の助長保護を主とせる為許可せず」，機船底曳網漁業の「漁船は五十噸以上のものは許可せざる方針なり」と述べて，沿岸漁業保護のため底曳網漁業抑制の方針を明言した[21]。この朝鮮に根拠地を置くトロール漁業を許可しようとしない朝鮮総督府の方針は，1911年6月3日に朝鮮総督府が公布した「漁業令」（制令第6号）に関して朝鮮総督府殖産局長が「朝鮮は漁業の規模組織未だ小なるを以て漁業者の産業保護の主意よりして該漁業を禁止せる也」と述べるなど[22]，日本の朝鮮統治開始直後から打ち出されており，1945年の統治終了まで維持された。また，表6-3で明らかなように，1937年における内地や各植民地の以西底曳網漁業の漁船を比較すると，朝鮮の機船底曳網漁船は平均18.2トンで，内地の平均47.6トンや関東州の平均41.2トン，青島の50.0トンに比べて規模は明らかに小さかった。

　1930年8月刊行の『朝鮮』183号で，機船底曳網漁業について，「斯かる漁業は内地の如き濫許蔟出を戒め，沿岸漁業との衝突を避け，沖合に進展せしむるを要するので，漁船数も漸進的増加の方法にのみ依って慎重処理し，（略）西は遠く支那海，東は沿海州に新航路を求めて，斯業の永遠の生命を展開していくべきである」と朝鮮総督府の水産行政担当者は述べた（39頁）[23]。しかし，1920年代までは「支那海，東は沿海州に新活路を求め」ることに朝鮮総督府は

----

(21)　『大正十五年四月開催支那東海黄海漁業ニ関スル協議會議事要録附たらば蟹ニ関スル件』（農林省水産局，発行年不明）21～22頁。「支那東海黄海漁業協議会」については，拙稿「『支那東海黄海漁業協議会』と台湾」（『東洋史訪』11，兵庫教育大学東洋史研究会，2005年3月，兵庫）参照。

(22)　「漁業令実施目的 帆足殖産局長談」（『朝鮮水産組合月報』40，朝鮮海水産組合，1912年11月，釜山）3頁。

203

第Ⅰ部　日韓会談と漁業問題

表6-3　東シナ海と黄海を操業区域とするトロール・機船底曳網漁船数（1937年）

種　類	隻　数	総噸数
汽船トロール漁船	70	19,400
内地機船底曳網漁船	654	31,100
朝鮮機船底曳網漁船	110	2,000
関東州機船底曳網漁船	114	4,700
在青島機船底曳網漁船	64	3,200
台湾汽船トロール漁船・機船底曳網漁船	100	7,800

出典：里内晋「海洋漁業振興の意義」（『海洋漁業』41，海洋漁業協会，1940年1月，東京）55頁。

積極的ではなかった。

　以上見てきたように，朝鮮総督府の政策には動力漁船を持たない沿岸漁業者への配慮があった。にもかかわらず，李承晩大統領にはそのような事実は見えていなかった。朝鮮総督府の漁業政策に対する評価の違いは大きく，それは日韓漁業問題の背景となったのである。

3　日韓漁業問題の歴史的背景──歴史の継続(1)

　次に歴史の継続の問題がある。1934年9月19～21日に開かれた「各道水産主任官会議」で穂積眞六郎朝鮮総督府殖産局長は次のような訓示を行った。[24]

　　第一は遠海及遠洋漁業の奨励に関する事項であります。

　　朝鮮における沿岸漁業は近時著しい発達を遂げ，漸次充実飽和の域に達しつつありまして，今後は更に漁船，漁具の改良と相俟って遠海遠洋に其の進路を求めねばならない情勢にあるのであります。而して之が出漁の目的とする處は，露領沿海州沖合竝に黄海支那海東海漁場でありますが，（略）黄海

---

(23)　秋山實「朝鮮漁業界の近勢」。後に『朝鮮總覧』（朝鮮総督府，1933年3月，京城）に転載された。この記事と同年の1930年5月15日に農林省で開催された会議の記録（『昭和五年五月開催 支那東海黄海漁業打合会議議事要録』〔農林省水産局，発行年不明〕）では，機船底曳網漁船10隻の新規出願の拒否とトン数制限は困難であるとする朝鮮総督府の意見が記されている。朝鮮における「遠洋」漁業者に規制緩和の要求があったことを示すものであろう。

(24)　「水産に関する諸会合」（『朝鮮』233，朝鮮総督府，1934年10月，京城）149頁。

第6章　日韓漁業問題と日本の朝鮮統治

及支那海東海漁場は朝鮮西南部近海漁業の主要漁獲物の棲息場でありまして，海況彼此相共通し現在の漁具漁法を以て，直に出漁し得る状態にあるにも拘らず，之又従来殆ど顧みる者なく，漸く最近に至り稍是に着目する者を生じたるが如き状態ではありますが，之等漁業者の実績に徴し，此の方面の出漁は頗る有望であります。

　この訓示から，動力漁船を使用した漁業振興に朝鮮総督府が本格的に乗り出したことがわかる。そして，1930年代後半にその方針はさらに明確になった。

　1936年10月20～24日に開催された「朝鮮産業経済調査会」は，「沿岸漁業の保護に務むること」とともに「遠洋漁場の開拓を図ること」を朝鮮総督府に答申した。その説明として「朝鮮近海には沿海州沖合，黄海，支那東海等朝鮮漁業の進出すべき好漁場多きを以て遠洋に於ける新漁場の開拓及新規漁法に対する助長奨励を為す」とともに，「漁場の探査，適種漁具漁法の試験を施行し更に当業者を誘導して漁場の拡張を図るの要あり」と述べられていた[25]。この答申に対する朝鮮総督府の報告書には，「ニ，沿岸漁場の保護に努めること」とともに，「イ，遠洋漁業の開拓を図ること」「ロ，優良漁船の普及を図ること」「ハ，漁港網を完備し且漁港施設を拡充すること」が「実施中」の「施設計画」として挙げられている。とりわけ，「黄海方面」には機船底曳網漁業などの「遠洋出漁の勧奨並びに沿岸漁業との衝突緩和に努めつつあり[26]」とあるのは重要である。

　1937年11月6日には，動力漁船導入への補助金支給等を内容とする「朝鮮漁業経営費低減施設補助規則」（府令173号。1938年5月11日改正〔府令96号〕）が制定された。その対象事業は次の通りであった。

　一　漁業用発動機の購入及据付に要する費用に付ては其の三割以内
　二　漁船の能率増進の為必要なる漁船の改装に要する費用に付ては其の五割
　　　以内

───────────

[25] 『朝鮮産業経済調査会諮問答申書』（朝鮮総督府，1936年10月）17頁。
[26] 『朝鮮産業経済調査会答申事項処理概要』（朝鮮総督府，1938年7月）19～20頁。

205

第Ⅰ部　日韓会談と漁業問題

三　漁業用運搬船の建造又は購入に要する費用に付ては其の五割以内

四　漁業用燃料油運搬船の建造又は購入に要する費用に付ては其の七割以内

五　漁業用燃料貯蔵施設の新設，増設，改設又はその購入に要する費用に付ては其の七割以内

六　漁業用製氷冷蔵冷凍設備の新設，増設，改設又はその購入費に要する費用に付ては其の五割以内

七　漁船の船体又は機関の修理設備又は増設に要する費用に付ては其の三割以内

八　漁業用品の共同購入施設又は水産物の委託販売施設の改善に要する費用に付ては其の七割以内

九　漁船乗組機関士の養成に要する費用に付ては其の七割以内

この事業について，「今後益々発展を期すべき機船漁業の将来」のために行われた「朝鮮水産史上画期的事業」と朝鮮総督府水産課長は評価した[27]。

　1938年，前年に始まった日中戦争に対応して，資源保護，水産物の供給および日本の権益の確保を目的とした以西底曳網漁業統制強化のための論議が，企画院が主導して朝鮮と台湾の両総督府・拓務省殖産局・農林省の間で行われた[28]。企画院の原案では，1937年の操業実績（表6-3）に比べて，他の植民地では機船底曳網漁船の総トン数の増加が認められているのに，朝鮮のみ減少させられ，

----

(27)　梶川裕「水産報国の一路」（1938年1月15日付『朝鮮水産時報』朝鮮水産会，京城）。朝鮮総督府はこの事業に1937年度以降10年間毎年40万圓（初年度は23万圓）を支出する意向であった（『施政三十年史』〔朝鮮総督府，1940年10月，京城〕606頁）。なお，1937年度の朝鮮総督府歳出総計は4億2512万圓であった。

(28)　「華中水産，山東水産，他設立関係資料」（表紙に「中支関係書 二ノ一」の記入あり）。「支那沿岸底曳網漁業現地側統制方針決定」（『水産界』667，大日本水産会，1938年6月，東京）や，以西底曳網漁業は「銃後国民への水産食糧供給の給原であると共に，（略）東亜共栄圏への一大食糧給原であり，（略）東亜共栄圏を一帯とした綜合的経済乃至綜合的食糧政策の見地から論究さるべき」（神山峻『水産経済資料第九輯 新情勢下の機船底曳網漁業』〔水産経済研究所，1941年11月，東京〕39頁）といった記事はこの協議の背景を解説したものであろう。新川伝助「西日本漁業に於ける資本制経営発達の文献的考証」（『農林省水産講習所研究報告 人文科学篇』3，1957年11月，東京）では，この協議は「中国侵略戦争とこれに続く対米戦争の期間中食糧供給のための中国沿岸漁場の利用計画をさす」と評価された（79頁）。

第6章　日韓漁業問題と日本の朝鮮統治

平均トン数も20トンに据え置かれていた（71隻・総トン数1420トン）。この原案
に反対する意見書で朝鮮総督府は，朝鮮近海漁場の資源枯渇防止および朝鮮へ
の食糧供給のため，機船底曳網漁船について，総漁船隻数170隻および総漁船
トン数8500トンの確保，1隻平均トン数50トンへの漁船大型化を日本政府に要
望した。[29]

　結局，1938年9月8日に企画院が近衛文麿首相に上申した際には，朝鮮の以
西底曳の許可隻数は114隻（総トン数5055トン）に大幅に増加していた。この時，
台湾総督府も以西底曳の許可隻数の大幅増を求めたが却下されているのとは対
照的であった。[30] 1939年9月13日現在の操業隻数は朝鮮が底曳114隻，台湾はト
ロール8隻・底曳88隻であり，[31] この上申が実現したことを示している。1938年
9月付の『朝鮮総督府時局対策調査会諮問案参考書』と題された朝鮮総督府の
文書では，「単純，幼稚にして今後の改良発達に俟つべきもの」が多い中国の
漁業を発達させるには日本漁業者の進出が近道であるが，一方で「朝鮮の漁業
は何れも其の漁法支那近海の操業に適し且進出極めて容易の状態に在るを以て
之が進出を助成する」とあった。日中戦争下での「日支水産物の円滑なる受給
調節を策する」ためとの説明がある，この朝鮮総督府の希望を日本政府は受け
入れたかのように見える。

　1938年の朝鮮総督府の意見書での方針は，1926年の第1回支那東海黄海漁業
協議会の時とは明らかに異なる。朝鮮総督府の意見書には，「遠洋的出漁を容
易且有利ならしむるため」東シナ海・黄海沿岸での漁港の修築や無線通信設備
の整備，漁獲物の冷蔵設備や製氷工場の建設が進行中であると以西底曳網漁業
振興への朝鮮の意欲が記されていた。

　1930年代後半の朝鮮の機船底曳網漁業は次のように総括できる。「沿岸漁業
資源保護の立場から，沿岸で操業するものと，沿海州・支那海方面に出漁する

────────────────

(29)　「昭和13年5月 企画院案対支水産急速実施要綱に対する朝鮮及台湾の意見 拓務省殖産局」。
　　　前掲註(28)「華中水産，山東水産，他設立関係資料」中の1938年6月21日付「対支水産急速
　　　実施要綱」に付随した文書である。

(30)　「対支水産方策実施要綱」JACAR（アジア歴史資料センター）Ref. A04018468000，公文
　　　雑纂・昭和十三年・第二ノ三巻・内閣二ノ三・第三委員会（国立公文書館）。

(31)　前掲註(6)「日韓漁業交渉の基本方針（案）昭和27.1.29」。

207

第Ⅰ部　日韓会談と漁業問題

ものとの取締方針を区別し，沿岸で操業するものは船を大きくする事を禁止して，（略）沿海州支那海方面等公海に出動し操業するものに対しては，船の大きさ等も無制限として，大いにその躍進の助長保護に努めつつ今日に及んでいるので，十数年前迄殆ど顧みられなかった朝鮮に於ける機船底曳網漁業の躍進振りは，咸南江原慶南北に於ける鰯漁業に次いで水産事業界の王座を占めるに至っている[32]」。

　表6-4は1930年代の朝鮮における動力船を利用した漁業の発展ぶりを示すものである。1923年に始まったマイワシの大量の回遊に伴う機船巾着網漁業が，時には朝鮮の漁獲高の3割以上を占める有力な漁業に発展したこと（ただし1941年にはマイワシの不漁により激減している），1931年には朝鮮の漁獲高の4.9%にすぎなかった機船底曳網漁業が急速に成長していったことがわかる。

　1948年に発足した韓国政府が，動力漁船を用いた漁業すなわち「遠洋」漁業の振興策に強い意欲を示した。沿岸漁業資源保護と水産物輸出振興のためであった。「遠洋」漁業奨励のため1952年11月1日には「水産奨励補助金交付規則」（大統領令第751号）が公布施行された。その対象事業は次の通りであった。

一　漁業用製氷，冷凍，冷蔵施設の新設，増設，改設またはその購入費　五割以内

二　漁業用資材の共同購入，または輸出物の受託販売施設費　八割以内

三　水産動植物の養殖施設費　五割以内

四　水産技術員または船員養成費　七割以内

五　漁業取締費　五割以内

六　防波堤または船着場施設費　八割以内

七　遠洋漁船建造またはその購入費　五割以内

八　遠洋漁業施設費　八割以内

九　遠洋漁業奨励費　統当たり損失額の五割以内

---

[32]　『朝鮮第二区機船底曳網漁業水産組合十年史』（朝鮮第二区機船底曳網漁業水産組合，1940年11月，元山）7頁。

第**6**章　日韓漁業問題と日本の朝鮮統治

表6-4　機船底曳網漁業と機船巾着網漁業の漁獲高と総漁獲高に占める比率の推移

年		1933	1934	1935	1936	1937
機船底曳網漁業	漁船数	211	245	201	178	273
	漁獲高(円)	3,130,011	3,808,274	3,971,336	5,192,370	5,474,803
	比率(%)	6.1	6.6	6.0	6.5	6.1
機船巾着網漁業	漁船数	220	208	245	305	2,256
	漁獲高(円)	7,101,292	8,347,466	13,210,438	21,886,871	27,710,197
	比率(%)	13.8	14.4	20.0	27.4	30.8
年		1938	1939	1940	1941	1942
機船底曳網漁業	漁船数	269	245	218	223	224
	漁獲高(円)	7,873,678	12,835,855	11,964,262	17,764,306	16,354,693
	比率(%)	9.0	8.5	6.8	10.7	10.1
機船巾着網漁業	漁船数	3,017	3,186	3,200	2,319	1,797
	漁獲高(円)	21,901,628	49,843,364	56,112,434	35,699,774	7,923,129
	比率(%)	25.2	33.0	32.0	21.4	4.9

注：「漁船数」は，1936年までは「従業船数」，1937年からは「延従業船数」である。機船漁業の統計が掲
　　載される1933年以降を表示した。
出典：昭和9〜17年版『朝鮮の水産業』（朝鮮総督府殖産局〔昭和17年版は朝鮮総督府農林局〕刊行）お
　　よび昭和17年版『朝鮮水産統計』（朝鮮総督府）より筆者作成。

　この「水産奨励補助金交付規則」は，朝鮮総督府が制定した前述の「朝鮮漁業経営費低減施設補助規則」よりも，「遠洋」漁業振興のためさらに「積極的な方針をとった」ものであった。例えば，九の「損失額の五割以内」の補助は思い切った措置である。ただし，「水産奨励補助金交付規則」での補助金交付の主体が「朝鮮漁業経営費低減施設補助規則」の「朝鮮総督」から「商工部長官」に変わっただけで，文面はほぼ同一であることが示すように，韓国政府の「遠洋」漁業振興策は朝鮮総督府の漁業政策を継承したものであった。

　韓国政府商工部水産局による李承晩ラインの画定作業ではまず済州島南方および西南方の底魚の好漁場が囲い込まれたこと，韓国による日本漁船拿捕が相次ぎ日韓漁業問題の最大の焦点となったのが済州島周辺水域の日本の旋網漁業や以西底曳網漁業の漁場であったこと，これらは韓国政府の「遠洋」漁業振興

(33)　『現代韓国水産史』（社団法人水友会，1987年12月，ソウル）※348頁。

209

第Ⅰ部　日韓会談と漁業問題

策の延長上にあった。韓国政府の意欲は現在では想像できないほど強いもので
あった。特に李承晩ライン宣言当時，朝鮮戦争（1950～53年）により国土が荒
廃した韓国にとって，資源に恵まれた水産業にかける期待は大きかったに違い
ない。「韓国の水産業は正常に生産活動を行っているおそらく唯一の産業」と
いう連合国軍総司令部の当時の評価が残されている。[34]

4　日韓漁業問題の歴史的背景——歴史の継続(2)

　そして，韓国政府の水産業にかける期待の背景には，1930年代後半に朝鮮半
島北部で急速に発展したマイワシ漁業がもたらした「世界第2位の水産大国朝
鮮」の記憶があったことを指摘せねばならない。当時，朝鮮総督府殖産局水産
課長は，マイワシ漁業の発展により1935年の「世界水産額に付いて見るに，世
界の漁獲高17448（千トン）中，日本は其の33.8％を占め世界第一位に在り，
7.5％の漁獲高を以て米国之に次ぐのであるが，朝鮮のみでも1506（千トン）即
ち世界の総漁獲高の8.6％を示し米国の夫れを凌駕して居り（略）其の躍進振
は何人も驚異とする所である」と誇った。[35]

　マイワシ漁業は1923年に「突然東岸に来襲して以来，急速に発展し遂に世界
水準に達し」，1939～40年頃を頂点として「急に衰微した」漁業であった。以[36]
下，『朝鮮水産統計』を利用してマイワシ漁業を概観したい。まず表6-5を見
れば，1930年代後半にマイワシの漁獲が頂点に達したことがわかる。

　表6-6で明らかなように，マイワシ漁業の朝鮮漁業における重要性は隔絶
したものがあった。すなわち，朝鮮の漁獲高（数量）が最大となった1937年に
は，数量で6割以上，価格で4割近くをマイワシが占めている。1926年の数量

---

(34)　"Report of scheduled meeting Third Meeting of the Trade Working Groups 28 March
　　1951"（米国国立公文書館（RG331）GHQ/SCAP Records Korea-Occupied Japan Trade
　　Conference Mar. 1951-Mar. 1952）。「我が国の輸出貿易において水産物輸出は動乱前に
　　は総輸出総額の約68％で動乱後には約20％を占めた」（金大雄「我が国水産貿易の展望」
　　〔『海務』1-4，海務協会，1956年8月号，ソウル〕14頁）※は，林松本「韓国経済と平和
　　線」（『新天地』8-7，ソウル新聞社，1953年12月，ソウル）※36頁が出典であろう。
(35)　岡信侠助「躍進途上の朝鮮水産業」（『朝鮮』305，朝鮮総督府，1940年10月，京城）43頁。
(36)　前掲註(9)『朝鮮水産開発史』333頁。

210

第**6**章　日韓漁業問題と日本の朝鮮統治

表6-5　朝鮮のマイワシ漁獲高　(単位：千トン，千円)

年	1933	1934	1935	1936	1937	1938	1939	1940	1941	1942
数　量	337	580	800	988	1,388	975	1,207	961	634	79
価　格	5,766	9,170	16,638	26,811	34,193	22,863	54,780	64,222	41,781	6,352

注：数量が瓩（kg）表示である1933年以降のみ示した。
出典：昭和12・17年版『朝鮮水産統計』(朝鮮総督府，1939年3月・1944年3月)より筆者作成。

表6-6　朝鮮の漁獲高に占めるマイワシの割合　(単位：％)

年	1926	1927	1928	1929	1930	1931	1932	1933	1934
数　量	24.9	32.6	36.2	43.1	35.0	36.1	23.6	33.4	41.6
価　格	16.7	17.5	20.6	23.5	9.8	9.9	7.4	11.3	15.9

年	1935	1936	1937	1938	1939	1940	1941	1942
数　量	53.2	59.2	65.6	55.4	59.0	55.3	48.1	9.3
価　格	25.2	33.6	38.1	26.3	36.3	36.6	25.1	3.9

出典：昭和12・17年版『朝鮮水産統計』および昭和10年版『朝鮮水産統計』(朝鮮総督府，1937年3月)
　　　より筆者作成。

表6-7　朝鮮のマイワシ製造品の水産製造高（価格）に占める割合　(単位：％)

年	1933	1934	1935	1936	1937	1938	1939	1940	1941	1942
魚　肥	16.1	21.3	21.9	23.7	27.2	19.9	22.0	20.6	16.7	3.2
魚　油	13.0	14.9	28.1	30.5	28.7	22.2	20.4	22.3	14.7	2.3
魚　粉	0.2	1.8	1.9	2.9	4.5	9.7	9.9	8.8	7.3	

注：1942年の「魚粉」は記録がない。
出典：昭和12・17年版『朝鮮水産統計』より筆者作成。

で2割5分程度，価格で2割弱に比べて大幅な伸びである。さらに，表6-7でわかるように，製造高に占めるマイワシを原料とする製品の割合も高い。マイワシを原料とした「三大油肥工業」とされる魚肥・魚油・魚粉は，1935～40年には朝鮮の水産製造高（価格）の半分を超えている。マイワシ漁業は，朝鮮半島北部を中心に，「これを基盤とする世界的規模の油脂工業を生成させ，日本の水産業における重要な位置を占める」[37]に至ったのであった。

──────────

[37]　岡本信男『近代漁業発達史』(水産社，1965年3月，東京) 95頁。マイワシの90％は製造原料に用いられ，1937年で鰮油2680万圓，搾粕2540万圓，魚粉420万圓の生産をあげた (1936年の朝鮮の総生産額は14億6000万圓) (『朝鮮の水産資源に就て』〔朝鮮総督府水産試験場，1938年12月〕)。

211

第Ⅰ部　日韓会談と漁業問題

図6-1　絵葉書「世界一の朝鮮の鰮」（朝鮮総督府）

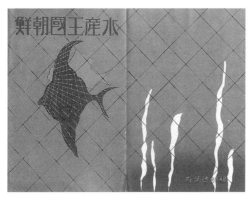

図6-2　『水産王国 朝鮮』（朝鮮総督府が1940年に発行したリーフレット）

以上のマイワシ漁業の発展がもたらした，日本（内地）にも対抗しうる「世界第2位の水産大国」という意識は，日本の統治終了後も南朝鮮・韓国の水産行政担当者に残った。例えば，1947年6月26日付『水産経済新聞』には「京畿道水産課長金承祚氏放送要旨　朝鮮水産業の現段階　世界第二位を占める水産国　地理的条件で資源豊富　水産を土台に国家建設」という記事がある。「我が国の水産業の全盛期といえば1937年前後のマイワシ全盛期を想起することになる。その時の我が国の総漁獲高は二百四十万噸（マイワシ含む）で，これは当時の全世界の漁獲高千六百万噸の約七分の一で全世界各国中，日本の三百万噸に次ぐ第二位を占めていた。当時外国人たちは水産韓国と呼び，中でもマイワシといえばすなわちコリアを想起した」。「1930年代に韓国漁業は黄金時代に遭遇した。1939年総生産高は（略）全韓国産業の18％に該当し（略）韓国は世界第二の漁業国となった」といった発言もそうである。

李承晩ライン宣言直後，1952年2月12日付「李承晩大統領宣言にたいしての

---

(38)　韓 重健「濫獲防止のためのノート」（前掲註(34)『海務』1-4，1956年8月号）※66頁。韓重健は，1952年当時，商工部水産局製造課長であった（『韓国漁業の概観（1952年）』〔水産庁，1953年5月，東京〕）。

212

日本政府からの抗議口上書にたいする韓国政府からの回答覚書書」で韓国政府は，「日本は韓国水域の漁業を事実上独占し，韓国水産業を萎縮させ，更に現在の韓国には近代化した漁船が殆どないという事実でも知悉し得る韓国水産業界を原始状態に放置した」と朝鮮総督府の漁業政策を非難した。[40]その一方で，韓国の水産業関係者は，朝鮮総督府の水産行政の成果の一つであるマイワシ漁業の発展を自らの成果のように誇り，水産業の発展を期したのである。

　吉田敬市は，マイワシ漁獲の7割以上を占めた「巾着網漁業の大部分は日本人の経営する所であって，その最盛期に於ても朝鮮人は咸北区で凡そ一割，東海区では約二割に過ぎなかった。日本人の開発した各種鮮海漁業は，後日に於て殆ど朝鮮人漁業と化したが，その中にサバ及びマイワシ巾着網漁業が，殆ど最後まで経営の主体は邦人であったことは，朝鮮水産開発史上の特殊的性格であろう」と述べている。[41]現実に，1936年5月23日付『朝鮮中央日報』（朝鮮中央日報社，京城）には，「鰮景気は誰のもの？　鰮巾着網漁業者別に見れば朝鮮人

⑶九　鄭文基「韓国の漁業（その現状と未来）」（『韓国の漁業──その現状と未来』日本海洋漁業協会，1952年1月，刊行場所不明）3頁。竹内友康は，韓国「水産学会の巨木」と称された鄭文基の学問的業績が実は朝鮮総督府水産試験場技師であった内田恵太郎の研究の盗用であり，それは「植民地性の残滓」の表れではないかとする韓国人研究者の非難を紹介した（『ハモの旅，メンタイの夢──日韓さかな交流史』〔岩波書店，2013年7月，東京〕146～151頁）。そしてこの非難に発想を得て，韓国政府が受け継いで漁業資源の枯渇を招いた，朝鮮総督府行政の根幹にあった「開発成長原理」こそ真に批判されるべきではないかとする問題提起を行った。竹国はさらに，その「開発成長原理」は「資源の開発，占有への国家的欲望」を生み出し，排他的経済水域の概念や，「国境領土問題」すなわち「扇情的ナショナリズム」の根本をなしていると批判し，「私たちも，ともにその場所を目指さねばならないのではないか」と，「開発成長原理」からの「解放」を呼びかけた（187～189頁）。しかし，建国後の，そして朝鮮戦争で国土が荒廃した韓国の水産行政担当者が朝鮮総督府の漁業政策以外の発展モデルを構想することが可能であったとは筆者（藤井）には考えられない。

⑷〇　『レファレンス』33（国会図書館調査立法考査局，1953年11月）9頁。韓国政府外務部『独島関係資料集（Ⅰ）──往復外交文書（1952-76）』（1977年7月）収録の該当覚書（3～6頁，英文）には引用部分はなぜか収録されていない。しかし，外務部「隣接海洋主権宣言の妥当性及び根拠」（『週報』77号，韓国政府公報處，1953年10月28日）※にはこの文章がある（7頁）。

⑷一　前掲註⑼『朝鮮水産開発史』350～351頁。文中の「咸北区」は「咸北機船巾着網漁業水産組合」，「東海区」は他の4道（咸南・江原・慶北・慶南）の「朝鮮東海鰮巾着網漁業水産組合」に属する漁船を指す。

213

第Ⅰ部　日韓会談と漁業問題

が三分の一　業者の不平これに集中」という見出しの新聞記事が残っている[42]。また，1936年に設立されて鰯油の製造・販売を管理してマイワシ漁業の発展をもたらした，朝鮮鰯油肥製造業水産組合聯合會の三代の理事長や理事そして幹事はすべて日本人であった。同聯合會の歴代委員23名中朝鮮人は8名にすぎなかったし，同聯合會を指導した朝鮮総督府や各道の水産課長は日本人であった。同聯合會の傘下にあった咸鏡北道・咸鏡南道・江原道の各油肥組合の議員たちは朝鮮人が多数を占めていたが，各油肥組合の歴代の組合長はほとんどが日本人であった[43]。このように日本人が「事実上独占」していたにもかかわらず，マイワシ漁業の記憶は韓国の水産行政担当者の脳裏から去らなかった。マイワシの加工品が「世界市場」を対象とした商品であったことも[44]，外貨獲得を切望していた彼らにとっては魅力的であったに違いない。

―――――――

[42]　同記事には1936年度のイワシ巾着網漁業者の民族別業者数が次のようにまとめられている。

表　1936年度のイワシ巾着網漁業者数

	慶　南	慶　北	江　原	咸　南
日本人	6	7	25	23
朝鮮人	0	2	13	5

[43]　『朝鮮鰯油肥統制拾年史』（朝鮮鰯油肥製造業水産組合聯合會，1943年11月，京城）。

[44]　田中道知（日本遠洋底曳網漁業協会専務理事）は「戦前よくとれたあの大量の鰮にしても，韓国の市場に依存する部分はほとんどなかったといっていい位です。詳しく申しますと，約3％位です。97％までは世界の市場に依存しておりました。全部ミールにしたり，搾って油や，グリセリンにしてドイツに輸出しておりました」と回想している（「李ライン問題をどう打開するか」『東洋経済新報』2595〔東洋経済新報社，1953年10月，東京〕41頁）。1939年7月28日に仮調印した日独貿易協定において「対独輸出品中水産関係のものは魚油，鯨油及び魚粉，魚粕をはじめ缶詰類」であった（「日独貿易協定と水産物輸出」〔『水産界』682，大日本水産会，1939年9月，東京〕）。日米通商航海条約廃棄を同年7月26日に通告されていた日本にとって，日独貿易協定によって「日独両国が多角的に，親密の度を加えることはいずれの観点からいっても喜ぶべきものと」期待された（1939年7月30日付『大阪毎日新聞』）。魚粉については，1930年の輸出開始時には米国が輸出額の大部分を占めていたが1934年からはドイツを主とするヨーロッパが米国と同程度になったという分析がある（大島幸吉『魚粉と魚粕』〔丸善株式会社，1938年7月，東京〕625頁）。

第6章　日韓漁業問題と日本の朝鮮統治

5　日韓漁業問題の歴史的背景——歴史の継続(3)

　さらに，これまで重視されてこなかった，もう一つの歴史の継続の問題があ
る。日本の以西底曳網漁業の発展が引き起こした「日本統治期の日韓漁業紛
争」とでもいうべき問題である。

　1908年に本格的な操業を開始した日本のトロール漁業は日本沿岸で漁業資源
枯渇問題を引き起こしたため，日本政府はトロール漁船の操業を東シナ海と黄
海に誘導した。対応を迫られた朝鮮総督府は1910年代初めに内地トロール漁船
への対応策をとった。1911年 6 月 3 日に朝鮮総督府が公布した「漁業令」およ
び「漁業令施行規則」（府令第67号）では，トロール漁業は朝鮮総督の許可漁業
と法的に位置づけられた。大韓帝国政府による，1908年11月 7 日公布の「漁業
法」（法律第29号）および同年11月21日制定の「漁業法施行規則」（農商工部令第
72号）ではトロール漁業の法的位置づけが明記されていなかったのとは大きな
違いがあった。トロール漁業への朝鮮総督府の対応が本格化したことを示して
いる。また，朝鮮総督府は1911年 6 月 3 日に公布した「漁業取締規則」（府令
第68号）で初めて朝鮮半島周辺のトロール漁業禁止区域を設定した。これらの
施策は朝鮮在住漁業者の要望に応えたものであった。

　しかし，朝鮮在住漁業者にとって日本のトロール漁船の脅威が去ったわけで
はなかった。1912年 1 月上旬には，釜山近海の鯛縄漁場にトロール漁船が来襲
し，「魚群を散逸せしめたるのみならず縄船の操業を妨げ甚だしくは縄を切断
流出せしむるが如き暴行を逞しくしたるため（略）休漁若しくは予期の漁場に
て操業し能わざりしもの多き」という事件が起こった。[45]朝鮮総督府は1912年10
月25日公布の改正「漁業取締規則」（府令第27号）でトロール漁業禁止区域を大
幅に拡大したが，内地トロール漁業者の請願により，1913年 9 月 1 日公布の改
正「漁業取締規則」（府令第86号）では済州島南方の操業禁止水域を縮小した。
この時トロール漁船が操業可能になった水域と1965年の日韓漁業協定で設定さ

---

(45)　「釜山近海に於ける一月中漁況」（『朝鮮海水産組合月報』33，朝鮮海水産組合，1912年 2
　　月，釜山）13頁。

215

第Ⅰ部　日韓会談と漁業問題

れた共同規制水域が重なるのは興味深い。1913年には朝鮮総督府による内地ト
ロール漁船抑留事件が起こったこともふまえると，朝鮮総督府と大韓民国政府
の漁業政策における課題の連続性を考えることができる[46]。朝鮮総督府のこのよ
うなトロール漁船排除の方針を，台湾総督府の水産行政担当者は「朝鮮は又極
端なるトロール船排斥主義を採り」とややあきれ気味に表現した[47]。

　また，1910年代から全国的な操業が始まった機船底曳網漁業のうち，東シナ
海・黄海で操業するものを以西底曳に指定して日本政府が管理を強化したのは
1924年であった。同時に朝鮮総督府も朝鮮を根拠地とする機船底曳網漁船の隻
数制限などの規制を打ち出し，1929年1月26日公布の「朝鮮漁業令」（制令第1
号）で機船底曳網漁業を朝鮮総督の許可漁業と法的に位置づけ，同年12月10日
公布の「朝鮮漁業保護取締規則」（府令第109号）では1924年に設定されていた
操業禁止区域が黄海方面で若干拡大された。しかし，機船底曳網漁船の違反は
絶えなかった。1928年4月11～12日に開催された第3回「支那東海黄海漁業協
議会」で朝鮮総督府の水産行政担当者は，「内地の機船底曳網の如きは朝鮮を
外国の如く考えて内には平気で禁止区域を侵す」「（内地の漁業者には——筆者補
注）非常に泥棒根性があります」と不満を表明した[48]。1936年10月に開催された
朝鮮産業経済調査会では，「蕃殖，保護上最も害がある」機船底曳網漁船の隻
数を内地・朝鮮ともに増加させないこと，さらに「将来又内地の漁業と入会を
起こすような場合に於ては，十分協定を遂げる」ことが論議された[49]。以上の底
曳網漁業をめぐる内地と朝鮮の対立は，戦後の日韓漁業交渉を彷彿させるもの
がある。

---

(46)　前掲註(2)「日韓漁業問題の歴史的背景——旧植民地行政機関の漁業政策比較の視点から」
　　　参照。
(47)　樫谷政鶴「汽船トロール漁業に就て」（『台湾水産雑誌』12，台湾水産協会，1916年12月，
　　　台北）5頁。樫谷政鶴はこの後1919年に朝鮮総督府に転任した（小岩信竹「近代における
　　　台湾漁業の展開と樫谷政鶴の漁業権論」〔『神奈川大学国際常民文化研究機構年報』4，神
　　　奈川大学国際常民文化研究機構，2013年9月，横浜〕128頁）。小岩信竹の論考は，明治時
　　　代の日本で生まれた漁業権の概念の植民地への適応を考察するもので，台湾と朝鮮の二つ
　　　の植民地の比較考察に重要な視座を提供している。筆者（藤井）も，「水産統計から見た
　　　日本統治期の朝鮮・台湾の漁業」（『東洋史訪』13，兵庫教育大学東洋史研究会，2007年3
　　　月，兵庫）で水産業を通じて二つの植民地を比較する試みを行ったことがある。

第❻章　日韓漁業問題と日本の朝鮮統治

1951年に韓国政府商工部水産局が李承晩ラインの画定作業を開始した時，作業の基礎となったのは朝鮮総督府の定めた内地トロール漁業者に対する禁止線であった。そのため，前述の李承晩ライン宣言直後の1952年2月12日付対日覚書で「韓国が日本に併合された当時，在韓国の日本人当局者達は（略），韓国周辺に今般大韓民国政府が宣言したのとほぼ一致した水域を宣言して，その水域内においてはトロール船漁猟の禁止を企図した事実のあることに対して注意すべきである」と述べて，韓国政府は李承晩ラインの正当性を主張した。「日本人は朝鮮人の利益のためなら，やっぱり李承晩と同じ事をやっていた」として李承晩ライン宣言に理解を示した朝鮮総督府関係者もいたように，韓国の目論みは若干の成果を上げたように見える。[50]

しかし，韓国の主張は，朝鮮総督府の定めた漁業禁止水域の中で最も広いトロール漁業禁止区域をもってすべての日本漁船を排除するというもので，全く説得力はなかった。戦後韓国が拿捕した327隻の日本漁船中トロール漁船は11隻にすぎず，問題となったのはトロール漁業以外の漁業なのである。また，韓国「遠洋」漁業振興のため，李承晩ラインは朝鮮総督府の定めたトロール漁業禁止線内には含まれていなかった東シナ海の底曳網漁場にまで拡大されていた。ただし，朝鮮総督府がとった内地トロール漁船からの朝鮮の漁業者の保護策を，韓国政府が評価していたこと自体は注目されてよい。韓国政府は朝鮮総督府か

---

⑱　「朝鮮水産振興に関する座談会」（『朝鮮之水産』95，朝鮮水産会，1933年4月，京城）32～33頁。この発言は，韓国の水産行政担当者が李承晩ラインの正当性を主張する時に引用された（『海務』1-6，海務協会，1956年11・12・1月号，43頁）。また，次に紹介するのは齋藤實朝鮮総督（任1919～27年）が「外来出漁者の取締り」を強化する方針を示した談話である。「近年漁具の進歩と共に不正業者が非常に多くなり済州島沖合にまで出て漁り盡すから近海には一向来ぬようになった。（略）頻りに禁漁区を荒し運搬船という（名――筆者補注）目で操漁し船内で拉蔵し直接内地に運ぶなど朝鮮の海の富を開発して併も一厘の税金も納めぬ輩が非常に多いのである。斯る理由のため朝鮮の水産は素晴しい高に上るのに朝鮮内地に落ちる恩恵は極めて微細であるから総督府では相当取締法を講じ朝鮮の富は朝鮮の手に収むべく研究を命じて置いた」。（『水産界』533〔大日本水産会，1927年4月，東京〕37頁）。「朝鮮の富は朝鮮の手に収む」べしという主張が朝鮮総督から発せられた点が興味深い。

⑲　『朝鮮産業経済調査会会議録』（朝鮮総督府，1936年10月）220～221頁。

⑳　「未公開資料　朝鮮総督府関係者　録音記録⒀　京城帝国大学時代の回顧」（『東洋文化研究』14，学習院大学東洋文化研究所，2012年3月，東京）469頁。

217

第Ⅰ部　日韓会談と漁業問題

ら，「遠洋」漁業振興策のみならず内地の漁業者との漁業紛争をも継承したのである。

6　歴史の記憶の再現(1)

　豊富な水産資源を基盤に「遠洋」漁業振興を目指す発足当初の韓国政府と韓国の漁業関係者にとって，圧倒的な優位性を持つ日本漁船の操業は深刻な脅威であった。南朝鮮・韓国は1947年からマ・ライン侵犯を理由とした日本漁船拿捕を始めた。1947年3月20日付『水産経済新聞』には「暴悪無比の日帝の醜足は解放とともに我が朝鮮国土から追放されたが，一方，四十余年前彼らの朝鮮侵入の根本発端は海上漁業区域侵入から始まった。解放後また海上漁区の日人侵入の恐ろしさが少なからず憂慮されている」と日本を警戒する声を掲載した（「倭船近海まで出漁す　海岸警備隊で拿捕処分」）。1949年6月14日に行われた韓国国会でのマ・ライン拡張反対決議には，「倭寇は今まで数千年の歴史を通じて海賊行為に終始し，終局にはわが国の国権を侵略して三十六年間膏血を搾取して民族まで抹殺しようと」したと「倭寇」と位置づけてその排除を目指した。

　上記『水産経済新聞』記事中の「四十余年前の海上漁業区域侵入」とは，吉田敬市の時代区分のうち「明治年間を中心とする日本人漁業者による通漁出稼ぎ時代」を指す。この時期の日本人漁業者について朝鮮総督府殖産局長は，「漁季のみ来り漁獲を終われば直ちに帰国するという有様にて，将来永く漁業を為すとか又は一定の漁場に漁業を為すが如き考えを有せず極端に云えば斬り取り強盗の如き観なきに非ざりき」という状態であったと述べた[51]。「通漁出稼ぎ時代」の日本人漁業者の行動の規制と定着への誘導は[52]，朝鮮総督府の課題となった。日本漁船排除を主張する南朝鮮・韓国は，明治時代の日本人漁業者の朝鮮進出を日本の朝鮮侵略の先兵と位置づけて日本を批難したのであった。

　その対日姿勢は，日本人に対する暴力行為に及ぶこともあった。総司令部の資料には，1947年2月から1950年2月まで36件（42隻）の拿捕時の記録が残っ

----

[51]　「漁業令発布の主旨」（『朝鮮海水産組合月報』27〔朝鮮海水産組合，1911年6月，釜山〕1～2頁）。

218

ている。それによれば，うち12件が拿捕時に発砲され，乗り込んできた韓国人
によって，暴力によるマ・ライン越境の承認の強要，漁獲物・漁具等の没収，
現金や船員の私物の強奪も行われた。1948年5月14日に韓国に拿捕された以西
底曳網漁船「瑞穂丸」の船長は，拿捕後に韓国人から激しい暴行を受けたこと
を記した後に，日本人乗組員が暴行を受けた理由について「外に此れという理
由もありません。朝鮮人は日本人に如何に虐待を受けて来たかにあるようであ
ります」と，報告書の最後を結んでいる。

　南朝鮮・韓国が示したこのような日本への敵意の背景には，韓国漁業の劣位
性があった。それは日韓会談が妥結に向かう1960年代前半においても変化はな
かった。日韓会談反対運動が高揚した1964年春，韓国与党の民主共和党が日韓
会談を進捗させるために作成した宣伝冊子には次のような韓国国民への訴えが
記されている。

　我が国漁業が相当発展したというが，我が国の現有漁業総隻数は四万五千

---

(52) 羽原又吉は『日本近代漁業経済史　下巻』（岩波書店，1957年9月，東京）で，成田定
「朝鮮出漁者保護監督の必要」および藤田守正「朝鮮近海漁業帝国臣民取締法発布に就て」
（ともに『大日本水産会報』188，大日本水産会事務所，1898年2月，東京）を引用して日
本人漁業者の横暴ぶりを具体的に描いた（110～125頁）。1900年に設立された朝鮮海通漁
組合聯合会の規約には，日本人通漁者の次のような行為に対する警告が記されている。
「韓人に対し暴行を加え又は物品の強要を為す者」「上陸の際衣服を着用せぬ者」「妄りに
村落に立入り，又は韓国婦人のみ居住する家屋，若くは汲水洗濯場に侵入する者」（葛尾
修亮『韓海通漁指針』〔黒龍会出版部，1903年1月，東京〕24頁）。一方で，日用品が不足
する日本人通漁者の弱みにつけ込んで魚を買いたたく朝鮮人の「圧政無礼」の報告も残さ
れている（本間九介『朝鮮雑記』祥伝社，2016年2月，東京，215頁）。

(53) 「拿捕違反漁船調」「韓国に抑留された漁船に関する報告書」（米国国立公文書館（RG331）
Boats Seized（Korea）Jan. 1950-Jun. 1950）。

(54) 「韓国に抑留された漁船に関する報告書」（米国国立公文書館（RG331）Korean Seizures-
Petitions Jan. 1949-Feb. 1950）。

(55) 『韓日国交正常化問題──韓日会談に関する宣伝資料　補完版（一）』（民主共和党宣伝部，
1964年3月）※55～56頁。中央水産検査所編『輸出水産物の現況と展望』（農林部水産局，
1963年12月，ソウル）※には，「1962年の漁船勢力（運搬船除外）を見れば，全44572隻
（153831屯）が操業している。このうち10屯以上の漁船は3333隻で全漁船数の7.5％を占め
ているが，その32％にあたる1054隻が無動力船であることを見る時，我が国の全漁船数の
約95％が小型漁船で構成されている」とある（2頁）。同書によれば，動力漁船総数は
5703隻，無動力漁船数は3万9005隻であった（15，17頁）。

219

第Ⅰ部　日韓会談と漁業問題

隻でその中で動力船はやっと10％に過ぎず，90％が無動力船だ。その上ほとんど全部が老朽船で，その性能や漁獲能力は非常に劣っていると言わざるをえない。特に10トン以下の漁船が全体の六分の五を占めている状態で，他の漁業先進国との比較もできない未開状態を抜け出すことができないのが我が国漁業の実情だ。（略）漁業を近代化するのは我が国沿岸漁業だけをその目的とするものでは決してなく，ごく少数を除けば沿岸漁業にだけ従事している我が国漁業を近海および遠洋漁業に転換させて我が国漁業の規模を拡大させ，我が国漁民の所得水準を向上させるのはもちろん，国家的な利益を図ろうとする意図があるのである。

　ここに見られる「遠洋」漁業振興への意欲は，発足当初の韓国政府の水産行政担当者のそれと変わらない。異なるのは，「韓日会談に臨む我々の基本方針（姿勢）」として「充分な経済協力を確保して韓国漁業の近代化と漁民の生活水準向上のための土台が形成される」と述べて，「遠洋」漁業振興のための資金を日本から導入することが公言されていることである。そこでは，「漁業協力で資金を受けとるようになれば水産基金で法制化し，漁港施設拡充，船着場，共販場，灯台，航海照明施設等の共用施設と零細漁民の船舶補修および建造供与，技術教育センター設立，漁業機資材工場，魚肉工場，冷凍冷蔵工場，冷凍貨車等の製造加工施設に活用して我が国の漁業を現代的な遠近海漁業として画期的な発展をめざす」と具体策が述べられている。

　1953年6月17日の第2次日韓会談第7回漁業委員会で日本側は，「韓国側の漁業増強漁民保護等に関する計画を承知し，それに応ずるような案を作りたい」と，韓国漁業発展のための日本の協力を示唆した。それに対して韓国側は，「韓国側の復興計画に対し，日本側が『援助』するというようなことはこの会議には関係ない」と述べて拒否した。また，1953年10月の第3次日韓会談決裂後に日本は「韓国側に漁船および漁網を供給し，日韓両国の漁船隊の不均衡を是正することを援助する用意がある」と韓国に呼びかけたが，韓国はこの呼び

───────────────

⑸⑹　「日韓交渉報告⒇漁業関係部会第7回会議状況」（日本側公開文書　5-894-997）。

220

かけを無視した。[57]

　しかし，1965年の日韓漁業協定締結時には韓国の対日姿勢は転換し，「請求権資金」提供の他に，韓国に対して日本は9000万ドルの民間資金による漁業協力，漁船の輸出禁止の解除，そして水産物輸入の拡大を行うことになった。[58]韓国政府の報告書では次にように記されている。[59]1962年の「金・大平合意」で決定した３億ドルの無償「請求権資金」のうち9.1％が水産業へ投入された。その６割にあたる5.5％分が「漁船導入および建造および改良」に充てられ，1966～75年に建造された3299隻の漁船のうちトン数で49.2％が「請求権資金」によるものであった。韓国の漁船総数は1966年の５万1062隻（平均3.98トン）から1974年末には６万8041隻（平均8.85トン）に増加した。「小型漁船で沿岸漁業に従事するにすぎなかった」ものが，「特に我が国漁業の遠洋漁業への進出

---

[57]　「1953年10月22日付外務省情報文化局長談」（『日韓会談のいきさつ――韓国の態度が決定する　世界の動き　特集号６』外務省情報文化局，1953年11月，東京）30頁。STATEMENT ANSWERING THE SO-CALLED STATEMENT OF THE JAPANESE GOVERNMENT ON THE RUPTURE OF THE THIRD ROK-JAPAN CONFERENCE DATE OCT. 21 and 22, 1953 By the Spokesman of the Korean Delegation to the ROK-Japan Conference（『外交問題叢書第九号　韓日会談略記』〔外務部政務局，1955年３月〕※，495～499頁）。会談決裂後，第３次日韓会談漁業委員会にオブザーバーとして出席した七田末吉（日本遠洋底曳網漁業協会副会長，1955年の日中民間漁業協定締結時の日本側代表団長となる）は「相手側漁業代表が参加していないのでわれわれが仲介弁的役割をはたすことが出来なかったのは残念である」と述べた（1953年10月28日付『みなと新聞』）。第３次日韓会談漁業委員会に民間代表として出席したのは，七田末吉の他に伊藤猪六（大日本水産会副会長）と天野郡治（西日本旋網漁業連合会組合長）であった。『水産週報』75（〔水産週報社，1953年11月，東京〕17頁）には，日東漁業株式会社の合理的経営で著名であった七田末吉は「以西底曳漁業の権化」，天野郡治には「朝鮮でさばつり巾着等を三十年もやっていた」とあり，底曳と旋網の業界代表が名を連ねていた。なお，天野郡治は，前掲註[43]『朝鮮鰯油肥統制拾年史』では「江原道鰯油肥製造業水産組合特別議員，東海鰯巾着網漁業水産組合組合長」と紹介されている。

[58]　和田正明『日韓漁業の新発足』（水産経済新聞社，1965年７月，東京）80～88頁。日本から韓国への水産業における資本進出は，養鰻事業を皮切りに1970～78年にかけて24件行われた（『海外漁業合弁事業の概観』〔海外漁業協力財団，2005年３月，東京〕98～100頁）。なお，1970年代以降，韓国水産業の海外投資もパナマ・モロッコ・米国などを対象に活発化した（『韓国遠洋漁業三十年史』〔韓国遠洋漁業協会，1990年12月，ソウル〕※，600～601頁）。

[59]　『請求権資金白書』（経済企画院，1976年12月，ソウル）※，159，161～162，164～165，378頁。

第Ⅰ部　日韓会談と漁業問題

は請求権資金による大型漁船導入によりさらに活発に展開され，近海漁業においても先進漁業国の日本と相互牽制」できるようになった。他の3.6％分も「試験船導入」「漁業基本施設」「水産物処理加工」などの水産振興事業に使用され，韓国漁業の発展に寄与した。韓国は，水産物の生産や輸出の増大を目指して1966年8月3日に「水産振興法」（法律1814号）を公布し，国立水産振興院や水産振興基金を設置した。「請求権資金」で導入された13隻の試験船のうち6隻が国立水産振興院に配属されるなど，「水産振興法」に基づく事業推進に「請求権資金」が寄与したことは間違いない。

　朴正熙大統領は1966年の年頭教書で，「対日漁業協力資金9千万ドルと請求権資金の多くの部分を集中的に投資することにより，水産装備を急速に改良する一方，零細漁民の権益を保護すること」が政策目標とされ，「膨大な業務を能率的に処理するため水産庁を新設して水産行政を許可する」と述べた。韓国政府が1966年2月28日に設置した水産庁は，「当時の急激に高潮した外国の経済協力の雰囲気の中で，遠洋漁業の基礎的段階から抜け出して多角的な形態へと遠洋漁業の発展をめざした」。1971年1月22日公布の「水産業法」改正（法律第2300号）では，「外国の港湾を根拠地として操業する漁業を遠洋漁業とする」という条項が追加された。「請求権資金」は主として日韓漁業問題の焦点であった旋網漁船や機船底曳網漁船の「導入」に，「対日漁業協力資金」はマグロ延縄漁船や大型トロール漁船など，現代的呼称での「遠洋漁業」振興に使用された。二つの資金は使い分けられたようである。

　2014年7月15日付『中央日報』（電子版）※の「海洋韓国，新たな前進基地"ラス・パルマス"」というコラムでは，「1960年代は，韓国の遠洋漁業が本格的に展開した時期だった。1958年に6万4000ドルに過ぎなかった韓国の遠洋漁業輸出額は，1971年に総輸出額10億6760万ドル中の5％を超える5510万ドルを占めた。当時，遠洋漁業はドル獲得源として経済発展の礎を固めるのに大きな

───────────

(60)　前掲註(33)『現代韓国水産史』318頁。

(61)　『水産庁　三十年史』（水産庁，1996年3月，ソウル）※，458頁。

(62)　前掲註(33)『現代韓国水産史』364頁。

(63)　前掲註(33)『現代韓国水産史』1020頁。

役割を果たしたことはもちろん，雇用創出と非修好諸国との外交尖兵の役割も
しっかりやり遂げた」と韓国海洋水産開発院長の誇らしげな文章が掲載されて
いる。[64]韓国は遠洋漁業振興という建国当時の目標を達成したのである。[65]

7　歴史の記憶の再現(2)

　漁業協力を示して李承晩ライン水域での韓国による日本漁船拿捕を終結させ
たことについて，「前の協定の時は金で漁場を買った」という日本人漁業関係
者の声を，1999年に発効した新日韓漁業協定に関する取材の中で筆者は複数聞
いたことがある（兵庫県漁連但馬支所〔兵庫県城崎郡香住町・当時〕および宇津漁業
協同組合〔山口県萩市見島〕）。こうした韓国の対日姿勢転換の必要性を早くから
提唱していたのが，水産関係の朝鮮引揚者であった。例えば，水産関係の朝鮮
引揚者が結成した「朝水会」の関係者の次の発言である。[66]

---

[64]　この記述は前掲註58『韓国遠洋漁業三十年史』に依っている（89頁）。同書では1970〜80年
　　代に韓国は「世界漁業生産10位圏以内」になったと記されている（907頁）。ただし，同書
　　の表「年度別国別遠洋魚類輸出実績」（752頁）に，1980年代の「遠洋魚類」の輸出先で日
　　本は7割近くを占めたとあるように，韓国遠洋漁業の発展の前提は市場としての日本の存
　　在であった。同書では，1990年までの韓国遠洋漁業の発展過程が次のようにまとめられて
　　いる（878頁）。①黎明期（1957〜62年）：マグロ試験操業，操業技術習得，②開拓期（1963
　　〜69年）：イタリアとフランスの漁業借款導入，日本の大規模商社による漁船および資金支
　　援，③伸長期（1970〜76年）：大型トロール漁業進出，冷凍マグロ用独航船操業開始，④再
　　編期（1977〜85年）：200海里時代に適応するための努力，合作事業進出，新漁場，新漁法
　　開発（フォークランドイカ釣，マグロ延縄など），⑤停滞期（1986年〜現在）：北洋漁場等
　　主要漁場の喪失，船員難と賃金上昇，輸出用魚価の下落，沿岸国の入漁条件など規制強化。

[65]　張瑛秀「韓国水産業の国際化と今後の課題」（『水産振興』44-4〔東京水産振興会，2010
　　年4月，東京〕）によれば，韓国では1980年代「中盤から国内漁業資源の激減と遠洋漁場
　　からの撤退が本格化したことで，水産物輸出も減少していった。一方で1990年代中盤以降，
　　韓国国内の水産物需要は所得の上昇とともに高品質，高価格の水産物に対する需要が高ま
　　っており，国内生産での不足分や新たな魚種への需要に対しては水産物輸入の拡大で対応
　　してきた」。その結果1990年代以降は水産物の輸入量が輸出量を上回るようになったとい
　　う（1〜4頁）。なお水産物の輸出先としては日本が圧倒的であったが，21世紀になって
　　からは中国の伸びが著しいという（7頁）。

[66]　「萩市で座談会　朝水会萩支部共催」（『朝水』22，1951年1月）中の増野忠（「前浦項漁業，
　　現須佐町長」とある）の発言。金龍周駐日韓国公使の在任期間は1950年6月〜51年6月で
　　あった。

第Ⅰ部　日韓会談と漁業問題

　私は公用で東京に出張中で金龍周公使に会いました。（略）朝鮮の再建に
は日本の資材，技術の供給によって復興せねばならない。朝鮮からは米とか，
水産物を日本側は要求するであろう。要するに朝鮮も経済は日本と提携しな
ければ成り立たない。「日韓両国の握手」が最も緊急事と思う。その先鞭を
つけるものは水産である。こういった雑談が交わされました。

戦後，朝鮮をはじめとする「外地」からの引揚者で水産業に携わった人々がい
た。彼らによって「下関，博多を根拠とする機船底曳，鯖巾着などは続々と新
造船が西日本海域で活発に就業し，以東底曳も同じである。資本漁業では以西
底曳39人57件，以東底曳15人17件，巾着網17人25件が活動して」いるという朝
水会の記録がある。[67]とりわけ，李承晩ライン水域に出漁する漁業者のうち「ま
き網漁業者の多くは朝鮮の引揚者で，戦前は南鮮において漁業をした経験者で
ある。かれらは熟知した朝鮮漁場にたいする執着は根強い」ものであった。[68]

　このような朝鮮引揚者の情報をふまえて，林達磨（参議院水産委員会専門員）
は『日韓漁業協定試案』[69]を作成した。試案の中心は日韓合弁漁業事業案であり，
「我が国の有り余る漁船と優秀な技術が，韓国の豊富な天然資源と企業計画に
結びつく」結果「両国密接不可分の水域に於ける漁業を相助けて発展させ，両
国民の共存共栄を図ろう」とするものであった。

　彼の提案の背景にあったのは，日本統治期の朝鮮漁業が内地への漁獲物の移
出を基礎として発展した事実であった。林達磨は『日韓漁業協定試案』で，
「日本の資本・技術が投入され，漁獲物が内地の大消費市場へ」送り込まれた
ことこそ，日本の統治下の朝鮮において「朝鮮漁業が殷賑を極めた」理由であ
ると述べた。よって，指定漁港に朝鮮の漁獲物を陸揚げする場合は輸出入関税

---

(67)　『朝水』2-6（1948年1月）。ただし，1948年2月末の以西底曳漁船の許可数は909隻であり
　　（『大日本水産会百年史　後編』〔社団法人大日本水産会，1982年3月，東京〕78頁），出漁
　　漁船の中で引揚者が圧倒的な勢力であったわけではない。

(68)　「日韓交渉と李ライン問題」（『水産事情調査月報』54〔水産事情調査所，1957年4月，東
　　京〕32頁。

(69)　1950年5月25日と表紙に記されている。この試案についても前掲註(9)「朝鮮引揚者と韓国
　　──朝水会の活動を中心に」参照。

を課さないという大胆な提案までしたのであった。また，日本統治期に朝鮮で広範囲に水産業を営んでいた株式会社林兼商店（現マルハニチロホールディングス）の朝鮮における責任者の1人であった有吉京吉（1892~1966）は，1946年1月の帰国前に朝鮮水産業会に要請されて朝鮮漁業の将来への提言を提出した。その提言(70)にも，朝鮮水産物の日本への輸出と日本からの漁業資材の入手の必要性が主張されていた。

　これらは，朝鮮は「1931年乃至1938年に年平均146万トン（の漁獲物——筆者補注）を生産した。そしてその半分は国内消費用として定期的に朝鮮より日本に持ち込まれた(71)」という歴史をふまえたものであった。実際，1949年3月10日から22日にかけて韓国政府と連合国軍総司令部との間で行われた日韓通商交渉において，韓国側は水産物特に海苔の対日輸出を強く要求した。「日本は，望もうと望むまいと，過去において自らが産み出した産業の製品を買わねばならない」と述べて，韓国側は「日韓経済の再結合」を訴えた。同年4月23日に調印された「占領下日本と韓国との貿易協定」では，戦前の対日海苔移出の最大量に相当する800万束（1942年実績）の海苔対日輸出を連合国軍総司令部は受け入れた。(72)

　1955年8月17日，韓国政府は対日貿易の全面禁止を発表した。1953年10月の

---

(70)　有吉京吉の三女有吉昌子（1926年生）のご提供による（加子浦歴史文化館蔵）。有吉京吉については前掲註(9)「朝鮮引揚者と韓国——朝水会の活動を中心に」参照。また，神谷丹路「日本漁民の朝鮮への植民過程をたどる——岡山県日生漁民を中心として」（『青丘学術論集』13〔韓国文化研究振興財団，1998年11月，東京〕）でも言及されている。

(71)　『外務省調査局資料——調四情判資料45 日本経済 将来の発展及日英貿易の機会（エイチ・エイ・マックレー）英国商務省発表』（調査局第四課，1949年1月，刊行場所不明）。「朝鮮全土に於ける年（1934~41年——筆者補注）平均漁獲高161万2249𦠄の内，輸移出高は101万3000𦠄，その内の87万2000𦠄が内地移出で10万𦠄内外が外国輸出となって居る」という説明もある（下関市鮮魚介出荷統制組合専務理事関壮一「朝鮮沿岸漁業と内地消費市場との關係」（『水産界』732〔大日本水産会，1943年11月，東京〕61頁）。また，日本統治期の朝鮮の水産物の42%は日本に移出されていたという総司令部の記録もある（"JAPANESE FISHERIES PRODUCTION 1908-46（A STATISTICAL REPORT）"（GENERAL HEADQUATERS SUPREME COMMANDER FOR THE ALLIED POWERS NATURAL RESOURCES SECTION REPORT NO95 TOKYO 1947））。

(72)　拙稿「戦後日韓貿易における海苔問題——1949年の日韓通商交渉を中心に」（『東洋史訪』7〕兵庫教育大学東洋史研究会，2001年6月〕兵庫）参照。1949年の日韓通商交渉については太田修「大韓民国樹立と日本」（『朝鮮学報』173〔朝鮮学会，1999年10月，天理〕）が が詳しい。

第Ⅰ部　日韓会談と漁業問題

表6-8　韓国の貿易額

（単位：千ドル，（　）内は総輸出額に占める割合）

年	対米輸出額	対日輸出額	水産物輸出額	総輸出額	総輸入額	貿易差額
1954	14,144 (58.3)	7,258 (30.0)	3,914 (16.1)	24,246 (100)	93,927	-69,681
1955	8,124 (46.2)	6,994 (39.7)	2,159 (12.3)	17,603 (100)	82,537	-64,934
1956	10,695 (42.5)	8,092 (32.2)	2,967 (11.8)	25,154 (100)	43,238	-18,084

出典：『4290年版 経済年鑑』（韓国銀行調査部，1957年5月，ソウル）※。

日韓会談決裂後の関係悪化が招いたものであった。表6-8は1955年を前後する3年間の韓国の貿易額を概観したものである。韓国の日米両国への輸出依存度がきわめて高いこと，恒常的で大幅な貿易赤字が見られることがわかる。1955年に対日輸出は若干の減少が見られるが，むしろ対米輸出の落ち込みの方が大きい。1955年12月17日に韓国政府商工部長官は談話を発表し，1956年1月から対日貿易は再開された。「この経済断交は三カ月で緩和されたが，この裏には既に一切の手続を終り，つみ出しを待っていた鮮塩干魚70万ドル，海苔80万ドルをかかえた関係業界の猛烈な反対工作があったためだとみられている」と対韓水産貿易に強い関心を持つ下関の関係者は推測した[73]。『貿易年鑑 1956-57』（韓国貿易協会，1957年8月，ソウル）※によれば，1956年には，水産物輸出額の18％を占める鮮魚の100％，同じく18％を占める海苔の91％が日本に輸出された（「統計編」19頁）。日韓関係が厳しい中でも，日本統治期の朝鮮から日本への水産物移出の流れは絶たれてはいなかった。

　韓国の総輸出額に占める水産物の割合は，1954～56年には10％台であった（表6-8）が，1957～62年には21％に上昇した[74]。1961年からの日本の水産物輸入自由化に伴い，韓国からの水産物の対日輸出額は1961年の351万ドルから1965年の1862万2000ドルに急増した。1965年実績で見ると，韓国の水産物輸出額は2849万

――――――――――

[73]　『李ラインに阻まれた良識』（みなと新聞社，1957年2月，下関）36頁。

[74]　前掲註55『輸出水産物の現況と展望』42頁。水産庁韓国漁業研究グループ編『海外水産叢書 12-3韓国の漁業Ⅲ 漁業経済・水産教育』（日本水産資源保護協会，1967年8月，東京）によれば，韓国の総輸出額に占める水産物の割合は，1963年は15.8％，1963年は19.9％であった（21頁）。

ドルに達し，総輸出額の16％であった。水産物輸出額に占める対日輸出額の割合は65％と他国を圧倒しており，日本への輸出品の主なものは，活鮮魚・スルメ・海苔・寒天等で，この４品目で82％を占めた。[75]これを日本統治期と比較する。朝鮮の漁獲量が最大であった1937～1939年の総輸移出額に占める水産物（鮮魚・乾魚・塩魚・乾海苔・魚油・海藻）の割合は平均で２％であった。対日移出額に占める水産物移出額の割合は５％であったが，水産物輸移出額に占める対日移出額の割合は81％と，日本が水産物の重要な移（輸）出先であることは，戦前戦後も変わっておらず，[76]むしろ戦後の方が水産物輸出の重要性は高かった。このような「経済的結合」を背景として1965年の日韓国交正常化が行われたのである。

　日韓の漁業者の提携を主張する日本人引揚者が示したのは，吉田敬市が示した時代区分のうち「昭和になってからの自由発展時代」の日本人と朝鮮人が「共存共栄」している姿であった。韓国漁業の発展に必要なのは李承晩ラインによる日本漁船排除ではなく，日本からの漁業協力の導入や水産物市場としての日本であること。漁業（李承晩ライン）問題解決のため，有吉京吉をはじめとする漁業関係の引揚者は韓国に対してこのような説得を行った。「李ラインそのものが，韓国沿岸漁業のための砦をなし，その生産力の高まりに貢献すると考えたのは誤りであった」という一部日本人の主張と共通するものである。[77]

---

(75)　『韓国の水産業（現状と将来の展望）』（みなと新聞社，1967年６月，下関）55～57頁。韓国政府は，水産物輸出拡大は「国際収支改善に寄与することはもちろん，水産物増産による国内価格維持にも大きな助けになると」国民に宣伝した（『韓日会談白書』〔韓国政府外務部，1965年３月，ソウル〕※104頁）。

(76)　『昭和十四年　朝鮮総督府統計年報』（朝鮮総督府，1941年３月，京城）230～238頁。

(77)　近藤康男「李ライン問題について」（『朝鮮研究月報』25，日本朝鮮研究所，1964年１月，東京）４頁。「李ライン問題の経済的分析」（『調査四季報』18，財団法人日本産業構造研究所，1964年３月，東京）31頁（後に『近藤康男著作集　第11巻』〔社団法人農山漁村文化協会，1975年４月，東京〕に収録）。近藤康男「李ライン撤回の経済的基礎」（『世界』210，岩波書店，1964年３月，東京）にも同様の文章がある（124頁）。国際法学者で李承晩ライン問題に関する論考を発表してきた小田滋も「かつて李承晩ラインを死守しようとした韓国の漁船は今や世界のすみずみに雄飛しております。所詮は第一次産業である水産業において，今日の後進国は明日の先進国になり得る。それを見ないで目先の利益にとらわれることの愚かしさを説いたのであります」と同様の考えを述べた（『海洋法　上巻』有斐閣，1979年６月，東京，314頁）。李承晩ライン問題において小田滋とは異なる立場をとった加藤晴子もこの考えには同意している（「戦後日韓関係史への一考察（下）──李ライン問題をめぐって」〔『日本女子大学紀要　文学部』29，1980年３月，東京〕24頁）。

第Ⅰ部　日韓会談と漁業問題

「明治年間を中心とする日本人漁業者による通漁出稼ぎ時代」の「倭寇」のような日本人漁業者像を示して李承晩ラインの必要性を主張していた韓国は，日韓会談の結果，この説得を受け入れたかのように見える。

8　日本統治期の遺産の「継承」

加藤晴子は日本統治期の朝鮮漁業について次のように批判的に記している。[78]

　日本人は有利な立場に立って漁場を独占し，濫獲を行い水産資源の枯渇を招いた。総督府は1911年及び12年には総督府令でトロール禁止区域を設定し，1929年には，のちの李ラインとほぼ重なる地域をトロール漁業禁止区域，機船底引網漁業禁止区域として設定したほどであった。

しかし，この記述には誤りがある。本章で述べてきたように，朝鮮総督府は朝鮮半島沿岸の漁業者と漁業資源の保護のための施策を行った。朝鮮総督府は朝鮮を根拠地とするトロール漁業を許可せず，トロール漁業や機船底曳網漁業の禁止水域を定めて資源を枯渇させる内地を根拠地とする漁船から漁業資源を守ろうとした。沿岸漁業者を保護育成するためであった。本書第2章で述べたように，朝鮮半島沿岸の漁業資源枯渇が顕著になったのは日本の朝鮮統治終了後

---

(78)　前掲註(77)「戦後日韓関係史への一考察（下）——李ライン問題をめぐって」10～11頁。引用文からは1912年と1929年に制定されたトロール禁止線の間に大きな違いがあるような印象を受けるが，実際には，1911年と1912年のトロール禁止線の違いの方が大きい。そして，トロール漁業禁止区域の設定が内地を根拠地とする漁船の操業に対応したものであったことを，加藤晴子は理解できていなかった模様である。玄大松も『領土ナショナリズムの誕生——「独島／竹島問題」の政治学』（ミネルヴァ書房，2006年11月，京都）でこの記述をそのまま引用している（86頁）が適切ではない。なお，同書該当部分の前に，「朝鮮半島周辺，南シナ海の日本の漁業は，朝鮮半島の植民政策と結びついていた」という文章がある。南シナ海の漁業は台湾総督府の施策とは関係があるが，朝鮮総督府の施策とは直接の関係はない。「南シナ海」ではなく「東シナ海」の誤りと思われる。この原文である山内康英「戦後の漁業外交と公海自由レジーム」（草野厚・梅本哲也編『現代日本外交の分析』〔東京大学出版会，1995年2月，東京〕）の記述（333～334頁）を，玄大松がそのまま引き写したのであろう。

228

第6章　日韓漁業問題と日本の朝鮮統治

のことである。また，朝鮮総督府のトロール漁業禁止線と李承晩ラインが「ほ
ぼ重な」るというのは事実に反する。李承晩ラインには，韓国が独占を目指し
た，トロール漁業禁止線の外側の底曳網漁業の好漁場が含まれていた。それは，
「沿海州及び黄海・東支那海漁場の開発は半島水産業の実情に照し極めて緊要[79]」
という1930年代後半から朝鮮総督府が指向した「遠洋」漁業振興策を韓国政府
が継承したことを示すものであった。そしてその「遠洋」漁業振興には経済協
力提供国でありかつ水産物の市場である日本の存在が不可欠であった。日本統
治期の「日韓経済の再結合」が必要であったのである。李承晩ライン問題を中
心とする日韓漁業問題とは，日本の朝鮮統治の遺産をどのように継承するかと
いう問題でもあった。

───────────

[79]　前掲註(27)『施政三十年史』605頁。同書では，「漁村民の生活安定と沿岸漁村の自然的生産
　　力保護涵養」が朝鮮漁業の課題とされ，「水産貿易の振興」「遠洋出漁奨励施設拡充」「漁
　　業経営費低減施設」「水産製品検査所の設置」「鰯油肥の統制強化」といった南次郎朝鮮総
　　督（任1936〜42年）の下での水産業の具体的施策の概略が記されている。

第Ⅱ部
竹島問題と日韓関係

第7章

竹島問題における韓国の主張の形成

　南朝鮮過渡政府が竹島の存在を意識しはじめた1947年から，韓国政府外務部政務局が韓国政府の主張を整理した『外交問題叢書第十一号　独島問題概論』を発刊した1955年までに，竹島領有を主張するために韓国が示した「根拠」を整理するのが，本章の目的である。竹島不法占拠が進む時期に，韓国がどのように竹島問題に関する主張を形成してきたかを明らかにしたい。

1　韓国の主張の整理

　1947年から1955年までの韓国の文献に見られる「根拠」は次のようなものである[1]。

（1）歴史的根拠

①竹島は『世宗実録』にある「于山島」である[2]。

②竹島は『成宗実録』にある「三峯島」である[3]。

③竹島は『正宗（正祖）実録』にある「可支島」である[4]。

---

[1] 川上健三『竹島の歴史地理学的研究』（古今書院，1966年8月，東京），濱田太郎「竹島（独島）紛争の再検討―― 竹島（独島）紛争と国際法，国際政治―(1)(2)(3)」（『法学研究論集』6・7・8，明治大学大学院法学研究科，1997年2月・1997年9月・1998年2月，東京），大壽堂鼎「竹島紛争」（『国際法外交雑誌』64-4/5，国際法学会，1966年3月，東京）後に『領土帰属の国際法』（東信堂，1988年7月，東京）に収録）による整理を参考にした。

[2] 「于山島」は鬱陵島の別名かあるいは架空の島の名称であり，後には鬱陵島近くの小島「竹嶼」の名称となったもので，朝鮮国が竹島への認識を持っていたとはいえない（塚本孝「竹島領土編入（1905年）の意義について」〔『島嶼研究ジャーナル』3-2，島嶼資料センター，2014年4月，東京）〕58～61頁）。

233

第Ⅱ部　竹島問題と日韓関係

④17世紀末，竹島に行った安龍福が竹島は朝鮮領であると日本人に厳重に警告した。[5]

⑤17世紀末に江戸幕府は鬱陵島（とその「属島」の竹島）を朝鮮領と認めた。[6]

（2）1905年の竹島の日本領土（島根県）編入について[7]

①『朝鮮沿岸水路誌』1（水路部，1933年1月，東京）によれば日本領土編入前に朝鮮人が竹島で操業していた。[8]

②朝鮮人は竹島を「石島」と呼んでいた。[9]

③1906年に鬱島郡守沈興澤（シムフンテク）が作成した報告書には「本郡所属独島」とある。[10]

④竹島の日本領土編入についての正式の通告は当時の大韓帝国政府に行われなかった。[11]

---

(3)　「三峯島」の記事は同島に逃げ込んだ朝鮮人の捜索が主題であり，「人の常住に適しない今日の竹島が，これに該当しない」，「三峰島」は鬱陵島である可能性が高いとして川上健三はこの主張を否定した（前掲註(1)『竹島の歴史地理学的研究』131～132頁）。

(4)　「可支」すなわちアシカの島であるから「可支島」が竹島であるという主張である。竹島はアシカの唯一の棲息地という先入観に基づくこの主張を，川上健三は，当時のアシカの主たる棲息地は竹島よりも鬱陵島であったとして否定した（前掲註(1)『竹島の歴史地理学的研究』135～136頁）。

(5)　安龍福の言動についてはさまざまな疑問点がある。また安龍福が日本に竹島が朝鮮領であることを認めさせたとする韓国側主張は，当時の朝鮮政府が安龍福の言動に関知しないと言明しているため韓国の竹島領有の根拠にはならない（塚本孝「元禄竹島一件をめぐって──付，明治十年太政官指令」（『島嶼研究ジャーナル』2-2，島嶼資料センター，2013年4月，東京）46～48頁）。また，池内敏「安龍福英雄伝説の形成・ノート」（『名古屋大学文学部研究論集』史学 55，名古屋大学文学部，2009年）がある。

(6)　鬱陵島への日本人の出漁をめぐって日朝間で生じた紛争を収拾するために行われ，1696年に江戸幕府の鬱陵島渡海禁止で決着したこの時の外交交渉（元禄竹島一件）の対象となったのはもっぱら鬱陵島であって竹島ではない。また当時の幕府が現在の竹島を版図外とした対外的な表明はない（前掲註(5)「元禄竹島一件をめぐって──付，明治十年太政官指令」41～45頁）。また竹島が鬱陵島の附属島嶼とはいえないことについても同45～46頁に説明がある。

(7)　1905年の竹島の日本領土編入は，国際法上の「先占」（対象となる土地が無主地であって，国家が領有意志を持って当該の土地を実効的に占有すること）によって行われた。1月の閣議決定と翌月の島根県告で領有意志が表示され，その後の行政権行使が「実効的占有」にあたる。ただ，日本には江戸時代にすでに，竹島の正確な知見，大谷（おおや）・村川両家の竹島経営の実績と幕府のそれへの公認といった，竹島領有の「歴史的権原」があった。1905年の措置とは，「対内的には，これまで日本の領土として歴史的に信じられていた所属未定の竹島を島根県の管轄に編入し，対外的には，無主地先占による日本の領土権の確立を宣言した」ものであった（島根県編刊『新修島根県史 通史篇2 近代』1967年2月，松江，382頁）。日本は国際法に基づいて竹島の領土権を確実にし，また島根県の管轄としたのである。

234

第**7**章　竹島問題における韓国の主張の形成

⑤竹島の日本領土編入は秘密裡にすなわち島根県という地方政府レベルで行
　われた。[(12)]

⑥竹島の日本領土編入に大韓帝国政府は抗議できなかった。[(13)]

⑦日本政府は，無効（null and void）と韓国政府が主張している，日韓議定

---

(8)　1904年の軍艦「対馬」の調査による「毎年夏季ニ至ラバ海驢猟ノ為鬱陵島ヨリ渡来スル者
　　数十名ノ多キニ及ブコトアリ」（89頁）の記述である。川上健三は「少なくとも明治36年
　　（1903年）以降の今日の竹島におけるあしか猟業は，その大部分が隠岐島民によって行わ
　　れていた。明治37年，38年には，隠岐島民に加えて鬱陵島からも同島におもむいたものが
　　若干はあったが，それらは（略）日本人と日本人に雇傭された鬱陵島島民であって，韓国
　　のいうような鬱陵島の島民が自ら同島のあしか猟業を経営したわけではない」と，この主
　　張を否定した（前掲註(1)『竹島の歴史地理学的研究』185頁）。

(9)　この主張と，「鬱陵島」を「鬱島」と改称して「鬱島郡」を置いた1900年10月25日付大韓
　　帝国勅令41号で管轄下とした「石島」が竹島であるという，現在韓国が行っている主張は
　　関連する。よって，1905年の日本の領土編入に関する項目にこの主張を置いた。ただし，
　　韓国は「石島」が「独島」であることを証明する文書を示すことをできていないし，当時
　　の大韓帝国の公文書における「鬱島」の範囲に竹島は入っていない（前掲註(5)「元禄竹島
　　一件をめぐって──付，明治十年太政官指令」61～63頁，山﨑佳子「韓国政府による竹島
　　領有根拠の創作」（第２期竹島問題研究会編『第２期「竹島問題に関する調査研究」最終
　　報告書』島根県総務部総務課，2012年３月）64頁）。なお，大韓帝国勅令41号の「石島」
　　が現在の竹島を意味するという主張は，李漢基『韓国の領土』（ソウル大学出版部，1969
　　年10月，250頁）※が初出と思われる。

(10)　1906年３月，竹島実態調査の途次に鬱陵島に立ち寄った島根県の調査団が竹島編入を告げ
　　たところ，沈興澤は「本郡所属独島」ではじまる報告書を大韓帝国政府に提出した。しか
　　し，この報告書は法令を根拠にしたものではなく，また大韓帝国が竹島への領土主権を行
　　使した実例を示さねば領有権主張の根拠にならない（前掲註(2)「竹島領土編入（1905年）
　　の意義について」63～65頁）。

(11)　国際法上，領有意志の表示は地方庁の告示でも問題なく，外国に対する通告は「先占」の
　　要件ではない（『竹島問題100問100答』〔ワック出版，2014年３月，東京〕48～49頁）。

(12)　日本政府は1905年１月28日の閣議で竹島を「島根県所属隠岐島司所管」とすることを決定
　　してその旨を同年２月15日に島根県に訓令した。島根県は同年２月22日付の同県告示第40
　　号で竹島について「本県所属隠岐島司ノ所管ト定メラル」とした。したがって竹島の日本
　　領土編入が「地方レベルで行われた」という主張は誤りである。また，竹島の島根県編入
　　は官報には掲載されなかったものの，当時の新聞・雑誌では報じられており，決して「秘
　　密裡」ではなかった（前掲註(11)『竹島問題100問100答』88～89頁）。

(13)　当時の大韓帝国政府は，日本への抗議はできたのにしなかったというのが実相であり，韓
　　国の主張は誤りである。そのことは，1905年12月に蔚珍郡の日本海軍望楼跡地を日本人が
　　売買していることを問題視した大韓帝国政府が統監府に照会し，その結果売買が行われな
　　くないことが回答された例を見てもわかる（前掲註(9)「韓国政府による竹島領有根拠の創
　　作」63～64頁）。

235

第Ⅱ部　竹島問題と日韓関係

　書や第1次日韓協約の後に竹島の日本領土編入を行った。

⑧竹島は日本の朝鮮半島侵略の犠牲となった最初の領土である。

（3）1946年の二つの連合国軍最高司令官総司令部（GHQ/SCAP 以下「総司令
部」と略記する。）の覚書と対日平和条約について

①1946年1月29日付総司令部覚書「若干の外郭地域を政治上行政上日本から
　分離すること」（SCAPIN-677）の対象地域の中に鬱陵島や済州島とともに
　竹島があった。

②1946年6月22日付総司令部覚書「日本の漁業及び捕鯨業許可区域」
　（SCAPIN-1033）で定められた，日本漁船の操業の限界線であるマッカーサ
　ーライン（以下「マ・ライン」と略記）の外側に竹島が置かれた。⁽¹⁴⁾

③1948年6月8日に起きた米軍による竹島爆撃事件の処理が米韓間で行われ
　た。⁽¹⁵⁾

---

⑭　「日本の船舶及び船員は竹島から12海里以内に近づいてはならず，又この島との一切の接
　触は許されない」とされた。その後，1949年9月19日付総司令部覚書「日本の漁業及び捕
　鯨業許可区域」（SCAPIN-2046）で12海里は3海里に縮小された。（3）①のSCAPIN-677
　と同様，この指令は日本の領土を最終決定したものではないと明記されており，竹島を韓
　国領としたものではないのは明白である。また，1945年12月27日付「極東委員会及聯合国
　対日理事会付託条項」では「委員会ハ軍事行動ノ遂行ニ関シ又ハ領土ノ調整ニ関シテハ勧
　告ヲ為スコトナカルベシ」と，総司令部の上部組織である極東委員会ですら日本の領土決定
　に関与できないとされていた。

⑮　「独島爆撃事件」とは1948年6月8日に米空軍機が竹島で爆撃演習を行ったため操業中の朝
　鮮人漁業者が被害を受けた事件である。「［島根県］水産商工部 澤富造・井川信夫の出張復
　命書 昭28.6.28付」）に記録された1950年6月8日建立の「独島遭難漁民慰霊碑」の碑文によ
　れば，「死亡および行方不明十四名重軽傷六名，船舶破壊四隻」の被害が発生した。韓奎浩
　　　　　　　　　　　　　　　　　　　　　　　　　　　　　　　　　　　　ハンギュホ
　「惨劇の独島」（『新天地』）3-6，ソウル新聞社，1948年7月，ソウル※）および洪聖根「独島
　　　　　　　　　　　　　　　　　　　　　　　　　　　　　ホンソングン
　爆撃事件の国際法的争点分析」（独島学会編『独島研究叢書10 韓国の独島領有権研究史』
　独島研究保存協会，2003年12月，ソウル※）では犠牲者は16名となっている。この事件で日
　本人に被害者が出なかったのは日本人がマ・ラインを遵守していたからで，領土問題とは関
　係ない。竹島を在日米軍が爆撃訓練場として使用することは1947年9月16日付連合国軍総司
　令部覚書「リアンクール岩爆撃訓練場」（SCAPIN-1778）で，そして改めて1951年7月6日
　付連合国軍総司令部覚書「リアンクール岩（竹島）爆撃訓練場」（SCAPIN-2160）で総司令
　部から日本政府に通告された。1951年の通告は韓国政府にも伝えられたが，これは韓国人が
　事故に巻き込まれることを防止するためのものと考えられる。1952年7月26日，日米合同委
　員会は竹島を爆撃訓練区域に指定したが，島根県の要請もあって1953年3月19日に指定は解
　除された。この指定の時に日本政府から米軍に施設・区域の提供という形をとったのは，竹
　島が日本の領土であることを示すものである（前掲註⑾『竹島問題100問100答』66〜67頁）。

236

第**7**章　竹島問題における韓国の主張の形成

④竹島は1943年の「カイロ宣言」で日本からの剝奪が定められた「暴力およ
　び強欲により日本が略取した領土」にあたる。

⑤日本が竹島の領有権を主張するのは日本の再侵略の野心の現れである。

次に，1947年から1955年までに韓国で書かれた竹島問題に関する文献のうち，
竹島領有の主張が「根拠」を含めて記されているものを列挙する。

①洪九杓「無人島独島調査を終えて」(『建国公論』3-5，建国公論社，1947年10
　月，大邱）※

②「独島の国籍は朝鮮　厳然たる証憑資料も保管」(1947年10月3日付『漢城日
　報』ソウル）※

③「古色蒼然たる歴史的遺跡　鬱陵島を捜して　鬱陵島学術調査隊長　宋錫夏」

　(『国際報道』10，国際報道連盟，1947年12月，ソウル）※

④「独島　古名は三峰島　航空路の要衝　東海の我が国土　悲しい流血の記録

---

⑯　朝鮮山岳会の「鬱陵島学術調査隊」と南朝鮮過渡政府の独島調査団は，1947年8月16〜25
　日に派遣され，同年8月20日に竹島に上陸した（鄭秉峻『独島 1947——戦後独島問題
　と韓米日関係』〔トルペゲ，2010年8月〕110〜168頁）※。その調査報告の一つである。
　1946年7月29日に在朝鮮米軍政庁令第6号で日本人の漁業許可区域を竹島の西北12ｍに
　定めたという根拠不明の記述がある。マッカーサーラインに関する情報が誤伝されたもの
　であろう。

⑰　「『独島』の国籍は朝鮮　厳然たる証憑資料も保管」(1947年10月16日付『水産経済新聞』ソ
　ウル）※のような同一内容の新聞報道が複数ある。なお，1947年の竹島関連新聞記事とし
　ては「独島は我が領土　史的証憑文献　捜索会からマック司令部に報告」(1947年8月5日
　付『東亜日報』〔1947年8月7日付『東光新聞』(光州）にも同文の記事がある〕）がある。
　同記事中に「独島が江原道区域に編入されたという日本人地理学の論文が発見された」と
　あり，これは1948年に申奭鎬が「独島所属に対して」(⑦）で取り上げた樋畑雪湖「日本
　海における竹島の日鮮関係に就いて」(『歴史地理』55-6，日本歴史地理学会，1930年6月，
　東京）であろう。同記事中の「竹島（リアンコルド島）は鬱陵島と共に今は朝鮮の江原道
　に属して」いるとする記述は，1953年9月9日付韓国政府口上書（㉑）でも，韓国側「根
　拠」の一つとなった。日本政府は，1954年2月10日付口上書で，この記述は竹島と鬱陵島
　の混同の結果生まれた誤りであるとしてこの主張を否定した。「明治以前の竹島が鬱陵島
　そのものを指したことも全然知らずに述べているもので，樋畑氏個人の無知を示すものに
　すぎず，この論文の発表された昭和5年に『竹島』は，島根県に属しており，鬱陵島自体
　も慶尚北道に属しており，江原道には属していない（田村清三郎『島根県竹島の新研究
　[復刻補訂版]』〔島根県総務部総務課，2010年6月，松江〕154頁）。

237

踏査回顧 洪鐘仁記」（1948年6月17日付『朝鮮日報』ソウル）※

⑤「独島（原名はトルソム）は我らの島」（『セハン民報』2-13，セハン民報社，1948年7月，ソウル）※

⑥1948年8月5日付の愛国老人会によるマッカーサー総司令部司令官宛請願（英語）Request for Arrangement of Lands Between Korea and Japan[18]

⑦申奭鎬「独島所属に対して」（『史海』1，朝鮮史研究会，1948年12月12日，ソウル）※

⑧1951年9月21日付で卞榮泰外務部長官がムチオ駐韓米国大使に宛てた書簡（英語）[19]

⑨1951年11月26日付「李公報處長の独島に関する談話」[20]※

⑩「歴史的諸根拠厳存 海洋主権限界は変遷している 日本の異議に山岳会反駁」（1952年1月31日付『東亜日報』釜山）[21]※

----

(18) Korean Petition Concerning Sovereignty of "Doksum", Ullung Tsushima, and "Parng" Islands（米国国立公文書館（RG84）office of the U. S. Political Advisor for Japan, Tokyo Classified General Correspondence 1945-52 1948：800 Korean Political Affairs, July-Sept）．この請願で愛国老人会は，「独島」，鬱陵島，「波浪島」そして対馬が韓国領であることを主張した。英文の拙劣さや記載された歴史的事実の誤りを指摘して請願を酷評し，「韓国ソウルの愛国老人会についてはほとんどわからない。しかし，この組織が公的な地位を持たずまた要求の喧嘩腰な性格を見れば，この請願へのGHQの返答は必要ではなく受けとったことを知らせるだけで十分である」という極東米軍の総司令部への1948年8月25日付の伝言や，極東米軍の意見を総司令部が受け入れたことを示す同年8月27日付の文書により，鄭秉峻「解放後韓国の独島に対する認識と政策（1945-51）」（東北アジア歴史財団の日本語版ホームページに掲載された）では請願書の国務省移送は行われず，それが米国の竹島認識に影響を与えたとされている（31頁）。一方，玄大松は『領土ナショナリズムの誕生――「独島／竹島問題」の政治学』（ミネルヴァ書房，2006年11月，京都）で，Sung-Hwa Cheongの著作を引用して，総司令部は同年9月16日に愛国老人会の請願書を国務省に移送したとしている（70頁）。

(19) Yung Tai PYUN → Muccio September 21, 1951（米国国立公文書館（RG59）Records of the U. S. Department of State relating to the Internal Affairs of Korea, 1950-54：Department of State Decimal File 795, Wilmington, Del：Scholarly Resources, Inc., Reel 29）．

(20) 『光復30年 重要資料集（月刊中央75年1月号，別冊附録）』（中央日報社，1975年1月，ソウル）140頁※。李哲源公報處長によるこの談話は，1951年10月22日に開催された衆議院「平和条約及び日米安全保障条約特別委員会」において，草葉隆圓外務政務次官が対日平和条約で竹島は日本領土であることが確認されたと述べたことを報じた新聞記事「日本に還る無人の『竹島』 空白十年の島の全容を探る」（1951年11月24日付『朝日新聞（東京本社版）』）に反発して発表されたものである。

第**7**章　竹島問題における韓国の主張の形成

⑪「社説　日本政府の抗議に反駁」（1952年2月2日付『釜山日報』釜山）※

⑫1952年2月12日付韓国政府口上書（英語）[22]

⑬1952年2月25日の「国籍処遇問題に関する非公式会談」における金東祚外務部政務局長の発言[23]

⑭韓国山岳会「鬱陵島・独島学術調査団出発に際して」（1952年9月，刊行場所不明）[24]※

⑮柳洪烈「鬱陵島・独島学術調査紀行」（1952年10月13日付『ソウル大学新聞』）※

⑯「社説　独島帰属問題と日本の妄執」（1953年3月10日付『釜山日報』）※

⑰崔柄海「光復された独島の領有権を主張する」（『国防』26，国防部政訓部，1953年9月，刊行場所不明）[25]※

⑱「日の独島侵犯に世論　我が領土権明白　山岳会声明　日帝の侵略手段再現」

---

(21)　「独島は厳然たる我が領土　奇怪な日本側異議に山岳会で反駁　海域宣言と『竹島』」（1952年2月1日付『自由新聞』ソウル）※も同一の文章である。

(22)　韓国側公開文書「平和線宣布と関連する諸問題 1953-55」117〜118頁（英語）。『独島関係資料集（Ⅰ）──往復外交文書（1952〜76）』（外務部，1977年7月）3〜6頁（英語）。『外交問題叢書第11号　独島問題概論』〔㉛〕には竹島関連部部のみが掲載されている（附録7頁，英語）。日本語訳は『レファレンス』33（国立国会図書館調査立法考査局，1953年11月20日）に「李承晩大統領宣言にたいしての日本政府からの抗議口上書にたいする韓国政府からの回答覚書（昭和27年2月12日付）」として掲載されている（8〜11頁）。日本政府は，この口述書に再反論する4月25日付口上書を韓国政府に送付した（『外交問題叢書第11号独島問題概論』〔㉛〕附録4〜7頁〔英語〕・『独島関係資料（Ⅰ）──往復外交文書（1952〜76）』7〜9頁〔英語〕）。

(23)　「日韓会談記録(2)（国籍処遇問題）」外務省アジア局，1952年6月（日本側公開文書，第5次公開，開示決定番号852，文書番号606　以下「日5-852-606」のように略記する）。

(24)　『1952年〜1953年独島測量』（韓国国会図書館，2008年8月，ソウル）。1952年の「鬱陵島・独島学術調査団」は韓国山岳会が主催し，韓国政府が後援して9月17〜28日に派遣された（「鬱陵島・独島学術調査紀行」〔⑮〕）。同年9月15日に米軍機の竹島での爆撃訓練があったという情報を得たため，9月19日に予定していた竹島上陸は断念されたという（「独島に対する米国の見解1952-65」韓国外交史料館所蔵文書，分類番号743.11JA，登録番号5420）※。ただし，調査団のうち「測地班」など一部の人員が9月22日に竹島に向かい，米軍機の爆撃訓練を目撃して竹島から約2キロのところで上陸を諦めたという（朴炳柱「独島の測量」〔『1952年〜1953年独島測量』〕55頁）。「1953年独島を調査した朴炳柱先生"我々は命をかけて独島を調査した"」（『新東亜』592，東亜日報社，2009年1月）※では，日本が米軍に連絡して調査団の竹島上陸を阻止したという推論がなされている（592頁）が事実とは思われない。

(25)　記事の末尾に1953年6月16日という付記があるため，時系列ではこの位置に置いた。

239

第Ⅱ部　竹島問題と日韓関係

　（1953年 7 月 3 日付『国際新報』釜山）※

⑲1953年 7 月 7 日に韓国国会で行われた「独島事件に関する真相報告」※[26]

⑳李崇寧「独島問題と今後の対応」（『希望』3-9，希望社，1953年 9 月，ソウル）※[27]

㉑「1953年 7 月13日付日本政府の独島（「竹島」）に関する見解に対する韓国政府の論駁」（1953年 9 月 9 日付）※[28]（韓国政府見解〔第一回〕）

㉒崔南善「鬱陵島と独島――韓日交渉史の一側面」（1953年 8 月10日～同年 9 月 6 日付『ソウル新聞』ソウル）※

㉓柳洪烈「独島領有の史的合法性」（1953年11月 9 日付『ソウル大学新聞』）※

㉔洪以燮「鬱陵島と独島」（『新天地』9-7，ソウル新聞社，1954年 7 月，ソウル）※

㉕黄相基「独島問題研究」（1954年 7 月15日付『勤労学生新聞』刊行場所不明）※[29]

㉖「独島（「竹島」）領有に関する1954年 2 月10日付，亜二第15号日本外務省

---

[26] この「独島事件」とは1953年 6 月27日に海上保安部と島根県が合同で竹島調査を行い，竹島に上陸していた韓国人 6 人に退去を命じ，「島根県穏地郡五箇村竹島」の標識などを建てたことを指す。

[27] 記事の末尾に（7・30）とあり，1953年 7 月30日に書かれたと判断して時系列ではこの位置に置いた。

[28] 『外交問題叢書第十一号 独島問題概論』（㉛）117～130頁※，附録36～48頁（英語）。前掲註㉒『独島関係資料集（Ⅰ）――往復外交文書（1952～76）』29～40頁（英語）。

[29] 『独島』（〔大韓公論社，1965年11月，刊行場所不明〕※211～238頁）および『独島関係資料集（Ⅱ）――学術論文』（外務部，1977年 8 月）※273～292頁）。『独島』には「1957年 2 月28日から 6 日間東亜日報に連載」とあるが，『東亜日報』所載の該当論文は黄相基「独島領有権」であり，誤りである。黄相基『独島領有権解説 附録平和線問題』（勤労学生社，1965年 5 月，ソウル）の「自序」には「著者は独島の領有権問題に対して，⑴1954年 7 月15日勤労学生新聞紙上に独島問題研究，⑵1954年12月12日民主新報に独島に対する史的小考，⑶1955年 2 月28日ソウル大学新聞紙上に独島問題小考，⑷1955年 2 月28日ソウル大学校大学院で独島問題研究（が――筆者補註）法学碩士学位論文として通過した事実」とあるので，この論考は1954年に書かれたものと判断した。ただし，『独島領有権解説 附録平和線問題』掲載の1954年 7 月15日付『勤労学生新聞』の写真にある記事の題目は「独島問題解説」であり，内容も「独島問題研究」とは異なっている。また，「独島は厳然たる韓国領土」（㉗）では黄相基の論文は「勤労学生（第 3 号）紙」に掲載されたと記されている（40頁）。さらに，『独島関係資料集（Ⅱ）』掲載の黄相基「独島領有権 解説」（234～272頁）は「勤労学生社 1954年刊」と付記されているが，1965年までの記述を含むなど，黄相基の著作については不明な所がある。

240

第7章　竹島問題における韓国の主張の形成

の覚書として日本政府が取った見解に反駁する大韓民国政府の見解」

（1954年9月25日）※[30]（韓国政府見解〔第二回〕）

㉗洪以燮「独島は厳然たる韓国領土」（『情報』公報室，1954年10月）※

㉘1954年10月28日付韓国政府口上書「竹島問題の国際司法裁判所への付託を拒否」※[31]

㉙丁仲煥（チョンチュンファン）「厳然たる我が領土 日本側の史実でも実証」（1954年11月14日付『国際新報』）※

㉚黄相基「碩士学位論文 独島問題研究」（ソウル大学校大学院法学科，1954年12月12日）※

㉛『外交問題叢書第十一号 独島問題概論』（1955年5月，外務部政務局）※

㉜黄相基「独島問題小考」（1955年2月28日付『ソウル大学新聞』）※

㉝金麗生（キムヨセン）「国際法上から見た独島の帰属」（『和白』1，延禧大学校法政大学法政学会，1955年8月，ソウル）※

①〜㉝の文書を時系列順に縦に，韓国の「根拠」を横に並べたのが表7−1である。この表中の△（部分的に主張）について，具体的な説明を加えたい（①については本章註⒃参照）。

②「独島の国籍は朝鮮 厳然たる証憑資料も保管」

　（2）③について，「李朝末にもここを我が領土として確認し，日本の侵略を憂慮して当時の鬱陵島郡守から上部に対して報告した」とある。「証憑資料」とは沈興澤の報告書であろうが，歴史的経過や典拠が不明なため△とした。

③「古色蒼然たる歴史的遺跡 鬱陵島を捜して 鬱陵島学術調査隊長 宋錫夏」

　（1）②について，文章は主として鬱陵島に関するものであるが，一部竹島に関する記述があり，そこに「歴史的には，李朝成宗3年から12年（1473〜81）までの十年間，この島の問題が沸騰して朴宗元は敬差官として我が国の投潜

�30　『外交問題叢書第十一号 独島問題概論』（㉛）155〜189頁，附録84〜103頁（英語）。前掲註22『独島関係資料集（Ⅰ）──往復外交文書（1952〜76）』※78〜93頁，94〜116頁（英語）。

�31　『外交問題叢書第十一号 独島問題概論』（㉛）※208〜211頁，附録117〜120頁（英語）。前掲註22『独島関係資料集（Ⅰ）──往復外交文書（1952〜76）』119〜121頁（英語）。

第Ⅱ部　竹島問題と日韓関係

表7‑1　1947〜55年に韓国が示した竹島領有の「根拠」

（「根拠」を検討し，主張しているものを○，部分的に主張しているものを△で示した。）

	(1)①	(1)②	(1)③	(1)④	(1)⑤	(2)①	(2)②	(2)③	(2)④	(2)⑤	(2)⑥	(2)⑦	(2)⑧	(3)①	(3)②	(3)③	(3)④	(3)⑤
①								○							△			
②								△										
③		△																
④		○			△													
⑤		○					○											
⑥					○				△	○	△							
⑦		○			○	○		○			○				○			
⑧										○				○	○	○		
⑨														○		△		○
⑩		△			△											△		
⑪		○			△											△		
⑫														○	○			
⑬										△				○		○		
⑭				△	○													
⑮		△				○	○	△							△			
⑯	○			○	○						△							○
⑰	○	○		○	○			○			○		△	○	○			○
⑱		△														△		○
⑲		△						○						○				○
⑳		○			○	△	○	△	○	○	○		△			△		○
㉑	○	△		○		○	○	○	○	△	○	○		○				
㉒	△	△	○		○					○	△			△				○
㉓	△	△		△	○										○	○		
㉔		○					○											
㉕	○		○		○	○		○			△			○	○		○	
㉖	○	△												○				
㉗				△									○					
㉘										△			○					○
㉙		○						○					○			△		
㉚			○						△	○	△			○	○		○	
㉛	○	○		○		○	○				○			○	○	△		○
㉜	△			△	○									○			○	
㉝	○	○		○	○	△	○	○			△		△	○	○	○	○	○

242

者を捜そうとしたことがあった。富寧人金漢京等が行っても投潜民に（4文字判読不明——筆者補注）上陸できず図形だけ画いたという。いわゆる三峯島捜覓問題である」とある。この文章に続いて再び鬱陵島の説明があるため，文中の「この島」が竹島なのか鬱陵島なのか判然としない。よって△とした。

④「独島 古名は三峰島 航空路の要衝 東海の我が国土 悲しい流血の記録 踏査回顧 洪鐘仁記」

（1）⑤について，「粛宗」に触れているだけなので△とした。

⑥1948年8月5日付の愛国老人会によるマッカーサー総司令部司令官宛請願

（2）④と（2）⑥について，「当時，微妙な国際関係を考慮して，日本当局は（独島の日本領土編入を——筆者補注）躊躇した。しかし，日本は露日戦争におけるロシアの蹉跌を見て，鳥取県告示40号が公式に発令された。（略）こうしてこれらの島は日本政府に占領された。これは秘密裏に行われたので，大韓帝国政府だけでなくどの国も知ることはなかった。たとえ大韓帝国政府が気づいていたとしても，いかなる政策もとられなかったであろう」とある。正式な通告がなかったという点が明確でないため（2）④は△とした。また，日本に外交権が奪われていたため抗議できなかったという主張はないため（2）⑥も△とした。

⑨1951年11月26日付「李公報處長の独島に関する談話」

（3）③について，「9月8日に我が漁民が不意の惨変を受けてその記念碑を当時の慶尚北道知事曹在千氏名義で建てたこともあった。この事実は朝日新聞も認定している」とある。意味不明な記述であり，また事件の処理が米韓間で行われたことへの言及がないため△とした。

⑩「歴史的諸根拠厳存 海洋主権限界は変遷している 日の異議に山岳会反駁」

（1）②について「四百余年前の我が成宗の時から三峯島とされ」と誤りがあり，典拠が示されていないため△とした。

（1）⑤について，日朝間で鬱陵島の領有が争点となった1614年（光海君6年）についての記述はあるが鬱陵島への渡航が禁止された1696年の決定については触れていないため△とした。

（3）③について，「独島爆撃事件」の慰霊碑が竹島に建てられていることが

第Ⅱ部　竹島問題と日韓関係

1951年11月24日付『朝日新聞』で報道されたことを日本政府は考慮すべきであるとある。理解しがたい主張であり，また事件の処理が米韓間で行われたことへの言及がないため△とした。

⑪「社説　日政府の抗議に反駁」

（1）⑤について，⑩と同文であるため△とした。

（3）③について，⑩と同様であるため△とした。

⑬1952年2月25日の「国籍処遇問題に関する非公式会談」における金東祚外務部政務局長の発言

（2）⑤について，竹島に関して金東祚は「同島は明治38年島根県に編入されたが，右は同県が政府の意に反して独断専行的に行ったものである」と述べたとある。誤りであり，また竹島の島根県編入は秘密裡に行われたという主張はないため△とした。

⑭韓国山岳会「鬱陵島・独島学術調査団出発に際して」

（1）④について，安龍福が「鬱陵島とその属島が朝鮮領土であること」を認めさせたとあるが，安龍福が竹島に行ったという記述はないので△とした。

⑮柳洪烈「鬱陵島・独島学術調査紀行」

（1）②について，「飲料水がなく三十余種の栽草だけが育つことができるので，早くからトクソム（慶尚道方言で岩島の意味）または三峰島と呼ばれてきた」とあり，典拠不明なため△とした。

（2）③について，「光武十年（1906年）に日本島根県隠岐島司ら十余名が鬱陵島に来て一方的に独島が以後彼らの所有であると告げたが，この事実自体がこの島の所有権が我々にあることを物語って」いるとある。「独島」は鬱陵島に所属するという認識を示しているが，鬱島郡守の報告書への言及はないため△とした。

（3）②について，マ・ライン制定を1945年10月13日としている。日本の船舶および船員が竹島から12マイル以内に近づいてはならないと命じたのは，1946年6月22日付総司令部覚書（SCAPIN-1033）である。1945年10月13日付米国太平洋艦隊日本商船管理局覚書第42号はSCAPIN-1033の前身ではあるが，竹島周辺水域での日本漁船の操業への言及はない。正確ではないので△

とした（川上健三『戦後の国際漁業制度』〔大日本水産会，1972年３月，東京〕17～22頁）。

⑯「社説 独島帰属問題と日本の妄執」

（２）⑥について，「高宗18年に日本勢力は韓国を左右することのできる時であったので，韓国政府はあえて抗議すらできなかった」とある。年代に明らかな誤りがあり，△とした。

⑰崔柄海「光復された独島の領有権を主張する」

（２）⑧について，「倭国は1906年韓日間の善隣友好の親意を犯して第一次として独島を貪ってしまった」とある。竹島は日本侵略の犠牲となった最初の朝鮮の領土という認識が不明確なことから△とした。

⑱「日の独島侵犯に世論 我が領土権明白 山岳会声明 日帝の侵略手段再現」

（１）②について，「約四百年前に三峯島として現れた」とあるが，典拠を示していないため△とした。

（３）③について，竹島爆撃事件と慰霊碑建立について記すが事件の事後処理に関する米国との関係への言及はないので△とした。

⑲1953年７月７日に韓国国会で行われた「独島事件に関する真相報告」

（１）②について，「三峯島」の典拠を『世宗実録』としていて誤りなので△とした。

⑳李崇寧「独島問題と今後の対応」

（２）①について，『朝鮮沿岸水路誌』への言及はあるが，鬱陵島民の活動の記載がないため△とした。

（２）③について，1906年の島根県調査団の竹島視察と鬱陵島上陸および鬱島郡守訪問を記すが，鬱島郡守の報告中の「本郡所属独島」については言及がないため△とした。

（２）⑧について，「日本の武力下で踏みつけられた旧韓国が引き続いて保護国という体のよい植民地計画の初段階に入り，外交権を奪われてさらに併合で終焉を告げる旧韓国の反抗または世界各国への哀訴ははたして可能だったのかを考えてみよ」とある。竹島は日本侵略の犠牲となった最初の朝鮮の領土という認識はあいまいなことから△とした。

245

第Ⅱ部　竹島問題と日韓関係

（3）③について，独島爆撃事件に関して「我々はこの尊貴な漁民の犠牲を今回の独島帰属問題において有効に活用せねばならない」と述べるが，事後処理に関する米国との関係への言及はないので△とした。

㉑「1953年7月13日付日本政府の独島（「竹島」）に関する見解に対する韓国政府の論駁」

（1）②について，「三峰島」の出典を『東国輿地勝覧』としているが，1954年2月10日付の日本政府見解（第二回）でその誤りを指摘される結果となったため△とした。

（2）⑤について，「日本の地方庁の一つによるそのような単純な告示がその島嶼（独島のこと──筆者補注）に対する韓国の主権に決して影響を与えることはできない」とあるが，日本が竹島の島根県編入を秘密裡に行ったという記述はないため△とした。

㉒崔南善「鬱陵島と独島──韓日交渉史の一側面」

（1）①について，「于山と鬱陵を二つと見る場合，于山をどの島に擬するかは本来一つの無稽な仮想から出た程度であり，必ずどこであると決めることはできない」とあり（連載第5回，1953年8月14日），あいまいな記述なので△とした。

（1）②について，朝鮮政府の捜索によっても「三峰島の正体は明らかにならなかったと言えるが，（略）後日の『独島』のような一属嶼をさすのかもしれない」とあり（同前），あいまいな記述なので△とした。

（2）⑥について，竹島が島根県に編入された時の「韓国は露日開戦後数次の脅約ですでに日本の思うままに弄ばれる情勢下に置かれていたことは勿論である」とあるが（連載22回，1953年9月3日），日本に抗議できなかったと明確に記されていないため△とした。

（3）①について，SCAPIN-677による竹島に対する日本の行政権の停止はそもそも日本に竹島の行政権があるために行われたという見解への反論（連載25回完，1953年9月7日）が述べられているだけなので，△とした。

㉓柳洪烈「独島領有の史的合法性」

（1）①と（1）②について，「古来から于山島，山三峰島と呼ばれてきた」と

246

あり，典拠が記されてないため△とした。

（1）④について，安龍福が「倭人の出漁を禁止させた（1697）。こうして鬱
陵島と独島は無人島の状態で我々の領有」が確認されたとあるが，安龍福が
竹島に行ったという記述はないので△とした。

㉕黄相基「独島問題研究」

（2）⑥について，「韓国政府は当時1904年（光武8年）2月23日に韓日議定書
が調印されて内政は顧問政治を実施していた」とあるが，日本に抗議できな
かったと明確に記されていないため△とした。

㉖「独島（「竹島」）領有に関する1954年2月10日付，亜二第15号日本外務省の
覚書として日本政府が取った見解に反駁する大韓民国政府の見解」

（1）②について，『増補文献備考』を引用して「三峰島」に若干触れている
程度なので△とした。

㉗洪以燮「独島は厳然たる韓国領土」（『情報』公報室，1954年10月）

（1）⑤について，鬱陵島に関する歴史経緯には触れず，竹島を鬱陵島の属島
と主張しているため△とした。

㉘1954年10月28日付韓国政府口上書「竹島問題の国際司法裁判所への付託を拒
否」

（2）⑥について，「その当時日本は韓国にいわゆる韓日議定書と韓国と日本
との最初の協定を強要していたが，島根県庁が独島をその管轄権に含ませた
と自称したのはこのような協定の一年後であった」とあるが，日本に抗議で
きなかったと明確に記されていないため△とした。

㉙丁仲煥「厳然たる我が領土 日本側の史実でも実証」

（3）③について，竹島爆撃事件について記すが事件の事後処理に関する米国
との関係への言及はないので△とした。

㉚黄相基「碩士学位論文 独島問題研究」

（2）⑤について，「1905年明治38年1月28日三大臣が閣議を開いて同島を領
土として編入することを決議して同年2月22日付島根県告示第40号として独
島を『竹島』と称して島根県の管轄下に編入したことは島根県と日本政府の
見解覚書によってわかるが，日本政府のこのような行政措置が現代国際法上

第Ⅱ部　竹島問題と日韓関係

の領土の得喪方式である（略）どの部分にも適用されない」とあり，竹島の日本領土編入は秘密裡に行われたという主張はないため△とした。

（2）⑦について，「光武8年（1904年）2月23日韓日議定書が調印されて半年後の8月22日に第一次韓日協約が調印されて韓国内政は日本人たちの顧問政治が執行されていた。（19頁）」「1910年明治43年の韓日合併は全韓国民族の意志ではなく現代国際法上批准もなかった事実に（略）鑑みて，韓国は1905年の日本が独島を領土として編入した事件に関して即時反抗できなかったことが，領土を放棄したり日本の占有を是認したということも事実上なかったということを論証できる」とある。"null and void" という語句はないが，日韓議定書や第1次韓日協約への強い反発から△とした。

（3）③について，「1948年6月30日，米空軍機が爆撃演習をしようとして我が漁民30名が犠牲になった事件があり，1950年4月25日付で韓国空軍顧問官に照会したが，同年5月4日付で『独島とその近傍で出漁が禁止された事実はないということと，独島は極東空軍の演習目標にはならなかった』という回答があった」とある。事件の事後処理に関する米国との関係への言及はないので△とした。

㉛『外交問題叢書第十一号　独島問題概論』

（3）③について，「1948年6月30日に米空軍機が爆撃演習をしようと出漁中の我が漁民30名を犠牲にさせた事件が独島で発生して国内輿論が沸騰した」と述べるが，事件の事後処理に関する米国との関係への言及はないので△とした。

㉜黄相基「独島問題小考」

（1）①について，「独島（于山島）」「于山島（独島）」といった語句があるが，典拠を示していないため△とした。

（1）④について，「安龍福と日本漁夫間に衝突があり，1696年李朝粛宗22年に朝鮮政府から徳川関白に抗議すると日本関白は対馬島主を通して正式に日本漁民の出漁禁止を朝鮮政府に公翰を送ってきた」とあり，安龍福が竹島に上陸したとは記されていないため△とした。

㉝金麗生「国際法上から見た独島の帰属」

248

第**7**章　竹島問題における韓国の主張の形成

（２）①について，『朝鮮沿岸水路誌』への言及はあるが，鬱陵島民の活動の記載がないため△とした。

（２）⑤について，「日本政府が1905年（露日戦争中）島根県告示第40号で独島を一方的に自国に編入させて」とあるが，竹島の日本領土編入は秘密裡に行われたという主張はないため△とした。

（２）⑧について，「独島を日本領土に編入したのが，いわゆる韓日合併の直前の事実であるということは歴史上・国際法上きわめて重要視する事件である。なぜならば（略）露日戦争に勝利した日本が大陸侵略の野欲を持ってすでに確立された国際法規を無視して先占の対象ではない独島を編入したのは他国の領土を奪取したことを自白したのであるからだ」とあるが，竹島は日本侵略の犠牲となった最初の朝鮮の領土という認識が不明確なことから，△とした。

2　韓国の主張の変遷

　以上の検討の結果，現時点で筆者が収集した文献によるという前提付ではあるが，韓国の主張の変化を次のようにまとめることができる。

（１）1947年夏の竹島を意識しはじめた時期から1948年の大韓民国政府成立前後の時期（①〜⑦）

　主要な「根拠」は，竹島が鬱陵島の「属島」であることと，竹島が『成宗実録』にある「三峯島」にあたるということであった。しかし，「独島 古名は三峰島 航空路の要衝 東海の我が国土 悲しい流血の記録 踏査回顧 洪鐘仁記」（④）にある，竹島が日本の隠岐諸島よりも韓国の鬱陵島に近いといった「近接性に基づく権限主張は国際法では認めがたいもの」であり，「無意味な感情論である[32]」。また，竹島を「三峯島」とする主張も，「古色蒼然たる歴史的遺跡 鬱陵島を捜して 鬱陵島学術調査隊長 宋錫夏」（③）を検討した結果述べたように，鬱陵島と竹島を混同していて確固たるものではなかっ

────────

[32]　前掲註(1)「竹島（独島）紛争の再検討――竹島（独島）紛争と国際法，国際政治(3)」108〜109頁。

249

第Ⅱ部　竹島問題と日韓関係

た。そして，1905年の竹島の日本領土編入を朝鮮半島侵略の第一歩とする主張はまだない。申奭鎬「独島所属に対して」(⑦) では，「露日戦争当時，(略) 同年２月２日付で思い通りに自国の領土に編入して島根県隠岐島に所属させて海軍の補給基地として使用させ」たと強調し，日本によって「国家全体の運命が重大危機に直面していた」韓国政府は「独島のような小さな無人孤島」を争う余裕はなかったとしている。さらに，同論文では，竹島近海での日本漁船の操業を禁じたSCAPIN-1033を取り上げているのに対して，当然言及があってもよい，竹島を日本の行政区域から除外したSCAPIN-677には触れていない。1947年夏になってはじめて竹島問題を扱った記事が南朝鮮の新聞紙上に見られるようになったが，そこでは竹島での漁業が焦点となっていたことが影響していると思われる。また，1946年に『水産経済新聞』等でマッカーサーライン改訂反対の主張が掲載されたことの印象が強かったためかもしれない。また，1947年の「鬱陵島学術調査隊」と関係すると思われるが，「独島の国籍は朝鮮　厳然たる証憑資料も保管」(②) のように，竹島の生物が鬱陵島に似ていることなどが主張されたが，これは「根拠」にもならない。総じて，1948年８月15日の大韓民国政府成立前後までの南朝鮮の竹島問題に関する主張は，十分な準備の上に行われたものではない。

（２）1951年９月の対日平和条約締結から1952年１月の李承晩ライン宣言前後

㉝　この記事についてはさらに，記事中の鬱陵島に関する記述が古文献の「于山島」に関する記述と類似しており，宋錫夏は「于山島」を鬱陵島と認識していたという指摘がある（「『于山島＝鬱陵島』と認識の韓国史料」2009年２月22日付『山陰中央新報』松江）。

㉞　杉原隆は「竹島を，戦争を優位にする拠点と考えていたなら，民間人の竹島への出漁を政府が許さなかったはず」などの根拠から，「竹島が日露戦争の戦略上のため島根県の所属とされたとする資料は」発見されていないとしている（『山陰地方の歴史が語る「竹島問題」』〔2010年９月，松江〕94～95頁）。なお，竹島での仮望楼（見張所）建設は日本海海戦より後の1905年８月であった。

㉟　「倭族日本の見当外れの言動　鬱陵島近海の小島を自分の島だと　漁区として所有」（1947年６月20日付『大邱時報』大邱）※，「版図に野欲の触手　捨てられない日人の侵略性　鬱陵島近海独島問題再燃」（同年７月23日付『東亜日報』ソウル）※，「近海侵冦の日漁船　マッカーサーライン修正も建議」（同年８月13日付『漢城日報』ソウル）※。

㊱　田村清三郎は前掲註⑰『島根県竹島の新研究（復刻補訂版）』で，「むしろ鬱陵島の植物相は，朝鮮よりも日本に近く，下手な主張をすると鬱陵島は日本領土でなければならなくなる」と指摘した。

第7章　竹島問題における韓国の主張の形成

の時期（⑧〜⑬）

　総司令部の二つの措置（SCAPIN-677と SCAPIN-1033）の有効性が強調され，また1948年に起きた米軍による竹島爆撃事件が言及される。一方で，歴史的根拠や1905年の竹島の日本領土編入に関する主張はほとんどなされていない。1951年8月10日付の「ラスク書簡」で，対日平和条約で竹島を韓国領とするという韓国の要求を米国は拒否し，そのまま1951年9月8日に対日平和条約は調印された。翌1952年1月18日付の李承晩ライン宣言（正式名称は「隣接海洋に対する主権に関する宣言」）で竹島領有を主張した韓国の行動は，外交交渉で得られなかった成果を一方的な宣言で実現しようとするものであり，到底日本の受け入れられるものではなかった。この時期の韓国は朝鮮戦争（1950年6月25日〜53年7月27日）の最中にあった。1951年7月10日から休戦会談が行われていたが，韓国は国土の荒廃に苦しみ依然として緊張を強いられていた。韓国には竹島に関する歴史文献を調査する余裕などなく，竹島を日本の行政区域から外し，日本漁船の竹島周辺での操業を禁止した総司令部の二つの措置を既得権益として主張するしかなかった。たとえ，二つの措置が日本領土の最終的な決定とは無関係と明記され，竹島領有を主張する「根拠」にはならないことが明白であったとしてもそうせざるをえなかった。

　この時期の韓国に竹島領有を主張する歴史的「根拠」はなかったことを示すのが1951年10月3日付国務省宛駐韓米国大使館の書簡「独島に対する主張についての韓国外務部の書簡の伝達」[37]である。これは1951年9月21日付で卞榮泰外務部長官がムチオ駐韓米国大使に宛てた書簡（⑧）で「我々は韓国がかの島（竹島——筆者補注）を数百年にわたって領有してきたことを証明する確実な証拠記録がある」と韓国が主張したことへの駐韓米国大使館の解説である。

　（1951年9月21日付卞栄泰外務部長官の——筆者補注）書簡の最後の節の「確

---

[37]　TRANSMITTAL OF LETTER FROM MINISTER OF FOREIGN AFFAIRS ON KOREAN CLAIM TO DOKDO ISLAND（米国国立公文書館（RG59）Records of the U. S Department of State relating to the Internal Affairs of Korea, 1950-54: Department of State Decimal File 795, Wilmington, Del: Scholarly Resources, Inc., Reel 29）。

実な証拠記録」について，日韓の歴史史料にそのような証拠が見られると
いう外務部長官の口頭説明を米国大使館の職員は聞いた。（一方で——筆者
補注）韓国外務部は現時点ではそのような「証拠」をまとめたものは持って
いないと暗に認めた。米国大使館は国務省に伝達するそのような「証拠」
の提出を歓迎するが，そのような情報の提供が行われることは疑わしい。

（３）1953年前後から1955年にかけての時期（⑭〜㉝）

　竹島問題に関して日韓の政府間で数次にわたる本格的な論争が行われた。
論争に対応して，韓国は様々な「根拠」を新たに主張することになる。まず，
あいまいさの拭えない「三峯島」にかわって「于山島」を竹島とする「根
拠」が発見された。そして申奭鎬「独島所属に対して」（⑦）では1693年に
「慶尚道東莱漁民安龍福一行と日本伯耆漁民が欝陵島で出会い衝突が発生し
た」（94頁）とあったのに加えて，崔柄海「光復された独島の領有権を主張
する」（⑰）では安龍福らは1696年に「独島に至って『ここも我が領土であ
るのを知らないのか』と」（77頁）日本人を一喝したとされたのである。「安
龍福事件」の登場であった。この後，白大鎮「我が海洋守護の先駆者 安龍
福受難記」（『海務』1-3 海務協会，1956年 6 月，ソウル，78〜81頁）のように，
「独島の守護者」としてではないが，彼を英雄視した記事も書かれた。

　こうして竹島が古来朝鮮領であったとする主張を強化した韓国は，竹島を
日本領土に編入した1905年前後の日韓関係をより詳細に記して日本が竹島を
強奪したという印象を強めようとした。さらに「カイロ宣言」を持ち出して，
竹島は日本からの剥奪が定められた「暴力および強欲により日本が略取した
領土」にあたるとし，日本が竹島の領有権を主張するのは日本の再侵略の野
心の現れであるとまで強弁するようになったのである。

3　韓国の主張の形成——1953〜54年

　現在の日韓関係において，とりわけ重要性を持つのは1953年から1954年にか
けて韓国が形成した竹島問題に関する主張である。この両年の日韓間には次の

ような対立事項があった。

（1）日韓会談（日韓国交正常化交渉）の決裂

第2次日韓会談（1953年4月15日〜同年7月23日）は，特に請求権問題と漁業問題での対立を収拾できず不調に終わった。交渉継続によって利益を得ることはできないと考えた韓国は，第3次日韓会談（1953年10月6日〜同年10月21日）での「久保田発言」を問題視してすべての協議を拒否し，以後日韓会談は4年半の中断期に入った。

（2）韓国による日本漁船拿捕の深刻化

すでに1953年2月4日に済州島西方で第1・第2大邦丸が銃撃されて日本人漁船員1名が死亡する事件が起きていたが，1952年9月27日から設定されていた朝鮮防衛水域が1953年8月27日に停止された以後，被拿捕日本漁船は増加した。特に同年9月6日から10月6日にかけては済州島周辺海域を中心に38隻が拿捕された。結局，1953年に47隻，1954年に34隻が拿捕され，戦後拿捕された全日本漁船327隻の約4分の1が両年に集中した。

（3）竹島周辺での緊張の激化[38]

・1953年3月19日，日米合同委員会で竹島が在日米軍の爆撃訓練区域から解除される。

・1953年5月28日，島根県水産試験場試験船「島根丸」で上陸。韓国人の竹島での漁労を確認。（同年5月30日付『山陰新報』）

・1953年6月16日，試験船「島根丸」で竹島東方11海里に「神藤堆」を発見。

---

[38] 前掲註(17)『島根県竹島の新研究［復刻補訂版］』78，119〜129頁，日韓国交正常化交渉の記録（竹島問題）」（口6 1150-910）などによる。『独島問題概論』（31）では，日本の調査について，1953年5月28日を「第一次侵犯」，同年6月25日を「第二次侵犯」，同年6月27日を「第三次侵犯」，同年6月28日を「第四次侵犯」，7月12日を「第四次侵犯」としているが，6月28日に日本の調査は行われていない。なお，海上保安庁総務部政務課編『海上保安庁30年史』（海上保安協会，1979年5月，東京）によれば（330〜335頁），「くずりゅう」（232トン）は1951年8月31日に，「おき」（387トン）は1951年2月19日に舞鶴海上保安部に配属された。また，「へくら」（387トン）は1951年6月30日に，「ながら」（243トン）は1952年3月12日に境海上保安部に配属された。以上の新造船と違って旧海軍海防艦であった「つがる」（883トン）は1954年1月1日に舞鶴海上保安部に配属された。

第Ⅱ部 竹島問題と日韓関係

（島根県水産試験場編『対馬暖流開発調査報告書 昭和28〜31年』）

・1953年6月5日付告示で，島根県は竹島周囲500ｍ以内での漁業権を隠岐島漁業協同組合連合会に許可（6月10日にはアシカ猟を隠岐在住の漁業者に許可）。

・1953年6月25日，隠岐高校水産練習船「鵬丸」が調査，漁労していた韓国人に食糧などを給付。（同年6月27日付『毎日新聞（島根版）』）

・1953年6月26日，朝日新聞記者が「美保丸」で竹島に上陸。

・1953年6月27日，島根県と海上保安庁が合同で調査。巡視船「くずりゅう」と「おき」で上陸し，漁労していた韓国人に退去を勧告し日本の領土標柱設置。

・1953年7月2日，巡視船「ながら」で上陸。

・1953年7月9日，巡視船「おき」で100メートルまで接近，写真撮影。

・1953年7月12日，巡視船「へくら」で700メートルまで接近，領土標柱撤去を確認。銃撃を受ける。

・1953年8月3日，巡視船「へくら」で上陸。

・1953年8月7日，巡視船「へくら」で上陸，領土標柱を再建。写真撮影。

・1953年8月21日，巡視船「ながら」で上陸。

・1953年8月31日，巡視船「へくら」で3海里まで接近。

・1953年9月3日，巡視船「おき」で1海里まで接近。

・1953年9月17日，試験船「島根丸」で上陸。領土標柱を確認（竹島は無人）。（同年9月19日付『朝日新聞（大阪本社版）』）

・1953年9月23日，鳥取県水産試験場試験船「だいせん」で領土標柱撤去を確認。（同年10月8日付『山陰新報』）

・1953年10月6日，巡視船「へくら」と「ながら」で上陸。領土標柱を再建（東島・西島に各一本）。（同上『山陰新報』記事）

・1953年10月13日，巡視船「へくら」と「ながら」は韓国の「鬱陵島・独島学術調査団」が乗船していた韓国監視船905号と海上で対峙。「へくら」は竹島に3海里まで接近。

・1953年10月15〜16日，「鬱陵島・独島学術調査団」が竹島に上陸。（1953年10月22〜27日付『朝鮮日報』）。領土標柱を撤去，領土標石を設置。

　　　　　　　　　　　　　　　　　　　　第**7**章　竹島問題における韓国の主張の形成

・1953年10月17日，巡視船「ながら」で300ｍまで接近（辻政信衆議院議員と
　外務省条約局第一課職員の川上健三が乗船）。（辻政信「波荒き李ラインを往く」
　（『文芸春秋』31-17，1953年12月））。写真撮影。

・1953年10月21日，試験船「島根丸」で上陸して調査（竹島は無人）。（同年10
　月23日付『朝日新聞（大阪本社版）』）

・1953年10月23日，巡視船「ながら」と「のしろ」で上陸，韓国の設置した
　領土標石を撤去して領土標柱を再建。写真撮影。

・1953年11月15日，巡視船「ながら」で200メートルまで接近。

・1953年12月 6 日，巡視船「へくら」で 5 海里まで接近。

・1953年12月19日，巡視船「へくら」で 3 海里まで接近。写真撮影。産業経
　済新聞社機も上空から撮影。

・1954年 1 月 7 日，巡視船「ながら」で200メートルまで接近。

・1954年 1 月16日，巡視船「おき」で上陸。

・1954年 2 月26日付で広島通産局は竹島燐鉱石の採掘を東京の業者に許可。

・1954年 1 月27日，巡視船「へくら」と「ながら」で200メートルまで接近。

・1954年 2 月28日，巡視船「へくら」で 3 海里まで接近。

・1954年 3 月23日，試験船「島根丸」で上陸して調査（竹島は無人）。（同年 3
　月25日付『毎日新聞（島根版）』）

・1954年 3 月28日，巡視船「へくら」で 3 海里まで接近。

・1954年 4 月19日，第八管区海上保安本部は日本の領土標柱は健在と発表。
　（同年 4 月24日付『読売新聞（島根版）』）

・1954年 4 月24日，巡視船「へくら」で 3 海里まで接近。

・1954年 5 月 3 日，隠岐島五箇村久見漁業協同組合が島根県漁業取締船「島
　風」で試験操業を行う。巡視船「つがる」「おき」「へくら」「ながら」「く
　ずりゅう」が警護。写真撮影。

・1954年 5 月18日，韓国は竹島の岩壁に「大韓民国慶尚北道欝陵島南面独
　島」という文字と国旗を彫り付けた。（同年 6 月11日付『東亜日報』）

・1954年 5 月23日，巡視船「つがる」で 1 kmまで接近。領土標識撤去と韓
　国人の漁労を確認。写真撮影。

255

第Ⅱ部　竹島問題と日韓関係

・1954年5月27日，試験船「島根丸」が竹島で韓国人の漁労を確認，領土標柱は存在せず。(同年6月2日付『読売新聞（島根版)』)

・1954年5月30日，試験船「だいせん」が竹島で韓国人の漁労を確認。(同年5月31日・6月3日付『日本海新聞』)

・1954年6月11日，韓国政府は竹島に海洋警察隊を急派。(外務部編刊『外務行政の十年』1959年5月）※

・1954年6月16日，巡視船「つがる」で1kmまで接近。韓国人の漁労を確認。写真撮影。

・1954年7月8日，巡視船「へくら」で3海里まで接近。

・1954年7月25日，韓国国会議員3名が竹島に上陸。(同年7月28日付『朝鮮日報』)

・1954年7月28日，巡視船「ながら」と「くずりゅう」で接近。韓国人警備員の作業確認。西島北側の岩に「7月25日大韓民国民議院視察……」の文字あり。

・1954年7月29日，韓国政府は竹島に警備隊常駐の方針を発表。(同年7月30日付『朝日新聞（大阪本社版)』)

・1954年8月10日，韓国政府の設置した灯台の点灯開始。(海務協会編『海務』[39]1956年6月号)

・1954年8月23日，巡視船「おき」で700メートルまで接近。約400発もの銃撃を受け待避。東島突端に高さ約6mの灯台設置を確認。

---

[39]　「独島灯台」についての当時の韓国の認識は次のようなものであった（「座談会：施設復旧事業はどれだけできたか」〔『海務』1-3，海務協会，1956年7月号，〔ソウル〕，※22頁）。「徐標識課長—4287（西暦1954）年度に李大統領の諭旨によって水面上15mの高さで建立しました。この間日本人どもの文句もありましたが，その後昨年に西島海面から120mの所に二番目の灯台を建てて今に至っています。司会—灯台設置が国際法的にどのような効果があるのですか。閻施設局長—外国にもそのような前例があります。領土紛争がある時，灯台があるのでそのまま領土として認定されました。崔土木学会会長—それでは局長の言う通り，韓国のものになったのですね。司会—独島をもっとも確実に韓国領に結び付けたのは海務庁であるという事実を国民に認識させねばなりません」。ここで述べられていることは誤りである。国際法上，紛争発生後に当事国が自国の立場を強化するためにことさら執った措置は，領有権の判定に際しての証拠にならない（前掲註(11)『竹島問題100問100答』104〜105頁）。

256

第**7**章 竹島問題における韓国の主張の形成

・1954年9月30日，韓国海軍水路部が23日間にわたる「独島測量」を開始。
（水路局編『韓国水路史1949-1980』，1982年10月，52～53頁）

・1954年10月2日，巡視船「おき」と「ながら」が1.5海里まで接近。東島
設置の砲台から砲口を向けられる。写真撮影。

・1954年11月21日，巡視船「へくら」と「おき」で3海里まで接近。砲撃を
受ける。

こうして韓国の竹島不法占拠が現実化する中で，日韓両国政府は相手国の
行動に抗議する口上書を送付した。その数は，1953年と1954年の両年で日本
側11件，韓国側10件に上った。[40]

⑷日韓間の竹島をめぐる論争の本格化

相手国の行動への抗議以外に，1953年と1954年の両年に日韓両政府は竹島
の領有の根拠等を示した口上書の応酬を行った。それは次の通りである。[41]

①1953年7月13日，「竹島領有に関する日本政府の見解（竹島が日本国領土の
一部であることについての歴史的事実および国際法上もなんら議論の余地のないこ
とを記述）」（日本政府見解〔第一回〕）

②1953年9月9日，「竹島領有に関する韓国政府の見解（竹島が韓国領である
との歴史的事実の記述）」（韓国政府見解〔第一回〕）

③1954年2月10日，「竹島領有に関する日本政府の見解（竹島が日本国領土の
一部であることについての歴史的事実の記述）」（日本政府見解〔第二回〕）

④1954年9月25日，「竹島領有に関する韓国政府の見解（竹島が韓国領土であ
るとの歴史的事実の記述）」（韓国政府見解〔第二回〕）

⑤1954年9月25日，日本政府の「竹島問題の国際司法裁判所への付託を提
議」

⑥1954年10月28日，韓国政府の「竹島問題の国際司法裁判所への付託を拒
否」

1952年の李承晩ライン宣言直後の日韓両政府の抗議文（1月28日付の日本側
口上書「李ライン宣言（同年1月18日）に抗議すると共に，同ライン内に組み入れら

⑷ 『時の法令別冊 日韓条約と国内法の解説』（大蔵省印刷局，1966年3月，東京）224～225頁。
⑷ 同上。口上書の名称も同書に拠っている。

第Ⅱ部　竹島問題と日韓関係

れた竹島は疑いもなく日本領土であり同島に対する韓国の領有権は認められない旨通告」および2月12日付の韓国側口上書「1月28日付け日本側抗議に対する反論1946年1月29日付けのSCAPIN677は竹島を日本領域から除外しており，かつ，マッカーサーラインの設定に際しても竹島は韓国側に組み入れられている」）では漁業問題に内容が多く割かれ，竹島に関する記述は6分の1程度であったのと違い，1953〜54年の日韓両政府は竹島問題について全面的に論争することになったのである（ただし，1952年4月25日付の日本側口上書では，竹島は島根県の一部として長年日本の統治下にあり，SCAPIN-677は日本の領土であることを否定したものではなく，マッカーサーラインも連合国による領土の最終決定ではないなど，竹島問題について全面的に取り上げている。）。

　このように日本との対立が激化する中で，韓国の竹島領有の主張を形成する上で重要な動きが見られる。一つは，韓国山岳会が主催して韓国政府の文教部・外務部・国防部・商工部・公報處が後援した「鬱陵島・独島学術調査団」が派遣されたことである。1953年10月22日から同年10月27日にかけて4回にわたって『朝鮮日報』に掲載された，調査団団長の洪鐘仁の手記「独島に行ってきて」によれば，調査団は10月11日に釜山を出港し，同月15〜16日に竹島に上陸して測量や調査を行い，同月17日に帰着した。調査団の主催者と後援者は1952年9月に派遣された同名の調査団と同一であり，本章でその論考を検討する人物のうち洪鐘仁・李崇寧・柳洪烈・洪以燮の4名が1952年と1953年の両方の調査団に参加している。1952年の調査では，「独島調査」は1泊のみの計画であったのに対して，1953年の調査では，5泊6日で「独島調査」を行うことになっていた。また，1953年の調査団の目的と課題として，「独島の母島として不可分の関係にある鬱陵島に対して，前の2回の調査成果を基礎として各部

───────────

⒆　「鬱陵島・独島学術調査団」団長の洪鐘仁（朝鮮日報社主筆）は韓国山岳会副会長，同調査団副団長の李崇寧（ソウル大学校文理科大学国文科教授）は同会理事，柳洪烈（ソウル大学校医予科部長史学科教授）と洪以燮（海軍戦史編纂室・高麗大学史学科教授）はともに同調査団の「人文科学部歴史・地理・考古班」に属し，柳洪烈は同会理事，洪以燮は同会会員であった（「檀紀4285年7月　鬱陵島・独島学術調査団派遣計画書」〔前掲註㉕〕「1952年〜1954年独島測量」〕）。

258

門の調査をさらに充実させること」があった。どちらも日本との論争を意識してのことであろう。「鬱陵島・独島学術調査団」[43]の総合的な調査報告書は刊行されなかったようであるが[44]，調査の記録映画は作成され，翌年公開された[45]。1947年に竹島問題を南朝鮮過渡政府が意識しはじめて以来，竹島問題に関する韓国側主張の形成そして韓国民への竹島問題の啓蒙のために韓国（朝鮮）山岳会が精力的に活動したことが確認できる[46]。

　次に，日本との論戦のために韓国政府は次のような活動を行った。まず，1953年7月に「外務部独島問題調査委員会で対日反駁書の基礎資料を調査集結させた[47]」。同時に，韓国山岳会の幹部から外務部に対して「独島研究会」を組織することが提言された[48]。これらは1953年7月13日付の日本政府の口上書に対応したものであろう。さらに，「韓国政府は1954年7月7日，外務部長官室で国内の権威ある史学家と国際法学者を招聘していわゆる竹島（独島）の領有権に関する理論と平和線に関する問題を研究するため，独島問題研究委員会を構成して，同委員会に日本政府の竹島に関する見解に対する反駁文を作成させ，日本政府に伝達した[49]」。これは1954年2月10日付の日本政府の口上書に対応し

---

(43) 「檀紀4286年7月 鬱陵島・独島学術調査団派遣計画」（前掲註(24)『1952年〜1953年独島測量』）2，4頁。前掲註(41)「檀紀4285年7月 鬱陵島・独島学術調査団派遣計画書」。

(44) 「独島は厳然たる韓国領土」((27)) 41頁。ただし，『韓国山岳会五十年史』（韓国山岳会，1995年10月，ソウル）※によれば，前掲註(29)『独島』が「独島に対する最終報告書」だという（109頁）。なお，1952年の調査の報告書について，李崇寧は「我々の一挙一動が日本の情報網によってキャッチされ」ることを恐れて韓国山岳会の中で公開することに論議があったと記している（「独島問題と今後の対応」((20)) 50頁）。

(45) 「独島記録映画公開 本日歯大大講堂で」（1954年5月5日付『東亜日報』）※。

(46) 2003年8月12日に発信された韓国のインターネット新聞オーマイニュースによれば，1954年8月の竹島への灯台設置も韓国山岳会の提言によるものであったという。

(47) 「独島は厳然たる韓国領土」((27)) 41頁。

(48) 「独島問題と今後の対応」((20)) 53頁。同論文と，1953年に『希望』に掲載されたと付記されている李崇寧「私が見た独島（現地踏査記）」（前掲註(29)『独島』〔285〜296頁〕および前掲注(29)『獨島関係資料集（II）——学術論文』（512〜519頁）に収録されている）はほぼ同内容であるが，後者では前者のうち「三，外務部に提言 独島研究会を組織せよ」の部分が欠けている。韓国政府の竹島問題への対応策に関連する記述を削除したのであろうが，削除すべきだったのは，「独島はこの紛争（「元禄竹島一件」——筆者補註）に登場しない」という部分（53頁）かもしれない。

(49) 前掲註(29)『独島領有問題解説 附録平和線問題』70〜71頁。

第Ⅱ部　竹島問題と日韓関係

たものであろう。

1952年 2 月12日付の韓国政府口上書の「数世紀の間韓国内においては独島として知られてきている」という文言に対して，1952年 4 月25日付日本政府口上書は「日本政府の調査によれば，数世紀の間 "独島" として韓国に属してきたとの主張は根拠がない」と応じた。そして1953年 7 月13日付口上書（日本政府見解〔第一回〕）で日本が口火を切る形で，竹島の領有権論争が開始された。日韓会談の漁業委員会が日本側の提案を韓国側が批判する形で進行したように，韓国は日本の主張に反論する形で「根拠」を展開した。「韓国側も，日本からの抗議が重なると歴史その他いろいろの知識を日本の抗議の中から獲得して，もっともらしい主張をするようになった」という田村清三郎の指摘がある。[50]

注目すべきは，韓国山岳会理事の李崇寧が「日本が独島を強奪した詳しい経緯についてはすでに明白な事実であるが，さらに完璧を期すために学会で資料を整理中」である，「問題が拡大するほど日本の過去の罪状が白日下に暴露されて我々に一層有利に展開することになる」と述べていることである。[51]この時期，竹島問題に関する韓国の主張の「根拠」が，「1905年の竹島の日本領土編入の不当性」を重視して形成されていったことを示唆しているからである。

1952年12月 4 日付で駐韓米国大使館が韓国政府外務部に送った書簡で，「米国の立場は『1951年 8 月10日の「ラスク書簡」の通り』であるとし，韓国政府に対して再度竹島が日本領土であるとする米国の公式見解を通達」していた。[52]「ラスク書簡」の存在をはじめとする韓国側の「根拠」の弱さが，日本の朝鮮支配が強化される中で竹島の日本領土編入が行われたことを強調することにつ

---

(50)　前掲註(17)『島根県竹島の新研究〔復刻補訂版〕』144頁。

(51)　「独島問題と今後の対応」(20) 50，51頁。

(52)　前掲註(9)山﨑佳子「韓国政府による竹島領有根拠の創作」71頁。この書簡（『独島資料Ⅱ 米国編』〔国史編纂委員会，2008年12月，ソウル〕255頁〔英文〕）は，1952年11月10日付で韓国外務部が駐韓米国大使館に送った，竹島での爆撃事件（同年 9 月15日に起きたと同書簡では記されている）に関する抗議（同上，244頁英文）に対応したものである。これに関連した1952年11月27日付の米国政府の内部文書では，マ・ラインは日本の領土を最終決定したものではないことが再確認されている（同上，251頁英文）。また，山﨑佳子「韓国政府による竹島領有根拠の創作」では，『外交問題叢書第十一号 独島問題概論』(31)に収録されたこの書簡では「ラスク書簡」が再確認された部分が削除されていることが明らかにされた（74頁）。

第7章　竹島問題における韓国の主張の形成

ながっていったと考えられる。

　その一例が，1953年9月9日および1954年9月25日付韓国政府口上書（㉑・㉖）に現れた，"null and void" の主張（（2）⑦）であった。この主張は韓国が日韓会談ですでに行ってきたものであった。1910年の日韓併合条約（正式名称は「韓国併合ニ関スル条約」）など大韓帝国と日本国の間で締結されたすべての条約が無効（null and void）であることを国交樹立のための条約に明文化することを韓国は求めたのである。この要求の背景には，日韓併合に全朝鮮人が徹底して反対し，日本統治期においても日本の支配と戦い続けたという歴史像を日本に認めさせようとする韓国人の願望があった。1905年の竹島の日本領土編入に対しても韓国は "null and void" を求めた。韓国は日韓会談で展開した主張を竹島問題にも応用したのである。

　そして，1954年10月，竹島は日本の朝鮮半島侵略の犠牲となった最初の領土であるという主張（（2）⑧）がついに登場する。まず洪以燮「独島は厳然たる韓国領土」（㉗）では「日本は1910年に韓国の主権を強奪するに先だって，独島を鬱陵島から奪っていったという国際的な強奪をまず敢行したのであった」（41頁）と主張された。次いで1954年10月28日付韓国政府口上書「竹島問題の国際司法裁判所への付託を拒否」（㉘）では，「韓国は四十年以上も帝国的日本の侵略によってその権利が略奪されたという事実を日本に喚起したい」と日本を非難した後に，「独島は日本侵略の犠牲となった最初の韓国の領土であった」という主張が日本に向かって投じられた。同口上書ではさらに，「韓国国民にとって独島は東海の果てにある一個の小島であるだけでなく，それは日本と相

⑸⑶　拙稿「第1次日韓会談における『旧条約無効問題』について」（『東洋史訪』15〔史訪会，2009年3月，兵庫〕）参照。自らを連合国，日本を敗戦国と位置づけて有利な立場で日韓会談に臨もうとした韓国の姿勢が，根拠がないにもかかわらず李承晩ライン宣言で竹島に主権を主張した韓国の行動の背景にあることを筆者は拙稿「日韓会談の開始と竹島問題」（『第2期「竹島問題に関する調査研究」中間報告書』〔島根県，2011年2月，松江〕）で指摘した。「国際法上から見た独島の帰属」（㉝）で金麗生が「日本が国際法上の理論から逸脱して韓国が準連合国の待遇を受けた理由が理解されないならば，それは理論的な錯雑性ではなく，従来の自尊心や軍国主義的野心（略）が許容されないため」（53頁）と，竹島問題とは関係のない主張を唐突に展開した背景には，韓国の歴史観と日本に対する優越感がある。

261

第Ⅱ部　竹島問題と日韓関係

対する韓国主権の象徴であり，韓国主権の保全を試験する実例だ」と続く。こうして，韓国にとって竹島は日本海に浮かぶ岩だらけの小島ではなく，韓国そのものになっていったのである。

　1905年の竹島の日本領土編入の不当性を強調するためには，それ以前に竹島が朝鮮領であることの実証が必要であった。それまで十分とはいえなかったこの作業については，前述した「于山島」や「安龍福事件」の登場以外に，次のように「根拠」が強化された。まず，「17世紀末に江戸幕府は鬱陵島（とその『属島』の竹島）を朝鮮領と認めた」（(1)⑤）についてである。申奭鎬「独島所属に対して」（⑦）では，「竹島すなわち鬱陵島を朝鮮領土と承認した以上，その属島である独島すなわち現在日本人がいう竹島もまた朝鮮と承認したと見ることができる」と述べられていた（94頁）。それが，1954年9月25日付の韓国政府の口上書（㉖）では「粛宗23年2月（1696）に至って，日本政府は鬱陵島（竹島）と鬱陵島から49海里の距離にあって島根県隠岐島から約86海里の海中にあるその附属島（独島）が韓国の領有であることを再認定し，以後この地域に出漁を禁止した」と，江戸幕府が竹島自体の領有を放棄したと強調するようになったのである。

　次に，鬱陵島の住民は日本領土編入以前から竹島で漁労活動をしていたという主張である。申奭鎬「独島所属に対して」（⑦）では「鬱陵島開拓以後鬱陵島人はすぐにこの島を発見して，或いはコンブとアワビを採るために或いはカジェ[54]をつかまえるために，多く独島に出漁した」とある（95頁）。つまり朝鮮人の竹島での漁労を「鬱陵島開拓令」[55]以後としていた。

---

[54] 「カジェ（가제）」はアシカと考えるのが自然であるが，同論文では「洞窟と付近の岩島には가제（可支）俗称옷도세이（海驢）が群棲し」ともあり（90頁），申奭鎬がアシカとオットセイを混同していたことがうかがわれる。

[55] この主張に関して，川上健三は「同島に定着するものがようやく増加するに及んでも，初期の頃には島民の多くは農業を主とし，漁業についてはほとんど採藻にとどまり，沖合に出漁することはなかった」と否定している（前掲註(1)『竹島の歴史地理学的研究』177頁）。なお，申奭鎬は「副護軍李奎遠を鬱陵島検察使に任命して島内外の形勢を細密に調査した後に従来の方針を変更して鬱陵島に入居する人々を募集した」ことを「鬱陵島開拓令」と表現し（95頁），「鬱陵島開拓令」の典拠を申奭鎬は「承政院日記 高宗18年壬午6月5日己亥」としている（註7）。しかし，これは「高宗十九年壬午六月五日己未」の誤りである。

262

第**7**章　竹島問題における韓国の主張の形成

　ところが，柳洪烈「鬱陵島・独島学術調査紀行」(15) では「古代から鬱陵島の属島として島民たちの漁場となった」という記述が現れる。また「日の独島侵犯に世論　我が領土権明白　山岳会声明　日帝の侵略手段再現」(18) には「長い間主に貧しい鬱陵島漁民たちの生産根拠地の一つとなっていたことは明白」とある。崔南善「鬱陵島と独島──韓日交渉史の一側面」(22) では，『正宗実録』の記述（1794年に捜討官韓昌国が「可支島」で「可支」2頭を捕らえたという記録）をひいて「可支島」を竹島とした（連載第20回，1953年9月1日）。金太民「最近の韓日関係解剖」（『希望』3-12，希望社，1953年12月，ソウル）※では，「昔も今も，鬱陵島と東海岸漁民の漁労基地として利用されている事実──日本漁民たちは本土からの距離と，独島が岩石だけのせいか，漁期を使用したことはまったくなかった──によって推し量ってみても，（独島が鬱陵島の属島であることは──筆者補注）今更云々する対象ではない」(37頁) と，マ・ラインおよびその後の韓国の暴力によって日本人が竹島に接近できなかった状況を，あたかも古代からの歴史的事実のように認識している。『外交問題叢書第十一号　独島問題概論』(31) には，「独島爆撃事件」の慰霊祭を盛大に行ったことで「古来より韓国漁民が（独島に──筆者補注）出漁していた事実が国際的に証明されることになった」とある (38〜39頁)。さらに，黄相基「独島問題小考」(32) には「1600年以来1800年までの間に幾種類かの（日本人──筆者補注）漁夫

---

(56)　この主張が誤りであることは前掲註(4)参照。日韓会談（予備会談・第1次会談）の韓国側代表となる兪鎮午は1951年に面会した崔南善の説明で「独島の来歴をすぐに私は確信できた」と回顧している（「韓日会談が開かれるまで」（上）〔『思想界』156，思想界社，1966年2月，ソウル〕※）が，崔南善の竹島に関する知識は正確なものではなかった。

(57)　この主張は理解不能であるが，「独島爆撃事件」の時「独島」周辺を「祖先伝来の漁場」と表現した（1948年6月19日付『朝鮮日報』）感覚と通じるのかもしれない。なお，同書には，1953年6月22日付日本側覚書と同年6月26日付韓国側覚書の交換によって「古来韓国漁民が鬱陵島の属島である独島に出漁していた事実が再確認されたことを日本政府が認めた」とある (56頁)。しかし，この覚書の交換は韓国人が竹島にいることについての日韓間の応酬であって，竹島の歴史に関わるものではない。おそらく1953年に行われた竹島領有の根拠をめぐる日韓間の口述書の応酬と混同しているとみられる。そして日本政府が韓国人の古来の竹島出漁を認めたことはない。1954年6月8日付『朝鮮日報』※にも，「韓国人が古代から独島で漁労生活をしてきたことは日本人自身が認定してきた」という誤った記述がある（「外務部反駁　独島は我が領土　日本の主張は話にならない」）。

263

第Ⅱ部　竹島問題と日韓関係

たちの記録が伝わっているが，このような文献は両国の正式な外交公翰によっ
て鬱陵島と独島が朝鮮領となったこと知らない誤製された（略）信用できない
野史」とある。このように，江戸時代からの日本人の竹島への渡航や竹島での
漁労の事実を否定する記述まで登場したのである。これらの主張はすべて誤り
である。

　韓国山岳会理事の李崇寧は「独島問題と今後の対応」(20)で，李承晩大統
領が対馬は韓国領であると主張した時に日本政府が「一大調査を敢行してすで
にその大報告書が公刊された[58]」ような気魄が韓国政府にも必要であると述べた
上で，次の諸事項を外務部に要望した（53頁）。「(1)独島問題に関する細密で文
献上または実地調査の具体的な資料を本当に整備しているのか？(2)独島に関し
て日本を軽く見ているのではないのか？(3)全学界の衆知を集めて最高の方案を
建てずに外務部（だけで──筆者補注）強力に解決しようとするのか？(4)外務部
はこのような重大な問題に特別予算を計上して資料整備，印刷物，学者派遣特
に日本への調査員派遣を計画しないのか。そして独島関係書類を選んで英語に

---

[58]　李承晩は1948年8月17日および1949年1月7日に対馬「返還」を要求した（KOREA'S
　　RECENT CLAIM TO THE ISLAND OF TSUSHIMA〔米国国立公文書館（RG84）En-
　　try 2846, Korea, Seoul Embassy, Classified General Records, 1953-55, Box. 12〕）。この
　　発言の衝撃は大きかった。「GHQ報道関係係官の話によると李承晩大統領の対馬声明以来，
　　同島の住民が動揺し，荷物をまとめて逃げ帰る傾向が顕著であったが，最近は解消した模
　　様だとのことである」という記録がある（「連絡調整中央委員会幹事会議事要旨 35回」
　　〔1948年10月23日〕）。日本外務省が1949年7月付の報告書「TSUSHIMA」（外務省外交史
　　料館所蔵「対日講和に関する本邦の準備対策関係」米側への提出資料〔英文〕〔第一巻〕
　　B'00012）を作成したことも李承晩発言に関係していると思われる。日本の8学会（日本
　　言語学会・日本考古学会・日本人類学会・日本地理学会・日本民俗学会・日本民族学協
　　会・日本社会学会・日本宗教学会）による対馬調査は1950年7月5日から同年8月20日に
　　かけて行われた。調査報告書である『対馬の自然と文化』（古今書院，1954年9月，東京）
　　に，対馬の文化や住民の身体的形質が日本や日本人と同質であるかについての関心が見ら
　　れるのは，李承晩発言を背景としたものである。ただし調査経費は文部省科研費に依存し
　　ていたものの，8学会による対馬調査は日本政府の指示によって行われたものではない。
　　なお，南朝鮮・韓国の対馬「返還」を求めた発言のうち早期のものとして，鄭文基「対
　　馬島の朝鮮帰属と東洋平和の永続性（1945. 10. 15 釜山水産大学）」（『島汕鄭文基博士古希
　　記念 論文随筆集』〔韓国水産技術協会，1968年4月，ソウル〕※169〜171頁）がある（竹
　　国友康『ハモの旅，メンタイの夢──日韓さかな交流史』〔岩波書店，2013年7月，東京〕
　　159頁）。金鐘烈「対馬島と朝鮮関係──対馬島の返還を要求しよう」（『新天地』3-3〔ソ
　　ウル新聞社，1948年3月，ソウル〕※）も李承晩発言に先立つ。

第**7**章　竹島問題における韓国の主張の形成

翻訳出版して世界に広く日本の罪過と我々の正当性を宣伝しないのか？」。これらのうちの多くは韓国政府が今日実践しているものであり，1953～54年が韓国政府の竹島問題への対応を決定づけた時期であることを示している。

1954年6月，韓国の新聞に奇妙な記事が掲載された。5月22，24日に北海道方面から飛来した国籍不明機が「独島」上空で韓国の領土標識に300発の機銃掃射をして下関方面に飛び去った（6月2，11日付『東亜日報』）。5月25日には日本の警備船が「独島」に向かって機関銃を300発射し，同じ25日には国籍不明機が「独島」上空を旋回した（社説「独島の我が漁民に対する日本警備船の発砲」〔6月4日付『朝鮮日報』〕）。5月28日に日本国旗を掲揚した船舶が「独島」に侵入し，日本人が作業中の韓国人に日本製煙草「光」を与えた（6月11日付『東亜日報』）。

これらは竹島にいた韓国人からの情報によって誇大に創作されたものであろう。実際は，1954年5月30日に鳥取県水産試験場試験船「だいせん」で竹島を訪れた日本人に対して，不法漁労していた韓国人は親密な態度を示した。五日毎に竹島に来る「警備船のおる時は来ないがよい，危ない」と忠告し，海女や青年の中には「日本に連れて行け」と懇願する韓国人がいた（同年6月3日付『日本海新聞』）。1954年6月3日の衆議院外務委員会で中川 融 政府委員は，報道された5月24，25日の銃撃・射撃事件と日本政府との関連を否定した。しかし，これらの報道は韓国人の日本に対する警戒感を高めたに違いない。こうした中で，「独島は日本の侵略の犠牲となった最初の朝鮮の地」という主張が発せられたのである。

4　韓国の竹島認識

「独島は日本の韓国侵略の最初の犠牲物だ。解放とともに独島はふたたび我々の胸に抱かれた。独島は韓国の独立の象徴だ。日本が独島の奪取を企むことは再侵略を意味することだ」。2011年8月12日，竹島問題を国際司法裁判所に付託しようとする日本の動きについて，韓国の金星 煥 外交通商部長官は1954年10月28日付韓国政府口上書「竹島問題の国際司法裁判所への付託を拒

第Ⅱ部　竹島問題と日韓関係

否」（㉘）をこのように引用して，「わが政府の立場は何一つ変わっていない」と述べた[59]。

　一方，鬱陵島視察を計画して2011年 8 月 1 日に韓国の金浦国際空港に到着したものの韓国当局に入国を拒否された稲田朋美衆議院議員は次のように述べた。「竹島を日本の領土だと主張することは，『日帝侵略』を美化し賛美することであり，典型的な入国拒否事由に当たるというのだ。驚くべき時代錯誤というほかない。竹島は韓国にとり単に領土の問題ではなく，歴史認識，民族の自尊心の問題であることが分かる[60]」。稲田議員らの目的地が竹島ではなく鬱陵島であったにもかかわらず，竹島は日本の領土であると明言する日本人への韓国人の反発の激しさは日本人に強い印象を与えた。このように，60年以上前に発せられた「竹島は日本の朝鮮半島侵略の犠牲となった最初の領土である」という主張は現在の韓国をも呪縛しており，韓国人に冷静さを失わせ，竹島問題の解決を阻んでいるのである。

　しかし，本章で検討した結果わかるように，竹島の日本領土編入を日本の朝鮮侵略の一環としてとらえる主張は，1952年 1 月の李承晩ライン宣言前後の時期ですら確固たるものではなかった[61]。「特輯 平和線」と銘打たれた『週報』77号（大韓民国政府公報處，1953年10月28日）※には，1953年 9 月にはじまる日本漁船大量拿捕を正当化して日本を非難する文章を満載しているが，竹島問題を題目として日本を糾弾する文章はなく，「竹島は日本の朝鮮半島侵略の犠牲となった最初の領土である」という主張も見当たらない。これらは，「竹島は日本の朝鮮半島侵略の犠牲となった最初の領土である」という主張は，日韓関係が緊張し，竹島不法占拠が強行される中で1954年に形成された，いわば「作られた意識」であったことを物語っている。

---

[59]　「57年前の‘卞榮泰書簡’再び持ち出した理由は」（2011年 8 月15日付『中央日報』ソウル）※。

[60]　「正論 領土守るのは強い意志と行動だ」（2011年 8 月18日付『産経新聞（大阪本社版）』）。

[61]　日本海軍水路部が1933年に発行した『朝鮮沿岸水路誌』 1 を韓国の海軍本部が翻訳して1952年 1 月に出版した『韓国沿岸水路誌』 1 ※に，「独島」ではなく「竹島」の名称がそのまま掲載された事実（「韓国水路誌に『竹島』『独島』の表記欠落 不明確な領有認識」2012年 1 月 3 日付『山陰中央新報』）などは，当時の韓国の指導層の間ですら竹島への意識が現在ほど高くなかったことを物語っている。

韓国は，日本領土編入以前の竹島が韓国（朝鮮）領であった事実はないこと，よって竹島の日本領土編入を日本の朝鮮侵略の一環としてとらえること自体が誤りであるという指摘に耳を傾けるとともに，この主張が形成されてきた過程[62]を冷静に振り返る必要がある。

---

[62] 近年の論考として，塚本孝「"独島連"の「島根県知事に対する質問書"独島20問"」について」（『第3期「竹島問題に関する調査研究」最終報告書』島根県総務部総務課，2015年8月）。同「竹島領有権をめぐる韓国政府の主張について——政府公報資料『韓国の美しい島，獨島』の逐条的検討」（『東海法学』52，東海大学法学部，2016年9月）がある。

第8章
韓国の海洋認識
―― 「独島」と「離於島」――

　2010年9月7日に起こった尖閣諸島沖の日本領海内での中国船による日本の公船への衝突事件とその後の日中間の対立は，日韓および中韓の間の海洋をめぐる対立にも人々の関心を向けさせることになった。すなわち，日本海の竹島（韓国では「独島」と呼ぶ）および東シナ海のソコトラロック（韓国では「離於島」，中国では「蘇岩礁」と呼ぶ）をめぐる対立である。日韓間の竹島問題について日本国内では，1953～54年の韓国による竹島不法占拠が中国による将来の尖閣諸島占領のモデルとなるのではないかと危惧する声があがった[1]。東シナ海のソコトラロックは海中の暗礁であって国連海洋法条約で規定された「島」には該当しないため，ソコトラロックをめぐっては中韓間に領土・領海問題は存在しないはずである。しかし韓国メディアは，中国の政府機関系のウェブサイトにソコトラロックは中国領であるとする主張が掲載されて軋轢が起こった経緯を紹介し，中国への警戒感を表明した[2]。

　韓国政府は1952年の李承晩ライン宣言（正式名称は「隣接海洋に対する主権に関する宣言」）で竹島およびソコトラロックの周辺を含む広大な水域を主権下に置くとし，李承晩ラインで囲まれた水域（以下「李承晩ライン水域」と略記）から日本漁船を排除しようとした。韓国による日本漁船拿捕は相次ぎ，1951年に始

---

[1] 「竹島はなぜ韓国に実効支配されてしまったのか」（『週刊ポスト』42-40〔小学館，2010年10月，東京〕）。

[2] 「アジア，対中警戒感強める」（2010年10月3日付『日本経済新聞〔大阪本社版〕』）。ソコトラロックは水深約5メートルにある暗礁である。その名称は1900年6月5日に英国汽船Socotra号が接触事故を起こしたことに由来する（鄭公炘「Socotra礁の由来に対して――이어도との関連を加えて」〔『耽羅文化』4，済州大学校耽羅文化研究所，1985年1月，済州〕※78頁）。

269

第Ⅱ部　竹島問題と日韓関係

まって1965年に妥結した日韓会談（国交正常化交渉）では，李承晩ラインをめぐって日韓は激しく対立した。本章で筆者は，竹島およびソコトラロックが李承晩ラインに囲い込まれた経過，そして日韓会談における竹島およびソコトラロックの周辺水域に関する討議を検討する。その上で，李承晩ライン問題から浮かび上がる韓国の海洋認識を考察してみたい。

1　竹島認識の始まり――1947年夏

　韓国の竹島への関心は1947年夏に生まれた。当時，日本は連合国軍総司令部（以下「総司令部」と略記）の占領下にあり，南朝鮮では在朝鮮米軍政庁の管理下に南朝鮮過渡政府が同年6月3日に成立していた。そして，1946年1月29日付総司令部覚書「若干の外郭地域を政治上行政上日本から分離すること」（SCAPIN-677）の対象地域の中に鬱陵島や済州島とともに竹島があり，竹島は日本の行政区域から除外されていた。

　竹島問題について，『外交問題叢書第十一号　独島問題概論』（外務部政務局，1955年，刊行場所不明）には，「1947年7月11日に発表された極東委員会が採択した『降伏後の対日基本政策』が新聞紙上に報道されると独島に対する所属問題が世人の注目を引くようになった。したがって同年8月16日から同月25日までの十日間韓国山岳会が主催した鬱陵島・独島学術調査団を派遣して調査報告させたのだった」とある（34頁）。上記の「降伏後の対日基本政策」は，日本の占領管理に関する連合国の最高政策決定機関である極東委員会が同年6月19日に決定したもので，「日本の主権は本州・北海道・九州・四国の諸島及び今後決定されることのある周辺の諸小島に限定される」と規定されていた。この「周辺の諸小島（minor outlying islands）」について，日本政府は同年6月にMINOR ISLANDS ADJACENT TO JAPAN PROPER Ⅳと題した英文の資料を作成し，同年9月23日に総司令部を通して米国国務省に伝達した。この資

---

(3)　「鬱陵島・独島学術調査団」による調査については，東北アジア歴史財団の日本語版ホームページに掲載された鄭秉峻「解放後韓国の独島に対する認識と政策（1945-51）」が詳しい。なお，「韓国山岳会」は正確には「朝鮮山岳会」である。

270

料では，竹島の「韓国名は存在せず，また朝鮮で作成された地図に竹島は見出
されない。1905年2月22日，島根県知事は県告示によって，竹島を島根県庁の
隠岐島司の管轄下に置いた」と説明され，竹島が日本領であることが述べられ
ていた。

「鬱陵島・独島学術調査団」派遣および日本政府による MINOR ISLANDS
ADJACENT TO JAPAN PROPER Ⅳの作成との関連は不明であるが，1947
年夏には南朝鮮の新聞紙上で竹島が韓国領であることを主張する記事が掲載さ
れた。同年6月20日付『大邱時報』の「倭族日本の見当外れの言動 鬱陵島近
海の小島を自分の島だと 漁区として所有」という記事では，「最近には島根県
境港の日本人某が自分の漁区としているようで，今年4月鬱陵島の漁船一隻が
独島に出漁すると，この漁船を見て機銃掃射を敢行したことがあったという」
と報道された。また，同年7月23日付『東亜日報』の「版図に野欲の触手 捨
てられない日人の侵略性 鬱陵島近海独島問題再燃」という記事は，「最近にな
って日本の島根県の境に住む日本人が同島は自分たち個人のものだと朝鮮人の
漁業を禁止しており，また我々の領海に侵入して」いると警鐘を鳴らしたもの
であった。

さらに，1947年8月13日付『漢城日報』に「近海侵冦の日漁船 マッカーサ
ーライン修正も建議」という記事が掲載された。その後半部分は次の通りであ
った。

　倭人たちはマッカーサーラインを越えて，鬱陵島から48マイル離れ日本か
ら128マイル離れている我が国土独島まで警官・医師らまで混ざった倭人た
ち7・8名が上陸占拠し，また済州島付近に現れて朝鮮の漁場を攪乱・侵害
するなど，持ち前の凶計と不法行為を敢行しているので，農務部水産局では
軍政長官を通して我が漁業地区を侵犯できないようマッカーサー司令部に婭

---

(4) "MINOR ISLANDS ADJACENT TO JAPAN PROPER"（米国国立公文書館（RG59）
Records of the U. S. Department of State relating to the internal affairs of Japan,
1945-1949：Department of State decimal file 894, Wilmington, Del：Scholarly Re-
sources, Inc., Reel 6).

第Ⅱ部　竹島問題と日韓関係

請する漁業区域縮小案（略）を提出したのだが，その帰趨が意外に注目され，その上日本人が上陸占拠した独島も地理的・歴史的に見て当然わが国土の一部であることは間違いないので，わが民族のその地に対する関心は絶対（文字不明──筆者補注）マッカーサー司令部の善処が切実に要望されている。

　記事中のマッカーサーライン（以下「マ・ライン」と略記）とは，1945年9月27日付で設定された日本漁船の操業限界線のことである。日本漁船の操業許可区域は1946年6月22日付総司令部覚書「日本の漁業及び捕鯨業許可区域」（SCAPIN-1033）で拡張されたが，同覚書で竹島周辺12海里への接近は禁止された（その後1949年9月19日付総司令部覚書「日本の漁業及び捕鯨業許可区域」〔SCAPIN-2046〕）により周辺3海里に変更）。上記三つの記事で報道された日本人の竹島近海出漁や竹島への上陸は，現在までの筆者の調査では，確認することができない。韓奎浩「惨劇の独島」（『新天地』3-6，ソウル新聞社，1948年7月，ソウル※）にある，1947年4月16日にも竹島付近で爆撃事件があったという許芝鬱陵島司の証言（99頁）が示すように，『大邱時報』の「機銃掃射」とは，米軍機の竹島での爆撃訓練に朝鮮人が遭遇したものと思われる。なお，洪九杓「無人島独島調査を終えて」（『建国公論』3-5，建国公論社，1947年10月，大邱）にも，1947年4月に鬱陵島漁民が竹島で機銃掃射を受けたとある（21頁）。

　韓国の竹島認識は1947年夏から確認される。在朝鮮米軍政庁が，同年8月分の活動報告で「特別な問題」の一つとして竹島問題に言及し，「この島の管轄権の最終的な処分は平和条約を待つ」と述べたのは，南朝鮮過渡政府の日本に

──────────

(5)　『占領期都道府県軍政資料』101～103（鳥取県），同104～106（島根県）（米国国立公文書館（RG407）GHQ/SCAP Records，国立国会図書館所蔵），および1945～49年に日本で刊行された出版物の網羅的コレクションであるプランゲ文庫のうち島根県・鳥取県刊行分を調査したが確認できなかった。

(6)　UNITED STATES ARMY FORCES IN KOREA NO. 1 AUGUST 1947（米国国立公文書館（RG331）GHQ/SCAP Records U. S. Army Military Government-South Korea Interim Government Activities）。竹島の帰属が最終的には平和条約によって決定されることおよび，マ・ラインは熟慮の末に引かれた線ではないことをこの文書は示しており，竹島問題における韓国の主張を覆す意義がある（『竹島問題に関する調査研究報告書　平成21年度』〔島根県総務部総務課，2011年3月，松江〕21～23頁参照）。

対抗する動きに対応したものと考えられる。

2　マ・ラインとソコトラロック

　マ・ライン設定により，戦前から東シナ海・黄海で操業していた日本の漁業，特に以西底曳網漁業の漁場は狭隘になったため，日本政府と漁業団体は総司令部などに対して漁区拡大の要望書を提出した。1947年5月5日に日本政府が総司令部に請願した「支那東海，黄海におけるトロール漁業及び底曳網漁業の操業区域の拡張」で拡張が求められた区域は図8-1の斜線部①である[7]。この図でわかるように，東シナ海西部から黄海にかけての水域での日本漁船の操業再開を日本は切望していた。一方，南朝鮮も日本の「漁業区縮小案」を総司令部に提出していた。前記1947年8月13日付『漢城日報』で日本漁船排除が求められた水域は図8-1の斜線部②であった[8]。以上の経過で明らかなように，日本と南朝鮮の間で最大の争点となっていたのは，済州島の南側の東シナ海そして黄海であった。1947年2月に始まる南朝鮮・韓国による日本漁船拿捕も済州島の南方・西南方で多発していた。1947年8月13日付『漢城日報』の記事は，竹島が漁業紛争の主舞台であるかのように報じて南朝鮮の反日感情をあおる結果となっている。

　日本と南朝鮮の間で争点となった水域に，ソコトラロックがあった。ソコトラロック周辺海域に対する南朝鮮の関心は1947年10月22日付『東亜日報』の「日本の侵略的野欲　今度は黄海・波浪島に　自己の領土とマッカーサー司令官に報告」という記事に登場する。この記事の全文は次の通りである。

---

(7)　"Area for Trawling in The East Yellow Sea Relation to the Proposed Extension of fishing Area May. 10. 1947"（米国国立公文書館（RG331）GHQ/SCAP Records Fishing Area-Yellow, China Sea Oct. 1946-May. 1948）。要求された拡大漁区は，北緯32度37分東経125度45分―北緯33度45分東経125度45分―北緯33度45分東経124度35分―北緯35度東経123度―北緯29度東経123度―北緯24度東経118度40分―北緯24度東経119度50分―北緯27度50分東経123度30分―北緯32度30分東経125度―北緯32度37分東経125度45分を結ぶ線の内側であった。

(8)　韓国側公開文書「韓国の漁業保護政策：平和線宣布，1949-52」※にも同様の図がある（1175頁）。

第Ⅱ部　竹島問題と日韓関係

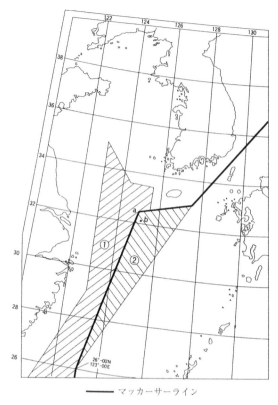

出典：筆者作成。

図8-1　マッカーサーライン

侵略根性を捨てることのできない倭寇は東海において我が領土である独島を侵犯しようとする魔手を休めないでいることは何度も既報してきたのだが，今度はまた再び南の黄海にまでも野欲の魔手を伸ばし，もう一度我々の感情を激憤させている。問題の島は黄海にある北緯32度30分東経125度にある波浪島という一群の島で，この島は済州島から150キロ，木浦から290キロ，日本の長崎から450キロ，上海から320キロの地点にあり，地理学上だけ見ても当然我が版図に属していることは繰り返す必要もない。最近日本政府では黄海を区域別に分けて自分達に有利な条件をつけてマッカーサー司令部に報告し，この波浪島嶼をいわゆるマッカーサーラインの中に入れて自分たちの所属領土だと自称しているのである。ところでこの島は南海唯一の海産物生息地であると同時に，大きな漁場でもある。

ソコトラロックは暗礁にすぎず「一群の島」ではないことをはじめとして，「波浪島」がソコトラロックを指すとすれば，この記事には誤りがある。その位置についても，「北緯32度30分東経125度」はなく「北緯32度7分22.63秒東

274

経125度10分56.81秒」である[9]。「北緯32度30分東経125度」はマ・ラインの屈曲点（図8-1のa）にあたるが，実際のソコトラロックはマ・ラインの東側（図8-1のb）に位置する。日本漁船が操業可能な水域にあったソコトラロックを，『東亜日報』はマ・ラインの線上に置き，図示しながら報道した。これが意図的なものかは不明であるが，「波浪島」が日本と南朝鮮の勢力の境界線上にあるという誤った印象を読者に与えているのである[10]。

　そして，この記事の最も大きな問題点は，「波浪島嶼をいわゆるマッカーサーラインの中に入れて自分達の所属領土だと自称している」とあるように，日本漁船の操業限界線であるマ・ラインを日朝間の国境とする認識が見られる点である。前述の1947年5月5日に行われた漁区拡大を求める日本政府の請願に領土要求などなかったことは言うまでもない。この記事には漁業問題と領土問題の混同が見られるのである。

　漁業問題と領土問題を混同したこのような認識と深く関連するのが，1947年の2月4日に始まった南朝鮮による日本漁船拿捕である。同年4月21日までに拿捕された8隻の日本漁船のうち7隻が以西底曳漁船であった[11]。図8-2は，漁船が徴用されるなど日中戦争の影響を受けずに操業できた最後の年である1937年における，日本水産所属トロール漁船の年間曳網数の分布を示したものである。この図を見ると，以西底曳網漁業の好漁場をマ・ライン（1点鎖線）

---

(9)　『2006年度国政監査政策資料集10　中国の離於島海洋科学基地監視飛行に対する我々の対応方案』※（編者，刊行年月，刊行場所不明）1頁。

(10)　1948年8月5日付の愛国老人会によるマッカーサー総司令部長官宛請願 "Korean Petition Concerning Sovereignty of "Doksum", Ullung Do, Tsushima, and "Parang" Islands." （米国国立公文書館（RG84）Office of the U. S. Political Advisor for Japan, Tokyo Classified General Correspondence 1945-52 1948 : 800 Korean Political Affairs, July-3epι）でも「波浪島」の位置表記は『東亜日報』の記事と同様である。この請願書にも，「日本は海洋進出の制限から逃れるために降伏後にこの群島を占領していることを主張した。歴史的にも地理的にも彼らとは無関係な群島の占領は愚かなことであり，それは彼らの侵略の示すものである」と誤った情報が記されている。なお，2013年12月16日付『東亜日報』（電子版）※には，防空識別圏問題に関連して同年11月27日に「離於島は領土問題ではなく排他的経済水域問題」と述べた外交通商部を非難する国会議員の発言が掲載されているが，非難の根拠の一つは「1947年10月に日本がマッカーサーライン内に離於島（波浪島）を含ませて日本領土だと主張した」という虚偽の情報であった。

(11)　『日韓漁業対策運動史』（日韓漁業協議会，1968年2月，東京）441頁。

第Ⅱ部　竹島問題と日韓関係

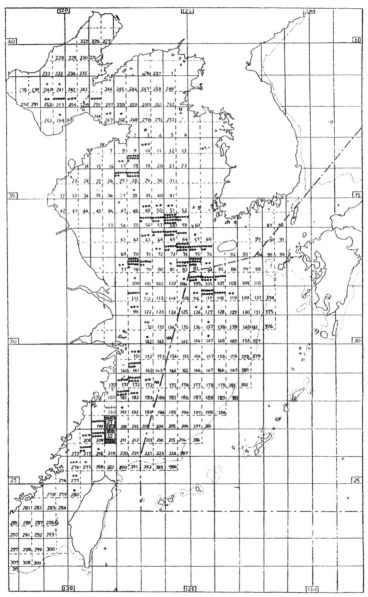

注：1点は100網を表す。黒で囲んだ数字は点の数を表す。
出典：笠原 昊『支那東海黄海の底曳網漁業とその資源』（日本水産株式会社研究所，1949年1月，小田原）。

図8-2　日本水産株式会社所属トロール漁船の年間曳網数の分布（1937年）

が分断しており，1953年2月1日にソウルで李承晩大統領と会見した時の日本の漁業関係者の証言通り，マ・ラインが「守りにくい線だった」[12]ことがわかる。こうして，以西底曳漁船の拿捕が済州島の南方・西南方で多発したのであった。この事態に対して南朝鮮過渡政府農林部の鄭文基（チョンムンギ）水産局長は，1947年8月15日付『水産経済新聞』紙上で次のように主張した[13]。

　　水産が指向するのは遠洋漁業にあり，その唯一の基地として有能な漁場がまず済州道方面にある西南部黄海に，東洋のもっとも大きなトロール漁場がある。そしてこれは黄海水産資源の根拠地であり，また魚族が冬眠する揺籃の地である。（略）このような宝庫のトロール漁場に着目した日本漁船が侵略しようとする気勢を見せているので，水産人は一大覚醒が必要である。（略）このトロール漁場を公正な立場で論じてみるとき，これを朝鮮をはじめとして中国だけが漁獲できる資源をなぜ倭寇まで侵犯させるのかということだ。筋が通らない話だ。

鄭文基が指摘する「東洋のもっとも大きなトロール漁場」とは済州島の西北方から南方にかけての曳網数の密集した水域である。そしてソコトラロックはこの水域の中心に近い105（北緯32度～北緯32度30分，東経125度～東経125度30分）の区域にあった。前述の1947年10月22日付『東亜日報』の記事にあるように，ソコトラロック周辺は好漁場であった。「東海・黄海は日本最大のマダイ漁場であった。殊に九州沿岸から朝鮮西南沖合の密集魚群体は，底曳網漁業の進出に際して豊富な漁獲を提供した。（略）朝鮮済州島西方洋上の暗礁スコトラ・ロック（ママ）を中心にマダイは湧くが如きであった」[14]と，ソコトラロックの存在は戦前から日本の漁業者に知られていた。戦後も，日本の以西底曳網漁業者にとっては「花見の季節（4月＝タイの好漁期）になったらスコトラ（ママ）に行く」というほど

---

(12)　同前，69頁。
(13)　「心機一転した協調を　水産局長鄭文基氏談」（1947年8月15日付『水産経済新聞』）※。
(14)　里内晋『底曳漁業と其の資源』（水産社，1943年10月，東京）169頁。
(15)　1947年から大洋漁業株式会社でトロール漁業に従事した菊池良兵（1925年生）談（2011年3月30日に松江にて聞き取り）。

第Ⅱ部　竹島問題と日韓関係

の好漁場であった。鄭文基は公海にあったこの好漁場を朝鮮・中国の所有物で[15]
あるとして日本漁船が出漁することの不当性を訴えたのである。1950年1月19
日に総司令部が「公海における日本の漁労活動は総司令部の命令によってのみ
管理される」として韓国の日本漁船拿捕禁止と漁船および乗組員の返還を求め
る覚書を駐日韓国代表部に送ったように，マ・ラインは本来日本漁船の操業限[16]
界線であり朝鮮とは無関係であった。にもかかわらずマ・ラインを日朝間の漁
業境界線とみなし，日本から見てマ・ラインより外側の水域の漁場は我々の所
有物であるという主張が1947年の南朝鮮に生まれていた。そして韓国政府は，
マ・ラインを越えて「韓国漁業水域で漁業に従事」したことを理由に日本漁船
を拿捕したのである。[17]

　韓国の主張は，「日本が他国を侵略するときのいつもの武器の先鋒として使
用した手段は，海からの侵略的漁業侵害とともに漁民移植からはじまった」と[18]
いう，日本の操業許可漁区の拡大を朝鮮再侵略ととらえる対日観に裏打ちされ
ており，朝鮮人の感情に訴えやすいものであった。

　前述の在朝鮮米軍政庁の1947年8月分の活動報告には「日本と朝鮮の漁業水
域を恣意的に画定した最近の指令は，独島を朝鮮側水域内に置いた（a recent
occupation drew an arbitrary line demarcating Japanese and Korean fishing waters
placed Tok-to within the Korean zone.）」というマ・ラインについての説明があ
った。今まで述べてきたように，マ・ラインは「朝鮮側漁業水域」を設定した
ものではなく，在朝鮮米軍政庁にもマ・ラインの性格についての誤解があった。

---

[16]　SCAP TOKYO JAPAN → EMBASSY SEOUL KOREA 19 JAN 50（米国国立公文書館
　　（RG331）GHQ/SCAP Records Korean Seizures July 1946-Sept. 1951）.
[17]　韓国政府作成と考えられる「大韓民国政府樹立后拿捕された『マック』線侵犯日本船舶の
　　船長自認書」※中の文言。日本人船長自筆部分（日本語）では「大韓民国側に不法越境し
　　て漁業に従事せる」とあるのが，韓国人官吏による部分（英語）では"engaged in fish-
　　ing in the Korean fishery Area"となっている（米国国立公文書館（RG331）GHQ/
　　SCAP Records Fisheries, Seizures of Japanese Fishing Vessels Dec. 1949-Oct. 1950）.
　　1948年2月から1950年1月にかけて作成された18枚の「自認書」中9枚にこのような表現
　　がある。
[18]　「日人出漁境界無視　南海漁場で不法密漁　いわゆるマッカーサーライン是正縮小要望」
　　（1947年7月30日付『水産経済新聞』）.

278

第8章　韓国の海洋認識

3　韓国の対米交渉の挫折と李承晩ラインの設定

①マ・ラインの改訂によって東シナ海・黄海における日本漁船の操業を禁止・制限すること。②「独島」（竹島）と「波浪島」（ソコトラロックと考えられる。韓国語では「波浪」は「パラン」と発音される。）が朝鮮領であることの確認。南朝鮮の海洋に関するこの二つの対日要求は1947年に混然とした形で生まれた。①についてはマ・ラインの改訂から現状維持へと主張は後退したものの，二つの要求を対日平和条約に盛り込むことを求めて1951年の韓国は米国に対して要請を繰り返した。

韓国のマ・ライン維持の要求が米国に拒否された経緯は第3章ですでに述べた。もう一つの問題，すなわち対日平和条約における日本の領土問題に関して米韓間で行われた交渉の経緯は，塚本孝の研究で明らかである。[19]その概略は次の通りであった。1951年6月14日付対日平和条約改訂米英草案第2条aは「日本国は，朝鮮の独立を承認して，済州島，巨文島及び鬱陵島を含む朝鮮に対するすべての権利，権原及び利益を放棄する」と規定していた。梁裕燦駐米韓国大使は同年7月19日に提出したアチソン国務長官宛の意見書の第1項目で，これらの島々に「ドク島」と「パラン島」を加えることを要求した。同日に行われた会談でダレス米国国務長官顧問がそれらの位置について質問すると，韓彪頊1等書記官は「これらは日本海にある小島」であると不正確な回答しかできなかった。[20]ダレスは1910年の日韓併合前に朝鮮の領土であるならば韓国の要求を受け入れると答えた。同年8月10日付でラスク国務次官補から梁裕燦に送られた書簡では，竹島（この時点では「ドク島」が竹島であることを米国は認識していた）[21]は「かつて朝鮮によって領土主張がなされたとは思われない」，「パラン島」については「韓国政府の要望は撤回されたものと理解する」とされていた。

---

[19]　塚本孝「サンフランシスコ条約と竹島――米外交文書集より」（『レファレンス』389，国立国会図書館調査立法調査局，1983年6月，東京）および同「平和条約と竹島（再論）」（『レファレンス』518，1994年3月），同「平和条約と竹島（再論）」（『レファレンス』518，1994年3月），同「竹島領有紛争に関連する米国国務省文書（追補）＝資料＝」（竹島問題研究会『「竹島問題に関する調査研究」最終報告書』〔島根県総務部総務課，2007年3月〕）。

第Ⅱ部　竹島問題と日韓関係

こうして，日本が放棄する領土に関しても，サンフランシスコ平和条約では対日平和条約改訂米英草案第2条aの文言がそのまま残されたのである。

　以上述べてきたように，対日平和条約に関する海洋についての二つの対日要求を，韓国政府は米国政府に認めさせることはできなかった。そこで，韓国政府は自らの要求を一方的な宣言で実現させる方策をとることになった。それが1952年1月18日に韓国政府が発表した李承晩ライン宣言である。李承晩ライン宣言に至るまでの韓国政府の動きは次の通りであった。

　1951年2月7日，吉田茂首相とダレス米国国務長官顧問との間で「吉田・ダレス書簡」が交換された。この書簡で日本は公海漁業における漁業資源保護とそのための交渉を行うことを約束し，米国はそれを歓迎した。こうしてマ・ラインの撤廃の可能性が高くなったため，韓国政府は李承晩ライン設定のための作業を開始した。

　1951年4月12日に「対日漁業協定準備委員会」が作成した「韓日漁業協定（案）」では協定の目的を「主として大韓民国黄海海岸を蕃殖場として大韓民国

---

⑳　1951年9月20日に「波浪島予備調査隊」が「済州島南端に位置する我が国南端の領土である波浪島」に向かって済州島から向かった（1951年9月23日付『東亜日報』）。米国への要望の時点では，「波浪島」が位置するとされたソコトラロック周辺の実態を韓国が確認していなかったことを示している。対日平和条約に関する韓国政府の要望書の作成に努力した兪鎮午（1906〜1987）は，「わが国の木浦と日本の長崎，中国の上海を結ぶ三角形の中心あたりの海中に『パラン島』という島があり，浅いために表面は波間に沈んだり現れたりするということだ。（略）これはわが国の領土としてこの際確実にしておくのがよい」という歴史家の崔南善（1890〜1957）の言を聞いて，「この島の名前を対日平和条約に明記させた時にはわが国は済州島よりもはるか西南方に領域を広げる」ことができると狂喜したと回顧している（「韓日会談が開かれるまで（上）」〔『思想界』156，思想界社，1966年2月，ソウル〕※96頁）。しかし結局「国家の権威を象徴する正式の外交文書に実存しない島の名前を書いて我が領土だと主張したのは取り返しのつかない失敗だった」とも述べている（同98頁）。なお，1951年9月8日付『釜山日報』には，波浪島が韓国領であることは済州島に残る民謡と伝説で確実であるという記事が掲載されている。

㉑　米国国務省が駐韓米国大使に送った1951年8月7日付書簡には，「わが国の地理学者も駐韓米国大使館もドク島とパラン島の位置を特定することはできなかった。よって我々はこれらの島々に対する主権を確認するという韓国の要求は，現状では，考慮できない」と記されている。（Dulles → Muccio　Date: August 7, 1951『独島資料Ⅱ　米国篇』〔国史編纂委員会，2008年12月〕110頁）。この文書を含む当時の米国の竹島問題への方針については，塚本孝「竹島に関する英文説明資料（1947年外務省作成）をめぐって」（『島嶼研究ジャーナル』4-1，島嶼資料センター，2014年11月，東京）に整理されている。

第8章　韓国の海洋認識

東南側東支那海を冬眠区とする水産資源の蕃殖保護およびその合理的活用のため」としていた。(22)したがって，当時商工部水産局漁撈課長であった池鐵根(チチョルグン)が，自分が画定したと述べている「漁業管轄水域案」(図3-2)(84頁)は，朝鮮総督府の定めた「朝鮮漁業保護取締規則」(1929年12月10日公布，朝鮮総督府令第109号)中の「トロール漁業禁止区域」(図3-1)(84頁)にソコトラロック周辺から済州島南部までの水域を加えて突出させたも

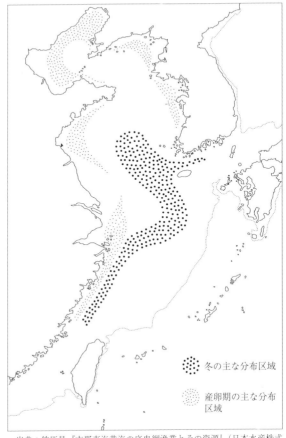

出典：笠原昊『支那東海黄海の底曳網漁業とその資源』(日本水産株式会社研究所，1949年1月，小田原)。

図8-3　冬季と産卵期の魚群の分布一摸式(台湾海峡以南は不明)

のになっていた。資源保護を名目に日本漁船を排除するこの「漁業管轄水域」の設定を商工部が外務部に提案したのは1951年6月18日と考えられる。(23)

　1951年8月25日に「対日漁業問題に関する会議」が外務部・商工部・海軍・法務部の代表者によって開かれた。会議の結果の記録と思われる「漁業に関する了解事項」には，「黄海一帯のイシモチ・アジおよびその他暖流性魚族が韓

(22)　前掲註(8)「韓国の漁業保護政策：平和線宣布，1949-52」1277頁。
(23)　同前，1374頁。

281

第Ⅱ部　竹島問題と日韓関係

国西南沿岸および中国沿岸部（略）に群集して産卵繁殖し，越冬しようと南下して東南シナ海と済州西南沿海に群集すること。そのため繁殖保護のため，（漁業保護線を〔──筆者補注〕）黄海漁場まで当然延長せねばならない」と記されていた。東シナ海・黄海の漁業資源に関するこのような韓国の情報は，日本水産株式会社の調査に基づく図8-3とよく似ている。池鐵根は，1950年6月に来日して大洋漁業株式会社勤務の函館高等水産学校（現北海道大学水産学部）の1年後輩から精密な黄海の漁場図を入手した，そのため日本人専門家が驚くほど李承晩ラインは好漁場を巧みに囲い込むことができたと回想している。李承晩ライン画定に必要な漁業資源に関する情報は韓国が日本から入手したものであった。

　1951年9月7日に第98回国務会議が招集され，「この水域内では大韓民国の決定によってのみその保護策が施行され，一切の外国漁船のこの水域内での漁業従事を禁止する」という「漁業保護水域」の設定が可決され，李承晩大統領に上申された。この「漁業保護水域案」（図3-3）（84頁）は竹島を含ませたため，商工部の「漁業管轄水域案」（図3-2）よりも日本海側に大きく水域を拡大していた。「漁業保護水域」の画定に外務部政務局長として加わった金東祚は，「当時諮問に応じた一部の人士は，純粋な漁業保護水域の設定のためならば独島を含ませることは名分が立たないと反対したが，私は将来韓日間に引き起こされる独島問題に備えて主権行使の先例を残しておくことが絶対に必要だと考えた」と回想している。こうして東シナ海・黄海をめぐる漁業問題と，日本海にある竹島をめぐる領土問題とを，韓国政府は同時に日本に提起することになった。ただし，李承晩大統領は「漁業保護水域案」を裁可しなかった。金東祚はその理由を，大統領秘書官からの伝聞として次のように述べている。

───────

(24)　同前，1411頁。

(25)　池鐵根『平和線』（汎友社，1979年8月，刊行場所不明）※113〜115頁。池鐵根が漁場図を入手した人物の実在を，筆者は『東洋経済会社人事録 1966年版』（東洋経済新報社，1966年3月，東京）や，2010年8月16日にマルハニチロホールディングス本社で閲覧した1954年7月末現在の大洋漁業株式会社の職員名簿で確認できた。池鐵根が昭和12年養殖学科卒であるのに対し，この人物は昭和13年漁撈学科卒である（『昭和二十九年度 北水同窓会名簿』北水同窓会，1954年10月，函館，144頁）。

282

マ・ライン存続を現在米国に要請中であり，またマ・ラインには安全保障上の
意味もあるのでマ・ラインを拙速に放棄して「漁業保護水域」を宣布するのは

---

⑳　金東祚『回想30年 韓日会談』（中央日報社，1986年11月，ソウル）※16頁。池鐵根は『平
和線』で「漁業管轄水域案」に竹島を入れなかった理由を次のように述べている（120頁）。
①竹島周辺には好漁場はない　②日本の反発を最小限に抑える　③中南米諸国の例が示す
ように国際的にも距岸200海里に及ぶ水域設定は問題が多い。対日平和条約草案に関して
1951年に韓国が米国に要請した対日要求は次の表のように整理できる。
　A　要請機会
①1951年3月23日付対日平和条約米国草案に対して，ダレスに林炳稷韓国国連大使が1951
　年4月26日付で送った書簡。
②1951年5月9日付と推定される「米国草案に対する韓国の公文に関するコメント」。
③1951年6月14日付対日平和条約改訂米英草案に関して，1951年7月9日にダレスに梁裕
　燦が直接行った要請。
④同上草案に関して，1951年7月19日付で梁裕燦が提出したアチソン宛の書簡。
⑤同上草案に関して，1951年7月19日に梁裕燦がダレスに直接行った要請。
⑥同上草案に関して，1951年8月2日付で梁裕燦がアチソンに送った書簡。
　B　主要な要請内容
①韓国が連合国として処遇されること。
②日本の国連加盟は韓国の加盟に結び付けられること。
③在日韓国人が連合国の国民として処遇されること。
④対馬が韓国領であることの確認。
⑤韓国が太平洋の安全保障体制に組み込まれること。
⑥日本漁船の操業規制（マッカーサーラインの維持）。
⑦1945年以前の日韓間の条約は無効（null and void）である。
⑧朝鮮半島にある日本資産の韓国による接収。
⑨日本にある韓国資産の韓国への返還。
⑩「ドク島」が韓国領であることの確認。
⑪「パラン島」が韓国領であることの確認。

A＼B	①	②	③	④	⑤	⑥	⑦	⑧	⑨	⑩	⑪
①	○	○	○		○			○			
②	○	○	○		○						
③				○	○						
④						○		○		○	○
⑤	○					○		○			
⑥						○		○			

この表で明らかなように，当時韓国が要求し続けたのは，マ・ライン維持および在韓日本
財産の取得そして連合国待遇の実現であった。よって日韓会談では，韓国は連合国として
日本と接しようとし，漁業問題と請求権問題で紛糾した。なお，要請機会の②は，塚本孝
「韓国の対日平和条約署名問題──日朝交渉，戦後補償問題に関連して」（『レファレンス』
494，1992年3月）による。

283

第Ⅱ部　竹島問題と日韓関係

時期尚早である[27]。

　1951年10月20日から開催された日韓会談予備会談において，韓国側は対日平和条約が発効してマ・ラインが消滅するまでに日韓間の漁業協定が成立することを熱望して漁業交渉の早期開始を要求した。同年11月22日の第8回会合で韓国側は，「平和条約発効までに協定が成立しなければ同条約発効以後日韓間に合意が成立するまでの間全然空白の期間が生じ両国間に紛争が起ることを惧れる旨述べ重ねて討議の早急開始を要望した」。日本側は「漁業については例えば他国の領海へは無断出漁しえない国際慣行があり（略）全然の空白とはならない」と答えた。また同会合で韓国側は「平和条約発効までに協定が成立しないとき日本側は現在のマックァーサー・ラインをそのまま続ける意向」があるかと質問したが，日本側は明確な返答を避けた[28]。韓国の考える日韓漁業交渉とは，公海上に日本漁船のみが操業できない水域を設定することを日本に認めさせることであり，「公海自由」の原則に立つ日本との差異はきわめて大きかった。

　1951年11月28日の日韓会談予備会談第9回会合で，日本側は韓国側の要求を容れて翌年2月からの漁業交渉開始に合意した。しかし，公海上に日本漁船のみが操業できない水域の設定を日本に認めさせることは不可能であるという印象を持った韓国は，翌日の11月29日に李承晩ライン宣言の最終的な準備作業を開始した[29]。そして，翌1952年1月18日に李承晩ライン宣言（図3-4）（84頁）を行ったのである。

4　李承晩ライン宣言と主権の主張の撤回

　①東シナ海・黄海の好漁場における日本漁船の操業の禁止・制限，②竹島とソコトラロックが韓国領であることの確認，李承晩ライン宣言にはこの二つの対日要求が同時に盛り込まれた。宣言文では，図3-4で示した線で囲まれた

────────────

(27)　前掲註(26)『回想30年　韓日会談』，18頁。

(28)　「日韓会談第八回会合」（日本側公開文書，第3回公開）。

(29)　『外交問題叢書第一号　平和線の理論』（外務部政務局，刊行年・刊行場所不明）※60～61頁。

284

第8章　韓国の海洋認識

水域に対して，「国家の主権を保持しまた行使する」という主権の主張と，資源保護のために「水産業と漁業を政府の監督下に置く」という主張とが混在していたのである。

李承晩ライン宣言は，最大で距岸約200海里近くにまで及ぶ公海に突如一方的に線を引いてそこまで主権を及ぼし，漁業資源を独占しようとするものであったため，「公海自由」の原則を脅かすとして諸外国の抗議を招いた。[30]日本（1952年1月28日），米国（同年2月11日），中華民国（同年6月11日），英国（1953年1月12日）と抗議は続き，それに対して韓国政府は釈明に追われた。1952年2月13日付で韓国政府外務部からムチオ駐韓米国大使に送られた，米国の抗議に対する弁明の書簡に添付された文書で[31]，ムチオは韓国の弁明を次のように要約[32]している（原文は英語）。

　卞（榮泰外務部長官──筆者補注）が書いた，もったいぶって古風で意味不明でそして混乱している文章の書簡について，その要旨は下記の通りである。

①厳密でなく用いられた語句「主権（sovereignty）」は完全な意味で用いられたのではなく，実際には「管轄権と支配（jurisdiction and control）」と言い換えることができる。

②米国の宣言と同様に，韓国の宣言も領海の拡張を意味しない。

③宣言は公海における航行や航空には適用されないことは明らかである。

④上記の諸点にもかかわらず，韓国と米国の宣言には明らかな違いがある。

　しかし韓国の状況はまた米国のそれとは異なる。もし「特別の防御方法」

---

[30] 川上健三によれば，国際連合の国際法委員会における領海問題に関する審議に際してオランダの国際法学者フランソワが1953年の提出した報告では，総計57カ国のうち23カ国が領海3海里を，4カ国が4海里を，11カ国が6海里を，1カ国が9海里を，6カ国が12海里を領海の範囲としていた（「領海問題に関する国際的論議」〔漁業経済学会編『漁業経済研究』2-2，水産週報社，1953年3月，東京〕）。

[31] Ministry of Foreign Affairs → Ambassador of the United States　February 13, 1952（米国国立公文書館（RG59）Records of the U. S. Department of State relating to the Internal Affairs of Korea, 1950-54: Department of State Decimal File 795, Wilmington, Del: Scholarly Resources, Inc., Reel 29）.

[32] Pusan → Secretary of State　February 16, 1952. ibid.

285

第Ⅱ部　竹島問題と日韓関係

がとられなければ，弱体な韓国漁業は，韓国水域においてすら，優秀な日本漁船隊との競争によって崩壊するであろう。よって韓国は「特殊な状況」に対する「共感的な理解と賢明な評価」を米国に求める。

⑤米国は，宣言が米国やその国民の利益に損失を与えることになるのではないかという不安を覚える必要はない。なぜならば，規則を適用するか否かは国家主権の判断によるものであり，時と場合によるからだ。宣言は米国国民が「無謀な略奪者」に対する「盾」として行動するときのみに米国国民に適用されるであろう。韓国人は「無謀な略奪者」が改心の明白な証拠を示すまで疑いを持って注視せねばならない。

書簡は，「もし，国家の維持に関わる問題で，人々の利益を守るための最低限でしかし適切な行動をとるために主権が行使できないならば，それは主権でも主権の行使でもない」と結ばれている。

1952年2月11日付の駐韓米国大使による韓国外務部への書簡で米国は，李承晩ライン宣言を認めれば「どんな国家でも宣言によって公海を領海に転換できる」と懸念を示した。韓国が李承晩ライン宣言を「確定された国際的先例に依拠」したのに対して，「韓国の主権の拡張を認めるような合法的な先例」を示す国際法の原則を見出すことはできないと述べた。特に，李承晩ライン宣言と同性格のものと韓国が主張した，1945年9月28日に米国政府が発表した「トルーマン宣言」については，漁業資源保存のための「保存水域」設定を明記した同宣言は領海の拡張を意味したものではないとして，関連性を完全に否定した。1952年2月13日付の駐韓米国大使宛の韓国政府の書簡は，このような米国の抗議に応じて，李承晩ライン宣言中にあった主権の主張の部分を撤回したもので

───────────

(33)　韓国側公開文書「平和線宣布と関連する諸問題 1953-55」119〜122頁（原文は英語）。

(34)　トルーマン宣言は漁業と大陸棚に対する米国の政策を明らかにしたもので，うち漁業に関するものは「公海の一定水域における沿岸漁業についての米国の政策に関する大統領宣言」が正式名称である。川上健三によれば，宣言については「米国近海の漁場を日本漁船の進出から守ることにその最大の眼目があった」であった（『戦後の国際漁業制度』〔大日本水産会，1972年3月，東京〕83頁）。このため韓国もトルーマン宣言を李承晩ライン宣言の論拠としたのである。

286

あったが，その一方で，日本の水産業の脅威を強調して主権の行使に対する理
解を米国に求めていた。韓国政府の書簡の内容は矛盾しており，ムチオが評し
たように「意味不明でそして混乱して」いた。李承晩ライン宣言に関する韓国
の主張を真っ向から否定した米国政府の抗議が韓国政府に与えた衝撃の大きさ
を物語っている。

　広大な公海を李承晩ライン宣言で領海とした非常識を諸外国に抗議された韓
国は対応を迫られた。1953年12月12日，韓国政府は「漁業資源保護法」（法律
第298号）を公布施行した。この法律には「主権」の語句はなく，李承晩ライン
水域を漁業資源の保護水域である「管轄水域」とし，そこで無許可操業する日
本漁船を韓国が拿捕できることなっていた。李承晩ライン宣言への批判を意識
したものであろう。また，韓国政府は李承晩ラインの呼称にも配慮せざるをえ
なかった。1953年9月11日から韓国政府は，日韓間の漁業紛争を避けるためと
して「平和線」という名称を公式に使用するようになった。『朝鮮日報』の関[35]
連記事における李承晩ラインの呼称が，「海洋主権線」「水産資源保護線」「隣
接海洋主権線」「平和線」「李ライン」「平和を保障するための李ライン」と多
様であったのが，同年10月8日社説「韓日会談再開に一言する」以後は「平和
線」に統一されたのも，これに応じたものであろう。

　しかし，韓国民の李承晩ライン水域を領海とみなす感覚は簡単に消えるもの
ではなかった。また，韓国政府が竹島の不法占拠を解消することはなかった。
米国などの抗議によって撤回した主権の主張は海洋に対するもので，「島」自
体を放棄したわけではなかった。

　日韓会談妥結の段階で韓国政府は韓国世論への対応に苦慮することになる。
「平和線死守」を叫んで日韓会談反対運動が韓国内で高揚した1964年春，与党
民主共和党が日韓会談妥結のために発行した『韓日国交正常化問題──韓日会
談に関する宣伝資料 補完版（一）』（民主共和党宣伝部，1964年3月，刊行場所不

---

[35] 前掲註(33)「平和線宣布と関連する諸問題 1953-55」179頁。「平和線」という語句について
　　は，1952年11月6日の韓国国会での曹正煥（チョンジョンファン）外務部次官の「日本民族と我々二つの民族
　　の間に線を引いてこの線によって互いに権利を侵犯してはならないようにする，この線は
　　必ず国際的に守らねばならない。そうしてこそ我々は平和を維持できる」という説明があ
　　る。

明）※では，「平和線は一種の国境線だ。だから平和線の譲歩は領土の縮小を意味するのではないか」という韓国国民の問いが想定されている。その回答は「韓国領海の拡張等を願う愛国的な心情は韓国民として当然なものであるが，我々が国際社会の忠実な一員として行動しようとするならば国際法をむやみに無視することはできない」「平和線内の水域を（略）領海と同じだとして縮小云々するのは，国民を誤導するだけでなく大韓民国を国際的に嘲笑の種にして孤立化させる仕打ちとしか見ることができない」と，李承晩ライン水域を領海とみなす意見を強くたしなめた（30〜31頁）。

しかし，1965年8月9日の日韓条約を審議した韓国国会では，金星鏞議員は「（韓国は――筆者補注）平和線を宣布したから領海を宣布しなかった。（略）平和線と領海とが違うのならば，なぜ国家の領域に関する問題なのに今まで領海を宣布してこなかったのか」と政府を批判した。すでに1947年に見られた韓国（朝鮮）人の漁業問題と領土問題の混同は，日韓会談の妥結を遅らせたのである。

5　李承晩ラインの解体と「E区域」への韓国の固執

1952年2月15日に始まる第1次日韓会談で，請求権問題とともに会談を難航させたのは漁業問題であった。韓国側は，主権の主張を撤回したため，李承晩ライン水域におけるすべての漁業を韓国政府のみが管轄できる漁業管轄権の正当性を主張したが，第1次日韓会談で日本側に論破された。にもかかわらず韓国は李承晩ライン侵犯を理由として日本漁船拿捕を繰り返した。日韓会談における漁業交渉に進展の兆しが見えはじめるのは，1962年10月および11月に行われた大平正芳外務大臣・金鍾泌中央情報部長会談において請求権問題解決に一応の方向が示されて以降である。これ以後日韓双方から数次にわたって具体的な提案が行われて討議は進行した。韓国側は3回にわたる提案を行って日本側と論議を戦わせたが，それらを，①「1962年12月韓国案」，②「1963年7月韓国案」，③「金命年試案」と呼ぶことにする。結局，1965年4月3日に「日韓間の漁業問題に関する合意事項」が，同年6月22日に「日本国と大韓民国との間の漁業に関する協定」が締結されて漁業交渉は終了した。この日韓漁業協定（図5‐4）（157頁）

では，朝鮮半島沿岸から距岸12海里まで韓国の漁業専管水域を設定し，さらに
その外側に距岸約40海里まで共同規制水域を設定した。戦後の海洋法の激変が
日本に漁業専管水域を認めさせたのであった。以下，日韓漁業交渉が妥結して
いく過程，すなわち李承晩ラインが解体されていく過程において，竹島およびソ
コトラロックの周辺水域が漁業交渉においてどのように扱われたかを整理したい。

　「1962年12月韓国案」（図5-1）（157頁）は，1962年12月5日の第6次日韓会
談予備交渉漁業関係会合第5回会合で「漁業規制に関する韓国案」として提示
された。これは，李承晩ライン水域の大部分を韓国側漁業専管水域とし，さら
に，その西端に李承晩ライン水域の内外にわたって2カ所の，また東端に李承
晩ライン水域の内側に1カ所の，共同規制水域の設定を提案したものであった。
韓国側漁業管轄水域にソコトラロックが，東端の共同規制水域に竹島が含まれ
ることに注意したい。1947年に示された竹島とソコトラロックへの韓国の関心
は，日本漁船の操業を制限・排除するという形で「1962年12月韓国案」で表現
された。その際，韓国政府は竹島周辺水域よりもソコトラロック周辺水域の独
占を目指していた。

　「1963年7月韓国案」（図5-2）（157頁）は，1963年7月5日の日韓予備交渉
漁業関係会合第28回会合で「韓日漁業協定中専管水域と共同規制水域設定に関
する韓国側見解」として提示された。これは，朝鮮半島から距岸約40海里にわ
たって漁業専管水域を設定し，その西側と南側に李承晩ラインの内外にわたる
共同規制水域を設定するという内容であった。ここで注目すべきは，竹島周辺
水域が共同規制水域から外された点である。李承晩ラインの画定過程で，池鐵
根が「漁業管轄水域案」（図3-2）に竹島を入れなかった理由の一つは，竹島
水域には「主要漁場」はなかったことであった。[36]東シナ海・黄海に比べて日本
海の漁場に対する韓国の低い評価が，1960年代前半においても継続していたこ
とを「1963年7月韓国案」は示している。ただし，竹島周辺水域を共同規制水
域から韓国が除外した具体的な策決定過程は，日韓会談に関する韓国側公開文
書では不明である。「漁業保護水域案」（図3-3）に竹島を含ませた政策決定過

────────────
(36)　前掲註(25)『平和線』120頁。

第Ⅱ部　竹島問題と日韓関係

程が韓国側公開文書で不明なのと同様の事象が見られるのである。

「金命年試案」（図5-3）（157頁）は1963年11月29日の和田正明（水産庁漁政部長）と金命年（農林部水産局長）による非公式会合（第24回会合）で提示された。これは，漁業専管水域の外側に朝鮮半島から距岸40海里までの水域に共同規制水域を設定し，一部の共同規制水域については日本漁船の操業禁止区域とする，大部分の共同規制水域については日本漁船の出漁を当分の間認めない，という内容であった。その後の漁業交渉は，「金命年試案」における共同規制水域での日本漁船の操業実績を日本側が韓国側に認めさせる方向で討議が進められ，この「金命年試案」を骨格として日韓漁業協定（図5-4）（157頁）が形成されたのである。「金命年試案」で注目すべきは，距岸40海里の外側にあえてE区域が設定されたことである。このE区域はソコトラロック周辺水域を含んでおり，「金命年試案」では「両国の底曳・トロールについて12〜2月の間出漁隻数を制限する」と規制が提案された。

1964年3月10日から4月6日にかけて赤城宗徳農林大臣と元容奭（ウォンヨンソク）農林部長による日韓農相会談が行われた。日本側から，焦点となっていた済州島周辺の12海里水域設定について画期的な提案がなされたものの，韓国内の日韓会談反対運動によって成果をあげられなかったこの会談で，「元長官はE区域は魚族の越冬区域であり，資源保存の見地から冬期には日韓双方とも操業を禁止することにしたいと述べた。これに対し，赤城大臣は日本側の専門家によれば資源保存に関して元長官のいわれる如き意見はなく，また，その区域が李ラインの外側にまで及んでいることは到底納得できないと述べた[37]」。

1965年になって漁業交渉を妥結させようとする積極的な姿勢が韓国側に現れたが，韓国側はE区域での規制に固執した。同年2月12日の第7次日韓全面会談漁業委員会第5回専門家会合では，「E水域について，韓国側はこの海域は韓国西岸のグチ，タチ（ママ）の重要魚種の南下，越冬する海域であり，資源保護上重要な海域と考えている。従って，規制の方法（例えば網目等）を決定するためにでも，この海域の科学的調査研究を行うことにしたい。この点を明らかに

---

[37]　日本側公開文書，第6次公開，開示決定番号1134，文書番号1442。以下「日6-1134-1442」のように略記する。

290

協定しておきたい旨の提案があった。これに対し日本側は資源調査はこの海域に限らず，関係水域全般について必要であると考える。従って協定発効以前でも実施することに異存はないが，特にＥ水域と限定して協定する必要はないと反発した[38]」。

1965年３月３日から同年４月１日にかけて開催された赤城宗徳農相と車均禧_{チャキュニ}農林部長官による第２次農相会談では日本側の妥協によって懸案の多くが解決され，「日韓間の漁業問題に関する合意事項」調印が同年４月３日に行われた。第２次農相会談と並行して行われ，漁業協定案を審議した同年３月28日の第７次日韓全面会談漁業委員会第16回会合で，韓国側は漁業協定のうち「協定適用水域」について，次のような修正案を提出した。「大韓民国政府と日本国政府が漁業協定を締結するに当たり，韓日漁業協定が適用される水域は，同協定で規定している漁業の操業範囲及び同漁業が対象としている漁業資源の回遊範囲にあたる水域とする[39]」。「漁業資源の回遊範囲にあたる水域」とはＥ区域のことであった。韓国側は「日韓間の漁業問題に関する合意事項」調印直前までソコトラロック周辺水域での日本漁船の操業規制に固執したのである。

1964年２月８日の第２回漁業六者会談で韓国側は「Ｅ地区はPR上必要なので越冬場所という名目で漁期や最大漁獲量を制限することとしたい[40]」と述べた。「我が国沿岸で発生した水産資源が越冬の目的で東南シナ海を往来する時の漁獲を規制せねばならない。日本は韓国が提議した済州島南海まで含むＥ水域も反対している。話にならない問題だ[41]」という主張のような，ソコトラロック周辺水域を韓国所有の漁場としたいという世論に配慮した発言であった。しかし結

---

(38) 日 6-900-1028。

(39) 日 5-910-1132。

(40) 日 6-1142-1159。

(41) 鄭文基「漁業と平和線——平和線の生活史」（『思想界』133，思想界社，1964年４月，ソウル）111頁。産卵地を提供する国家に漁獲の優先権があるという主張は日米加漁業条約や日ソ漁業協定にも影響を受けたものであるが，東シナ海の漁業資源のように「明らかにその産卵地が他にもある魚族については通用しない」という専門家の意見があった（「李ライン問題の経済的分析」〔『調査四季報』18，財団法人日本産業構造研究所，1964年３月，東京〕27頁。後に『近藤康男著作集 第11巻』〔社団法人農山漁村文化協会，1975年４月，東京〕に収録）。

291

第Ⅱ部　竹島問題と日韓関係

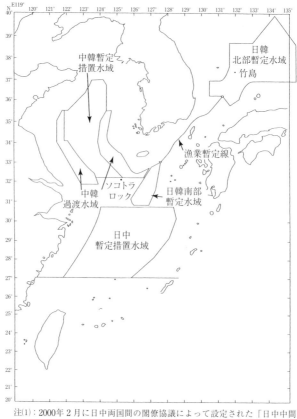

注(1)：2000年2月に日中両国間の閣僚協議によって設定された「日中中間水域」は表示されていない。
(2)：中間過渡水域は2005年に両国の経済水域に編入された。
出典：『ジュリスト』1151（有斐閣，1999年3月，東京）。

図8-4　日韓・日中・中韓，三国間の漁業協定

局，日韓漁業協定ではE区域における日本漁船の操業規制は明記されなかった。

　李承晩ライン宣言までに韓国政府は，①「漁業管轄水域案」（図3-2）でソコトラロック周辺の好漁場を囲い込もうとし，②「漁業保護水域案」（図3-3）で竹島を取り込み，③李承晩ライン宣言での李承晩ライン水域（図3-4）に対する主権の主張と，要求を強硬なものにさせていった。一方，①米国等の抗議による李承晩ライン水域に対する主権の主張の撤回，②「1962年12月韓国案」（図5-1）から「1963年7月韓国案」（図5-2）に転換する時の竹島の共同規制

292

水域からの除外, ③「金命年試案」(図5-3) におけるソコトラロック周辺での日本漁船の操業への規制の主張, これが李承晩ライン解体の経過であった。李承晩ライン解体の過程は, 李承晩ライン宣言までの韓国政府の動きを逆に辿るものであったことがわかる。そして, 韓国が漁業交渉の最後まで固執したのが, ソコトラロック周辺水域における日本漁船の操業規制であった。

6　韓国の海洋認識

以上, 李承晩ライン問題に見られる韓国の海洋認識を検討してきた。その結果指摘できる諸点を整理し, 今日的な観点からさらに考察を加えたい。

第1に, 漁業問題と領土問題を混同した韓国の認識が, マ・ライン撤廃反対の世論や日韓会談反対運動を高揚させた点である。この認識は現在の竹島問題や漁業問題にも見ることができる。1999年に発効した新日韓漁業協定 (図8-5) では, 竹島問題とは切り離して竹島を含む日本海の広大な水域をいずれの排他的経済水域にも帰属しない暫定水域とすることにした。これに対して「独島の領土主権が失われた。我が領土独島が韓日中間水域に編入されて独島の経済主権が失われた」と憤慨して新日韓漁業協定破棄を要求する主張が韓国国内にあった。新日韓漁業協定における暫定水域は日韓が共同で利用するはずであったが, カニ漁を中心に, 韓国漁船が漁具を置いて好漁場を独占して濫獲を行い, 日本漁船が操業できない状態が続いている。共通のルールに基づく暫定水域での操業を求める日本に対して韓国は, 「ここは韓国の領海である, つまり独島は韓国領であることを前提として議論しなくてはならない」と正当化した。さらには, 「独島が韓国の排他的水域外にあるという事実を根拠に, 日本は国

⑷ 「奪われた我が領土独島を取り戻そう」(2001年8月23日にソウルで筆者が手渡されたビラ) ※。韓国内のこのような主張をまとめたものとして, 諸成鏑『新韓日漁業協定と独島領有権──独島領有権毀損と国際法的対案の模索』(独島本部, 2007年9月, ソウル) ※がある。なお, 新韓日漁業協定の「暫定水域」を韓国は「中間水域」と呼ぶ。

⑷ 「決定版 日 vs 中韓大論争 竹島は我々の領土だ」(『文藝春秋』83-11〔文藝春秋, 2005年8月, 東京〕。後に『日中韓 歴史大論争』〔文春新書, 2010年10月〕に収録) 中の洪熒 (韓国『統一日報』論説顧問) の発言。

第Ⅱ部　竹島問題と日韓関係

際社会に独島を日本の領土だと主張している」。よって「韓日漁業協定を破棄
し，再交渉するべきだ」といった主張さえある。[44]漁業問題と領土問題を混同し
た韓国の海洋認識は21世紀の今日にも受け継がれている。

　第2に，李承晩ラインの画定および解体の過程で，韓国政府が竹島周辺水域
の漁場の価値を相対的に低く評価していたことである。李承晩ライン水域での
日本漁船の漁獲高は1952年実績で年間約130億5000万円であった。[45]これに対し
て，1965年と推定される島根県の推計では，漁場としての竹島の資源価値は1
億円を越える程度であった。[46]したがって，韓国政府の竹島周辺水域の漁業資源
独占への意欲も，現在のように断固としたものではなかった。[47]

　1964年12月5日の第45回国会国防委員会で車均禧農林部長官は，鬱陵島から
竹島にかけての水域でのイカなどの韓国の漁獲高や「日本人がその付近で獲っ
ていく漁獲高」について，今すぐには提示できないと述べた。1965年4月30日
の第49回国会本会議で車長官は，日韓漁業協定で共同規制水域から竹島周辺水
域を除外したことへの批判に対して次のように述べた。「今後この水域に対し
ては（韓日──筆者補注）両国が資源調査をしてここに保護が必要だと認定され
れば，これは引き続き共同規制水域として追加することができる。そのため今
後の資源調査にしたがって調整するよう合意されている」。[48]このように，1965
年の日韓漁業協定当時の韓国には，竹島周辺水域から日本漁船を徹底して排除
とする意志はなかった。1965年当時は竹島周辺での日本人のイカ釣漁はまだ盛

---

[44]　鄭夢準国会議員の発言（2012年9月7日付『中央日報』日本語電子版）。

[45]　『水産業の現況 1955～57年版』（大日本水産会出版部，1957年4月，東京）297頁。

[46]　『竹島の概要』（島根県，1965年？，刊行月日および刊行場所不明）。

[47]　1955年7月17日，「海事行政の一元化」を目的として海務庁が発足し，海洋警備隊もここに
　　所属することになった（『現代韓国水産史』〔社団法人水友会，1987年12月，ソウル〕※313
　　～314頁）。海務庁は朴正熙政権で解体されるまで継続するが，日韓関係の最も険悪な時期
　　であるにもかかわらず，広報誌『海務』の竹島問題関連記事は，李承晩ライン問題関連記
　　事に比べてはるかに少ない。1962年2月18日付『朝鮮日報』の「独島紛争“国裁”に提訴
　　される？」という記事では，日韓双方の竹島領有の主張が対比してほぼ同じ分量で掲載さ
　　れており，当時の韓国社会が竹島問題に対して現在よりも冷静であったことがうかがわれる。

[48]　日韓漁業協定では，資源調査を行う日韓漁業共同委員会には共同規制水域改定を両国に勧
　　告する権限はない。意図的か否かは不明であるが，車の答弁は共同規制水域と共同資源調
　　査水域を混同している。

第8章 韓国の海洋認識

んではなく,「竹島自体が両国間の紛争地域になっている事実にかんがみ,同島周辺における出漁は,紛争の結着がつくまでの間は,できる限り相互に良識をもって自制されることが望ましい」という日本政府の希望（谷田正躬「紛争の解決」（『時の法令別冊 日韓条約と国内法の解説』〔大蔵省印刷局,1966年3月,東京,105頁〕）は結果的に実現していた。

　1960年代後半以降,日本の漁業者によるイカ釣漁やベニズワイガニかご漁が盛んになると,竹島周辺水域の資源価値は上昇した。竹島で自由に操業できた場合の漁獲高は,竹島沿岸で17億円（うち機船巾着網漁業16億円,採藻介7000万円,アシカ漁業300万円など）,竹島周辺漁場のイカとベニズワイガニで60億円と推定されている。[49] 1978年5月9日,韓国は領海12海里を竹島にも適用し,周辺で操業中の漁船に退去命令を出した。「竹島12㌕内から引き離されると,質も量も落ち,ミズガニが多くなる」とカニかご漁の経営者は嘆き,「日本の領海から日本漁船が締め出されるなんて,まるで竹島は韓国のものと黙認したようなものだ」とイカ釣漁業者は怒った。[50] しかし,これ以後日本漁船は竹島近海では操業できなくなって現在に至っている。

　2010年10月7日付『朝鮮日報』※に「海洋面積が中国の3倍に及ぶ日本」という朴正薫社会政策部長のコラムが掲載された。「太平洋の北西部を日本の領海（排他的経済水域の誤り――筆者補注）にした日本が,東海（日本海――筆者補注）の独島まで奪い取ろうと圧力をかけている。それを考えると,故・李承晩元大統領の『無鉄砲な』独島先占（これは誤り。日本の領土に対して「先占」はありえない。――筆者補注）がありがたく感じられる。国力のなかったこの時代に『李承晩ライン（海洋主権線）』を宣言（1952年）し,軍隊（これも誤り――筆者補注）を派遣して日本の船舶を追いだした。これがなければ,独島の運命は今ごろどうなっていたか,想像したくもない」という一節がこのコラムの中にある。この部分は,1953,1954年に起きた竹島における日本巡視船に対する銃撃・砲撃事件や,東シナ海・黄海での李承晩ラインを理由とした日本漁船拿捕を念頭

---

(49) 田中豊治「二百カイリ問題と山陰漁業」（『漁業経済研究』24-1〔漁業経済学会,1978年3月,東京〕51頁）。1974年度における島根県漁連の計算によると記されている。
(50) 「竹島問題 秋漁どうなる 政府不信強める漁民ら」（1978年6月21日付『朝日新聞〔山陰版〕』）。

295

第Ⅱ部　竹島問題と日韓関係

に置いて書かれたものであろう。しかし，事実は異なる。1965年8月11日の日韓条約を審議する韓国国会で車均禧農林部長官は竹島周辺に12海里の漁業専管水域を設定することを表明し，韓国政府は同年12月18日付「大韓民国の漁業に関する水域設定の件」（大統領告示第1号）で12海里漁業水域を設定した。この告示には「独島」の名称はなかったが，同日の会見で丁一権国務総理は，「厳然と司法行政権が及ぶ我が領土であるので，日本がその周辺で漁労作業をすれば法的に罰する」と述べた。しかし実際には，1978年までは竹島直近で日本漁船は操業していた。「境港から出た多数のイカ釣り船は昼間でも竹島を取り囲むような形で操業していた」と日本人漁業者は回想している。

　日本漁船が竹島近海から退去させられた1978年はまた，多数の韓国漁船が島根県の沖合・沿岸に大挙押し寄せはじめた年でもあった。以後1999年の新日韓漁業協定発効まで，山陰を中心とする日本の沿岸漁業者は韓国漁船の違法操業に苦しむことになる。一方で，李承晩ライン問題の焦点であった東シナ海・黄海の底曳網漁業では，韓国および中国漁業の発展もあって，かつては圧倒的であった日本漁船の勢力は激減した。こうして，日韓間の漁業紛争の主舞台は1960年代前半までは東シナ海・黄海であったのが，1970年代末以降には日本海へと移ったのである。

　第3に，1947年に暗礁ソコトラロックの存在を仄聞した韓国はこれを「波浪島」と呼んでその領有権を主張し，日韓会談においてもソコトラロック周辺水域での日本漁船の操業規制に韓国が固執したことである。日韓会談では日本の反対によって韓国の要求は封じられたが，韓国のソコトラロックへの関心はその後も継続して現在に至っている。2008年10月31日に韓国国会議事堂小会議室で開催された「離於島を国土の南端に変えようとする専門家討論会」の報告書（刊行年月および刊行場所不明）※には次のような記述がある。

　　1984年3月には，『KBS-済州大学波浪島探査班』で伝説の島『離於島』

⑸1　「独島周辺　日漁業厳禁」（1965年12月19日付『朝鮮日報』）※。

⑸2　2010年10月11日に松江市美保関町片江地区で行われた元イカ釣漁業者に対する第2期島根県竹島問題研究会による聞き取り調査。筆者が同研究会の研究委員として参加した。

の実在を求めて大々的な海洋探査作業を行った（略）。この探査作業を通して，済州島の馬羅島の南西側220度方向約81浬の海域に位置する『ソコトラ暗礁（Socotra Rock）』の存在が確認された。その周辺海域の波浪のために「波浪島」と呼ばれてきたソコトラ暗礁発見の知らせは各種の言論媒体を通して大々的に報道され，これを領土問題と結びつけようとする試みが起こった。（略）『離於島』の実存に対する希望が水中暗礁である『ソコトラ暗礁（または波浪島)』と『離於島』を統一する結果をもたらしたと言える。

元来「離於島」は済州島の民謡と伝説の中の架空の島であった[54]。また，ソコトラロックは海面下にあって国連海洋法条約第121条第1項の「自然に形成された陸地であって，水に囲まれ，高潮時においても水面上にあるもの」という「島」には該当しない。しかし，1984年の調査で確認した暗礁ソコトラロック

[53] 金富燦キムプチャン「離於島周辺海域の葛藤要因と対策」。1984年3月20日付『朝鮮日報』の「済州道民伝説の中の『イオ島』実存確認」という記事では，「KBS波浪島探査団は，18日午後2時，済州南端馬羅島西南方77.6kmである北緯32度7.6分，東経125度10.7分の海上で水深4mに位置する暗礁波浪島の実存を確認して，海上に太極旗を付けた浮標を設置したことを明らかにした」とある。また，梁泰鎭ヤンテジンは『韓国辺境史研究』（法経出版社，1989年6月，ソウル）で，「この島（波浪島──筆者補注）に対して我が国では1951年，73年の二度にわたって調査したが失敗し，去る84年5月9日に調査に成功した。この暗礁は直径500mの大きさで位置は我が国最南端の馬羅島からはるか南の北緯32度07分8秒，東経125度10分8秒にある。ここが将来我が国海洋進出に安全を企図することができる灯台が設置できたならば我が国の最南端の島は馬羅島ではなく波浪島とすることができ，これは我が国の領海基点に示唆すること大きい」と述べている（235頁）。海洋法の常識の欠如した記述である。

[54] 前掲註(2)「Socotra礁の由来に対して──이여도との関連を加えて」85〜86頁。김진하は，「離於島」は「離虚島」とも表記されて遠い無人島を指し，さらには来世（彼岸）の島を暗示するものであり，そのような概念の由来は高麗時代に遡ると，高名な日本人朝鮮学者の高橋（1878─1967）の研究を引用しながら述べている「済州民謡のリフレイン"이여도"の多義性と이어도伝説に対する考察」（『眈羅文化』28〔済州大学眈羅文化研究所，2006年2月，済州〕※36〜37頁）。高橋亨は，「離虚島」とは貢物を乗せた朝鮮の船が済州島から中国に向かう航路の中程にあるとされた空想上の島で，「島の人達は出船に向っては離虚島までは無事なれと祈るのであるし，又往って返らぬ船あらばせめて離虚島まで返り著きたらば災難は免れたりしならんにと悲しむ」，よって「其の曲調実に凄惨なるを免れぬ」とした（『済州島の民謡』〔天理大学おやさと研究所，1968年8月，天理〕54〜55頁）。なお，服部龍太郎『済州島民謡紀行』（未来社，1972年5月，東京）ではこの伝説の島に「離虚島または離於島」という漢字をあてている（35頁）。

297

第Ⅱ部　竹島問題と日韓関係

に架空の島の名称を付けて自国領とする主張が生まれたのである。

　21世紀になって韓国政府はソコトラロックに「離於島海洋科学基地」建設を開始した。水中41メートル，水上36.5メートルのこの構造物は2001年に着工され，2003年に完工した。ソコトラロックは，2001年に発効した中韓漁業協定では暫定措置水域にも過渡水域にも属していなかった（図8‐4）。将来の「中国との東シナ海および黄海の排他的経済水域・大陸棚の境界画定に備えるため」に韓国政府は，中国の南シナ海での手法を真似て，「離於島海洋科学基地」を建設したと見られる。2000年12月26日付『東亜日報』（電子版）や同年12月28日付『朝鮮日報』（電子版）によれば，この「離於島海洋科学基地」竣工に合わせて，国立地理院はソコトラロックの海図上の名称を離於島に変更することにしたという。

　「2000年および2002年，韓国がこの暗礁に海洋観測所を建設するなど（排他的経済水域の――筆者補注）重複部分において一方的行動をとったことに関し，中国は韓国政府に対して厳正な申し入れを二度も行った」。2006年9月14日，外交部スポークスマンのブリーフィングを通じて，「蘇岩礁（離於島の中国名）は韓国と中国との排他的経済水域が重畳した海域に位置している暗礁だと規定し，したがって離於島でなされる韓国の一方的な行動は何ら法律的な効力を持たないと」警告した。本章の冒頭で触れた，中国の政府機関系のウェブサイトにソコトラロックは中国領であるとする主張が掲載されるなどの中韓間の摩擦は，「離於島海洋科学基地」建設を契機として起こった。ソコトラロックに関する韓国の主張は，当初は日本に対抗するものであったが，現在は中国を意識したものへと変わったのである。

⑸⑸　前掲註⑼『2006年度国政監査政策資料集』2〜3頁。

⑸⑹　平松茂雄「蘇岩礁をめぐる中韓領有権争いから日本が学ぶこと」（『正論』436〔産経新聞社，2008年7月，東京〕265頁）。ただし，国連海洋法条約第60条第8項では「人工島，施設及び構築物（略）の存在は，領海，排他的経済水域又は大陸棚の境界画定に影響を及ぼすものではない」とされている。

⑸⑺　李国強「中国と周辺国家の海上境界問題」（『境界研究』1〔北海道大学スラブ研究センター，2010年10月，札幌〕48頁）。

⑸⑻　前掲註⑼『2006年度国政監査政策資料集』6頁。「中国，今度は離於島に難癖 "韓国の海洋基地に法的効力なし"」（2006年9月15日付『中央日報』）。

⑸⑼　「中国，離於島領有権主張」（2008年8月8日付『中央日報』）。

第8章　韓国の海洋認識

　2014年7月3日の習近平国家主席・朴槿恵(パククネ)大統領による中韓首脳会談で，両国は「2015年に海洋境界画定交渉を稼動させる」ことに合意した。2014年7月7日付『中央日報』（電子版）は，「離於島」の管轄権をめぐって問題を抱える中国と韓国との間の協定が，中国と中国との紛争を抱える諸国との協定の先例になると報じた。一方で，黄海での中国漁船の操業問題解決への中国の消極的[60]な姿勢や，領土問題での中国の強硬な態度を危惧する声が韓国内にあることも伝えた。2015年11月2日付『朝鮮日報』（電子版）は，10月31日の韓中首脳会談で，李克強首相が朴槿恵大統領に対して，1996年から2008年まで14回にわたり交渉したが中断している「海洋境界画定交渉」を早期に正式に開始することを求めたと伝えた。南シナ海に人工島を建設して広大な海域に主権を及ぼすかのような中国の行為は，関係諸国の反発を招いている。一方，韓国の現行の中学校社会の教科書（志学社(チハク)，2016年）には，「離於島」を「海洋領土前哨基地」として位置付けるような記述さえある。このような両国が，国連海洋法条約と整合させながら，今後「海洋境界画定交渉」をいかに進めていくのかが注目される。

7　「独島」と「離於島」

　1947年に生まれた竹島とソコトラロックに対する関心，そしてマ・ラインを改訂して日本漁船を排除しようとする韓国の動きは，1952年の韓国政府による

---

[60]　1954年に2隻を拿捕した以外1980年代初めまで韓国による中国漁船拿捕はなかった（『海洋警察隊30年史』〔海洋警察隊，1984年12月，ソウル〕415頁）が，1960年1月10日には中国漁船と韓国海洋警備隊の間で銃撃事件がおき，韓国警備隊員2名が死亡した（同4頁）。「中国漁船の行為は，韓国西南海岸に押し寄せ始めた1990年代初めまでは単純な不法操業水準だったが，時間が経つと狂暴化し」「初期には韓国漁船の操業区域に接近してわざわざ軽い衝突事故をおこして自分たちの網を破りそして賠償を要求する"自害恐喝型"だったが，現在は"海賊型"といわざるをえない」という状況になった（「中国の西海侵攻 海賊が現れた」〔『月刊朝鮮』20-3〔朝鮮日報社，1999年3月，ソウル〕278頁）。黄海での漁業紛争は，2011，12年には韓国海洋警察隊員と中国人漁船員に1人ずつ死者が出る事態にまでなった（2014年10月に全羅北道扶安郡の西方約144キロの韓国EEZ内で中国人漁船員が死亡する事件が起きた）。1951〜1965年に黄海における韓国漁船と中国船との紛争は9回発生し，3件の拿捕事件が起きたという（1966年1月25日付『朝鮮日報』）。中韓間の紛争が，日韓・日中に比べて少なかったのは，1960年代までの中韓両国の漁業が未発達であったことを示すものであろう。

299

第Ⅱ部　竹島問題と日韓関係

李承晩ライン宣言へとつながった。同宣言では，ソコトラロック周辺水域をはじめとする東シナ海・黄海の好漁場の漁業資源を独占しようとする意志と，竹島とソコトラロックおよびその周辺水域に主権を及ぼそうとする意志が混在していた。韓国は米国など諸外国の抗議によって海洋に対する主権の主張は撤回した（ただし，「島」自体を放棄したわけではない）。1951〜65年の日韓会談における漁業交渉妥結直前まで韓国はソコトラロック周辺水域での日本漁船の操業規制に固執した。漁業問題において，日韓会談の時期の韓国のソコトラロック周辺水域への関心は竹島周辺水域へのそれよりも強かった。

　現在竹島およびソコトラロックを支配しようとする韓国の意志はさらに強まっている。2012年8月10日，李 明 博韓国大統領は竹島上陸を強行して日韓関係は悪化した。竹島問題に関して韓国政府は，「日本帝国主義の侵奪の最初の犠牲者である独島に対して日本政府が誤った主張を続け，これを後世にまで教えようとすることは，日本がいまだ歴史歪曲の悪習と過去の帝国主義に対する郷愁を忘れることができないことを克明に示している」と日本を非難した。[61]
2013年12月15日，韓国はソコトラロック上空を含む東シナ海の空域に防空識別圏を拡大した。同年11月23日に中国が同じ空域に防空識別圏を設定したことに対抗したものであった。防空識別圏拡大に際して，2013年12月9日付『朝鮮日報』は1951年に韓国が防衛識別圏を設定して以来「62年ぶりの正常化」と述べた。[62]ソコトラロックのかすかな伝聞をもとに架空の「波浪島」の領有を要求した1951年の韓国の認識が「正常」だというのである。

　1948年の大韓民国建国前夜に生まれ，1952年の李承晩ライン宣言に盛り込まれた韓国のソコトラロックと竹島への関心は，漁業問題と混同しながら，21世紀の今日まで脈々と続いている。そこに見られるのは，「独島」は日本による

---

[61]　2014年1月28日付「日中高校教科書学習指導要領解説書改定関連外交部スポークスマン声明」。

[62]　同記事には，防空識別圏の拡大は「1951年3月に米国太平洋空軍が設定して以来62年ぶりだ。この間国際秩序に縛られて貫徹できなかったことを今回実現した点に『正常化』という意味がある」とある。2013年12月5日付『朝鮮日報』電子版で「大韓民国政府が62年前に米国に離於島管轄権を要求した」が実現しなかったと報じたことを意識した記事であろう。

侵略の最初の犠牲の地であらねばならないという想念であり，「離於島」は
「済州島民謡の島である我々の数千年来の領土」であらねばならないという願
望である。日本が向かい合わざるをえない，想念や願望をまず打ち出しそれに
従って現実を解釈し変更しようとする韓国の思考方式は，このように海洋認識
においても見られるのである。

(63) 「防空識別圏のために離於島に灯台と気象台を建設しよう」(2013年12月12日付 『朝鮮日
　報』電子版)。

第9章

山陰の漁業者と韓国

山陰とは，広くは京都府北部から山口県北部にかけての地域の呼称であるが，本章では主として島根・鳥取両県を考察する。近現代における両県の漁業者と韓国との関係史を考える時，明治期の朝鮮半島への出漁，島根県（隠岐）人の鬱陵島開発，戦後の韓国による竹島不法占拠，1978年の竹島近海からの鳥取・島根県漁船の排除，1980～90年代の韓国漁船の山陰沿岸での操業問題，そして現在の新日韓漁業協定の暫定水域をめぐる問題，といった出来事に行き当たる。これらの論議はいずれも日韓両国民の感情を刺激しやすい事柄であるが，本章では，1950年代から1960年代前半にかけて韓国が行った日本漁船拿捕の問題を整理し，さらに現在の島根・鳥取両県の漁業者と竹島問題との関わりを考察してみたい。

1 山陰両県漁船の拿捕

韓国（1948年の大韓民国政府成立以前は南朝鮮過渡政府）の日本漁船拿捕は1947年にはじまる。以後，旧日韓漁業協定が調印される1965年までに拿捕された日本漁船は327隻を数えた。表9－1は島繁雄編『日韓漁業対策運動史』（日韓漁業協議会，1968年2月，東京）によるその県別内訳である（435　437頁）[1]。

拿捕された漁船が多い県は，機船底曳網漁業や機船旋網漁業の根拠地のあった山口・長崎・福岡の三県で，佐賀県と島根・鳥取両県が同数の11隻でそれに次ぐ。

---

(1)　1966～67年に農林大臣が行った全325隻の拿捕漁船認定による。『日韓漁業対策運動史』の記述に矛盾があるため山口県あるいは福岡県は実際よりも1隻多い可能性がある。

303

第Ⅱ部　竹島問題と日韓関係

表9-1　県別被拿捕船数

山口	長崎	福岡	佐賀	島根	鳥取	愛媛	鹿児島	兵庫	静岡	香川	熊本	大分	徳島
125	78	66	15	11	11	5	5	5	1	1	1	1	1

表9-2　島根県の被拿捕船数

船　名	拿捕日（帰還状況）[2]	事　件　概　要
第1大和丸 第2大和丸 （沖合）	1954年11月9日 （船体没収・1958年1月船員釈放）	第1大和丸は39トン，乗組員11人。第2大和丸は41トン，乗組員10人。「浜田漁港を基地とする機船底曳網漁船」。拿捕位置：対馬神崎西北西24マイルの海上。（1954年11月10・12・14日付『山陰新報』（松江）・『韓国に拿捕されたことにより受けた損害額』日韓漁業協議会，1961年3月）
第3平安丸 （沖合）	1954年12月21日 （同上）	38トン。「浜田大型船連合会底引船」。乗組員10人。拿捕位置：対馬神崎灯台西方20マイル，農林222漁区。（1954年12月23日付『山陰新報』）
第1八束丸 （沖合）	1955年9月15日 （船体没収・1958年4月25日船員釈放）	48トン。「浜田港を根拠地とする中型機船底引漁船」。「出雲船株式会社所属」。乗組員13人。拿捕位置：対馬西南農林222漁区。（1955年9月16・17日付『山陰新報』）
第6浜富丸 （沖合）	1956年4月18日 （同上）	48トン。「浜田市長浜の出雲船魚市会所属中型底引漁船」。乗組員12人。拿捕位置：農林223漁区。（1956年4月19日付『山陰新報』）北緯33度40分東経128度30分。（1956年4月21日付『石見タイムズ』）
第2東洋丸 （沖合）	1961年11月3日 （同年11月10日に船体・船員釈放）	44トン。「浜田底引大型船組合所属」。乗組員10人。拿捕位置：農林222漁区。（1961年11月4・5・6・9・12日付『島根新聞』）
第2東洋丸 （沖合）	1962年5月13日 （船体没収，同年12月8日船員釈放）	乗組員11人。拿捕位置：農林222漁区。長崎県対馬南端神崎北北西約28キロ。（1962年5月15日付『島根新聞』・1962年5月19日付『石見タイムズ』）
第8大成丸 （沖合）	1963年3月16日 （同年4月8日船体・船員帰還）	49トン。「浜田港基地の底引き漁船」。乗組員12人。拿捕位置：対馬南端の西方約50キロ。（1963年3月17日付『島根新聞』・1963年4月13日付『石見タイムズ』）
第5清興丸 （沖合）	1963年9月19日 （同年11月5日に船体・船員釈放）	46トン。「浜田港を基地とする大型船組合所属の底引船」。乗組員12人。拿捕位置：対馬南端21キロ。農林222漁区。（1963年9月21日付『石見タイムズ』・同『島根新聞』）

　表9-2，9-3は，両県の漁港から出漁して拿捕された漁船の一覧である。島根県は，これに博多から出漁して1963年6月10日に拿捕された延縄漁船の美好丸（14トン7人乗組み）と三宝丸（15トン6人乗組み）を加えると11隻になる。[3]

304

第❾章　山陰の漁業者と韓国

表9-3　鳥取県の被拿捕漁船

船　名	拿捕日（帰還状況）	事　件　概　要
大繁丸 （以東）	1949年5月4日 （6月29日船員帰還， 1950年3月17日船体 返還）	33トン。機船底曳網（以東）。乗組員8人。岩美郡田後村。境港より出港。（GHQ/SCAP文書）[4]38度線近くの朝鮮沿岸で漁をしていた所を拿捕される。墨湖で抑留。（藤井聞き取り）
美保丸 （以東）	1950年2月7日 （2月9日に船体・ 船員帰還）	30トン。以東底曳。西伯郡上道村。境港より出港。対馬比田港北東1時間半の位置で拿捕される。釜山で取調べられる。（GHQ/SCAP文書（大繁丸と同じ））
第2強運丸 （以東）	1950年12月10日 （不明）	以東底曳。（『韓国に拿捕されたことにより受けた損害額』）
朝日丸 （以東）	1951年4月8日 （不明）	以東底曳。（同上）
第2強運丸 （以東）	1954年1月16日 （船体没収。4月20 日船員帰還）	27トン。以東底曳。岩美郡東村。乗組員10人。境港より出港。韓国東岸注文津沖合20マイルの38度線付近の海上で拿捕される[5]。4カ月から6カ月の刑でソウルで服役中に大統領恩赦で釈放。（1954年4月21日付『日本海新聞』〔鳥取〕）
美保丸 （以東）	1954年4月9日 （船体没収。6月14 日船員帰還）	30トン。以東底曳。西伯郡境町。乗組員10人。境港より出港。韓国東岸で拿捕。釜山で抑留。（1954年4月11・12・6月14日付『日本海新聞』）
朝日丸 （以東）	1954年4月9日 （同上）	30トン。以東底曳。岩美郡東村。乗組員10人。境港より出港。韓国東岸で拿捕。釜山で抑留。（1954年4月11・12・6月14日付『日本海新聞』）
第3天佑丸 （以東）	1954年4月9日 （同上）	30トン。以東底曳。岩美郡田後村。乗組員10人。田後港より出港。韓国東岸で拿捕。釜山で抑留。（1954年4月11・12日・6月14日付『日本海新聞』）
大福丸 （以東）	1956年9月29日 （11月12日に船体・ 船員帰還）	32トン。以東底曳。岩美郡田後村。乗組員9人。境港より出港。対馬北端から東北東40マイルで拿捕。釜山で抑留されるが恩赦により釈放。（1956年10月2日・11月13日付『日本海新聞』）
日光丸 （以東）	1956年9月29日 （同上）	31トン。以東底曳。岩美郡田後村。乗組員9人。境港より出港。対馬北端から東北東40マイルで拿捕。釜山で抑留されるが恩赦により釈放。（1956年10月2・11月13日付『日本海新聞』）

　一方，鳥取県は11隻中10隻を特定できた。

　表9-2，9-3で明らかなように，島根県・鳥取県から出漁して拿捕されたのは機船底曳網漁船であり，島根県は浜田，鳥取県は境港から出漁した（第3天佑丸も境港から出漁することが多かった（2015年1月20日に鳥取県田後漁協で聞き取

305

第Ⅱ部　竹島問題と日韓関係

り））。船名の下の（沖合）と（以東）は『日韓漁業対策運動史』による区分であ
り，島根県は「沖合底曳」，鳥取県は「以東底曳」に整理されている。同じ機[6]

---

(2) 島根県編・発行『新修島根県史 通史篇 3　現代』（1967年 2 月，松江，226頁）・浜田市誌
　　編纂委員会編『浜田市誌』（浜田市，1973年11月，浜田，763頁）・島根県漁船保険組合
　　編・発行『島根県漁船保険組合50年史』（1980年10月，松江，169頁）による。

(3) 那賀郡三隅町岡見漁業協同組合所属のこの 2 隻は 6 月 6 日に博多に集結して今期最後の出
　　漁をしたところ（1963年 6 月15日付『石見タイムズ』），済州島南東北緯32度東経127度10
　　分附近で操業中拿捕された（三隅町誌編さん委員会編『三隅町誌』〔三隅町，1971年 2 月〕
　　949頁）。釜山で抑留されたが同月21日に釈放され，対馬経由で船体・船員ともに22日に三
　　隅に帰還した（1963年 6 月24日付『島根新聞』）。『島根新聞』の記事には次のような乗組
　　員の証言がある。韓国海洋警察は李承晩ラインから 5 海里外で拿捕したと強引に主張し，
　　以前に韓国船を助けたことがあると言ったが聞き入れられなかった。美好丸の甲板員は腕
　　時計を盗られた，漁獲物のアマダイ25箱のうち12箱が没収され，13箱を釜山で売って煙草
　　や米を買った。『三隅町誌』にはこの 2 隻が属していた「岡見船団」について次のような
　　説明がある。「昭和の始め 3 屯から 5 屯の帆船 8 隻が対馬を基地として鰤の延縄漁業を行
　　ったのが岡見船団のはじまりである。昭和11年の夏これらの船団は漁船を 8 屯乃至10屯の
　　5 人乗り組み動力船に切り替え，船数13隻となり対馬を基地として，秋はいか釣り冬は鯛
　　を主体として延縄漁業を行った。この成績極めて良好であったので22年から24年にかけて
　　更に漁船を13屯級の中型に改め基地を福岡県博多港に置き鯛の延縄漁業をはじめた。昭和
　　35年時代のすうせいに応じ漁船を20屯級の大型に改め漁場を長崎県五島沖，あるいは朝鮮
　　近海まで伸ばしレンコ鯛，アマダイ等の延縄漁業を行うに至りその漁獲も一隻当り600万
　　円にも達している（926頁）」。

(4) "INFORMATION OF JAPANESE FISHING VESSEL SEIZED" Boats Seized（Korea），
　　Jan. 1950–June. 1950 GHQ/SCAP Records（RG331, National Archives and Records
　　Service）。同文書には見島沖で拿捕されたという船長の供述が残されているが，実際は朝
　　鮮沿岸で拿捕された。拙稿「大繁丸の拿捕事件」（『東洋史訪』 8 ，兵庫教育大学東洋史研
　　究会，2002年 3 月，兵庫）参照。

(5) 1954年 5 月26日付『読売新聞（東京本社版）』によれば，同船の船長は北朝鮮の工作員で，
　　境・元山間の密航および武器密輸入ルートを利用しようとしたが韓国で拘束され，日本に
　　帰国後逮捕されて同年 5 月24日に警視庁に護送された。

(6) 「以東底曳」は，1952年 3 月10日施行の「漁業法の一部を改正する法律」（昭和26年法律第
　　309号）で15トン未満の小型機船底曳網漁船を分離し，1963年 1 月22日公布 2 月 1 日施行
　　の「漁業法第52条第 1 項の指定漁業を定める政令」（政令第 6 号）で「沖合底曳」と改称
　　された（松浦勉『沖底（ 2 そうびき）の経営構造──日本型底びき網漁法の変遷』北斗書
　　房，2008年10月，東京，35頁）。この法律改正が『日韓漁業対策運動史』の「沖合」「以
　　東」の区分と関係する可能性がある。なお，福原裕二「漁業問題と領土問題の交錯」（『北
　　東アジア研究』23，島根県立大学北東アジア地域研究センター，2012年 3 月，浜田）では
　　『日韓漁業対策運動史』にある「沖合」を「以東」から区別して「その他」に入れている
　　（71頁）が，「沖合」こそが島根県の漁業を主題とする同論文に関わる漁業種であり，適切
　　ではない。

船底曳網漁船でも島根県（浜田）と山口県漁船は「二艘曳き」漁法なのに対して鳥取県と兵庫県漁船は「一艘曳き」漁法である（図1－5〔38頁〕）。両者の漁場は異なり，その違いは拿捕位置に反映した。

鳥取県漁船は対馬北方から朝鮮半島東海岸で拿捕された。1952年4月25日のマ・ライン撤廃後同年8月下旬に韓国東岸の公海での操業が許可され，鳥取県漁船19隻が釜山東部，兵庫県漁船54隻が迎日湾北部に出漁した（図9－1）。兵庫県漁船は1953年2月10日に韓国から退去を命じられ，一部漁船は発砲されたために出漁しなくなった(7)（表9－4）が，鳥取県漁船の韓国東岸への出漁はその後も続いた

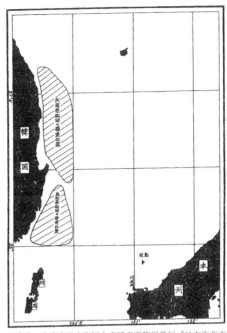

出典：水産庁日本海区水産研究所等編発行『日本海西南海域の底魚漁業とその資源 昭和35年2月』。

図9－1　兵庫県・鳥取県の機船底曳網漁船団が出漁した韓国東岸漁場

ため拿捕被害にあった。ただし，鳥取県の拿捕被害はマ・ラインによる規制が

---

(7) 水産庁日本海区水産研究所他編・発行『日本海西南海域の底魚漁業とその資源，昭和35年2月』（刊行場所・年月不明）2・26～28頁。この事件については，「栄竜丸（中型底曳，香住），第2大和丸（仝上，仝上）韓国監視船に機関砲射撃をうけて臨検ののちに防衛水域外へ退去を命じられる」という記録がある（『水産調査月報』34，社団法人水産事情調査所，1953年7月，東京，14頁）。香住・柴山両港（どちらも現兵庫県美方郡香美町に位置する）のうち韓国東岸でまず操業したのは香住漁港の船で1950年からである（松本卓三『香住町漁業協同組合史 上巻』〔香住町漁業協同組合，1978年11月，兵庫県香住町〕836頁）。柴山漁港では香住の漁船の好漁ぶりを聞いて1952年12月に第1回の出漁を決定した（柴山港漁業協同組合編・発行『柴山港漁業協同組合史 後編』〔1994年9月，兵庫〕779～780頁）。時化のため8隻の出漁船のうち操業できたのは5隻であったが，ある漁船は松葉カニを300箱近く漁獲するなど好漁であった。『日本海西南海域の底魚漁業とその資源 昭和35年2月』には「韓国東岸公海で漁獲した量は」「その漁期中の全漁獲に対して重量では10.7％，金額では15.4％に相当するもので内地よりも高級な魚種がとれたことを示している」とあり，優良漁場であったことがわかる。

第Ⅱ部　竹島問題と日韓関係

表9-4　韓国東岸漁場に出漁した兵庫県・鳥取両県の機船底曳網漁船数（（　）内）と航海数

年	1952年				1953年					合　計
月	9	10	11	12	1	2	3	4	5	
境		1(1)	1(1)	3(3)	6(4)	3(2)	1(1)	1(3)	1(2)	20(6)
鳥　取	2(1)	1(1)	1(1)		3(2)	3(2)				10(3)
田　後		6(8)	7(4)	10(5)		5(4)	1(3)			33(10)
鳥取県小計	2(1)	10(8)	9(6)	13(8)	9(6)	11(8)	2(4)	1(3)	1(2)	63(19)
香　住				27(16)	55(31)	33(31)				115(30)
柴　山				5(5)	15(12)	13(11)				32(14)
津居山				6(6)	7(7)	3(3)				16(7)
兵庫県小計				38(27)	77(50)	49(45)				164(54)
合　計	2(1)	10(8)	9(6)	51(35)	86(56)	60(53)	2(4)	1(3)	1(2)	225(73)

出典：『日本海西南海域の底魚漁業とその資源 昭和35年2月』27頁。

表9-5　山陰各県の機船底曳網漁船の拿捕（襲撃）船数［没収］

年	47	48	49	50	51	52	53	54	55	56
兵　庫				2	1[1]		(2)			
鳥　取			1	2	1			4[4]		2
島　根								3[3]	1[1]	1[1]
山　口					4			2[2]	1[1]	

年	57	58	59	60	61	62	63	64	65	計
兵　庫										3(2)[1]
鳥　取										10[4]
島　根					1	1[1]	2	(1)		9[6]
山　口					1		1			9[3]

出典：『韓国に漁船を拿捕されたことにより受けた損害額 昭和36年3月』・『水産調査月報』34などによる。

あった時期からあったが早期に終結した。「昭和31年9月29日田後港の日光丸がつかまっていらい不安のため同海域へはあまり出漁しなくなった」（1965年3月25日付『日本海新聞』）のである。濫獲と「李ライン設定による対馬北方漁場操業が困難となり，大型船の操業が著しい制約を受けた」ことにより，鳥取県の機船底曳網漁船隻数は最多であった1952年の93隻から1955年の78隻に減少した。
(8)

　韓国による機船底曳網漁船（「以西底曳」を除く）の拿捕隻数を根拠地県別に整理すると表9-5のようになる。兵庫県・鳥取県漁船の拿捕は1950年代には

第9章　山陰の漁業者と韓国

終結したのに対して，島根県（浜田）・山口県漁船の拿捕は1960年代も発生したことがわかる。

2　「中間漁区」と拿捕

島根県（浜田）漁船は図9-2の「中間漁区」（東経130度の線，島根県簸川郡日御碕灯台と長崎県対馬北端灯台を結ぶ線，長崎県対馬北端灯台と韓国鴻の島灯台を結ぶ線及びその延長線，東経128度30分の線，北緯32度40分の線に囲まれた水域），それも対馬よりも西側で拿捕されている。図2-6（73頁）の「農林222区」と「農林223区」を見れば，およその位置がわかる。

「中間漁区」形成の概略は次の通りである。[9] 戦前，漁業取締の必要性から内地根拠の機船底曳網漁船に対して東経130度（佐賀県唐津市付近）を境界として東西にその漁場を区分していた。西側の海区の漁船は漁場の遠隔化にともなって次第に大型化し，トロール漁船とともに東シナ海・黄海を漁場として活躍した。「以西底曳」と呼ばれる。一方，東側の海区の漁船は港から漁場までの距離が近いことや沿岸漁業との紛争を避けるため漁船の大型化は抑えられ，「以東底曳」と呼ばれた。

戦後，以西底曳を沿岸漁業と競合しない遠洋漁業としてさらに発展させるため，日本政府は1952年9月9日付「以西トロール漁業及び以西機船底曳網漁業対策要綱」によって，東経128度30分（長崎県五島列島の西方）を以西底曳と以東底曳の境界に変更した。マ・ラインが撤廃されて東シナ海・黄海への自由な出漁ができるようになったことが背景にあった。東経128度30分から東経130度の海域（「中間漁区」）で操業していた108隻の機船底曳網漁船は，1隻を除いて

(8) 鳥取県水産部水産課編・発行『鳥取県の水産 昭和三十一年』（刊行年月不明，鳥取）28頁。同書によれば，戦前，鳥取県の機船底曳網漁業は総漁獲高の70～80％を占めていた。同書にある隻数・平均統数・総漁獲高は次の通りである。1937年：70隻・14トン・180万貫，1943年：64隻・13トン・100万貫，1946年：85隻・15トン・115万貫，1948年：90隻・19トン・241万貫，1952年：93隻・23トン・318万貫，1955年：78隻・24トン。
(9) 中川恣『底曳漁業制度沿革史』（日本機船底曳網漁業協会，1968年7月，東京）1～7・342～344頁。日本機船底曳漁業協会編・発行『十年の歩み』（1958年12月，東京）96～101頁。

309

第Ⅱ部　竹島問題と日韓関係

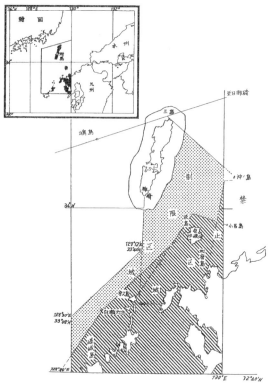

出典：水産庁日本海区水産研究所等編発行『日本海西南海域の底魚漁業とその資源 昭和35年2月』。

図9-2　「中間漁区」の範囲とその操業許可区域

すべて以西漁場に転出した。これらの漁船は、もともと1950年公布の「水産資源枯渇防止法」による減船のときに50トン未満の以西底曳漁船がここに押し込められたものであった。こうして「中間漁区」に余裕が生じることになった。

　島根県の底曳網漁船の「中間漁区」進出には次のような事情があった。1949年以来、兵庫・鳥取・島根・山口4県の底曳網漁業者は相互入会を行ってきた。しかし、実際は兵庫・鳥取の漁船は主として島根・山口両県の沖合で操業しているため、島根・山口両県の底曳網漁業者は抗議の声を上げ（山陰沖紛争）、マ・ライン撤廃後の東経130度以西への出漁を要望したのである。島根県の漁業者の窮状は、1952年3月8日付『石見タイムズ』（浜田）で次のように報じられている。

　以東底曳がマ・ラインによって韓国沿岸に入漁できなくなっている現在、

---

(10)　前掲註(9)『底曳漁業制度沿革史』335〜342頁。水産研究会編『水産年鑑 1955年版』（水産週報社出版部、1954年12月、東京）183頁。戦前沿海州漁場で操業し大型化していた兵庫県漁船が、戦後漁場を西に求めたことが「山陰沖紛争」の背景にあった（前掲註(7)『日本海西南海域の底魚漁業とその資源 昭和35年2月』20頁）。

第❾章　山陰の漁業者と韓国

山口沿岸，見島近海，島根沿岸の漁場には（略）漁船がひしめきあってい集
し，無計画な略奪漁業を行っているのである。50トン以上の漁船を使用する
以西底引で，15パーセントの船数制限を行った水産庁も，15トン以下の小型
漁船が圧倒的に多い以東底引については，今まで何等具体的な措置をとり得
なかった。これは以東底引の漁業経営の異常な零細性から，その制限や整理
が直ちに漁業者の死活問題につながるので手がつけられずにいたものだった。
しかし以東底引漁業が現状のまま略奪漁業を継続せんか，何分相手は移動性
の少い底棲魚類であり，資源の根絶する危険は眼に見えている。

　山陰の漁業者の出漁に対して，長崎県の沿岸漁業者を中心に猛烈な反対運動
がおこり，1952年に水産庁が与えた許可は白紙に戻され，1953年3月2日には
広川弘禅農林大臣が罷免される混乱までおこった。1953年7月8日付「九州沖
合海区における中型機船底曳網漁業操業区域調整要綱」により，島根県以西4
県（佐賀・福岡・山口・島根）の漁船の「中間漁区」での操業が許可され，厳し
い操業条件の下で，同年10月1日付で実施された。[11]
　「中間漁区」出漁への島根県の意欲は強かった。李承晩ライン宣言を報じた
1952年1月26日付『島根新聞』には，「県の計画としては講和発効後マ・ライ
ンが撤廃されれば（略）現在法で規定されている130度線の制限の撤廃をよび
かけ対馬水域まで乗り出そうと計画していたので，こんどの李宣言には絶対反
対の態度をみせている」とあり，同宣言で韓国が主権宣言した水域に取り込ん
だ竹島への言及は少ない。1953年2月7日付『石見タイムズ』には，「中間漁
区」についての次のような具体的な記述がある。

　　五十半カマイルもあるこの漁区には高級魚はいないがグチ，ハモ，カナガ
　シラ等の資源がまだ比較的豊富であり，また水深が六十米ないし百米で二そ
　う引にはもってこいのところなのだから眼の先にある同海区は猫の前におか
　れたカツオブシのようなものだ。李韓国大統領は李ラインを撤去せぬと言明

⑾　前掲註(9)『底曳漁業制度沿革史』345〜347頁。

第Ⅱ部　竹島問題と日韓関係

しているが，李ライン内の以東底引が操業できる水深二百米までの漁場は僅か三千平方マイルである。従って中間漁区に入漁させてもらった方がずっと有利である。

　李承晩ラインを理由とした韓国の日本漁船大量拿捕は1953年9月6日に始まった。同月10日付『山陰新報』社説には，「いまや絶好の漁期を控え，漁船群はあえて危険を冒しても出漁を決意している。島根県漁連も対馬以北並びに中間漁区に向って，出漁するとの強い態度を持している」とある。[12] 1953年10月6日から開催されていた第3次日韓会談が同月21日の決裂したことを受けて，同月22日付『山陰新報』には「今年は日韓会談終了次第対馬北部に58隻，中間漁区に14隻が出漁しようとしていたもので，関係者はこれで出漁を見合わせねばならないのではないかとみている」，さらに「県漁政課談」として，「制限をうけるのは中間漁区の四分の一と北部の九割で痛手は大きい。とくに浜田を基地とする以東底曳への打撃は大きい」とある。同月23日付『山陰新報』は，「中間漁区」の漁獲は「他のいままでの漁区より非常に豊富」なので「会談の決裂によってこの宝庫を放棄するということは漁師として到底忍び得ない」という浜田の底曳網漁業者の気持ちを伝えた。

　その後，「中間漁区」に出漁する漁船の隻数は表9‐6のように増加し，島根県の出漁船は1961～62年には30統60隻へとさらに増加した。[13] 1962年の「中間漁区における漁獲高は浜田港に水揚げされる底魚類の55.4％，また総漁獲高の51.6％を占め，質と量とが相俟って中間漁区の価値は極めて高くなっている」という高い評価が残っている。[14]

---

(12)　『島根新聞』『山陰新報』は現在の『山陰中央新報』（松江）の前身である。同紙の名称は1952年4月1日まで『島根新聞』。1952年4月2日～1957年9月30日が『山陰新報』。1957年10月1日～1973年3月24日が『島根新聞』であった。

(13)　島根県水産商工部漁政課編・発行『沖合底びき網漁業の現況』（1963年10月，松江）28頁。

(14)　前掲註(13)『沖合底びき網漁業の現況』27～28頁。1954年4月26日付『読売新聞（島根版）』には，李承晩ラインの影響で島根県の底曳網漁業の「漁獲は全盛期の百万貫に対しザッと五分の一，（略）捕獲事件直後から漁獲が激減したため県下沿岸地帯には“底引もの”がさっぱり姿を見せず，（略）カマボコの特産地である浜田市にも材料となるノドクロカレイなどの入荷が少なく業者は悲鳴をあげている」という記事が残されている。

第9章　山陰の漁業者と韓国

表9-6　中間漁区における沖合底曳網漁船（2艘曳き）の入漁許可数

	1952年	1953〜54年	1955年	1956年	1957年
島根県	11統22隻	7統14隻	19統38隻	19統38隻	19統38隻
山口県	18統36隻	14統28隻	16統32隻	12統24隻	16統32隻
福岡県	4統8隻		3統6隻	3統6隻	3統6隻
佐賀県	2統4隻	1統2隻	1統2隻	0統0隻	2統4隻
計	35統70隻	22統44隻	39統78隻	34統68隻	40統80隻

出典：『日本海西南海域の底魚漁業とその資源 昭和35年2月』26頁。

　中間漁区で操業する島根県漁船の拿捕の危険性は比較的高かった。「山口県は萩，仙崎を根拠地として，エソ，赤物を主対象物とする関係上対馬の東南から禁止区域に沿って現在制限区域になっている海域を主漁場としている。それに対して島根県は浜田を根拠地として，カレイ，グチを主対象物とする関係上対馬の西側朝鮮寄りの鴻の島を中心とした海域を主漁場としている。」からであった。[15]それでも，島根県の漁業者は運動の末に獲得した好漁場の「中間漁区」への出漁をその後もあきらめようとはしなかった。[16]1960年代になっても島根県（浜田漁船）の拿捕が続いた背景には，このような事情があった。[17]

3　鳥取県の拿捕被害

　鳥取県の被拿捕漁船員の抑留期間は島根県のそれよりも短かった。島根県は長い場合3年を越えるのに対し，鳥取県は4カ月以内である。1956年9月29日に拿捕された大福丸と日光丸も同年11月12日に船体・船員とも1カ月半の抑留

---

[15]　前掲註[11]『水産年鑑 1955年版』185頁。

[16]　1955年9月16日付『中国新聞・島根版』には，同月15日に拿捕された第1八束丸は「中間漁区」での操業解禁が10月1日以降であることに違反していたため，驚いた島根県が関係方面に厳重警告したとの報がある。好漁場であるが故の違反であろう。ただし1960年8月13日付『石見タイムズ』では「中間漁区」の操業は6〜9月が休漁期で9月1日から新しい漁期を迎えるとある。

[17]　1962年10月19日に浜田本拠の漁船「第1あけぼの丸」が「韓国の軍艦に威かく射撃を受けて停船を命じられた」のも農林222漁区（対馬西方44キロ付近）すなわち中間漁区であった（同日付『西日本新聞〔夕刊〕』）。ただし，第1あけぼの丸は旋網漁船であった。

第Ⅱ部　竹島問題と日韓関係

で帰還した。鳥取県田後漁協が残した資料中に，帰還直後の同年11月15日付で，小川孝祐島根県浜田市長の両船が所属していた田後漁協組合長への書簡がある。当時浜田を根拠地とする機船底曳網漁船 5 隻とその船員52人が韓国に拿捕抑留され，抑留生活 2 年を越えた島根県出身者がいた。[18] 小川市長は，「今日まで之が釈放方をあらゆる方法をもって努力しましたが何等効果なく未だ釈放される様子もありません。」と現状を説明し，今後の陳情等の参考にしたいので田後漁協が釈放のためにとった方策について教えてほしいと結んでいる。1956年に拿捕された19隻の日本漁船のうち船体・船員とも年内に釈放されたのは大福丸と日光丸だけであり，抑留漁船員の状況を憂慮する浜田の関係者は驚きの視線を田後に向けていたのであろう。同年12月 7 日には，前年の 8 月 5 日に拿捕された第 3 朝日丸（愛媛県　サバ釣）の乗組員が収容所内で病死していた。[19]

　1954年 7 月19日から韓国は，李承晩ライン侵犯を理由とした拿捕を法的に根拠づけた1953年12月12日公布施行の「漁業資源保護法」（法律第298号）による刑が終了した後も，日本人を引き続き釜山の外国人収容所で拘束するようになった。1954年に拿捕された 4 隻の鳥取県の漁船の乗組員の抑留期間が 2， 3 カ月程度であったのは，拿捕がこの年の前半であった幸運によるものであろう。大福丸と日光丸が1956年に拿捕されたにもかかわらず船体・船員とも 1 カ月半で釈放されたのは，水野松治大福丸船長（1908年生）が当時船長をしていた第 1 大黒丸が1950年11月26日に山口県見島北方沖合で韓国船松影丸を救助したことが影響したと思われる。この時に救助された韓国船船長の感謝状（韓国紙幣15万圓が謝礼として同封されていた）の写しを，田後漁協は日本政府や韓国政府への嘆願書に添付した。[20]

　また，田後漁協が残した資料には，1956年の大福丸と日光丸の拿捕で，田後村の隣村である浦富村出身の澤田廉三外務省顧問（1888～1970年）[21] に働きかけを依頼したことが，田後漁業協同組合長作成と思われる日誌に，次のように記

---

[18]　この時点までに，第 1 大和丸 1 人，第 2 大和丸 2 人，平安丸 1 人，計 4 人が釈放されていた（筆者不明「未帰還者明細表」〔『最近の日朝問題』日朝協会，1956年 4 月，東京〕21頁）。

[19]　韓国抑留者船員協議会編・発行『自昭和二十九年七月至昭和三十三年五月 韓国抑留生活実態報告書』（1958年 6 月，福岡）37頁。

[20]　1956年10月 9 日・11月13日付『日本海新聞』（鳥取）。

314

第⑨章　山陰の漁業者と韓国

録されている。

　10月3日

　浦富組合長より電話あり。速達にて沢（田――筆者補注）氏へ大福丸・日光丸
　の拿捕状況を知らせてあるので，組合長よりも電報等で通知する方がよいの
　ではないかと云う事であります。沢（田――筆者補注）氏は日韓交渉の特使で
　あるので金公使とは大変親しいとの事であります。

澤田廉三外務省顧問は前国連大使（正確には在ニューヨーク国際連合日本政府代表
部特権全面大使 任1954～55年）で第4次日韓会談（1958～60年）・第5次日韓会談
（1960～61年）の首席代表を務めた。「金公使」とは金溶植駐日韓国代表部代表
（任1951～57）のことである。日韓会談に関する日本側公開文書には，1956年4
月2日に重光葵外務大臣が金溶植と会談し，「今後大臣に代って金公使と非公
式会談を行う沢田大使を紹介」したという記録が残っている。この「非公式会
談」とは中断していた日韓会談を再開させるためのものであった。

　その後，10月29日付の澤田顧問からのものと思われる電話のメモには「例の
件につき，寒くなる前に釈放されること確実。しかしその時期は目下手続中で
はっきりしませんが，今しばらく御待乞ふ。判明次第お知らせします。」とあ

⑵⑴　澤田廉三夫人美喜が戦後の混乱で生まれた混血孤児養育のために設立したエリザベスサン
　　ダースホームの子供たちが夏の浦富海岸で過したように，澤田廉三は岩美町とのつながり
　　を保ち続けた（鳥取県公文書館編『澤田廉三と美喜の時代』〔鳥取県，2010年3月，鳥取〕
　　34頁）。
⑵⑵　駐日韓国代表部は1949年1月14日に総司令部に対して派遣して設置されたもので，日本政
　　府はこれと直接交渉することを禁じられていた。1952年4月28日にサンフランシスコ平和
　　条約が発効して日本が独立しても退去せず，日本政府は同代表部に便宜上通例と同様の特
　　権を与えた。設置当初の同代表部は銀座の服部時計店4階に置かれ，窓から太極旗を翻さ
　　せていた（姜鷺郷『ノンフィクション 駐日代表部』東亜PR研究所出版部，1966年12月，
　　ソウル）※。
⑵⑶　「日韓問題に関する件」（日韓会談に関する日本側公開文書 第6次公開 開示決定番号1131
　　文書番号1275）。この会談は「取敢えず両国間諸懸案の解決と切り離して，抑留日本人漁
　　夫と大村，浜松の外国人収容所に収容中の韓国人刑余者の相互釈放を行うことに原則的な
　　了解が一応成立した」という重要なものであった（外務省編・発行『わが外交の近況』
　　1957年9月）。

315

第Ⅱ部　竹島問題と日韓関係

る。そして，11月8日付の日誌には「沢田氏の連絡で，日光大福丸の船員は釈放されるとの事であったが詳細不明」とあり，具体的な内容は不明であるものの，澤田廉三顧問が釈放に向けて何らかの行動をしたことがわかる。

　1956年に抑留されていた浜田の5隻の漁船の中にも，1954年1月7日に対馬の南西海域で韓国の鮮魚運搬船を救助した第1八束丸があったが，結局5隻すべて船体は没収され，船員は1958年まで帰還できなかった。浜田市長の田後漁協組合長への書簡には「今回の韓国側が取った措置に対して再び明るい見通しを得た」とあるが，その期待は虚しかった。「中間漁区」への出漁を続けた島根県の漁業者は韓国の強硬策の犠牲となったのである。

　とはいえ，鳥取県漁船の被害も決して軽いものではなかった。1949年に拿捕された田後の大繁丸は襲撃された際の銃撃で船員1名が死亡し，水野松治船長も重傷を負った。1956年の大福丸と日光丸の拿捕事件に際して田後漁協が残した資料中の，鳥取県岩美町町長・同町会議長・田後漁協組合長による「嘆願書」には，漁船員の家族の窮状が次のように記されている。

　　家族の悲嘆は其の極に達しておる有様で外で見る目も哀れな状態であります。乗組員皆それぞれ妻子又は父母弟妹を抱え殆どが一家生計の中心人物ばかりであります。家族の憔悴並びに窮状は其の極に達しております。尚又底曳漁業の経営は年々共に不振で近海では漁獲意の如くならず従って韓国沖合に禁止区域線外附近の出漁を止むなき有様でありまして，今回の操業区域は李ライン外の操業を致していた状況の様であります。（略）万一船を没収されるが如き結果になりますれば従来の漁業経営の不振等より，（船主は──筆者補註）明日の生活にも困窮する有様であり，乗組員家族の窮状は勿論であ

────────────

(24)　1954年11月12日付『山陰新報』。なお，第2東洋丸も1959年11月10日に山口県見島北東47キロ付近で韓国漁船を救助したことがあり（1961年11月4日付『島根新聞』），1961年の一度目の拿捕では一週間で船体・船員とも釈放されたが，翌年の二度目の拿捕では船体は没収された。

(25)　前掲註(4)「大繁丸の拿捕事件」参照。この拙稿で筆者は，元乗組員の証言から，大繁丸の拿捕事件以後水野松治大繁丸船長は再び船に乗ることはなかったと記したが，実際は，その後も船長として漁業に従事していた。

316

第9章　山陰の漁業者と韓国

表9-7　鳥取県漁船の1隻あたりの平均被害額（単位は千円）

	船体機関 および装備	積載物	事件に伴う 義務的出費	稼動想定による 推定収益額
船体没収	4,195（4隻）	2,291（4隻）	44（4隻）	3,609（4隻）
船体非没収	0（0隻）	1,582（6隻）	9（4隻）	3,763（4隻）
鳥取県漁船 計	17,079（4隻）	18,653（10隻）	4,990（8隻）	27,962（8隻）

りますがそれ以上に深刻なものがあり，再起不能な状態でありますので，漁
民一同乗組員の帰還の速やかな処置を冀うは勿論，拿捕された漁船の一日も
早急に帰還することが出来ます様，本船拿捕の報道入手後は日夜神仏に祈願
を致しておる実情であります。

　田後漁協が残した資料中の「抑留船員及留守家族氏名及状況」によれば，大福
丸と日光丸には18人が乗り組み，彼らが14家族を支えていた。ある家族は，父
子で拿捕されたため「二人共抑留の為生活困難，収入皆無」と記されている。
「『もう一カ月帰りがおそかったら私たち一家はどうなったかわからない』とい
う苦しい売食い生活をつづけていた」という稼ぎ手の二人の兄弟の帰還に安堵
する母親の声が1956年11月13日付『日本海新聞』にある。田後漁協が残した資
料に14家族すべての生活保護申請書があるのも，窮状を物語るものである。
　日韓漁業協議会作成の『韓国に漁船を拿捕されたことにより受けた損害額
昭和36年3月』(26)によれば，鳥取県の漁船の物的損害額の平均は表9-7の通り
である。当然ながら，漁船を没収されたか否かで被害額は大きく異なる。漁
業者にとって，漁船は「家よりも高い」貴重な財産であった。2000年＝100と
した消費者物価指数（全国）は1960年が18.8なので，現在の貨幣価値では漁船

(26)　この調査は日韓漁業協議会が1960年7月に被拿捕船主に調査票を配布して記入させて行っ
　　たものである。1953年9月15日に設立が決定された日韓漁業対策本部は，1960年の「四月
　　革命」による李承晩政権崩壊を受けて，同年11月に日韓漁業協議会に改称されていた。改
　　称の背景には，「対策本部という名称は，いかにも闘争的なイメージを持ち，今後の漁業
　　協定や海難救助協定など本来の問題の討議に移るには，それに適する名称に変更すべきで
　　あり，さらに現地漁業者の意見を大いに採上げる組織にすべきである」という方針転換が
　　あった（『日韓漁業対策運動史』307頁）。

317

第Ⅱ部　竹島問題と日韓関係

没収は2000万円以上の損失になる。1954年に拿捕された第3天佑丸の乗組員であった米村進（1934年生）は，帰還時に「こんな災難で船をとられた場合何かの形で補償されないものでしょうか」と訴えた（1954年6月14日付『日本海新聞』）。

1947〜65年に拿捕された327隻の日本漁船のうち返還されたのは半分以下の142隻であった。うち，1947年から1951年までは94隻中85隻が返還されたが，李承晩ライン宣言が行われた1952年以降1965年までは233隻中57隻が返還されたに過ぎない（他に3隻が沈没）[27]。1954年に拿捕された4隻の鳥取県の漁船も没収を免れなかったのである。1954年5月22日付『読売新聞（鳥取版）』には「李ラインの締出しいらい（代替の漁場となった──筆者補注）山陰沖の底魚資源も減少しはじめ漁獲は年々減り，（略）このほかことしになって韓国に拿捕された底引船四隻も，ほとんどが再起を危ぶまれて」いるという記事がある。

4　島根県出身者の拿捕

拿捕が多発した1953〜55年は，1年に500人前後の日本人が抑留された。この時期，日本の朝鮮統治にもよい面があったと述べた，1953年10月15日の第三次日韓会談第2回請求権委員会での「久保田発言」を理由に韓国は日韓会談を決裂させ，両国関係は悪化していた。前述したように，韓国政府は1954年からは刑期が終了したにもかかわらず，漁船員を釜山の外国人収容所に抑留する措置をとったため，抑留漁船員の数は900人を越えた。日本政府が，さまざまな譲歩と引き換えに抑留日本人漁船員をようやく帰還させたのが「1957年12月31日の合意」であったが，その後も拿捕は1965年まで続いた。

島根県出身の漁船員のうち6人が韓国に拿捕・抑留された記録を残している。その一部を抜粋して掲載する。

①高木芳久（1931年生）：第1・第2新和丸乗組員（佐世保から出漁して1953年

---

[27]　海上保安庁編『海上保安白書　昭和41年版』（大蔵省印刷局，1966年6月，東京）134頁。

10月4日拿捕)

　「韓国抑留時の模様　ひどい食待遇　不安と焦そうの日々」（1953年12月9日付『山陰新報』）。「五島列島南端第一岬から三十カイリのところで底引網漁業中韓国軍艦に捕獲され，全員木浦刑務所に収容されたが11月26日長崎港に送還され6日無事日御碕に帰って来た。」「自分は幸い他の二名とともに船の番に残されたので刑務所の様子はわからぬが，裁判所へ二回呼び出され船長禁固三月罰金三千円，機関長禁固二月罰金三千円，自分は禁固二カ月罰金千円の言渡しをうけた」。

②伊達 彪（1926年生）：第5玉力丸船長（下関から出漁して1954年7月19日に拿捕）

　「波頭を越えて　竹島リポート　第3部①」（2007年9月17日付『産経新聞（大阪本社版）』）拿捕位置は「対馬海峡の巨済島南30カイリ」。「形ばかりの裁判で懲役1年の判決を受けた伊達は，『3カ月以上抑留された人はいない』と検事から言われていた。」しかし「結局抑留は3年半もの長期に及んだ。」

　「抑留　竹島　李承晩ライン被害者の証言（上）・（下）」（2007年7月15・16日付『山陰中央新報』）。「取調べのために連行された韓国・釜山の海洋警察前の空き地で，所在なく放置された標柱を目にした。」「竹島が日本領であることを示すため53年6月，島根県が竹島に立てたものだった。『日本人の目に触れるよう意図的に置いたのかはわからないが，島根で生まれ育った者として神経を逆なでされた』」。

③小川岩夫（1938年生）：第2大和丸乗組員（1954年11月9日拿捕）

　「韓国に7カ月半抑留。奴隷になったような体験だった。」（畠山理仁『領土問題，私はこう考える！』集英社，2012年11月，東京）。釜山港で「船から降ろされると，まずは海洋警察に連れていかれました。」「3日間の留置所生活を終えると，刑務所に入れられました。」「刑務所に何日いたのか，正確なところはわかりません。おそらく20日ほど過ぎた頃，私を含めた何人かは釜山郊外の収容所へと移されました。」他の未成年者とともに1955年6月に帰還した。

④橋野敬之助（1929年生）：第3平安丸機関長（1954年12月21日拿捕）

第Ⅱ部　竹島問題と日韓関係

「拿捕され 3 年，故郷を思う」（『フォトしまね161――特集 竹島』島根県，2006年 2 月，松江）。「釜山に連行された後は，警察官の監視の中，船中で一泊し，海洋警察隊の拘置所での一週間を経て刑務所へ。」「裁判の結果は，船長が禁固 1 年，機関長と甲板長が同10カ月，船員が同 8 カ月の実刑だった。」「刑を終えても，幾度となく思い浮かべた家族の待つ故郷に帰れず，釜山の外国人収容所へ移送」「帰国が許されたのは58年 1 月」だった。

⑤石田儀一郎（1926年生）：第 3 平安丸甲板員（1954年12月21日拿捕）

「この世の地獄――日一日と弱る体力」（1956年 5 月19日付『石見タイムズ』）。「我々抑留されてから早や二星霜，其の間韓国漁業資源保護法と云う罰名の下に銃火に晒され，正式な裁判の結果，船長一年，機関長甲板長十カ月，甲板員八カ月の判決の宣告を受け刑務所に服役し其の後も猶帰国する事も出来ず，収容所に収容され，懐かしき故郷を偲び帰国の一日も早やからん事を祈りつつ焦心と郷愁の裡に明け暮れ致して居ります。」（釜山の外国人収容所から送られた手紙全文が掲載されている。）

⑥沖元正幸（1923年生）：第 3 日進丸船長（下関から出漁して1957年11月26日拿捕）

「漁民苦しめた李ライン 船，網，魚も没収され刑務所と収容所の生活」（山陰中央新報社編『水澄みの里半世紀 三隅町新町制施行50周年記念誌』〔三隅町，2005年 8 月，浜田〕）。「木浦西北150マイルの海上で」拿捕された。「全乗組員13人は自船で釜山まで連れて行かされた。船も網も魚も没収された。警察の留置場に入れられ略式裁判で懲役になった。収容された刑務所も日本が韓国併合時代につくったものだった。沖元さんは船長だったので懲役は 1 年と長かったが，実際の労役はなく，外出できないことがつらかった。」「刑を終えた後は収容所で同僚らと一緒になった。」「帰国の朗報が来たのは，だ捕から 2 年 3 カ月たってから。囚人服にズックで韓国の送還船裡里号に乗せられ，春雨煙る下関の桟橋に接岸したのは35年 3 月31日の朝だった。」

①と②以降では，刑期終了後に釜山の外国人収容所に抑留されたこと以外に，拿捕された日本人漁船員への韓国の対応には違いがある。1954年以降は釜山の

320

海洋警察隊で取調べを受け，刑期は船長で懲役1年とそれまでよりも長くなっている。1953年11月22日付『京郷新聞』（ソウル）に，11月18日には「光州地方法院木浦支院で」37人の日本人船長に「懲役3か月，罰金3千圜乃至1千圜」（圜〔ファン〕は当時の韓国通貨）を言い渡したとあるのとは明らかに異なる。

釜山に本隊を置く海洋警察隊は1953年12月23日に「釜山，仁川，群山，木浦，済州，浦項，墨浦の7基地隊と海洋巡察班で」，「海軍から181屯級警備艇6隻を引受けて」発足した。海軍が「民間漁船を拿捕するのは国際法上の秩序に反するという問題があって李承晩大統領は諭示を通じて海洋主権線（李承晩ラインのこと——筆者補注）警備の任務を警察が遂行せよという指示を出し」て設置されたという。[28]

第4章で述べたように，韓国の日本漁船拿捕は国際法的にも韓国の国内法的にも問題があった。1953年12月12日の漁業資源保護法公布施行と海洋警察隊設置は，李承晩ライン問題への韓国なりの法的・制度的対応であった。同法では，李承晩ライン水域内で無許可漁業を行った者に対して「3年以下の懲役，禁固または50萬圜以下の罰金に処し，その所有または所持している漁船，漁具，採捕物，養殖物およびその製品を没収する」と，李承晩ライン問題に対応した条項が作られた。同年11月26日と翌1954年1月12日に，抑留日本人船員を韓国政府がいったん全員帰還させたのも，新たな体制のもとで日本に対抗しようとする韓国政府の方針を示すものであったと思われる。

5　島根県の機船底曳網漁業

表9-8は「1957年12月31日の合意」で送還対象となった日本人漁船員数の多い8県を示したものである。[29] 1954年7月19日から1958年1月10日までに拿捕され抑留されていた74隻1006人の漁船員を対象としている（実際に帰還した漁船

---

[28]　海警30年史編纂実務委員会編『海洋警察隊30年史』（海洋警察隊，1984年12月，ソウル）※2・5・6頁。同書によれば，李承晩ライン侵犯を理由とした「拿捕漁船162隻中中共漁船2隻は老朽なので廃船，日本漁船中38隻を日本に送還し，残りはすべて抑留して18隻は当隊で警備艇として運用し，104隻は国内水産業者に有償または無償で提供した」とある（4頁）。

321

第Ⅱ部　竹島問題と日韓関係

表 9 - 8　1957年末に送還対象となった県別日本人漁船員数

長崎	福岡	山口	島根	鹿児島	愛媛	熊本	徳島
407	155	126	87	64	50	34	29

員は922人）。

　この時，島根県出身者87名のうち浜田から直接出漁して拿捕・抑留されていたのは 5 隻52人である。他県で働いていたのは35人になるが，1958年 2 月 1 日付『石見タイムズ』には「県外船15隻46名」とあり，表 9 - 8 よりも実際の島根県出身者は多い。鳥取県出身者の抑留者がわずか 3 人しかいなかったのと比べると，島根県の漁業者が県の内外を問わず朝鮮半島周辺で漁業に従事していたことがわかる。

　このような両県の違いは，島根県の機船底曳網漁業の発展の歴史による。島根半島の片江村（現松江市美保関町片江）は，次に示すように，20世紀初めにはじまる日本の機船底曳網漁業の発祥の地であった。

　島根県八束郡片江村（現在の美保関片江）の渋谷兼八が，それまでの帆船沖手繰りに動力を付けて機船底曳網としたのが大正 2 （1913）年10月，さらに捲き上げウィンチを考案し，これをエンジンに直結させる連動式揚網機として漁船に取付けたのが大正 6 （1917）年とされている。この二つの新開発は，我が国の漁船動力化を推進し，特に多獲性漁業である機船底曳，以西底曳網漁業を急速に勃興させたという点で革命的意義を持つものといえる。（略）兼八の業績は大きかった。片江村では全村を挙げてこの漁業に転じた。まず乗組員を養成するために，地元ではつねに漁船技術員養成所の講習会が開かれた。各家が出資，各家より一名ずつの労働者を提供するという，全国でも異例な共同出資，共同労働の漁業協同組合を結成し，片江漁船団として，福

(29)　「拿捕漁船及び抑留船員名簿」（『別冊 水産通信』17〔水産通信社，1958年，東京〕）67〜85頁。朝鮮半島から比較的遠い徳島県の出身者がいるのは，彼らが二艘曳き漁法を習得して九州に根拠地を移し以西底曳網漁業の最大勢力となっていたからである（土井仙吉「以西底曳網漁業における経営形態（賃金制度・労働組織）の地域差」〔『福岡学芸大学紀要』9，1959年12月，福岡〕）。

岡を基地に東支那海に雄飛するようになった。これは後に，島根水産株式会社となり，戦後，下関で発足した振洋漁業㈱や片江海洋漁業㈱の原形をなすものであった。[30]

　しかし，機船底曳網漁業は効率のよさから沿岸漁業との紛争をおこしたため，政府は規制を強化し漁場を東シナ海や黄海に誘導した。[31]大陸棚が広がり海底が平坦な漁場に恵まれた東シナ海や黄海では二艘曳きによる漁法が採用された。この漁法は1920年に「島根県の漁船が長崎五島沖漁場で」開発に成功した漁法であった。[32]こうして，上記文中にあるように，島根県とりわけ島根半島の漁業者たちは漁場を求めて西に移住した。

　島根半島出身者のうち片江村の隣村千酌村（現松江市美保関町千酌）出身者が浜田に設立したのが「稲積船団」である。「稲積船団」は1923〜24年頃に浜田を根拠地とするようになり，1935年には漁船も14組（28隻）に増加したが，太平洋戦争中の徴用で23隻中19隻を失った。戦後1950年に「出雲船機船底曳網組合」として浜田市長浜を根拠に再建され，動力船25隻を所有していた。[33]③の小川岩夫が乗船していた第2大和丸も「稲積船団」所属の漁船であり，[34]小川が千酌村の隣村である野波村（現松江市島根町野波）の出身であったことは，[35]機船底曳網漁業を通じた島根県内の人的つながりがあったことをうかがわせる。

　2013年6月16日に境港で開催された「竹島を学ぶ会」主催の集会で，小川岩

---

(30)　『大日本水産会百年史　前編』（社団法人大日本水産会，1982年3月，東京）218〜220頁。引用文中のカッコ内の西暦は藤井が付記した。渋谷兼八（1888〜1968）については，益田庄三『島根県の水産翁　佐々木準三郎伝』（行路社，1994年5月，東京）が詳しい（139〜172頁）。なお，水協中央会漁村指導課編『韓国水産発達史』（水産業協同組合中央会，1966年4月，ソウル）※で金仁台は，日本の機船底曳網漁業は「米国から日本に漁業方法が導入され」たと記している（421頁）が誤りである。

(31)　拙稿「日韓漁業問題の歴史的背景——植民地行政機関の漁業政策比較の視点から」（『東アジア近代史』5〔東アジア近代史学会，2002年3月，東京〕）参照。

(32)　前掲註(9)『底曳漁業制度沿革史』66頁。二艘曳き漁法を開発したのは，やはり片江地区出身の都田久次郎であった（美保関町誌編さん委員会編『美保関町誌』（上）〔美保関町，1986年11月〕596頁）。

(33)　浜田市実態調査委員会編『浜田の水産』（刊行者・刊行場所不明，1951年1月）131頁。

(34)　美保関町誌編さん委員会編『美保関町誌』（上）（美保関町，1986年11月）745頁。

(35)　2012年9月6日に松江市で行った聞き取り調査。

第Ⅱ部　竹島問題と日韓関係

夫は，映画「あれが港の灯だ」冒頭の銃撃の末に日本漁船が拿捕されるシーン[36]を見て「この通りだった」と語った。同集会で，松江市美保関町笠浦（千酌村の一部）出身で2005年の「竹島の日条例」制定に尽力した小沢秀多島根県議会議員（1949年生）は，約2年間の抑留から帰還したばかりの痩せ細った我が子

---

(36) 今井正監督，1961年2月公開，東映東京作品。この映画について，「中小漁船の持船ほど危険水域で無理な操業をしなければならぬ」という「日本の経済構造と階級関係を基本にすえて，李ラインにからまる漁夫たちの生活問題と，民族問題を扱ったとすれば，この作品はもっと別のものになった」はずだ。よって「漁船が怪船に追跡される場面に登場する巡視船が，まるで国民生活の守護者の如く，他国の攻撃から漁船を守るかつての帝国海軍の艦船の如く，唯一のたのもしい存在にみえてくる」という誤算が生まれたという批判がある（佐々木基一「ナショナリズムの限界」〔『キネマ旬報』280，キネマ旬報社，1961年3月，東京〕）。しかし，もっとも拿捕船数の多かった以西底曳網漁業において零細漁業者が大資本の漁業会社に漁場を奪われて拿捕の危険性の高い海域に押し出されたという話を，寡聞にして筆者（藤井）は知らない。大洋漁業株式会社（現マルハニチロ株式会社）はトロール6隻（第27大洋丸〔1948年〕・第3大洋丸および第16大洋丸〔1950年〕・第23大洋丸〔1951年〕・第9大洋丸〔1954年〕・第5大洋丸〔1962年〕・以西底曳16隻（徳山宜也編『大洋漁業・長崎支社の歴史』〔1995年2月，刊行者・刊行場所不明〕・1962年10月19日付『西日本水産新聞（夕刊）』〔福岡〕），日本水産株式会社はトロール4隻（羽衣丸〔1953年〕・田村丸〔1954年〕・明石丸および加茂丸〔1956年〕）以西底曳6隻（日本水産株式会社編・発行『日本水産の70年』〔1981年5月，東京〕）と，大資本の漁業会社が韓国による拿捕を免れたわけではない。説得力があるのは，土井仙吉「以西遠洋底びき網漁業根拠地の盛衰」（日本地理学会編『地理学評論』32-1，古今書院，1959年1月，東京）の次のような指摘である。阿波型（長崎型）と出雲型（下関型）の性格は対照的で，例えば，賃金は前者の歩合給（最低保証付）に対して後者は固定給（プラス歩合）で，「歩合制が冒険操業を強行させる」（55頁）。また，1953年9〜10月に漁船が大量拿捕されたため同年11月に差入れ業務で渡韓した山口県越ヶ浜の山本福蔵（当時萩漁業共同組合連合会会長）は，「大資本のやっている機船底曳網漁業や，まき網漁業のような大企業」に対して越ヶ浜の延縄漁業を「小企業」と表現しており（『想いをよせて』〔私家本，1972年，萩〕3頁），韓国による拿捕被害の大きかった底曳網漁業や旋網漁業を「大資本」「大企業」とみなしている。そもそも，李承晩ライン問題における韓国の不法行為を正当化し，抑留された漁船員やその家族および関係者の苦しみが視野に入らない佐々木基一の記述は理解しがたい。関連して，平岡敬『偏見と差別——ヒロシマそして被爆朝鮮人』（未来社，1972年8月，東京）にある「李ラインの犠牲者は常に零細漁民であり，彼らが危険を冒して李ラインを越えるのは，実は大手資本によってかれらの生活基盤が崩された結果であった」という記述（202頁）も，検証する必要がある。宮本正明はこの記述を事実確認することなく引用して「被拿捕者の多くは零細漁民であった」とした（「未公開資料　朝鮮総督府関係者　録音記録(13)　京城帝国時代の回顧」〔『東洋文化研究』14，学習院大学東洋文化研究所，2012年3月，東京〕519頁）が，その後筆者（藤井）の指摘を受けて改訂した（「未公開資料　朝鮮総督府関係者　録音記録(18)　朝鮮の水産業」『東洋文化研究』19，2017年3月，東京，257〜258頁）。

を泣きながらかき抱く母親の姿を語った。小沢が目撃したのは，1958年に帰還した第6浜富丸の漁船員（1956年4月18日の拿捕当時19歳）であり，第6浜富丸もまた浜田の「稲積船団」所属の漁船であった。[37]

6　以西底曳と拿捕

　韓国の日本漁船大量拿捕は1953年9月6日に始まった。以後2カ月間で，その数は41隻に上り（この他に水産庁監視船第2京丸が拿捕されている），拿捕された日本漁船は大部分が木浦で抑留された。[38] 1953年11月19日付『山陰新聞』によれば，抑留されていた534人中，島根県出身者は35人である。[39] この時は浜田から出港した漁船は拿捕されていないので，これらはすべて島根県外で漁業等に従事していた人々であった。

　2014年8月26日，そのうちの一人である隠岐知夫村出身の山口松市（1918～70）の子息の山口加二治（1948年生）に知夫村で聞き取りをした。山口松市は以西底曳漁船の第2東亜丸の甲板員で，下関から出漁して1953年9月23日に拿捕され，木浦で抑留された後に同年11月26日に長崎に帰還した。加二治氏は父

---

(37)　島根県水産商工部編『島根の水産　昭和32年度』（島根県水産技術研究会，1957年11月，松江）所載の「出雲船組合」の船名一覧（165頁）から類推すれば，浜田の被拿捕漁船のうち第1大和丸・第2大和丸・第3平安丸・第1八束丸・第6浜富丸の5隻が「稲積船団」所属の漁船であった。小沢議員は「小さいころはこの村では大人になればみんな底曳船に乗るのだと思っていた」と語った。なお，［表9-2］よりも詳細な森須和男作成「島根県所属船の拿捕状況」が杉原隆「『石見タイムズ』が語る李承晩ライン」（島根県総務部総務課編『竹島問題に関する調査研究報告書』2013年3月，松江）に掲載されているが，そこでも5隻は「出雲船団」所属とされている。

(38)　豊田範『韓国抑留船員差入れに関する報告書』（日韓漁業対策本部，1954年5月，東京）中の「韓国関係拿捕未帰還船員数及び同船名表」，『日韓漁業対策運動史』では39隻であるが（447～448頁），この表では41隻である。「観音丸」が2回掲載されている『日韓漁業対策運動史』の記述が誤りであり，また「韓国関係拿捕未帰還船員数及び同船名表」にある10月6日に拿捕された3隻の以西底曳漁船の記録が『日韓漁業対策運動史』にはないためである。

(39)　島根県出身者35人の内訳は，八束郡20人（片江村8，千酌村6，御津村2，野波村1，本庄村3），隠岐7人（知夫村4，黒木村2，東郷村1），美濃郡種村1人，那賀郡3人（江津町1，岡見村1，江東村1），益田市3人，大社町1人であった35人のうち島根半島出身者（片江村・千酌村・御津村・野波村・本庄村・大社町）が3分の2近くを占める。

325

第Ⅱ部　竹島問題と日韓関係

表9-9　島根県出身者が経営した下関以西底曳の経営体

企業名	組　数	企業名	組　数
片江海洋漁業㈱	7	玉島漁業㈱	1
大山漁業団	3	出雲水産㈱	1
振洋漁業㈱	1	昭生水産㈲	1
森脇漁業生産組合	2		

注：二艘曳きなので組数の倍数が隻数になる。

親の記憶を次のように語った。

　　知夫村から下関に働きに行く人は多かった。今でも下関に住んでいる人が
　いる。父は私が生まれた時から下関に行っていた。夏の間一ヶ月だけ隠岐に
　帰ってくる出稼ぎだった。「金が欲しければ船に乗る」といった時代で給料
　はよかった。父は真面目で現金書留で毎月送金してきた。「拿捕された時は
　李ラインには入っていなかった，逃げようと思えば逃げられたのに逃げられ
　なかったのが悔しい」と言っていた。拿捕された後，韓国では港で船の番を
　していたので刑務所などには行かなかったらしい。拿捕されて帰ってきた後
　も下関で船に乗って働いていた。

1953年10月29日付『夕刊みなと』（下関）によれば，第2東亜丸は振洋漁業所
属の漁船であり，振洋漁業は美保関町出身者が下関に設立した以西底曳の会社
であった。表9-9は片江郷土史編さん委員会編・発行『片江郷土史』（1965年
12月，美保関町）所載の，美保関町出身者が設立した以西底曳の7つの企業を
示したものである。そのうち最大の片江海洋漁業の持ち船は7組で，みなと新
聞社編『以西漁船名鑑　昭和三十五年度』（みなと新聞社，1960年11月，下関）に
よれば，下関の以西底曳99組のうち，大洋漁業28組，日東漁業11組に次ぎ，日
魯漁業下関支社6組を凌ぐ地位にあった。『片江郷土史』には，「片江船団」と
呼ばれた片江海洋漁業について「下関の業界のトップクラス」，振洋漁業につ
いて「社長井川克己は山口県会議員として，特に水産業界を代表して活躍して
いる」と誇らしげに記されている（144頁）（井川克己はこの後下関市長となった

〔任1967〜1979年〕)。

　下関を根拠地とする以西底曳における島根県出身者の役割は大きかった。
『以西漁撈長名鑑　昭和三十三年』(みなと新聞社，1958年8月，下関)によれば，
漁労長(船長を兼ねることもあり，総責任者であった。)の数では島根県出身者は61
名と全体の半数近くを占め，2番目に多い山口県出身の漁労長は地元であるに
もかかわらず16名に過ぎない。片江地区出身の漁労長は21名と突出して多く，
片江地区以外の島根半島出身の漁労長も10名を数える。

　片江村の機船底曳網漁業者が下関を根拠地とするようになったのは1921年頃
で，太平洋戦争直前には64隻の漁船を擁した。うち鮮魚問屋の名義になってい
た24隻が後の振洋漁業の，個人所有になっていた40隻が後の片江海洋漁業の源
流になったという[40]。戦時の徴用で壊滅的な打撃を受けたが，戦後復興し，1950
年に振洋漁業株式会社が創設され，1954年には片江海洋漁業が株式会社に改組
された[41]。片江海洋漁業の活動について，『片江郷土史』に次のような記述があ
る(144〜145頁)。

　　東シナ海と黄海を漁場とし，漁獲物はグチ・ハモ(共に煉製品材料)鯛類
　　(惣菜用)及び大正エビ(山東半島近海)などがある。一年間(九月〜七月)に
　　十三，四回出漁し，一回に二十日乃至二十五日間操業する。漁獲物の八割迄
　　は現地下関において販売し，残る二割は主に鯛などの高級品が占めていて，
　　その大部分は京阪神地方に出荷している。この状況は下関にある各社に共通
　　している

休漁期が8月だけだったことは山口加二治の記憶と一致する[42]。そして，片江海
洋漁業の乗組員のうち「七割が片江を中心とする県人であり三割を現地で雇用

────────

[40]　片江海洋漁業株式会社編・発行『沿革史』(1968年12月，刊行場所不明)26頁。古島敏
　　夫・二野瓶徳夫『明治大正年代における漁業技術発展に関する研究(Ⅲ)──以西底曳網漁
　　業技術の展開過程』(水産研究会，1960年3月，東京)では，片江出身者による以西底曳
　　網漁業が共同経営方式であったことがより大きな企業として発展しなかったことにつなが
　　ったと論じられている(54〜60頁)。
[41]　『片江郷土史』144〜147頁。

第Ⅱ部　竹島問題と日韓関係

している」と『片江郷土史』にあるように，島根県出身者には機船底曳網漁業を通じた人的つながりがあった[42]。被拿捕漁船員の帰還を伝える1953年11月27日付『夕刊みなと』によれば，第2東亜丸とその僚船第3東亜丸の両船には山口松治をはじめ知夫村出身者4人が2人ずつ乗船し，船長は片江村出身者であった。

　山口松治と同様に以西底曳漁船に乗船して1953年のほぼ同時期に拿捕され，木浦で抑留されている間，偶然にも同じように船番をしていた島根県出身者がいる。①の高木芳久である[44]。高木は島根県大社町日御碕（当時）出身で，長崎県五島に戦前移住した叔父の下で働いていたが，佐世保から出漁して1953年10月4日に拿捕された。帰還後は五島を離れ浜田の機船底曳網漁船で仕事をした。ここでも機船底曳網漁業を通じた島根県出身者の人的つながりを見ることができる。

　2009年10月24日・2010年10月11日・2011年7月3日と3度にわたって実施した片江地区での聞き取り調査[45]によれば，以西底曳網漁業では，拿捕を避けるため渤海湾の漁場に行くための航路を変更せざるをえなくなり，経費がかさむな

---

(42)　片江の以西底曳漁船乗組員について，「以西底びき漁業の操業は，9月から翌年の7月までで，乗組員が片江で過すのは，8月だけである。乗組員の妻は，戦前においては，1カ月だけしか夫と生活することはできなかった。戦後は，民主主義の影響もあって，妻がかわいそうだということで，1回の操業は，20～25日であるから，毎回というわけではないが，つぎの操業の間の休日に，妻が下関に通うようになった。」という説明がある（小林三衛「以西底びき網漁業の母村――島根県美保関町片江の場合」〔『茨城大学政学会雑誌』43，1980年7月，水戸〕46頁）。ただし，戦前にも妻子が下関に滞在することはあったようである。1937年7月12日付『山陰新聞』（松江）には「出漁期になると，毎年下の関の丸山町，岬之前町一帯には片江村の植民地ができあがる。漁船一艘の乗組員が十人，五十六艘だったら五百六十人。この中では，向うで雇用する船員もあるが，少なくとも七百人あまりの人口が定期的に移動する。」とある。

(43)　2015年3月15日に取材した下関市在住の有吉昌子（1926年生。大洋漁業株式会社代表取締役を務めた有吉京吉の三女）は，「島根県の人は一人が下関に来ると郷里の人もその人を頼ってやって来ていた」と語った。また，

(44)　高木には2014年4月2日および2015年2月21日に出雲市で聞き取りを行った。2015年2月20日付『山陰中央新報』に「李ラインで不当拿捕　韓国が一カ月半拘束」というインタビュー記事が掲載されている。高木は抑留中に「脚気にかかった」と回想した。

(45)　都田修康（1924年生），寺本邦夫（1926年生），宮崎敏良（1926年生），佐々木宏（1927年生），寺本幹（1930年生），河本克（1931年生），澁谷吉清（1931年生），寺本勝彦（1936年生），澁谷俊弘（1937年生），河本宏（1945年生）から聞き取りを行った。

第❾章　山陰の漁業者と韓国

どの被害もあった。黄海の中心部の好漁場に行くのに，李承晩ラインがなかった時の航程の約54％にもあたる片道158海里（約１昼夜の航程）の余分な航海を余儀なくされた。この被害は，長崎・福岡よりも，「伝統的に北部漁場を操業してきた」島根県出身者の多い下関・戸畑根拠地の漁業者の方が大きかったという[46]。

　次に証言を紹介する，2010年８月20日に出雲市地合地区での聞き取り調査した同地出身の佐藤寛一（1934年生）も下関から出漁した経験を持つ人物である。

　　昭和34（35？）年から下関の以西底曳で働いた。地合からも十何人かが行っていたと思う。済州島から山東半島突端の山東高角付近まで操業した。山東高角から渤海湾にかけての海では大正エビのよいものがとれた。済州島でも山が見えるところで網を入れた。李ラインはそんなに気にしなかった。魚がいるところに漁船は行くものだからだ。李ラインで韓国に拿捕されたことはないが，韓国の警備艇に追いかけられたものの逃げ切ったことがある。警備艇に銃撃されて船体に弾が当たった。手繰り漁船は最高でも当時10～11ノットだったが，韓国の警備艇は普通でも13～15ノットは出たので，つかまってしまう。手繰り船は二隻一組なので二隻が別方向に逃げると運の悪い方の一隻がつかまった。

　前述した拿捕の記録を残している６人のうち，③小川岩夫・④橋野敬之助・⑤石田儀一郎は以東底曳網漁業（以下，現在の呼称である「沖合底曳網漁業」あるいは「沖合底曳」と表記する）に，①高木芳久・②伊達彪・⑥沖元正幸は以西底曳網漁業に従事して拿捕された。伊達は大和漁業団，沖元は日魯漁業下関支社と島根県出身者の経営ではない漁業会社に勤めていた。伊達の乗船した第５玉

⑷6)　前掲註㊱土井仙吉「以西遠洋底びき網漁業根拠地の盛衰」15～16頁。同「以西底曳網漁業における経営形態（賃金制度・労働組織）の地域差」（『福岡学芸大学紀要』９，1959年12月，福岡）によれば，以西底曳漁船の４大根拠地（長崎〔280隻〕・福岡〔218隻〕・下関〔204隻〕・戸畑〔40隻〕：1958年の隻数）の乗組員に島根県出身者が占める割合は，下関34％，戸畑10％，福岡４％，長崎１％である。多かったのは，片江の二艘曳き漁法を習得して九州に根拠地を移した徳島県出身者で，下関18％，福岡62％，長崎41％と一大勢力であった。

329

力丸は乗組員11人のうち 5 人が，沖元氏の乗船した第 3 日進丸は13人のうち 4
人が島根県出身者であった。このように，島根県出身の漁業者は機船底曳網漁
業の発展とともに，沖合底曳としては「中間漁区」に，以西底曳としては東シ
ナ海・黄海に活動の場を広げた。そして，その中には韓国による拿捕という不
運に遭遇した乗組員もいたのであった。

7 「竹島の日」条例と新日韓漁業協定

　高木芳久が乗船した第 1・第 2 新和丸の計18人の乗組員の状態を帰還 2 年後
の1955年に佐世保市が調査した結果が表 9 - 10である。「収容中の待遇は不良。
帰還後半数は健康を害し病気療養せり」と説明にあるように，帰還後 2 年を経
ても抑留中の貧しい食事や劣悪な環境の後遺症は癒えていない。6 人が「失
業」とあるのは，高木の叔父の会社が，2 隻の船を韓国に没収されたために倒
産したからであった。2 隻は中古船とはいえ，1 隻の価格は750万円と高価で，
まだ 2 カ月しか稼働していなかった。「叔父には相当の借金が残り，それで仕
事からも引退した」と高木は語った。

　2005年 3 月16日，2 月22日を「竹島の日」と定める条例を島根県議会は制定
した。同年 3 月 8 日の県議会で，細田重雄議員は提案者を代表して次のように
提案理由を説明した。

　　昭和27年の李承晩大韓民国大統領が一方的に行った海洋主権宣言，いわゆ
　る李承晩ラインにより竹島周辺から本県の漁船が締め出されたばかりか，こ

⑷　1959年 9 月 5 日付『夕刊 みなと』。
⑷　「竹島の日を定める条例（平成17年 3 月25日公布・施行）」（島根県条例第36号）の条文は
　　次の通りである。
　　第 1 条　県民，市町村及び県が一体となって，竹島の領土権の早期確立を目指した運動を
　　　　　　推進し，竹島問題についての国民世論の啓発を図るため，竹島の日を定める。
　　第 2 条　竹島の日は，2 月22日とする。
　　第 3 条　県は，竹島の日の趣旨にふさわしい取組を推進するため，必要な施策を講ずるよ
　　　　　　う努めるものとする
　　附　則　この条例は，公布の日から施行する。

第9章　山陰の漁業者と韓国

表9-10　韓国から帰還後の乗組員の状況

氏　名	帰還後の状況
T・Y	帰還後失業。郷里島根県で働いていたが現在病気療養中。生活不良。
K・K	帰還後病気。現在揚繰船乗組。生活不良。
F・Y	帰還後病気3カ月静養。現在一本釣。生活稍可。
H・T	帰還後失業3カ月。現在鮮魚運搬船乗組。生活可。
T・T	帰還後失業3カ月。現在揚繰船乗組。生活稍可。
Y・S	帰還後失業2カ月。現在日雇人夫。生活不良。
M・M	帰還後死亡。
N・J	帰還後病気4カ月。現在農作。生活稍可。
K・I	帰還後病気5カ月。現在農作。生活最も不良。
Y・S	帰還後病気療養。現在一本釣。生活稍可。
S・S	帰還後病気2カ月。其後漁業現在病気療養中。生活稍可。
N・S	帰還後病気2カ月。現在底曳船乗組。生活不良。
S・H	帰還後静養。現在日雇人夫。生活不良。
N・Y	帰還後病気。現在鮮魚運搬船乗組。生活稍可。
S・S	帰還後静養。現在農作。生活不良。
K・T	帰還後病気3カ月。現在日雇人夫。生活不良。
Y・H	帰還後失業。現在日雇人夫。生活不良。
K・H	帰還後失業。現在揚繰船乗組。生活稍可。

れ以後約4000人が抑留され，300艘以上が拿捕され40人以上が死傷している
と承知をいたしております。

　ここには竹島問題と漁業問題の混同が見られる。李承晩ラインを理由とした日
本漁船の大量拿捕が行われたのは済州島から対馬にかけての海域であって竹島
周辺水域ではない。しかし，島根県出身の漁業者は県の内外を問わず拿捕の危
険性の中で操業し，拿捕や抑留そして会社倒産といった困難を経験してきた。
　単純比較はできないものの，「李ラインによる損害は（略）抑留121人，捕獲
船11隻，被害約10億円」という島根県の被害（1965年11月6日付『島根新聞』）は，[49]
日韓漁業協議会作成の『韓国に漁船を拿捕されたことにより受けた損害額　昭
和36年3月』から算出した6868万4000円という鳥取県のそれよりもはるかに大

331

第Ⅱ部　竹島問題と日韓関係

出典：『国会月報』603（新日本法規株式会社，1999年3月，東京）。

図9-3　新日韓漁業協定関係図

きい。島根県には長期にわたって韓国と向かい合ってきたという点で「苦い記憶」が継承されているのである。

そして，細田議員の「竹島の日」条例提案理由説明はさらに次のように続く。

　　新日韓漁業協定において竹島の帰属が確定しないことにより，山陰沖を中心に設けざるを得なくなった広大な暫定水域は，事実上韓国漁船が独占する海域となり，本県を初め我が国の漁船はほとんど立ち入ることが不可能である状況を見るとき，その損害ははかり知れないものがあります。

1998年11月28日に調印されて1999年1月22日に発効した新日韓漁業協定に対する山陰の漁業者の不満は強い。図9-3の暫定水域は本来なら日韓両国の漁船が操業できる水域であるが，ズワイガニ漁では休漁期のほとんどない韓国漁船の漁具（底刺し網や筌）が始終置かれ，好漁場での日本の沖合底曳漁船の操業が難しい。2012年10月24の第10回日韓民間漁業者団体間協議では日本側は次のように述べた。

　　隠岐北方漁場交代利用については日本側より01年11月から毎年合意文書を

─────────

⑷9　拿捕の被害以外に，浜田から出漁した沖合底曳網漁船が操業中に「韓国警備艇の追跡を受け，切り離した漁網を韓国側に没収」されるという「海賊同様の行為」の被害もあった（1964年5月17日付『島根新聞』）。なお，1962年5月13日に拿捕されて船体を没収された，浜田を基地とした第2東洋丸の所属会社も廃業に追い込まれた（前掲註⑬『沖合底びき網漁業の現況』47頁）。

第9章　山陰の漁業者と韓国

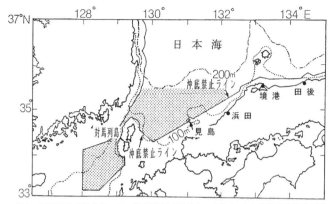

出典：石川県水産総合センター等編発行『平成3～5年度 水産業関係地域重要新技術開発促進事業 総合報告書』1994年。

図9-4　日本海西南海域における二艘曳沖合底曳網漁業の漁場（打点域は主漁場）

取り交わして実施したが，韓国側が協会未加入漁業者の指導ができないことを理由に漁具を撤去せず，実質的に操業が不可能になっていると発言した。

　浜田沖水域漁場（「浜田三角」と通称される。──筆者補註）分割・交代利用については，06年から09年に漁場清掃を実施し，08年と09年にわずかな一部水域で短期間操業を実施したものの，韓国側の投棄・廃棄漁具が多いことから操業を断念せざるを得なかった。また，08年と09年に発生した隠岐北方漁場での漁具被害の解決を楯とし，浜田沖の交代利用の協議にも応じない。

このように暫定水域での操業について協議の進展が見られない中で，さらに日本側排他的経済水域への韓国漁船の侵入という問題がおこっている。「浜田三角」西側の日本の排他的経済水域では，韓国漁船が監視の目を盗んで違法に設置した漁具によって日本の底曳網漁船が操業できない場所もある（2014年5月

---

(50)　全国漁業協同組合連合会編・発行『200海里運動史』（2013年3月，東京）114頁。2001年の日韓民間漁業者団体間協議で，隠岐北方の暫定水域内の一部水域でのズワイガニ漁場の交代利用について合意された（11月6日から12月31日までは日本底曳網漁船が利用，1月1日から3月20日までは韓国底刺し網漁船が利用）が，韓国漁船の合意不履行が続いていた。

第Ⅱ部　竹島問題と日韓関係

表9-11　漁業センサスによる鳥取県（一艘曳き）と島根県（二艘曳き）の比較

	主とする漁業種類別動力漁船隻数		主として従事した漁業就業者数	
年	鳥取県	島根県	鳥取県	島根県
昭43（1968）	60	94	600	899
昭48（1973）	55	81	757	746
昭53（1978）	58	83	686	730
昭58（1983）	54	80	698	737
昭63（1988）	53	71	603	449
平5（1993）	45	40	434	287
平10（1998）	39	28	395	226
平15（2003）	30	24	331	187
平20（2008）	28	16	—	—
平25（2013）	26	14	—	—

注：漁業就業者とは満15歳以上で過去1年間に漁業の海上作業に年間30日以上従事した者をいう。
　　2008・2013年漁業センサスにはこの調査項目はない。

15日に行った鳥取県の田後漁協での聞き取り）というのが，日本海の現実である。

　暫定水域に関連する沖合底曳網漁業に関しては，島根県よりも鳥取県の方が問題は深刻である。そもそも，島根県の沖合底曳の量的縮小は著しい。図9-6でわかるように，島根県の沖合底曳（二艘曳き）の漁獲量は1960年代後半から1970年代前半が最大で年間で3万トンを越えたが，現在は5000トン前後にまで減少している。図9-4は1990年代前半の島根県（浜田）の沖合底曳漁船の漁場を示したものであるが，現在の操業区域はこれよりも狭く，「中間漁区」で操業する漁船はほとんどないし，また，暫定水域の中で操業する漁船もない[51]（2015年2月23日に島根県水産技術センター〔浜田〕での聞き取り）。

────────

[51]　前掲註(6)『沖底（2そうびき）の経営構造──日本型底びき網漁法の変遷』では，浜田の沖合底曳の漁場は，1960年代までは「中間漁区」が主，1988年までは対馬以東が主，そしてそれ以降は浜田沖が主とされている（137頁）。沖合底曳の漁場の縮小の要因の一つとして1978年以降活発化した韓国漁船の日本近海での濫獲があることは見逃すことはできない。「山陰沖では日本の沖合底びき網が資源保護のために6～8月を禁漁期にしているにもかかわらず，韓国漁船には，我が国と同様な漁船トン数，馬力，禁止区域などの制限にも全く拘束されずに公海の我が国12海里沖でも操業する状態になっている。」さらに，韓国アナゴ篭漁船が「山陰沖では1隻が20～30kmの長さに篭3000余個を敷設する状況になってきたと言われている。」この「漁具に損傷を与えた場合は，法外な賠償を要求されるため，日本の沖合底びき網漁船はこれを避けて操業せざるを得ず，このため漁場は大幅に縮小した」のであった（大日本水産会編発行『平成元年度中小漁業経営調査報告書 島根県浜田地域における沖合底曳網漁業経営』1990年2月，東京）18頁。

334

表9-12 沖合底びき網漁業許可船のトン数別隻数（2015年1月1日現在）

トン数	～30	～40	～50	～60	～70	～80	～90	～100	100～	平均(隻数)
兵庫県	3	2	11	1	2	1	12	15	2	72.02(49)
鳥取県	0	0	0	0	0	0	8	11	5	93.33(28)
島根県	2	0	0	0	0	12	0	2	0	70.06(16)
山口県	4	0	0	0	2	10	0	0	0	58.88(16)

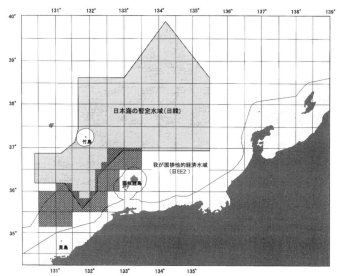

出典：暫定水域の図示は水産庁境港漁業調整事務所の提供による。

図9-5 鳥取県沖合底曳網漁船操業区域（網掛け部分）

　一方，鳥取県の沖合底曳（一艘曳き）の漁獲量は最盛期の半分程度にまで減少しているもの回復基調にあり，最近十年は島根県を逆転している。表9-11に示した漁船数や漁業就業者数も同様の傾向を示しており，鳥取県の沖合底曳の勢力減少は島根県はどではない。ズワイガニ・ハタハタ・アカガレイなど鳥取県を代表する漁種を漁獲する沖合底曳は鳥取県の観光業の基盤でもある。[52]

　これまでも述べてきたように，島根県（浜田）や山口県の漁船は「二艘曳き」漁法で水深の浅い場所（200m以浅）を漁場とするのに対して，兵庫県や鳥取県の漁船は「一艘曳き」漁法でもっと深い所にいる漁種（特にズワイガニ）を漁獲する。水産庁が公表した沖合底曳の許可数を示した表9-12でわかるよ

第Ⅱ部　竹島問題と日韓関係

うに，兵庫・鳥取両県は島根・山口両県よりも大型漁船が多い[53]。この結果，兵庫・鳥取両県の沖合底曳の漁場は暫定水域に食い込んでいる。隠岐北方の漁場の交代利用の合意は主として兵庫県漁船の操業を保証するものであった。また図9-5で明らかなように，鳥取県の沖合底曳は「浜田三角」をはじめとする暫定水域内の好漁場およびその西方の日本の排他的経済水域を重要な漁場とし，韓国漁船の操業に苦しんでいる。島根県よりも鳥取県の方が問題は深刻なのである。

8　鳥取県と竹島問題

よって，2005年に島根県議会が「竹島の日」条例を制定した時に，鳥取県は同調する動きを示した。同年3月23日に鳥取県議会は「竹島問題の解決と日韓暫定水域における漁業秩序の確立を求める意見書」を全会一致で採択した[54]。そして「鳥取県の片山善博知事は25日の定例記者会見で，（略）『暫定水域で日本の漁民が締め出しをくっている。外交ルートで話し合うように言っているが，らちが明かない。（意見書提出は）当然のこと』と，外交で解決すべき問題との

---

[52]　2012年の鳥取県の漁業生産額147.91億円のうちズワイガニは12.6％を占めて魚種別で一位であった（中国四国農政局統計部編・発行『鳥取農林水産局統計（平成24〜25年）』〔2014年8月，岡山〕）。また，2014年の沖合底曳網漁業の漁獲量は，兵庫県は総漁獲量53300トン中9400トンで各種漁業中1位，鳥取県は総漁獲量67400トン中6300トンで各種漁業中1位，島根県は総漁獲量117000トン中4900トンで各種漁業中2位，山口県は総漁獲量27800トン中4600トンで各種漁業中1位であった。

[53]　鳥取県の沖合底曳漁船の大型化については，「昭和初期から韓国東海岸，或は沿海州まで出漁していたが，李ラインの設定によって山陰近海へと後退し，本県沖合隠岐島周辺を主漁場として操業するようになったが，漁場が狭隘のため，限られた近海での操業は統数過剰となり，これが原因となって底びき資源が著しく減少して，漁場の拡大を余儀なくし，遂に深海で操業するようになり，これがため，必然的に船型の大型化，機動力の拡大が要求されるに至った」（鳥取県編発行『鳥取県水産業の現状と問題点　昭和35年10月』発行年・場所不明，5頁）という説明があるが，現状との関係は不明である。

[54]　2000年12月7日には，「鳥取県中央漁協所属の第2永福丸が韓国底刺し網を避けながらの操業中，海中から網の塊がからまって引き上げ，それを見ていた韓国監視船から，乗船を促され，著時間，船長を乗せたまま航行，一方的に多額の賠償金額を記載した確認書にサインさせられた事件」が起きていた（伊藤美都夫『沖に漁火──漁師に学ぶ』〔私家本，2003年9月，発行場所不明〕56頁）。

336

第9章　山陰の漁業者と韓国

認識をあらためて示した。」「竹島問題では『韓国の領土というのは歴史的事実関係を整理すると根拠がない。』とした上で、『両国の主張の根拠がどこにあるかを示して、スタートラインに立つべき」と指摘した。』」（2005年3月26日付『日本海新聞』）

　翌2006年1月4日付『日本海新聞』の「新春対談」でも片山知事は、「島根県がつくられた竹島問題研究会に鳥取県からも職員を派遣して資料提供などを行っています。これも、国益や漁業という地域の課題を前提にした両県の連携といえます」と島根県との連携に前向きな姿勢を強調した。同年9月28日には「竹島及び周辺海域等問題解決促進鳥取県議会議員連盟」が結成され（2006年9月29日付『日本海新聞』）、同年10月17日には「竹島領土権確立島根県議会議員連盟」と意見交換会を開催した。この会合では竹島「の領土権確立と周辺海域での日本の漁業者の安全操業確立を目指すため、両県議会が連携を深めて国などへの働きかけを強めることで一致した」（2006年10月18日付『日本海新聞』）。同年11月15日に開催された鳥取・島根両県知事会議では、澄田信義島根県知事が竹島問題への取組みへの協力を要請したのに対して、片山鳥取県知事は「これからもぜひ島根県と足並みをそろえて竹島問題の解決に、鳥取県としても微力を尽くしたいと思うし、領土問題とは別に漁業問題が、当面の両県の大きな課題でもあるので、漁業問題の解決にも一緒に努力しながらやっていきたい」と応じた。[55]

　しかし、2006年12月15日に鳥取県議会が「県条例で『竹島の日』制定を求める陳情を研究留保（継続審査）とした」（2006年12月16日付『日本海新聞』）[56]のをはじめとして、鳥取県は島根県と提携して竹島問題や漁業問題に取り組む姿勢を転換させていった。2007年11月30日、鳥取県は「竹島問題をきっかけに2005年3月以来中断していた」韓国江原道との交流事業が再開されることを発表した[57]（2007年12月1日付『日本海新聞』）。この1カ月前に行われて交流再開を打ち出し

────────────

[55]　平成18年度「鳥取・島根両県知事会議議事録」。

[56]　同日付同紙には「鳥取県の「竹島の日」制定の陳情の採択をめぐって、韓国からの抗議メールが15日午前8時23分から37分までのわずか14分間に県広報課などに1184通寄せられた」とある。

第Ⅱ部　竹島問題と日韓関係

た平井伸治鳥取県知事と金振犿江原道知事の会談について，「在日本大韓民国
民団県地方本部の薛幸夫団長は『地域間交流では領土問題に言及しないという
ことを確認し，交流再開の下地ができた』」と評価した（2007年10月31日付『日
本海新聞』）。「片山県政時代からの『負の遺産』が清算に向けて動いたことは素
直に喜びたい」という声も掲載された（同前「記者の手帳」）。2月22日に島根県
が主催して開催する「竹島の日」記念式典に，2008年の第3回以降鳥取県の来
賓は出席していない。

　鳥取県公式ホームページ中の「県民の声」に「島根県の隣の県として鳥取県
の姿勢，考えを教えてください」という質問に対する2013年3月11日付回答が
ある。「本県は，竹島が歴史的にも国際法上も我が国固有の領土であるという
日本政府の立場と見解を同じくしています。」ただし「領土問題は外交を所管
する国が責任を持って，国家間において平和的に解決すべき問題であると考え
ています。このため，島根県が独自に竹島に関する調査研究を行われたり，
『竹島の日』を定められ，記念行事を実施されたりしていることは承知してい
ますが，特段，連携を取ることはしていません。」という鳥取県の方針が示さ
れている。

　2012年10月5日の鳥取県議会9月定例会では，「鳥取県は，竹島問題は当事
者であるにもかかわらず，米子～ソウル便や韓国との交流を維持したいためか
はわかりませんが，竹島の教育を避けていると申しますか，島根県ほど熱心に
教えておりません。私は，鳥取県でも島根県と同様に竹島についての教育をす
べきだと考えますが，教育長の御見解を伺います。また，竹島問題や拉致問題

⒄　1994年11月7日に鳥取県は韓国江原道と友好提携を結んで以来交流事業を行ってきた。
　　1989年10月6日に島根県も慶尚北道と友好提携を結んでいたが，「竹島の日」条例制定以
　　後，交流事業は行われていない。なお，1967年の島根県日韓親善協会発足以降の島根県の
　　交流事業を整理した立脇祐十『島根県日韓親善の二十年』（島根県日韓親善協会連合会，
　　1989年7月，松江）や同『島根県日韓親善の三十年』（島根県日韓親善協会連合会，1998
　　年7月，松江）には竹島問題の記述はいっさいない。

⒅　在日本大韓民国民団鳥取県地方本部は同年2月24日に「竹島の日」に合わせて池内敏名古
　　屋大学教授を講師に講座「竹島考――近世日本の西北境界」を開催した。池内氏は「江戸
　　時代の日本と朝鮮はいずれも，竹島を領有の認識対象から外していた史実を強調。領有権
　　を問う来場者の質問に対し，『日本側も韓国側も主張に根拠がない。そのことを認識し，
　　お互いにもっと譲歩できないものか』と述べた」（2007年2月25日付『日本海新聞』）。

338

等でも隣県の島根県ともっと手を結んで協力して対処していくべきと考えますが，この点でも知事の御認識を求めます。」という質問があった。[59]

これに対して平井知事は，「友好関係を見直すべきではないかとか，あるいは経済的な関係を断つべきではないかと，こういうようなお話があるわけでありますが，私は今の時代の流れにむしろ逆行しているのではないかと思います。今さら日本が鎖国をしてどうするという感じがいたします。むしろ，これから謙虚に，経済的にも世界の第3位という地位になりました。アジア地域の中でどうやって生きていくのか，非常に難しい外交情勢ではございますけれども，それと両立をさせながら経済的，文化的なつながりというのをつくっていくこともまた現場の務めではないかというふうに考えております。」と答弁した。

2014年2月25日付『朝鮮日報』（ソウル）※に「島根県に隣接する鳥取県もまた，独島を狙っているかのような姿勢を見せてきた。2005年，隣県につられるかのように『竹島は日本の領土』と主張したが，姉妹提携している江原道との交流や，アシアナ航空の（米子空港への）運航が中止に追い込まれる危機に直面したことで，2年後に軌道修正した。」という記事が掲載された（「在日社会は自立して韓国人学校を増やすべし」）。平井鳥取県知事は外交問題（竹島問題も含むと思われる）への取組みと「友好関係」の発展を両立させると述べた。しかし，韓国の働きかけにより鳥取県は竹島問題の取組みよりも韓国との「経済的，文化的なつながり」を維持することを選んだと，この記事を書いた韓国人記者は見ている。

9　山陰の漁業者と韓国

沖合底曳網漁業に関して，島根県（浜田）と鳥取県では漁法・漁場・漁種に差異があり，その差異が韓国との関係の違いに反映した。「李承晩ライン侵犯」

---

(59)　谷村悠介議員の質問。「鳥取県は，竹島問題は当事者である」という発言は，17世紀の米子の大谷・村川両家の活動や1904年の「りやんこ島領土編入并ニ貸下願」を提出した中井養三郎が鳥取県出身であったこと，そして1970年代の竹島近海での鳥取のイカ釣漁船の活動，さらには暫定水域の問題を指すと思われる。

第Ⅱ部　竹島問題と日韓関係

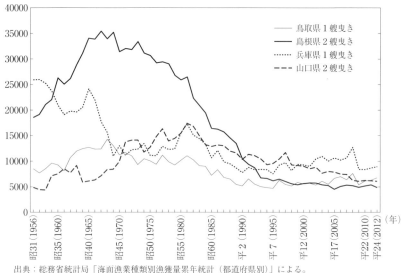

図9-6　沖合底曳網漁業の漁獲量推移

　を理由とした韓国の日本漁船拿捕の被害にあったのは両県ともほぼすべてが沖合底曳網漁船であったが，島根県漁船の拿捕被害は鳥取県のそれよりも大きい。そして，下関をはじめとして県外に移住して漁業に従事し，拿捕の被害にあった島根県出身の漁業者がいた。県の内外を問わず，韓国に苦しめられた「苦い記憶」は2005年の島根県の「竹島の日」条例制定にも影響した。

　「竹島の日」条例制定およびそれ以降の動きでわかるように，島根県は竹島問題解決を当事者として訴えてきた。一方，「竹島の日」条例制定の背景となった新日韓漁業協定における漁業問題，とりわけ沖合底曳網漁業では鳥取県の方が問題は深刻という「ねじれ」がある。にもかかわらず，鳥取県は「竹島の日」条例制定後に示した竹島問題や漁業問題の解決のために島根県と連携する動きを転換させて今に至っている。このようなもう一つの「ねじれ」が観察されるのである。

第10章

竹島問題と日韓会談

本章では，竹島問題が日韓会談でどのように取り扱われたかを検討する。竹島問題は1952年の日韓会談の開始とともに発生し，日韓会談の難航とともに対立は先鋭化し，そして日韓条約で解決されるべきところを未解決のまま残された。竹島問題と日韓会談の経緯とは密接な関係がある。

1　韓国による拿捕と竹島

李承晩ライン侵犯を理由とする韓国による日本漁船拿捕の問題と竹島問題とを混同した言説がある。

例えば，「独島のせいで日本の漁民までが射殺され，韓国が日本の漁船を拿捕し，さらに返還しない場合もあった」（朴裕河『和解のために——教科書・慰安婦・靖国・独島』〔平凡社，2006年11月，東京〕194頁）とあるが，これは誤解を与える恐れがある。竹島では海上保安庁巡視船に対して1953年と翌1954年に銃撃・砲撃事件が起きたが，幸いにも死傷者はなかった。「図2‐6　韓国被拿捕襲撃図」（73頁）で示したように，日韓漁業問題において拿捕が頻発した「問題の海域」とは竹島周辺ではなかった。島根県の漁業者の拿捕も竹島周辺で起こったのではないことは第9章でも述べた通りである。竹島で日本漁船の大量拿捕があったかのような言説は事実ではない。

内藤正中・金柄烈『史的検証 竹島・独島』（岩波書店，2007年4月，東京）では，日韓漁業交渉で問題となったのは「日本海の水産資源」とされている（115頁）。「日韓会談において，日韓両国はそれぞれの立場から竹島／独島領有についての主張を展開した。ただ，領土問題としてではなく，主として漁業権

341

第Ⅱ部　竹島問題と日韓関係

に関する分科会でこの問題は論議された」（秋月望「日韓領土問題再考——竹島／独島」〔『明治学院論叢，国際学研究』16，明治学院大学国際学部，1997年3月，東京〕112頁）。また，「（1965年の——筆者補注）日韓漁業協定は，『両国が共通の関心を有する水域における漁業資源の最大の持続的生産性が維持されるべきことを希望し』結ばれるものであった。共通の関心を有する水域とは，当然ながらリアンクール岩（竹島——筆者補注）の周辺水域である」（大西俊輝『日本海と竹島——日韓領土問題』〔東洋出版，2003年1月，東京〕113頁）。これらも誤りである。本書第8章で示したように，1960年代の竹島がもたらす年間漁獲高は李承晩ライン水域全体の日本の漁獲高の100分の1以下にすぎなかった。第4章と第5章で検討したように，水深が深く底曳網漁業の好漁場ではない竹島周辺水域での漁業が日韓会談の漁業交渉の論点になったことはなかった。日韓漁業協定前文の「共通の関心を有する水域」とは主として，東シナ海・黄海とりわけ済州島周辺から対馬にかけての漁場であった。[2]

　以上のように漁業問題と竹島問題を混同した言説は多い。竹島の漁業権を持つ隠岐の人々にとってはそうではないにせよ，日本全体の視点からすれば，1960年代までの漁業問題と竹島問題は，現在のように絡まってはいなかった。また，島根県が竹島問題に向かい合ってきたという先入観からか，韓国による日本漁船拿捕について島根県の被害を過大に評価している次のような言説もある。

---

(1)　例えば2006年4月20日付『朝日新聞（大阪本社版）』社説「お互いに頭を冷やせ」には「かつて周辺で操業する日本漁船を多数，拿捕したこともある」という記述がある。この社説は，同年4月に起きた，竹島周辺海域での海底地形調査をめぐる日韓の対立に関するものであった。また，「竹島はなぜ韓国に実効支配されてしまったのか」（『週刊ポスト』42-40，小学館，2010年10月，東京）では，1953年前後から韓国は「竹島近海で操業している日本漁船に対して，銃撃や拿捕を繰り返すようになった」とし，その例として1954年2月4日に済州島西方で起きた第1大邦丸への銃撃および同船の漁労長射殺事件を取り上げている（52頁）。2013年12月27日付『朝日新聞（大阪本社版）』には「竹島を奪い，周辺で漁民を殺した」という「情報」に「嫌韓」意識を高めた女性が紹介されている（「冬ソナ10年　増幅やまぬ嫌韓」）。

(2)　韓国は「1965年の協定においては独島が韓国の領土と認知されなかったにせよ韓国の実効支配に有利な立場を堅持した」（「海洋をめぐる日韓関係50年」〔『日韓関係史 1965-2015 Ⅰ 政治』東京大学出版会，2015年6月，東京〕393頁）という趙胤修の評価は，竹島への言及のない日韓漁業協定の条文や同論文の記述から見て，その根拠が不明である。

342

私は島根県に行ったときに，李承晩ラインが引かれてからの島根県では，三十何隻かの船が抑留されて3900名でしたかが抑留されたと聞きました。その当時は，韓国人も食べ物がなくて大変苦労していたのですが，収容所に入れられた日本人は貧弱な食べ物しか与えられず，とてもひもじい思いをしたそうです。抑留体験のある方が，海草がたくさん入ったわずかなご飯で三年も四年も抑留されたと言われていました。年輩の島根の人たちには，李承晩ラインという言葉はとても恐ろしく聞こえるそうです。

（井沢元彦・呉善花『困った隣人韓国の急所』〔祥伝社新書，2013年2月，東京〕190～191頁）

　収容所の待遇の劣悪さ，特に食事の貧弱さはこの引用文の通りである。しかし抑留された漁船や漁船員の数字は誤りである。韓国によって拿捕された日本漁船計327隻のうち島根県管轄として拿捕の被害を補償したのは11隻であり，全体の一割にも満たない。被拿捕漁船の多かったのは，以西底曳漁業や旋網漁業そして延縄漁業の基地であった長崎・福岡・山口3県であった。

　もちろん，竹島近海での日本漁船の大量拿捕がなかったからといって，韓国が責任を免れるわけではない。例えば，1954年8月23日の銃撃事件では，巡視船「おき」は竹島に南側から700ｍに接近した時に警告なしに機銃掃射を浴びた。約400発の銃弾は「おき」の船橋をねらっていた（「おき」に乗船して勤務していた兵庫仁志の証言（『海上保安庁の思い出』（海上保安協会，1979年5月，東京）176頁））。海上保安官に犠牲者が出なかったのが偶然にすぎない。韓国の不法占拠によって日本人が竹島での漁業権を行使できなくなったのは事実であり，韓国の暴力によって日本の財産が奪われた点で，日本漁船拿捕問題と竹島問題とは，同一の問題であるという印象を持つ日本人は多い。

2　竹島問題の論議

　島根県では，県議会が1962年3月30日に「竹島の領土権確保に関する決議」を行い，翌1963年からは「竹島の領土権確保」を求めて毎年国に要望を行うよ

第Ⅱ部　竹島問題と日韓関係

うになった。1962年に日韓会談で竹島問題の論議が行われたことと関係すると
思われる。

　1962年 2 月22日に行われた小坂善太郎外務大臣と金 鍾 泌中央情報部長の会
談で，小坂外務大臣は「独島問題を国際司法裁判所に提訴して韓国側がこれに
応訴することを望む」と述べた。国際司法裁判所の裁判が，原則として両当事
国の同意による付託，あるいは原告の訴えに対して被告が同意した場合に開始
されることに対応したものであった。これに対して金部長は，「別に実質的な
価値のない島の問題を日本がそのように大きくする必要はない」と答えた。

　同年 3 月12日の小坂外務大臣と崔徳新外務部長官の会談では，小坂外相は
「両国が第三者である国際司法裁判所でこの問題を双方から提訴するなり，ま
たは日本が提訴すれば貴国が応訴するという形式でこの問題を処理し」たい。
「懸案問題が解決しても領土問題が解決しなければ国交正常化は無意味だ」と
訴えた。しかし，崔長官は「国交が正常化された以後にも両国がこの問題を外
交経路を通じて交渉することもできるのだから，今はもっと重大な問題の討議
を始めること」にしたいと反対した。「もっと重大な問題」とは，具体的な補
償金額の算定方法で行き詰っていた請求権問題であろう。

　崔長官は，「日本側において終戦後，朝鮮動乱の最中でもこの問題を提起さ
れたことはなく，この問題で両国関係が緊迫したことはなかったのに，話合い
の最期たるこの席において提起されたのは意外であり，失礼であるが，そうい

⑶　「（資料）戦後（昭和期）における島根県の竹島問題への取り組み等について」（『第 2 期島
　根県竹島問題研究会 中間報告書』島根県，2011年 2 月，松江）120頁。
⑷　1962年の日本政府による竹島問題に関する口上書送付や抗議は 3 回を数えた。1953年の 6
　回，1954年の 9 回に対して1955年以降は年 1 ～ 2 回程度に日本の抗議はとどまっていたが，
　1962年は回数が増え，内容も具体的であったことは，日韓間の論議の活発化と関係してい
　ると考えられる（『時の法令別冊 日韓条約と国内法の解説』〔大蔵省印刷局，1966年 3 月，
　東京〕223～228頁）。
⑸　韓国側公開文書「第 6 次韓日会談 第 1 次政治会談 東京 1962.3.12-17，第 2 巻（v.1 予
　備交渉 1962.1-3）」※181頁。「金鍾泌韓国中央情報部長の来日」（日本側公開文書 第 6 次
　公開 開示決定番号1165 文書番号1821。以下「日 6-1165-1821」のように略記する）には
　この会談は記録されていない。
⑹　韓国側公開文書「第 6 次韓日会談 第 1 次政治会談 東京 1962.3.12-17，第 2 巻（v.2 崔
　徳新―小坂外相会談 1962.3.12-17）」※401～409頁。

344

第10章　竹島問題と日韓会談

うことは折角よくなっている雰囲気を妨害する」と述べた。日本は竹島問題に関する口上書を1952年以来韓国に毎年送付しているので崔長官の発言は誤りであり、竹島問題への韓国側の対応の準備が不十分であったことを示している。崔長官はまた「1945年以降韓国の領土権、行政権がすでにこの島に及んでおり、その間長い時日が経過している。韓国の手中にあるものに対して他の国があれこれいうのは納得しがたい。国際司法裁判所への提訴に応ずることは、韓国政府に国民に対する責任を負わせることになり、韓国民はこれに対して政府が重大な過ちをおかしたと指摘することになるであろう」と述べ、竹島不法占拠の既成事実化と韓国世論への対応の難しさを日本に認めさせようとした。韓国は竹島を不法占拠しているのであって「領土権、行政権」を及ぼしているという崔長官の発言は誤りである。また、1945年以降日本人は竹島に接近できなくなったが、同時に韓国が「領土権、行政権」を及ぼしたわけではない。そして、領有権紛争においては紛争が発生した時点（竹島問題では1952年）以後にことさらに実行された行為は領有権主張の根拠にはならない。小坂外相は3月17日の外相会談でも崔徳新外務部長官に同様の提案をしようとしたが、「時間がない」と打ち切られた。

　1962年9月3日の第6次日韓会談予備交渉第4回首席会合で日本側は、国交正常化と同時の竹島問題の国際司法裁判所提訴を提案したが、「重要でもない島なので韓日会談の議題でもない。だから国交正常化後に討議」したいと韓国側は拒否した。同年10月20日の大平正芳外務大臣・金鍾泌韓国中央情報部長の会談で大平外相は、日本が竹島問題を国際司法裁判所に提訴し韓国が応訴することを提案した。金部長は「本件は国交正常化後に徐々に時間をかけて解決す

---

(7)　「日韓政治折衝第1回会談記録」（日 6-1135-719）。

(8)　前掲註(6)「第6次韓日会談 第1次政治会談 東京 1962.3.12-17, 第2巻」511, 530頁。

(9)　韓国側公開文書「第6次韓日会談 第2次政治会談予備折衝：本会議 1—65次 1962.8.21 -64.2.6, 全5巻（v. 2 4-21次 1962.9.3-12.26）」※25頁。この時伊関祐二郎外務省アジア局長が「事実上において独島は無価値な島だ、そこは『日比谷公園』程度で爆破でもしてなくしてしまえば問題はなくなる」と発言した。ただし、この発言は日本側公開文書（「日韓予備交渉第4回会合記録」〔日 6-858-650〕）には記録されていない。一方、同年10月22日の池田首相と金鍾泌部長の会談で、金部長は「問題の禍根を絶つためこの島を爆破してしまうことを述べた」（「池田総理、金鍾泌韓国中央情報部長会談要旨」〔日 6-1165-1825〕）。この発言は韓国側公開文書には記録されていない（「金鍾泌特使日本訪問、1962. 10-11」※115～139頁）。

345

第Ⅱ部　竹島問題と日韓関係

るのが賢明である」と答えて拒否した。1962年10月22日の池田勇人総理大臣と金鍾泌部長の会談で，金部長が竹島問題を「国交正常化後まで放置しおきたる上ゆっくり解決すればよい」と述べたのに対し，池田首相は「本件を国交正常化の際に国際司法裁判所に付託する旨の合意が成立していることが絶対に必要」であると強調した。

　1962年11月12日の大平正芳外務大臣・金鍾泌韓国中央情報部長の会談で大平外相は，国交正常化後に竹島問題の国際司法裁判所への提訴に応じることを求めた。この時「提訴から判決まで少なくとも2年内外はかかるので竹島に関する判決が下るのも，国交正常化後相当経過してからとなるわけであり，差し当り双方の国民感情を刺激するおそれはない」と，日本は韓国の世論への配慮の姿勢を見せた。

　金部長は応訴を拒否したものの，竹島問題を「第三国の調停に任せるのはどうだろうか」と提案した。大平外相は「考慮する価値がある案だとしながら第三国としては米国を指摘して研究してみる」と述べた。韓国公開文書には続けて「金部長の意図は国際司法裁判所提訴のための日本側の強力な要求をそらし，事実上独島問題を未解決状態に置く作戦上の対案として示唆したと考えられる」という駐日韓国代表部の説明がある。また金部長の「真意は本問題の是非を決定して解決することに目的があったのではなく，日本側が国際司法裁判所への提訴を強硬かつ執拗に主張してきており，できるだけ現状維持を目論んで独島に対するわが国の領有権を既成事実化することにあったものと考えられる」という駐日韓国代表部の同年12月11日付の説明も残っている。金部長の提案は韓国の竹島不法占拠を既成事実化する時間稼ぎであったにせよ，日本側の度重なる要請に押されて，竹島に関して領土問題はないと言い続ける韓国が，

───────
⑽　前掲註⑼「金鍾泌特使日本訪問，1962.10-11」97頁。大平外相が金部長に手渡したメモの一部である。

⑾　前掲註⑼「池田総理，金鍾泌韓国中央情報部長会談要旨」。

⑿　「日韓国交正常化交渉の記録　竹島問題」（日 6-1159-910）。

⒀　前掲註⑼「金鍾泌特使日本訪問，1962.10-11」166頁。前掲註⑿「日韓国交正常化交渉の記録　竹島問題」。

⒁　「韓日会談に関する日本側の基本立場に対する代表部の意見」※（前掲註⑼「第6次韓日会談　第2次政治会談予備折衝：本会議 1-65次 1962.8.21-64.2.6，全5巻（v. 2）」）305頁。

第10章　竹島問題と日韓会談

領土問題があることを前提とした提案を行った事実は記録されるべきである。

　この提案に対して，1962年12月10日に，日本側は「金部長が提案された第三国の調停に任すという考えは，本件の円満解決に対する韓国側の歩み寄りの努力の現れとして，日本側としても多とするところであるが，他方，調停に任すというだけでは，調停がいつまでも成り立たず現状が継続するおそれがあるとの日本国民の不安を解消することができないので，いわば両国の主張を折衷した形で(1)国交正常化後例えば1年間日韓双方の合意する調停機関による調停に付し，これにより問題が解決しない場合には，(2)本問題を国際司法裁判所に付託するとするのが最も適当と考える」という，日韓の主張を「足して二で割る」式の逆提案を日本は行った。[15]

　1962年12月21日の第6次日韓会談予備交渉第20回首席会合で，韓国側は「第三国による居中調停（Mediation）という方法以外に格別の方法はないと考える」とこれを拒否した。[16]韓国側公開文書によれば，同年12月26日の第21回首席

────────────

[15]　「韓日会談に関する日本側の基本立場に関する文書送達」（前掲註(9)「第6次韓日会談　第2次政治会談予備折衝：本会議 1-65次 1962.8.21-64.2.6，全5巻（v. 2）」）295頁。

[16]　前掲註(9)「第6次韓日会談　第2次政治会談予備折衝：本会議 1-65次 1962.8.21-64.2.6，全5巻（v. 2）」409頁。金鍾泌の提案では「調停」であったものがここでは「居中調停」に変わっている。同文書には，「金部長が大平外相に示唆した方案は国際法上の居中調停（仲介 Meditation）であるが，日本側案によれば日本側は『調停機関』による調停すなわち国際法上の狭義の調停（Conciliation）を構想しているものと見られる。金部長が示唆した方案に対する解釈上の差違があり，Conciliation は Meditation よりも調停効果が強力なので，現段階で我が方は「調停機関」による調停は同意することが難しい」という駐日代表部の説明がある（305頁）。国際法学会編『国際関係法辞典 第2版』（三省堂，2005年9月，東京）によれば，「仲介（Meditation）」とは「国際紛争の平和的処理のための手段の一つで，紛争当事国の外にある第三者が当事国の間に立って，相対立する双方の主張を近づけたり，妥協を引き出す努力をし，また問題解決のための自らの提案を行う等，交渉の進展を積極的に助けることをいう。古くは『居中調停』と呼ばれたこともあるが，この用語は最近ではほとんど使用されない」「仲介者の提示する提案等は，勧告であり，当事国を拘束しない。」とあり，一方「調停（Conciliation）」とは「国家間のすべての紛争について当事国の信頼と合意に基づいて設置された国際調停委員会が，紛争の全局面に関して公平な審理を行い，紛争当事国が受諾できるような解決条件を提示することによって紛争の解決を図る制度である」「調停報告書は，当事国に対して勧告的な性質をもつにすぎないが，報告書に示された調停条件は当事国に受諾されることが多い。」とある。金鍾泌の提案は，「調停」を「仲介」にすりかえたことを見ても，韓国政府内の厳密な論議を経た結果行われたものではないことがわかる。

347

第Ⅱ部　竹島問題と日韓関係

会合で日本側は再度提案したが，1963年1月23日の第23回首席会合で韓国側は再度拒否した。このように，竹島問題の国際司法裁判所付託を拒否する韓国の頑なな姿勢は変わらなかった。日本は「交渉の最終段階において，高度の政治的判断によって円満解決をはかる」方針に転換せざるをえなかった[17]。

　駐日韓国代表部の作成した1962年12月11日付の説明にはまた，韓国が竹島問題の国際司法裁判所合意付託を拒絶する理由が，次のように列挙されている（305～306頁）。

①日本側が第二次金・大平会談で金部長に手交した文書にも書いてあったように，国際司法裁判所での争いは最大二年以内には黒白がつくこと。

②現在の国際司法裁判所の構成を見ると，日本は田中（前最高裁長官）が判事として選出されており，彼の影響力が相当なものであることが予想され，事件内容の長短にかかわらずその雰囲気においてまず我が方に不利であること。

③国際司法裁判所規定第41条には争訟当事者の権利を保全するための仮処分に冠する規定があり，日本側はこれを援用して判決前でも我が方の独島上の施設および警備員を撤去させる処置をとることができること。

④特に我が方に政治的に重大な影響を与える結果を招来するかもしれないのは，規定第62条に利害関係を持つと認定された国家は裁判への参加を要請できるが，北韓傀儡（北朝鮮――筆者補注）がこれを援用して我が方の立場を苦しくさせる可能性がなくはないこと。

⑤したがって現段階で国際司法裁判所提訴に対する言質を与えるのは非常に危険である。

---

[17]　「外相会談における日本側発言内容（漁業問題以外）38.7.25 アジア局」（日6-1101-1717）。韓国側公開文書には，1963年9月26日の第6次会談予備交渉第50回会合で日本側が「他の懸案問題を解決すれば独島問題は政治的に妥結の方策が発見される」と述べたとある（韓国側公開文書「第6次韓日会談 第2次政治会談予備折衝：本会議，1-65次1962.8.21-64.2.6 全5巻（v.5 47-65次 1963.8.8-64.2.6）」80頁）。竹島問題解決のために他の諸懸案の論議を優先させる意思を示したものであろう。日本側公開文書にはこの記録はない。

③から，竹島不法占拠が一時的にでも中断されることを恐れていることがわかる。また，②から国際司法裁判所への不信感も感じられるが，①の決着すること自体を恐れる姿勢も合わせて，竹島領有に関する論争に自信がないのではないかという印象を与える。

3 「紛争の解決に関する交換公文」の作成

　1963年1月26日の参議院本会議で池田首相は，「竹島問題は，日韓国交正常化の前提に横たわる懸案でございます。したがいまして（略）国民の納得のいく解決を見なければ，正常化を期し得ないのであります」と述べていた。しかし，1965年の3月30日の参議院予算委員会で椎名悦三郎外務大臣は，竹島問題については「竹島問題を解決する的確なる方法をきめるということ以外にはないのでございまして，今日の場合においては，このめどをつけるということによって一括解決をはかりたいと，かように考えております」と述べた。韓国の頑なな姿勢の前に，竹島問題を「解決」するという約束が，「解決の目途」をつけることに変わっていった。

　1965年3月24日の佐藤栄作首相・李東元外務部長官会談で佐藤首相は，「竹島については，現在決まらないとして，いかなる方向にもって行くかさえはっきりさえすればよいのではないか」と述べ[18]，また，同日の外相会談でも椎名外相は日韓間の懸案解決後に「政治的見地に立って竹島問題解決の目途」をつけたいとして[19]，韓国に対応を求めた。同年4月3日，漁業問題・在日韓国人の待遇問題・請求権問題についての合意事項の調印式後，佐藤首相は李外務部長官に対して，「日韓間に話が残されたのは竹島問題だけであるところ，（略）国交正常化前に何としても解決の目途だけはつけるように致したい」と述べた[20]。

　1965年4月13日の第7次日韓会談首席代表第12回会合で，韓国側は「一時示唆した居中調停も韓国世論は受け入れることはできないと考えられるので，日

⒅　「佐藤・李会談要旨」（日 6-1136-736）。

⒆　「日韓外相会談第1回会合記録」（日 6-1136-729）。

⒇　「佐藤・李会談要旨」（日 6-1136-737）。

349

第Ⅱ部　竹島問題と日韓関係

本政府もこの点を慎重に考慮して」竹島問題の解決策を研究して欲しいと述べ
た[21]。

　1965年6月5～8日，箱根漁業会談の際に韓国側は，「竹島問題のタブーは
一つは竹島の字句を条約面にだすこと，一つは国際司法裁判所であると述べ
た[22]」。同年6月1日付の椎名外相の李東元外務部長官宛書簡に，「日韓会談の最
終妥結までには少なくともその解決の途だけはたてておく必要がある」とあっ
たことへの対応であろう[23]。さらに，同月17あるいは18日に延河亀韓国政府外務
部亜州局長は後宮虎郎外務省アジア局長に「『二つのタブー』でも不十分」で
あると日本側に伝えた[24]。日韓条約調印を目前にして，「紛争の解決に関する交
換公文」（以下「交換公文」と略記）の作成作業に圧力を加えようとする意図が
見える。

　次の表は，交換公文の作成作業に関する日韓両国の公開文書の記録を対比し
たものである（下線は筆者による）。作成作業は1965年6月17日から東京で始ま
り，牛場信彦外務審議官（次席代表），後宮外務省アジア局長，金東祚駐日代表
部代表（首席代表），延河亀亜州局長によって進められた。李東元外務部長官は
同年6月20日に来日し，翌21日の椎名外相との会談で交換公文の文案を協議し
ている。協議は21日夜にも行われ，22日午前の外相会談や，さらには22日午後
5時の日韓条約調印直前まで，李長官が佐藤首相に文言や解釈の変更を懇請し
続けたことがわかる。

日本側公開文書[25]	韓国側公開文書[26]
6月17日の討議	6月17日の討議
日本側が「紛争解決に関する議定書（案）」を提示。	6月17日午後6時19分付の首席代表から外務部長官宛の電文に「日本国と大韓民国との紛争解

---

(21)　韓国側公開文書「第7次韓日会談 本会議および首席代表会談 1964-65」309～310頁。日
　　　本側公開文書では，国際司法裁判所付託も韓国世論は受け入れないと韓国側は述べたとし
　　　ている（「高杉・金日韓首席代表第12回会合」〔日 6-1146-1429〕）。
(22)　「日韓国交正常化交渉の記録 竹島問題」（日 6-1159-910）。
(23)　「椎名大臣より李長官宛の書簡」（日 6-1141-1452）。
(24)　前掲註(12)「日韓国交正常化交渉の記録 竹島問題」。
(25)　前掲註(12)「日韓国交正常化交渉の記録 竹島問題」。
(26)　韓国側公開文書「第7次韓日会談 本会議および首席代表会談 1964-65」・「李東元外務部
　　　長官日本訪問 1965」。

第**10**章　竹島問題と日韓会談

「第1条　両締約国間のすべての紛争は，本日署名されたすべての条約または協定の解釈または実施に関する紛争及び竹島に対する主権に関する紛争を含めて，まず外交上の経路を通じて解決を図るものとする。」「第2条　第1条の規定に従って解決できなかった紛争は，他の平和的方法による解決が両締約国の政府の間において合意されない限り，（略）仲裁委員会に決定のために付託されるものとする。」「第4条2　両締約国の政府は，（略）仲裁委員会の決定に服するものとする。」
韓国側は「竹島を特記することと仲裁裁定に拘束力を付することに反対」。
韓国側も「交換公文（案）」を提示。
「両国政府は，別に規定がある場合を除き，両国間の紛争であって外交上の経路を通じて解決することができなかったものは，両国政府が合意する第三国による調停によってその解決を図るものとする。」

| 6月18日の討議 |

日本側は「日韓両国間の紛争の解決に関する交換公文（案）」を提示。
「1　両国間のすべての紛争はまず外交上の経路を通じて解決するものとする。」「2　1の規定により解決できなかった紛争は，（略）仲裁委員会に決定のために付託するものとする。」「4　両国政府は，（略）仲裁委員会の決定に服するものとする。」

| 6月21日の第1回外相会談 |

日本側は「交換公文案」を提示。
「両国間の紛争は，別段の規定がある場合を除くほか，先ず外交上の経路を通じて解決するものとし，これにより解決することができなかったものは，両国政府が合意する手続きに従って仲裁に付託することにより解決する。」
李東元外務部長官は一日の猶予を要求。

| 6月21日夜の討議 |

韓国側は，「『仲裁[27]』は絶対にのめず『調停』が精々であること，「両国間の紛争」を「両国間に生じる紛争」として，「紛争」が竹島問題を除いたものを意味するよう提案。

決に関する議定書（案）」はあるが，討議の記録なし。

6月18日午前6時45分付の首席代表から外務部長官宛の電文に，「交換公文案」（日本側公開文書にある6月17日の討議に出されたものと同一）を同日午前4時に日本側に送付したとの報告あり。

| 6月18日の討議 |

6月19日午前0時36分付の首席代表から外務部長官宛の電文に，6月18日の討議での日本側の「紛争解決に関する交換公文（案）」はあるが，討議の記録なし。
6月19日午後5時4分付の駐日代表部代表から外務部長官への電文では，「独島問題を必ず処理する」という固い日本側の姿勢への政府の打開策の指示を求めている。

| 6月21日の第1回韓外相会談 |

討議の記録なし。

| 6月21日夜の討議 |

討議の記録なし。

---

[27]　「仲裁裁判（arbitration）」は「特定の紛争に関して紛争当事国が設置した特別な裁判所が当事国の指示に従って実施する裁判」であり，決定は拘束力を有する（前掲註[16]『国際関係法辞典　第2版』）。

351

第Ⅱ部　竹島問題と日韓関係

6月22日午前の第2回外相会談	6月22日午前の第2回外相会談
日本側は「基本関係に関する条約付属交換公文案」を提示。 「両国間の紛争は，まず，外交上の経路を通じて解決するものとし，これにより解決することのできなかったものは，別段の合意がある場合を除くほか，両国政府が合意する手続に従って調停または仲裁によって解決するものとする。」 日本側は「両国間の紛争」を「両国間に生じる紛争」とすることは拒否。「仲裁」を落として「調停」のみにすることはやむをえないと述べる。	討議の記録なし。 6月22日午前4時1分付の外務部長官と駐日代表部代表から国務総理への電文は次の通り。 1．韓日両国外相間で交換された公文の了解事項の文案は次の通りである。これ以上の文案作成はほとんど不可能な状態なので許諾されるよう懇請します。 「ほかに規定がある場合を除いて，両国間の紛争はまず外交上の経路を通じて解決するものとし，これによって解決できない場合には，両国政府が合意する調停手続きまたは仲裁手続きによってその解決を図るものとする。」 2．(「独島という語句の削除」と「決定に対する服従義務を完全に解消させた」ことにより——筆者補註) 我が国の合意がない限り，仲裁手続きはもちろん調停手続きも踏むことはできなくなったのであり，独島問題の解決は実質的に我が方の合意がなければ永遠に未解決の問題として残ることになる。
6月22日午後4時15分からの佐藤・李会談	6月22日午後4時15分からの佐藤・李会談
李長官は佐藤首相に，「両国間の紛争」を「両国間に生じる紛争」として，「紛争」が竹島問題を除いたものを意味するよう要請。佐藤首相は「いままでの日本側の案ですら，自分の予想を超えた譲歩であるので，自分としては不満であるが，大局的見地からこれを承認することにした実情であるので，これ以上の譲歩は不可能である」と述べて拒絶[28]。 李長官は「われわれの命に係わる」ことなので，「韓国側代表団が帰国後，本件了解には竹島が含まれないとの趣旨を言明することがあっても日本側からは公式には直ちに反論を行わないでほしい」「尤も，日本で後日，国会で竹島を含む旨の発言を差控えることまでお願いするつもりはない」と懇請，「総理は了承する旨答えられた」。 「紛争の解決に関する交換公文」	討議の記録なし。 6月22日午後6時31分付の外務部長官から長官への電文で交換公文の全文を報告。 6月22日午後9時58分付の外務部長官と駐日代表部代表から国務総理への電文は次の通り 1．本日22日17時，予定通り韓日間の諸懸案に本調印を完了しました。 2．独島問題は，すでに報告したように，椎名外相との第2次会談(本日11時～13時15分)で，独島は我が国の固有の領土という我々の立場を引き続いて貫徹させる，次のような，紛争の平和的処理に関する了解文案の合意に成功し，次の交換公文形式で相互に交換しました。 「両国政府は，別途の合意がある場合を除いては，両国間の紛争はまず外交上の経路を通じて解決するものとし，これによって解決できない

(28) この部分に関する日本側の記録としては，後宮外務省アジア局長の「韓国の李東元外相は条約調印の二時間くらい前に行われた佐藤総理との表敬会談の際にもなお，右の『すべての紛争』のなかに竹島紛争は含まれないように読み得る修正案を提案して粘ったのであるが，佐藤首相はこの『両国間のすべての紛争』という字句は日本政府としてぎりぎりの線なる旨説得に努め，調印一時間前に最終的にこの字句が確定した因縁がある」という証言がある(「『天の時』を待ってじっくり交渉を——竹島領土権問題を考える」〔『世界週報』59-38，時事通信社，1978年9月，東京〕25頁)。

「両国政府は，別段の合意がある場合を除くほか，両国間の紛争は，まず，外交上の経路を通じて解決するものとし，これにより解決することのできなかった場合は，両国政府が合意する手続に従い，調停によって解決を図るものとする。」	場合は，両国政府が合意する手続きに従って，調停によって解決を図る。」 上記文案中「両国間の紛争」という語句には独島問題は含まれず，これは将来起こりうる紛争を意味するという我々の立場に対して，本日16時15分，佐藤内閣総理大臣との面談時，同総理大臣から口頭で保障を受けた。従って，日本政府は，我が政府が将来の問題だけを意味するという主張した場合，これに対して反駁したり異議を提起しないことを，また佐藤総理大臣から保障を受けました。従って，政府としては独島問題に関して従来の立場を何ら変更する必要はなく，引き続いて我々の立場を強く主張されることを望みます。

4 交換公文の解釈をめぐって

交換公文の「紛争」は竹島問題を意味しないことを日本は認めた，「独島に対する韓国の実効支配という現状を打開する方法が（略）閉ざされた」とする評価がある[29]。

この評価を検討するためには，6月22日午後9時58分付の李東元外務部長官と金東祚駐日大使から丁一権国務総理への電文中下線部の『「両国間の紛争」という語句には独島問題は含まれず，これは将来起こりうる紛争を意味するという我々の立場に対して，本日16時15分，佐藤内閣総理大臣との面談時，同総理大臣から口頭で保障を受けた。従って，日本政府は，我が政府が将来の問題だけを意味するという主張した場合，これに対して反駁したり異議を提起しないことを，また佐藤総理大臣から保障を受けました。」という部分を検討せねばならない。

交換公文中の「両国間の紛争」には竹島問題は含まれないことを佐藤首相が了承したのかを確認するために，日韓条約をめぐる日韓両国の国会審議を検討してみたい。日韓条約は韓国では1965年7月29日に開会された第6代韓国国会第52回国会で審議され，李長官は，交換公文中の「両国間の紛争」に竹島問題は含まれない，それを佐藤首相や椎名外相が保証した，と発言した。それは次

---

[29] 崔喜植「韓日会談における独島領有権問題」（『歴史としての日韓国交正常化 II』〔法政大学出版局，2011年2月，東京〕）426頁。

第Ⅱ部　竹島問題と日韓関係

の通りである。

Ⅰ　1965年8月5日の第5次韓日間条約と諸協定批准同意案審査特別委員会
　　独島は我々のもので，我々のものとして日本が了解して（いる──筆者
補註）。

Ⅱ　1965年8月9日の第8次韓日間条約と諸協定批准同意案審査特別委員会
　　（交換公文に──筆者補註）独島問題が包含されていないことは椎名外相
また日本の佐藤首相も了解した。

Ⅲ　1965年8月10日の第9次韓日間条約と諸協定批准同意案審査特別委員会
　　（交換公文は──筆者補註）どこまでも独島を含むものではなく今回調印
された韓日会談に対するすべての懸案問題に対して，万一紛争が発生した
時にはこれをどのように解決する（もので──筆者補註）もし佐藤政権では
ない違う政権が出てきて独島問題を持ち出して難癖をつけて問題になれば
（略）どのような結果になるかという心配を国民は持っていると思います。
（略）この交換公文を見ればこのようになっています。（略）まず両国政府
が合意しなければすべての問題は解決されません。（略）解決をすると法
的に規定したのではなく「図る」ということです。だから独島問題は「紛
争解決に関する交換公文」とは関係ありません。

Ⅳ　1965年8月14日の第12次本会議
　　調印の約40分前まで佐藤首相と私はこの問題について多少論議しました。
（略）日本の立場を破棄して我々の立場を受け容れない限りは調印するこ
とはできないと非常に強い立場を見せた後に，結局我々の立場が受け入れ
られて調印に至ったのであります。（略）今後日本の佐藤政権が代わって
（略）独島問題の約束を違えて交換公文によって国際的に解決しようとし
てもできない（略）なぜならば我々が合意しない限りどんな手続きもとる
ことができないからです。また（略）解決を「図る」とあります。「図る」
は法的術語ではありません。（略）今後何ら政治的な争いが起きないと断
定することはできませんが，この問題に対しては揺さぶられることのない
よう，釘を刺してきました。

第10章　竹島問題と日韓会談

ⅡとⅢ・Ⅳでは李長官の言い方は異なる。Ⅲ・Ⅳでは，交換公文中の「両国間の紛争」に竹島問題は含まれないことを佐藤首相や椎名外相が保証したとは直接述べていない。それよりも，佐藤政権後の日本の政権が交換公文の解釈を変えても韓国は動じる必要はない，なぜならば日本が竹島問題解決を提起してもそれには韓国の「合意」が必要であるし，「解決を図る」とあるのだから解決しなくてもよい。このような弁明に重点を置いている。

李長官の答弁は日本の新聞報道でも取り上げられることになり，日本の国会[30]では，1965年8月の第49回国会でこの件が取り上げられた。そして同年10月5日に内閣が日韓条約を第50回国会に提出して本格的な論議がはじまった。李長官の，(a)交換公文中の「両国間の紛争」に竹島問題は含まれない，(b)それを佐藤首相や椎名外相が保証したという発言は野党の質問材料となり，佐藤首相や椎名外相は，次のように繰り返しそれを否定した。

　i　1965年8月9日の参議院　予算委員会
　　　佐藤首相：(a)について否定。(b)について言及なし。
　　　椎名外相：(a)について否定。(b)について言及なし。
　ii　1965年8月10日の参議院　予算委員会
　　　佐藤首相：(a)について婉曲に否定。(b)について言及なし。
　　　椎名外相：(a)について婉曲に否定。(b)について否定。
　iii　1965年10月27日の衆議院　日本国と大韓民国との間の条約及び協定等に
　　　関する特別委員会
　　　佐藤首相：(a)について否定。(b)について否定。
　　　椎名外相：(a)について否定。(b)について否定。
　iv　1965年10月29日の衆議院　日本国と大韓民国との間の条約及び協定等に
　　　関する特別委員会

---

[30]　「竹島は韓国の領土　李長官が表明"日本も納得のはず"」（1965年8月6日付『朝日新聞〔東京本社版〕』夕刊）。「竹島紛争はない　李長官説明」（1965年10月28日付『朝日新聞〔東京本社版〕』）。「佐藤首相も了解　紛争解決「ノート」独島問題の除外」（1965年11月9日付『朝日新聞〔東京本社版〕』）。

355

第Ⅱ部　竹島問題と日韓関係

　　　佐藤首相：言及なし。

　　　椎名外相：(a)について否定。(b)について言及なし。

　ⅴ　1965年11月19日の参議院　本会議

　　　佐藤首相：(a)について否定。(b)について否定。

　　　椎名外相：(a)について否定。(b)について言及なし。

　ⅵ　1965年11月25日の参議院　日韓条約等特別委員会

　　　佐藤首相：言及なし。

　　　椎名外相：(a)について否定。(b)について言及なし。

　ⅶ　1965年11月26日の参議院　日韓条約等特別委員会

　　　佐藤首相：(a)について否定。(b)について否定。

　　　椎名外相：(a)について否定。(b)について言及なし。

　ⅷ　1965年11月27日の参議院　日韓条約等特別委員会

　　　佐藤首相：(a)について否定。(b)について否定。

　　　椎名外相：(a)について否定。(b)について言及なし。

　ⅸ　1965年12月2日の参議院　日韓条約等特別委員会

　　　佐藤首相：(a)について否定。(b)について否定。

　　　椎名外相：(a)について否定。(b)について言及なし。

　ⅹ　1965年12月22日の衆議院　予算委員会

　　　佐藤首相：言及なし。

　　　椎名外相：(a)について否定。(b)について言及なし。

実際には次のような答弁が行われた。一部抜粋する（下線は筆者〔藤井〕による）。

　ⅰ　1965年8月9日の参議院　予算委員会

　　　佐藤首相「<u>竹島につきましては，わがほうとしては，一貫してわが国の</u>領土であることを主張してまいりました。しかし韓国側はこれに応じないで，日韓間の紛争として残されております。したがって，<u>交換公文にいう</u><u>両国の紛争であることに間違いありません。</u>」

　　　椎名外相「たいていのほかの懸案問題は全部解決したのでありますが，

第10章　竹島問題と日韓会談

残っておるのは，この竹島問題以外に紛争問題はない。そこで，この竹島を除く日韓間の紛争問題ということを言わない以上は，竹島問題はこれであるなあということは，これはもう論理的にそこに帰着するわけです。竹島問題であるということは，もう明瞭なんです。」

ⅱ　1965年8月10日の参議院予算委員会

佐藤首相「韓国側におきましての説明等におきまして，これはよく聞いてみなければわかりませんことでございますが，あるいは不十分ではないだろうか，あるいは意を尽くしてないのじゃないだろうか，こういうようなこともございますが，こういう点は，いずれもっと事態が明らかになりまして—もちろんこれをこのままにしておくつもりはございません。」

椎名外相「とにかくわがほうは，竹島は日本の領土であると，韓国側は，これは韓国側の領土であると，こういうことを主張して両方とも譲らなかったのであります。事実はそのことだけでございまして，私は向こうの説に同意したというようなことはありません。」

ⅴ　1965年11月19日の参議院本会議

椎名外相「竹島と書いてない，これは御指摘のとおりでございますが，日韓間における紛争問題で，これほど長く，そうしてしかも深刻に取り扱われた紛争案件はないのであります。でありますから，紛争に関する交換公文において竹島を除くということが書いてない限りにおいては，これは竹島問題をまつ先に取り扱っておるということは，すでにこの交換公文の立案に協力した両方の当局がよく知っておるところでございます。ただ，独島なり竹島という名前を使わなかった。しかし，これはもう一番最大の紛争問題であるということを十分に念頭に置いて，かような交換公文ができたのでございますから，これは問題がございません。それの解決の方法は，申すまでもなく，通常の外交ルートによって解決できない場合には，双方の合意する方法によって調停にかける，こういうことになっておりますので，両国の友好的な雰囲気が十分に熟したのを見計らって，この問題の解決のために努力したい，かような考えでおるのでございます。」

ⅶ　1965年11月26日の参議院　日韓条約等特別委員会

357

第Ⅱ部　竹島問題と日韓関係

　　佐藤首相「私どもは竹島を放棄した覚えはございませんし，また韓国の
　主張を承認した覚えもございません。でありますから，このこともたびた
　び国会での審議を通じて明らかにいたしたのでありますが，韓国のほうで，
　あるいはこの竹島問題を韓国の主張どおりやらないならば，この日韓条約
　には調印しないのだ，こう言ってあるのだ，自分たちが調印をしたのだか
　ら，もう日本政府も百も承知なんだ，こういうような強弁は，どうしても
　この問題では成り立たないのであります。」

　　佐藤首相「竹島の問題について（略），韓国政府に対しては私どもは言
　質を与えてはおらない，これはもうはっきりいたしておりますし，またこ
　の国会でさようなことを申すのでありますから，これは皆さま方も安心し
　て，政府，総理はうそを言っていない，かように御信頼いただいていいこ
　とだと，またいただかなければならないことだと，かように思います。」

viii　1965年11月27日の参議院　日韓条約等特別委員会

　　佐藤首相「李東元が調印の前に私の部屋に来たことはそのとおりであり
　ます。しかし，（略）竹島問題について領有権を放棄したことも，また韓国
　側の主張を承認したことも一切ございませんので，その点は私がはっきり
　申し上げておきます。このことは国会を通じて申し上げるのでございます
　から，ただいまその点では御疑念を持たれないと，かように私は思います。」

　1965年8月10日の答弁（ⅱ）は他と比べて異質である。佐藤首相の歯切れは
悪い。この答弁は，「けさのNHKの放送によりますと，竹島は韓国の領土で
あることは，椎名外務大臣も認めておるのだと，こういう意味のことを，昨日，
さらに李外務部長官が向こうの国会で発言をしておるわけであります。」と李長
官の8月9日の具体的な発言を証拠として突きつけられてのものであった。交換
公文の「紛争」は竹島問題を意味しないと述べても「日本側からは公式には直ち
に反論を行わないでほしい」という佐藤・李会談での李長官の要請を了承したこ
とに対応している。日韓条約反対運動の中でその審議が韓国国会で行われてい
た韓国を刺激しない配慮が働いたと思われる。また，8月9日以外には，李外務
部長官が佐藤・李会談で竹島問題は含まれないことを佐藤首相や椎名外相が保

358

第10章　竹島問題と日韓会談

証したと述べていないことは，李外務部長官なりの日本への配慮のように思われる。日韓条約は同年8月14日に野党が欠席したまま韓国国会で承認された。

　1965年10月以降の答弁（iii以降）では，佐藤首相は交換公文に関する李長官の発言を明確に否定している。「尤も，日本で後日，国会で竹島を含む旨の発言を差控えることまでお願いするつもりはない」という佐藤・李会談での李長官の言葉に従っている。野党の反対を押し切って日韓条約は11月12日に衆議院で，12月11日に参議院で承認された。

　日韓条約を審議した国会での発言を検討すれば，佐藤首相と椎名外相は，交換公文について日韓両国政府が異なる説明を国内向けにすることを佐藤首相が了承したという，日本側公開文書に残る佐藤・李会談の内容に従って発言している。しかも，「直ちに反論を行わないでほしい」という李長官の要請に対応している。一方，6月22日午後9時58分付の李東元外務部長官と金東祚駐日大使から丁一権国務総理への電文中の「日本政府は，我が政府が将来の問題だけを意味するという主張した場合，これに対して反駁したり異議を提起しない」ことを佐藤首相が保証したという文言には従っていない。

　1965年9月26日の佐藤首相の「竹島問題は両国の意見が食い違っているが，今後外交手段によることで話合いがついており，平和的解決がはかられよう」という発言について，10月4日に張 基榮副総理が「日本側が国内向けにああいう言われ方をしても韓国側としては構わない（関知しない）。差当りは日本側の国内問題だから，韓国側が特にとりあげるつもりはない」と述べたことも重要である。[31]

　佐藤・李会談で了解されたのは，国交正常化のため双方とも国民に向けて別の説明をする＝国会対策をするということであった。6月22日付午後9時58分付電文は，「「両国間の紛争」という語句には独島問題は含まれず，これは将来起こりうる紛争を意味する（と主張しても直ちに反論を行わないでほしい）という我々の立場に対して，本日16時15分，佐藤内閣総理大臣との面談時，同総理大臣から口頭で保障を受けた。従って，日本政府は，我が政府が将来の問題だけを意味するという主張した場合，これに対して（直ちに）反駁したり異議を提

---

(31)　佐藤首相の発言は1965年9月27日付『読売新聞』，張副総理の発言は「日韓条約の解釈の相違点に関する韓国側の説明について」（日 5-1119-1237）による。

359

第Ⅱ部 竹島問題と日韓関係

起しないことを，また佐藤総理大臣から保障を受けました。」と（ ）内の文言を補正せねばならない。

5　日韓条約と竹島

竹島問題を日本が提起した1962年の一連の会談における韓国の対応は韓国側公開文書では次の通りである。

A　小坂善太郎外相・金鍾泌中央情報部長会談（2月22日）

別に実質的な価値のない島の問題を日本がそのように大きくする必要はないと考えると述べて，日本の希望を朴議長に伝達すると述べた。

（「第6次韓日会談 第1次政治会談 東京 1962.3.12-17 第2巻（V1 予備交渉 1962.1-3)」179頁）

B　小坂善太郎外相・崔徳新外務部長官会談（3月12日）

我が方は独島が歴史的にも国際法的にも厳然とした我が国の領土であるので日本側の提起に応じることはできず，また韓日会談の議題ではないので同問題を討議するなと述べた。

（「第6次韓日会談 第1次政治会談 東京1962.3.12-17第2巻（V.2 崔徳新―小坂外相会談 1962.3.12-17)」239～240頁）

C　第6次日韓会談予備交渉第4回首席会合（9月3日）

重要でもない島なので韓日会談の議題でもない。だから国交正常化後に討議するという式で別途取り扱うのはどうか。

（「第6次韓日会談 第2次政治会談予備折衝：本会議1-65次 1962.8.21-64.2.6 全5巻（v.2 4-21次 1962.9.3-12.26)」25頁）

D　大平正芳外相・金鍾泌中央情報部長会談（10月20日）

独島問題は韓日会談とは関係ないものを日本側で公然と途中で持ち出してきた問題なので，別問題だと考える。よって独島問題は両国の国交が正常化した後に徐々に時間をかけて解決していくことが賢明だと思う。

（「金鍾泌特使 日本訪問 1962.10-11」95頁）

第10章　竹島問題と日韓会談

E　池田勇人首相・金鍾泌中央情報部長会談（10月22日）

　この問題は韓日会談とは関係ない問題なので国交正常化後に時間をかけて解決しようと述べた。

（「金鍾泌特使 日本訪問 1962.10-11」117頁）

F　大平正芳外相・金鍾泌中央情報部長会談（11月12日）

　金部長は韓日会談の懸案問題ではなく韓国民の感情を硬化させるだけだとして（国際司法裁判所提訴に──筆者補註）反対した。

（「金鍾泌特使 日本訪問 1962.10-11」262頁）

　このように韓国は，1962年の論議で竹島問題は日韓会談の議題ではないとして論議を拒否した。1962年の論議以後，交換公文作成まで日韓会談で竹島問題が取り上げられることはほとんどなかった。他の諸懸案解決が優先されたと思われる。

　以上の検討からわかるように，日韓会談では竹島問題の本質的な論議（領有の主張の歴史的そして国際法的根拠をめぐる論議）は行われていない。論議が行われたのは，上記引用部分下線部のように，1962年の日韓会談で韓国が繰り返し求めた，竹島問題を「国交正常化後に解決する」方法の模索であり，それが交換公文であった。この交換公文に基づいて日本は韓国に竹島問題解決を提起しているのであり，日本の対応に矛盾はない。6月22日午前4時1分付の李東元外務部長官と金東祚駐日代表部代表から丁一権国務総理への電文中下線部にあるように，日韓会談で竹島問題は「未解決の問題として残ること」になったのである。[32]

　「日韓条約で竹島問題は棚上げされた」というよく耳にする言い方は，韓国の竹島不法占拠が「永遠に」続くことを日本が認めたという意味ではない。1978年に韓国が領海12海里を暫定実施して日本漁船を竹島近海から排除した時，同年6月1日の参議院商工委員会で，園田直外務大臣は竹島問題解決の話し合いを

───────────

[32]　朴正熙国家再建最高会議議長も，1962年12月に大野伴睦自由民主党副総裁が訪韓した際に，随行日本人記者団に対して，竹島問題は日韓国交正常化後に論議すべきだと回答した（1962年12月13日付『朝鮮日報』※・同『東亜日報』※）。日本の新聞では，「論議」ではなく「解決」になっている（同『朝日新聞〔東京本社版〕』・同『毎日新聞〔東京本社版〕』）。

361

第Ⅱ部　竹島問題と日韓関係

拒否する韓国政府の姿勢は交換公文に違反しているのではないかという野党議員の質問に同意した。2012年8月10日の李明博韓国大統領の竹島上陸に対して，日本は同月21日に竹島問題の国際司法裁判所への合意付託（交換公文中の「別段の合意」の一つである）または交換公文に基づく調停を提案した。「紛争の解決に関する交換公文」により，日韓両国は竹島問題解決の義務を負っているのである。

6　島根県と日韓会談

　竹島問題の存在を前提とする「紛争の解決に関する交換公文」は作成されたものの，日韓会談の経緯と結果は島根県にとって芳しいものではなかった。隠岐島町村会は1963年2月付「竹島の領土権確保に関する陳情書」で，日韓会談での日本の交渉姿勢を次のように批判し，竹島問題の「正当にして速やかなる解決」を要請した。

　　竹島は，島根県隠岐郡五箇村の行政区域に属し，明らかに日本領土であるにかかわらず，終戦後，韓国は同島に兵を派してこれを不法占拠し，領土権を侵害しつつ今日に至っているのでありますが，我々はこの失地回復を信頼すべき国の外交交渉にゆだね，隠忍，その解決を期待して参ったのであります。然るに日韓交渉の進行過程において，自由民主党の大野副総裁は「竹島を日韓両国の共有とするも吝かでない」旨の言を発せられ，まさにわが領土権を自ら放棄するが如き態度を表明されたことは我々隠岐島民にとって一大衝撃であり理解に苦しむところであります。

大野伴睦自民党副総裁の竹島共有論は1963年1月10日付『朝日新聞（東京本社版）』の記事「竹島，日韓の共有案も　大野副総裁が言明　対韓打診ずみ？」で報じられた。同年1月9日に「竹島の帰属については，アメリカの調停で日韓両国の共有にしたらという話が出ている。共有にして解決した例は外交史上でも例がある」と大野副総裁が述べたというものである。同年1月11日の第6次会談予備交渉第22回会議で，後宮アジア局長は「大野氏の共有説が私見である

第10章　竹島問題と日韓会談

ことは事実で，日本側としてはこれに応じることはできない」とこの発言を否定した。竹島を不法占拠し，竹島問題は日韓会談の議題ではないと強弁する韓国の姿勢に苦慮する日本の状況を示す事件であった。

「紛争の解決に関する交換公文」に竹島問題が明記されなかったことについて，島根県隠岐島による1965年10月3日付「竹島の領土権確保と島民の利益擁護に関する陳情書」は，「島民はじめ県は大きな危惧と不安に包まれている」として「日韓両国間の未解決問題の中に，竹島の領土問題が含まれること，並びに早急にこれが解決に着手する旨を何らかの方法で公表せられたいこと」が要求された。

日韓条約の国会審議を受けて，1965年10月6日，島根県議会は「竹島の領土権帰属の問題が解決をみなかったことは，島根県民としてまことに遺憾にたえない」「政府並びに国会におかれては，竹島の領土権早期確保のため万全の措置を講ぜられるよう」強く要望する決議を採択した。翌7日，「竹島が日本の領土であるという主張を貫いてほしい」と要望した田部長右衛門島根県知事に対して，佐藤首相は「政府としては竹島が日本の領土であるという従来の方針で今後も韓国側と折衝を続ける考えだが，竹島問題が解決しないかぎりそのほかの日韓懸案を進めないというわけにはいかない事情なので，この点を地元でもよく理解してほしい」と述べた。佐藤首相は翌8日には島根県の漁業関係者

⑶　韓国側公開文書「第6次韓日会談 第2次政治会談予備折衝：本会議，1-65次 1962.8.21-64.2.6，全5巻（v. 3-22次 1963.1.11-3.28）」23頁。なお，韓国側公開文書には，1963年7月26，30日の外相会談の準備文書に，後宮虎郎アジア局長が非公式に「領有権問題を離れて当分の間共同使用を行う提議をしたが，崔大使はそのような方法は受諾できないと回答した」という記録がある（『第6次韓日会談 第2次政治会談（金溶植一大平会談）東京 1963.7.25-3』34頁）。

⑶　日韓条約における竹島の取り扱いを見て，日本が韓国の主張に唯々諾々と従ったのではないかと不安感を持った日本人は多かった。例えば，国際法学者の皆川洸は次のような悲観的な感想を記した。「憚らずにいえば，実際問題として竹島をわが国の手に取り戻す見込みはほとんどなくなったということである。日本海上にうかぶこの小さな岩礁の存在は，やがて―地域的サークルの外では――一般の人々の記憶と関心から消え去るまで遠ざかっていくことになるかもしれない（「竹島紛争とその解決手段」〔『法律時報』37-10 日本評論社，1965年9月，東京）38頁）。

⑶　1965年10月8日付『島根新聞』。2013年2月17日付『読売新聞（大阪本社版）』は，戦前から竹島に出漁していた旧五箇村久見地区の人々の当時の落胆ぶりを，前田芳樹（現隠岐の島町会議員〔1951年生〕）の回想によって伝えている。

第Ⅱ部　竹島問題と日韓関係

に対して，「竹島問題で韓国に譲るつもりはない。しかし解決には時間がかかると思われるので補償問題はできるだけの措置をしたい」と述べた。[36]

第7次日韓会談次席代表として交換公文の作成も担当した牛場信彦（1909〜84）は次のように回想している。[37]

　竹島問題は最後までお互いに議論しなかったんです。これは絶対に合わないですから。そんなことをやっているとほかの問題に対する影響が大きいですから，べつに約束したわけではないけれど，お互いに触れないでおいたんです。結局最後に韓国側から李東元という外務部長官がみえて，椎名外務大臣と会われたときに10分間ぐらいの会談で片づいてしまったんです。それは椎名さんの英断で，先方の言い分をずいぶん容れたんです。ここのところは是非頼むというところは全部受け容れたんです。しかも日本の主張も通しているという非常に高度の政治的取り決めができた。もちろんそれで竹島問題が解決したわけではない。特に日本の立場から言えば未解決だ。あるいは韓国が不当に占拠しているということでしょうけれど，当時はそこまではとても解決は無理だったんです。

6月17日の討議で提出された交換公文の韓国側案と交換公文の主旨がほとんど同じであることを見ても，日本側が「先方の言い分をずいぶん容れた」ことがわかる。日韓会談をまずまとめて環境整備した後に竹島問題を解決しようとした交渉担当者の姿勢がここに現れている。竹島周辺が李承晩ライン水域全体から見れば価値が低く漁船拿捕がなかったことは，交渉担当者にとっては「奇貨とすべき」ことであった。漁業問題と領土問題を関連させて何らかの結論を出すことは不可能であったと思われる。ただし，それが日韓両国にとって真に良いことであったかは別問題である。

─────────────

(36)　1965年10月9日付『島根新聞』。

(37)　『牛場信彦 経済外交への証言』（ダイヤモンド社，1984年1月，東京）36〜37頁。椎名・李の外相会談は1965年6月21日と22日の両日に行われた。

364

第11章

竹島問題と漁業

　本章では，1970年代以降の竹島問題と漁業との関わりを，島根県の漁業者を
中心に考察する。日本海の漁業価値の高まり，200海里時代の到来，韓国漁業
の発展により，1960年代と違い，漁業問題と竹島問題は直接結びつくことにな
った。

1　イカ釣漁と「竹島周辺水域」

　日韓漁業協定締結により韓国による拿捕の不安がなくなった1965年の以西底
曳網漁業の漁獲高は33万9000トンで，1955年以来の30万トン台を維持していた。[1]
しかしその頃，以西底曳網漁業を脅かす問題点が明らかになっていた。「今後
ますます重大化するであろう若年労働力の確保問題，国際化される資源保持問
題，魚価安定のための流通機構の改善問題」等である。[2]寺本邦夫『片江船団繁
盛記』（私家本，1996年11月，美保関町）では当時の以西底曳の問題点について次
のように記されている（12〜13頁）。

　　（昭和──筆者補注）40年代になると，10代・20代前半の乗組員は皆無とな
　り，乗組員は固定化し，次第に老齢化が進む。ますます大型化し，200屯
　型・船尾捲揚型を採用し，一航海2ヶ月近い航海となる。加えて，若年乗組
　員不足，陸上の景気の上昇に伴う海上との賃金格差の縮小，過酷な海上生活
　は，豊富な物の中で育った若者にとって，魅力のない職場であったかも知れ

_____

(1)　『二十年史』（社団法人日本遠洋底曳網漁業協会，1968年3月，東京）273頁。
(2)　『沿革史』（片江海洋漁業株式会社，1968年12月，刊行場所不明）53頁。

365

第Ⅱ部　竹島問題と日韓関係

ません[3]。このような要因による船員不足は，（昭和――筆者補注）50年ごろより急速に進み，（略）入港しても予定通出港の出来ない状態が続き，不漁に加え労働力不足が相まって，次第に赤字経営になるに至った。韓国・中国共，日本漁船よりも一段優れた装備をし，漁獲の面でも太刀打ちできなくなる。

こうして以西底曳網漁業は不振に陥った。漁獲高の国際的な内訳は，1970年で中国54.3％，韓国22％，日本23.6％であったものが，1980年には中国52.4％，韓国36.4％，日本11.2％に，そして1990年には，中国68.8％，韓国27.8％，日本は3.4％へと，激変したのである[4]。「片江船団」として知られ，機船底曳網漁業の発祥の地である島根半島の美保関から発展し，下関を根拠地として以西底曳網漁業を続けていた片江海洋漁業株式会社も，1992年に倒産して消滅した。片岡千賀之は「1920年代に始まった以西底曳網（汽船トロールは1910年代に始まる）は，1970年代以降，衰退を重ねて今や最終局面を迎えており，しかも再生の展望が暗い」と総括した[5]。昭和40（1965）年代になると下関を根拠地として

————————

(3)　土井仙吉「以西底引網漁業(2)」（『地理』8-5，古今書院，1963年4月，東京）には，「操業中は，揚網・選別・箱詰め・冷蔵・投網など，戦場のような忙しい作業の連続である。したがって（略）断続的な睡眠が，合計一日4～5時間にすぎないという，肉体的限界を越えた労働強化が行われている」。「以西底引の労働はこのように激しいから，40歳を過ぎると，それにたえられなくなるので，ほとんどの船員は下船を余儀なくされる」とある（128頁）。筆者は底曳網漁船を降りてイカ釣漁船で働いた複数の元漁業者から，「底曳に比べたら遊んでいるようなものだ」と思ったという回想を聞いた。底曳網漁業の労働の厳しさを物語っている。

(4)　『水産年鑑 2000年版』（水産社，2000年9月，東京）85頁。佐竹五六『国際化時代の日本水産業と海外漁業協力』（成山堂書店，2007年10月，東京）では，日韓漁業協定の共同規制水域内の漁獲量は，1969年の日本3万4978トン，韓国6万5082トンに対して，1989年の日本5万9157トン，韓国14万8493トンと格差が拡大したことが示されている（101頁）。

(5)　「以西底曳網漁業の戦後史Ⅱ」（『長崎大学水産学部研究報告』91，長崎大学水産学部，2010年3月，長崎）36頁。この論文は，「以西底曳網・以西トロール漁業の戦後史Ⅰ」（『長崎大学水産学部研究報告』90，同前，2009年3月，長崎）とともに，片岡千賀之『長崎漁業の近現代史』（長崎文献社，2011年6月，長崎）に修正されて収録された。以西底曳網漁業の戦後史に関する片岡千賀之の論考には他に，「日中韓漁業関係史Ⅰ」（『長崎大学水産学部研究報告』87，長崎大学水産学部，2006年3月，長崎），「日中韓漁業関係史Ⅱ」（『長崎大学水産学部研究報告』88，同前，2007年3月，長崎〔西田明梨と共著〕）がある。また『西海漁業史と長崎県』（長崎文献社，2015年5月，長崎）は東シナ海・黄海における漁業の百科事典的な労作である。

以西底曳に携わっていた片江地区出身の漁業者は境港を根拠地としたイカ釣漁へと転身した。1960年代後半にイカ釣漁が急速に発展をしたためであった。「いか類，特にするめいかは，需要の増大と価格の高騰等に支えられ，自動いか釣り機の出現普及，冷凍設備の充実等による漁船の大型化，漁業経営規模の拡大」などがイカ釣漁の発展を支えた。[6]戦前からの日本海のイカ釣漁が「隠岐諸島周辺，富山湾，佐渡周辺など比較的沿岸域の中でも狭い水域に限られていた」のが，1967年以降は沖合漁業が本格化し，1952～63年までは年約2～4万トンであった漁獲量が1968年には12万6000トン，1969年には10万3000トン，1970には12万4000トン，1971年には10万2000トンと，それまでの4倍に増加した。[7]1967年に「兵庫・鳥取両県を中心とした日本海西部各地の中型沖合底びき漁船（40～60トン階層）の一部が，底びき漁業の不振もあり閑業期の夏期に沖合スルメイカ漁業への転換を試み成功を得た。」これに刺激されて，1968年には170隻，1969年には400隻以上が日本海に出漁し，操業期間も6～11月の約半年間の長期となった。[8]

　島根県のイカ釣漁が飛躍的に発展したのは1970年代のことであった。1955年から1969年までは年平均3646トンであった島根県のイカ釣漁の漁獲量は，1970年から1973年の間の4年間は年1万トンを越えた。[9]「いかは，春夏南から北へ，秋冬北から南へと，それぞれ索餌産卵のため本県沖合を回遊して」いるという好条件が島根県にはあった。[10]ただし，島根県も含む「西部日本海地域」（京都

⑹　『西部日本海地域におけるいか釣り漁業漁場別統計（昭和51年）』（近畿農政局，1977年11月，京都）はしがき。近畿農政局刊行のイカ釣・ベニズワイガニかご漁に関する資料は田中豊治『隠岐島の歴史地理学的研究』（古今書院，1979年2月，東京）で最初に紹介された（241～244頁）。

⑺　『西部日本海のいか釣り漁業』（近畿農政局，1973年10月，京都）16～17頁。同書によれば，沖合漁場とは，「大和堆東」「白山瀬」「大和堆」「新隠岐堆」「大和堆西」「竹島周辺」「対馬沖北」であった（2頁）。なお，1972年までは「対馬沖北」は「竹島周辺」に含まれていたが，1973年以降の「対馬沖北」の漁獲量は微々たるものであるので，「竹島周辺」の数値の再検討は不要と判断した。

⑻　水産庁調査研究部編刊行『日本近海主要漁業資源』（1973年3月，刊行場所不明）136頁。

⑼　『島根県水産累年統計（昭和30年～平成6年）』（中国四国農政局島根統計情報事務所，2007年3月，松江）1～2頁。

⑽　『昭和42年度 島根県漁業の概況』（農林省島根統計調査事務所，1977年12月，松江）23頁。

367

第Ⅱ部　竹島問題と日韓関係

府・兵庫県〔日本海側〕・鳥取県・島根県・山口県〔日本海側〕）のイカ釣漁の漁獲量
は1972年がピークで，その後減少した。2009年の片江地区での聞き取り調査に[11]
よれば，イカ釣漁業者は漁船を大型化させ，日本海を越えて朝鮮半島の東岸・
西岸，東シナ海・黄海，そして間宮海峡へと漁場を拡げ，最後はニュージーラ
ンド沖にまで出漁した。

　近畿農政局作成の資料に記載されていた日本海のイカ釣漁場区分を図11‐1
で示した。この中の主要漁場の一つに「竹島周辺」（竹島を中心とした約6万km²
の海域）があった。「西部日本海地域」の漁獲量における「竹島周辺」の漁獲
量の比率は表11‐1の通りである。また，島根県と鳥取県の漁獲量における
「竹島周辺」の漁獲量の比率は表11‐2と表11‐3の通りである。鳥取県の数値[12]
も示すのは，この統計が水揚げされた県ごとに計上されているためで，片江地
区の漁業者のように島根県の漁業者が鳥取県の境港に水揚げしていた場合は，
その漁獲量は鳥取県の漁獲量に計上されるからである（属地計上）。

　「西部日本海地域」におけるイカ釣漁漁獲量の比率（Ⓓ／Ⓑ）を見ると，鳥取
県は40〜60％と圧倒的で島根県は10〜20％であった。「西部日本海地域」にお
ける「竹島周辺」の漁獲高の比率（Ⓐ／Ⓑ）は，大きく見れば，半分程度であ
ったものが10分の1にまで減少していったことがわかる。ただし，イカ釣漁の[13]
漁獲量のうち「竹島周辺」の比率（Ⓒ／Ⓓ）は，1971年は両県とも6割前後，
1972年の島根県および1974年の鳥取県が40％台と高かったことは注目される。
後述の佐藤寛一の証言も合わせて考えると，日本海におけるイカ釣漁業が盛ん
になった当初には，「竹島周辺」にイカ釣漁船が集中して操業した年があった
と考えられる。「竹島周辺」のイカ釣漁の漁獲量が減少していった1975〜76年
でも，「竹島周辺」での漁獲量は島根県の漁獲量の6割前後に相当し，決して

(11)　『西部日本海地域におけるいか釣り漁業漁場別統計（昭和52年）』（近畿農政局，1979年1
　　　月，京都）6頁。
(12)　『西部日本海地域におけるいか釣り漁業　漁場別統計表』（近畿農政局，1972年9月，京都）
　　　『昭和49年度　西部日本海地域におけるいか釣り漁業，べにずわいがにかご漁業　漁場別統
　　　計』（近畿農政局，1975年12月，京都），『西部日本海地域におけるいか釣り漁業・べにず
　　　わいがにかご漁業　漁場別統計（昭和50年）』（近畿農政局，1977年3月，京都），前掲註(6)
　　　『西部日本海地域におけるいか釣り漁業漁場別統計（昭和51年）』，前掲註(11)『西部日本海
　　　地域におけるいか釣り漁業漁場別統計（昭和52年）』。

368

第11章　竹島問題と漁業

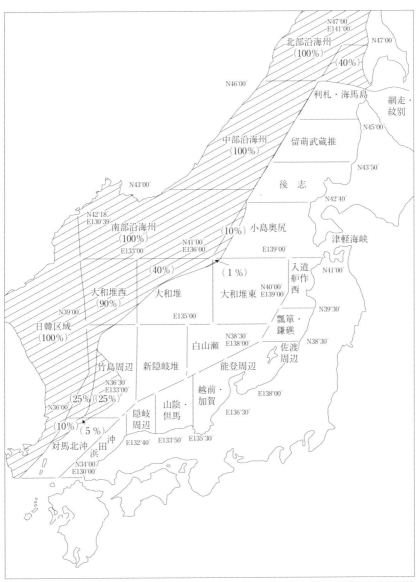

出典:『西部日本海のいか釣り漁業』(近畿農政局, 1973年10月, 京都),『日本海漁業対策懇談会検討資料』
　　 (大日本水産会国際部, 1976年10月, 刊行場所不明)。

図11-1　日本海イカ釣漁業漁場区分図

第Ⅱ部　竹島問題と日韓関係

表11-1　「西部日本海地域」のイカ釣漁漁獲量における「竹島周辺」の比率

年	1971	1972	1973	1974	1975	1976	1977
「竹島周辺」漁獲量 Ⓐ（トン）	40,745	26,198	8,072	18,262	5,276	5,713	4,229
「西部日本海地域」漁獲量Ⓑ（トン）	85,039	98,290	85,838	62,582	62,608	57,721	40,087
Ⓐ／Ⓑ（％）	47.9	26.7	9.4	29.2	8.4	9.9	10.5

表11-2　島根県のイカ釣漁漁獲量における「竹島周辺」の比率

年	1971	1972	1973	1974	1975	1976	1977
「竹島周辺」漁獲量 Ⓒ（トン）	3,699	6.317	2,307	1,636	1,593	514	818
島根県漁獲量Ⓓ（トン）	6,517	14,196	9,777	7,732	8,389	9,092	7,183
Ⓒ／Ⓓ（％）	56.8	44.5	23.6	21.2	19.0	5.7	11.4
Ⓒ／Ⓐ（％）	9.1	24.1	28.6	9.0	30.3	9.0	19.3
Ⓓ／Ⓑ（％）	16.0	14.4	11.4	12.4	13.4	15.8	17.9
浜田港の水揚げ量（トン）	不明	不明	不明	5,618	5,512	4,368	2,459

表11-3　鳥取県のイカ釣漁漁獲量における「竹島周辺」の比率

年	1971	1972	1973	1974	1975	1976	1977
「竹島周辺」漁獲量 Ⓒ（トン）	29,580	11,985	4,825	14,376	3,295	4,272	2,943
鳥取県漁獲量Ⓓ（トン）	48,175	51,412	42,724	31,013	28,843	25,290	16,133
Ⓒ／Ⓓ（％）	61.4	23.3	11.2	46.4	11.4	16.9	18.2
Ⓒ／Ⓐ（％）	72.6	45.7	59.8	78.7	62.4	74.8	69.6
Ⓓ／Ⓑ（％）	56.7	52.3	49.8	49.6	46.1	43.8	40.2
境港の水揚げ量（トン）	不明	不明	不明	22,917	21,457	18,770	12,016

少ないものではなかった。また，1977年の「竹島周辺」の総漁獲高は5819トンであって，「西部日本海地域」外の日本海の各県からも漁船が出漁する漁場であった。片江地区での聞き取り調査では，竹島近海のイカ釣漁について次のような証言が得られた。

第11章　竹島問題と漁業

　我々は竹島を当然日本のものと思っていた。境港から出た多数のイカ釣り船は昼間でも竹島を取り囲むような形で操業していた。イカがよく獲れたのは産卵場だったのかもしれない。昭和44〜45年頃にシーアンカーが竹島の根っこの岩に引っかかったことがあったが，韓国側にとやかく言われたことはない。韓国の漁船もその頃は見なかった。鬱陵島まで行くと韓国船がいた。時化を避けて朝鮮半島沿岸にまで近づいた時に沈没寸前の韓国漁船を見つけて，8名の韓国人漁船員を救助したこともある。

片江地区での聞き取り調査の世話役の寺本勝彦（1936年生）は，昭和43〜44年頃から4〜5年イカ釣漁船に乗って竹島近海で操業した。寺本は「韓国の船が竹島近くまで来たことはない。当時，日韓双方の漁民には『竹島は日本領』という認識があった」と新聞取材に答えている。[15]

⒀　福原裕二は「竹島周辺」のイカ釣漁業の漁獲量減少について，「なかなか竹島まで出る人たちがいなくなった。あるいは行ったとしても捕れなくなったという原因がここにはあるわけです。（略）沖合漁業自体が衰退していることもわかります。このように竹島周辺海域というのは，日韓にとって国全体の漁獲量から言えば，国同士が話し合うほどの重要な漁場ではない。しかし，その漁場に出漁する人びとあるいはその人びとが暮らす地域にとっては死活的な海域だということです」（「竹島問題で海域が見えないことの罠」〔岩下明裕編著『領土という病——国境ナショナリズムへの処方箋』北海道大学出版会，2014年7月，札幌〕38頁）と述べる。しかし，後述する1978年の日韓の政府間の交渉は，福原の評価とは異なって，漁獲量が減ってもこの漁場が「国同士が話し合うほどの重要な漁場」であったことを示している。その後福原は，『北東アジアと朝鮮半島研究』（国際書院，2015年7月，東京）で「竹島とその周辺海域は，国全体からみると，多くの漁獲が期待できる漁場ではないかも知れないが，これを利用する地域や漁業者にとっては，『好漁場』であると言え，かつまた死活的な漁場であると言える。ただし，現実的な問題として，近年の重油高騰の中で日本や韓国から竹島周辺にまで出漁して操業をおこない，漁業経営が成り立つかどうかは疑わしいところがある」と記した（206頁）。なお，『北東アジアと朝鮮半島研究』では「海」と「島」とを切り離して竹島問題解決につなげることが推奨されている。しかし，日本の主張を頭から拒絶する韓国が，譲歩と批判される可能性のある，そのような主張を検討することは容易ではなかろう。たとえば，『独島研究』22（嶺南大学独島研究所，2017年6月※）には，「日本が独島の陸地は韓国の土地と認定するものの，その周辺の海は海洋科学調査のために国際社会に開放しようという日本学者の提案に同調する形態」の論調は，「この社会から退出してこそ当然であろう」とある（231・233頁）。

⒁　前掲註⑾『西部日本海地域におけるいか釣り漁業漁場別統計（昭和52年）』5頁。

⒂　「竹島の日を前に——現状と課題（上）　調査　希薄化危ぶむ研究再開」（2010年2月18日付『山陰中央新報』松江）。

第Ⅱ部　竹島問題と日韓関係

出雲市地合地区で聞き取り調査した佐藤寛一（1934年生）も「以西底曳」からイカ釣漁に転換した漁業者の１人であり，1968年から境港を拠点にイカ釣漁に従事した。佐藤はかつて「昭和49（1974）年ごろまで毎年５，６月の休漁期明けに竹島周辺に出漁した」と新聞取材に答えたことがある。[16] 同記事で佐藤は「当時は，竹島から鬱陵島にかけて大小千隻ものイカ船が集中したものだ。島に近づくほどイカも豊富で，50〜100メートル沖まで近づいて操業していた」と証言した。2010年８月20日に行った聞き取り調査で佐藤は次のように語った。

　　竹島の近くにはイカがぞろぞろいた。はじめは島根県の船だけだったが，鳥取県から九州までの各地からの船も集まるようになった。昭和45（1970），46（1971）年頃からは漁獲も悪くなり，もっとイカのいる大和碓に漁場を移す船もあった。その頃から韓国のイカ釣り船も出てきた。境港から竹島までは12時間ぐらいかかった。冷凍施設のない船でも前日の朝早くに出港すれば一晩漁をして次の日にイカを市場に出すこともできた。イカがいれば昼でも獲ったことがある。昭和45年と昭和46年に，鬱陵島から来たらしい韓国人と竹島で出会った。１，２隻の船でヒラメやアワビを獲っていた。大きなアワビを米・酢・醤油と交換したことがある。

1973年５月29日付『朝日新聞（大阪本社版）・第２地方版』の竹島問題関連記事の，韓国人が竹島に設営した「小屋は昨年ごろからふえ，漁船も多くみかけるようになった」という日本人漁船員の話は，佐藤の証言と一致する。[17] また，同記事には，「外務省は今年にはいって韓国側が『独島を漁業基地として活用する』と新聞発表していることも確認している，日本政府は機会あるごとに『日本領土なのに困る』と抗議を続けて」いるとある。[18] 同記事の写真には，竹島北

───────────

⒃　「立ち直れ漁業県⑽　竹島問題　周辺は魚介類の宝庫　安全操業求め決着期待」（1987年１月13日付『中国新聞（島根版）』広島）。

⒄　韓国イカ釣漁業は，「イカ漁場は1960年代までは東海岸だけで形成されたが，1970年代には東海（日本海のこと──筆者補注）大和堆および南海岸にまで拡大され，1980年度以後には西海岸の格列飛列島近海など我が国全域で一様に漁場が形成」されたという（『現代韓国水産史』〔社団法人水友会，1987年12月，ソウル〕※449頁）。

372

第11章　竹島問題と漁業

出典：朝日新聞社提供。
図11-2　竹島近海で操業するイカ釣漁船

方漁場で操業する日本漁船の集団が捉えられている。日の丸や大漁旗を掲げて至近距離（寺本勝彦によれば竹島から1キロメートルは離れているが3海里内とのことであった）で操業する日本漁船の写真は，現在の韓国人にとって十分刺激的である。

　1973年から恵曇（松江市の漁港）を本拠とするイカ釣漁船に乗っていたある元漁業者（1935年生，出雲市大社町出身）は，2014年3月13日に行った出雲市での聞き取り調査で，1975年頃に竹島のすぐ傍で漁をしたと次のように語った。

　　仲間の船からの無線で竹島にイカが集まっていると聞き，竹島に行った。竹島での漁はいつもしていたわけではない。その前に行った時には獲れなかった。島のすぐ傍――3海里も離れていなかったと思う――で漁をしたが，

---

(18) 長崎県のイカ釣漁船第13海幸丸が同年5月23日に「竹島の北西約18キロの地点」で韓国警備艇の臨検を受け，竹島が韓国領であることを認めさせられ，韓国の主張する「領海12海里（22.2キロ）」から退去した（1973年6月2日付『朝日新聞〔大阪本社版〕』）。「74年7月にも竹島周辺12マイル以内での日本漁船の操業を韓国側専管水域侵犯であるとの韓国側通告に対し，これは同島がわが国の領土であることと相容れないものである旨韓国側に抗議した。」（外務省編・発行『わが外交の近況1975年版　上巻』1975年9月）といった記録から，韓国が規制を強めていったことがうかがわれる。

373

第Ⅱ部　竹島問題と日韓関係

韓国にとがめられることはなかった。イカはよく獲れた。日本の船が獲れるのを見て韓国の漁船が横に着けてきたので，韓国人4人（男女2人ずつ）を船に上げてやっていっしょに酒を飲んだ。韓国の船はイカ釣り船だったが，小さな船に10人くらいも乗っていて装備は悪かった。長靴を履いていない人もいて，魚群探知機もなかった。韓国人は竹島の洞窟で寝泊まりしているということだった。鬱陵島から来たという海女がいてその踊りを皆で見ていたが，その間に船の後ろの方でカッパなどが盗られていた。中古のテレビを持ってきたら魚と交換してやると言われた。

この元漁業者も，イカ釣漁以前は浜田の沖合底曳漁船で働いていた。こうして，かつて東シナ海・黄海で李承晩ライン問題に直面した島根県の漁業者は，1960年代後半に転身した日本海でのイカ釣漁でも韓国と関係することになったのである。

2　竹島近海からの日本漁船の排除

　1978年5月，韓国は日本漁船に対して竹島周辺12海里水域からの退去を命じた。その模様を1978年5月23日付『山陰中央新報』の特集記事「領土竹島 隠岐郡五箇村久見」は次のように伝えている。

　　竹島周辺がにわかに“波高く”なったのは，沖合イカ釣り漁が解禁されて間もない5月9日のことだった。この解禁にあわせるかのように4月30日，韓国は領海12カイリを宣言して，竹島にも適用，周辺で操業中の漁船に退去命令を出した。当時，竹島周辺では島根，鳥取両県船約100隻の日本船が操業していたが，韓国警備艇や軍艦に追われるように12カイリ外へ“自主的に待避”，代わって12カイリ内には小型の韓国漁船約150隻が終結して漁をしていた，といわれる。昨年3月のソ連，7月の日本，8月の朝鮮民主主義人民共和国（北朝鮮）と続いた日本海での200カイリ線引きの中で「韓国も200カイリ宣言や領海12カイリを適用してくることになるだろうが，そのときには

374

竹島周辺漁場でのトラブルは避けられない」といった漁民，島根，鳥取両県関係者の不安が現実の問題となったのである。

　この年は，「潮流がぐっと竹島に近づき，49（1974——筆者補注）年以来のイカ釣りの豊漁年という見方が」漁業者の間にあった（1978年6月21日付『朝日新聞（大阪本社版）』）。表11‐1で見た「竹島周辺」の圧倒的な漁獲が復活するという期待が高まっていた。この後の経過を，『山陰中央新報』（松江，以下「山」と略記）と『日本海新聞』（鳥取，以下「日」と略記）の記事でまとめてみたい。「現在，境港を基地に同島周辺で操業している沖合イカ釣り漁船は，（鳥取——筆者補注）県農林部の調べによると，山陰両県の漁船をはじめ261隻にのぼり，昨年は年間1271隻に達している。このうち境港沖合イカ釣り漁協所属の両県漁船は鳥取34隻，島根26隻の計60隻で，問題の竹島周辺漁場（12海里以内——筆者補注）で操業しているのは約100隻くらい」であった（5月12日「日」）。竹島周辺水域を漁場とする「境港基地の沖合イカ釣り（島根——筆者補注）県内漁船25隻の減収額は約1億5720万円に上る」「浜田港基地の18隻も下旬から6月中旬にかけて竹島周辺に出漁の予定だったこともあり，これをあわせれば，さらに減収額は増える」という島根県の試算も報じられた（5月24日「山」）。[19]

　5月15，16日の両日，島根県の漁業者代表は副知事や県会議長とともに，竹島近海での操業再開と竹島領土権確立を求める陳情活動を行ったが，政府の反応は鈍かった。安倍晋太郎官房長官や中川一郎農林大臣は「領土と安全操業問題は切り離して考えないと難しい」として問題解決への姿勢を示したが，あまりに慎重な言い回しに，「韓国は監視船が来てわれわれを退去させたが，日本政府は何もわれわれにしてくれない。この陳情で操業再開メドの心証だけは持って帰りたいのに，もう一つ要領を得ない」と陳情団は不満を述べた（5月18

---

(19)　島根県に残された資料「竹島周辺から退去させられたことによる本県漁船の漁獲減収見込みについて」では，6月末までの被害額は，イカ釣漁は境港根拠船25隻1億5720万円，浜田根拠船18隻8100万円，ベニズワイガニかご漁は3隻1312万2000円，計2億5132万2000円となっている。この資料は福原裕二「'竹島／独島研究における新視覚'から見る北東アジアの一断面」（『北東アジア研究』22，島根県立大学北東アジア地域研究センター，2012年3月）で紹介された。

第Ⅱ部　竹島問題と日韓関係

日「山」）。鳥取県では境港市長と市議会議員が16日に政府に陳情したが，「騒いだらいけない。騒がずにこちらが退避したから向こうの警備艇も去った。自然の解法である。騒ぐと双方の新聞に出てこじれる。今のままがよい。あとは外交交渉にまかすことだ。感情問題になってはいけない」という森整治水産庁長官の言葉に陳情団は唖然とした（5月17日「日」）。島根県・鳥取県共催で県や県議会代表が「竹島周辺漁場における安全操業の確保」を要請しようとする訪韓代表団の派遣が決定された（5月24日「日」）が，「事態好転の兆しがみられ，当面推移を見守る必要がある」とする外務省の要請により，計画は5月24日に中止された（5月25日「山」）。

　9月3，4日の両日にソウルで開催される日韓定期閣僚会議に向けて，8月21日に「鳥取県漁業対策協議会」（会長・平林鴻三知事）が竹島周辺水域での安全操業確保を政府に陳情した（8月22日「山」）。8月23日には「島根県竹島問題解決促進協議会」（会長・恒松制治知事）が「日本海・竹島の領土権確立と同島周辺での安全操業確保問題を第10回日韓閣僚会議で取り上げ，早期解決を図るよう」政府に陳情した（8月24日「山」）。注目された日韓定期閣僚会議後の記者会見で，園田直外相は「両国漁業関係者の生活に直接関係する問題なので漁業紛争防止の精神で対応することを双方が確認した」と述べ，これは「今月中旬の日本漁船のイカ釣り，ズワイガニ漁の開始を控え，安全操業問題を竹島領有問題から切り離し，とりあえず安全操業を確保しようという日本側の意図が通ったもの」と報じられた（9月5日「山」）。島根・鳥取両県の関係者は竹島周辺水域での操業再開を保証した朗報と外相発言を歓迎したが，問題の根本的解決ではないことに不満の声もあった。米津貞義島根県漁業協同組合連合会（以下「県漁連」と略記）会長は「あれほど足を運んで"漁業と領土問題は切り離しては考えられない"と陳情を繰り返してきたのに，領土問題をタナ上げしての話し合いでは，全面解決には程遠い。まだまだ不安がいっぱいだ」と述べた（9月5日「山」）。林原嘉武鳥取県漁連会長は「鳥取，島根両県が共同歩調を取り，領土権の確立を求めて外務省に要望してきたが，その暫定的措置としてとりあえず，安全操業が認められたのは一応，一歩前進だ。しかし，領土権の確立という立場では解決にほど遠い。今後も一日も早く，領土権の確立に努

第11章 竹島問題と漁業

力してほしい」と述べた（9月5日「日」）。

9月7日，韓国政府は「何も具体的な合意はしていない」と外相発言に否定的な公式見解を発表した（9月9日「山」）。韓国政府の「竹島安全操業否定」発言はすでに9月5日に報道されており，関係者を困惑させた。鳥取県選出の相沢英之衆議院議員は，5月の「訪韓の際，崔（圭夏——筆者補注）総理などと話し合ったが，表向き12カイリをとっているのでその中での操業を（正式に）認めるわけにはいかない。しかし，3～4カイリの所なら見えないので（日本漁船の操業を）黙認するということだった。（略）韓国側の発言はおかしい」と述べた（9月7日「日」）。

事態が膠着する中で，「今国会で竹島問題を取り上げればより韓国側を刺激，日本漁船の出漁にマイナスになることが考えられる」として静観していた島根・鳥取両県選出の社会党所属の国会議員は10月20日に国会内で園田外相に会い，竹島近海での安全操業問題の経緯をただした。園田外相は韓国政府の公式発表を否定し，「現在両国の事務レベルで解決に向けて話し合いを続けて」いると述べ，年内解決の見通しを示した（10月21日「山」）。11月6日，島根・鳥取両県の関係者は境港市で「竹島問題漁業協議会」を開いた。席上，「国としては12カイリに入るなと言えないし，かといって入ってよいとも言えない——との微妙な態度で，安全操業について引き続き鋭意努力するとのことだった」という，10月に上京して陳情した結果が報告され，それをふまえて「国が安全操業の確約をしない現段階では出漁は難しい」として秋の操業を自粛することになった（11月7日「日」）。11月10日には島根県議会代表が上京して「竹島周辺漁場での日本漁船の安全操業の早期確保とこれまでの漁業被害の政府補償を訴えた」。しかし各省庁とも「12月に韓国の大統領選挙があるのでもうしばら

---

(20) 韓国政府の方針変更の背景に韓国世論の動向があったことは想像できる。1978年6月12日，ソウル大学でデモがあり，学生たちは「学園民主化宣言」で「日本は最近，竹島を紛争地域化すると挑発してきた」「昨日は民族経済を売り，今日は領土までもささげるつもりだろうか」と政府を批判した（1978年6月14日付『毎日新聞〔大阪本社版〕』）。1978年9月3日付『朝鮮日報』※の「今度はイカ漁場を貪る ふたたび揺れる「独島」領土権を得る布石」は日本への警戒感を示し，同月7日付同紙社説「独島問題はどうなっているのか？外務部の明白で詳細な解明を望む」では，竹島近海漁場での操業をめぐる日韓両政府の発言の食い違いが追及された。

377

第Ⅱ部　竹島問題と日韓関係

く待ってほしい」などといった煮え切らない返答で収穫はなかった（11月11日「山」）。この時「陳情団は隠岐郡五箇村が『北方領土返還運動と同様，竹島返還の標柱をたてたい』としていること，また『県試験船を出して竹島周辺の漁業調査をしたい』と二つの申し入れを外務省にしたが，『韓国を刺激すると良くない』とノーの回答」であった。ただし，島根県は翌1979年3月7日に美保関の七類港と隠岐の西郷港に「かえれ！竹島 われらのもとに」という看板を設置した（1979年3月8日「山」）。

　12月4日，竹島近海漁場の問題や日本海沿岸での韓国漁船との紛争に対応するため境港市で「山陰沖漁業対策協議会」が設立された。会長は米津島根県漁連会長，副会長は林原鳥取県漁連会長，和田義孝境港沖合イカ釣漁協組合長，家中高吉島根県巻き網漁業組合長であった（12月5日「日」）。12月25日には島根・鳥取両県選出議員による「山陰沖漁業対策議員連盟」が発足した（12月26日「日」）。同議員連盟は翌1979年1月24日に外務省，水産庁，海上保安庁の幹部を招いて懇談会を開き，「竹島領土権の確立と早期安全操業の確保，被害を受けた漁民への資金援助などを強く要望した」（1月25日「山」）。この会合には山陰沖漁業対策協議会の代表も出席した。2月27日の衆議院予算委員会で園田外相は，前年9月の日韓定期閣僚会議での竹島近海での日本漁船の操業は従来通りとするという合意は朴正煕大統領との間で取り交わされたものであることを明らかにし，安全操業実現に向けて交渉していると述べた（2月28日「山」）。

　打撃を受けた1978年の水揚高について，次のような報道があった。境港漁港では，「異常気象や竹島周辺の漁場制限などの影響でサバ，イワシの巾着漁とスルメイカの漁獲が大幅に落ち込み，前年に比べ，量で22％，金額で20％といずれも減少した。前年を下回ったのは近年初めてのこと」「スルメイカ漁は三年前からジリ貧状態だったが昨年はとくに主要漁場の一つとなっていた竹島周辺の漁場規制で延べの操業隻数が前年よりも240隻減り，水揚げ量も約1500トン減少した」（1月25日「日」）。「山陰両県の沖合スルメイカ漁（53年5月〜54年2月）の水揚げ量は，浜田漁港が約910トン，4億5000万円，境港は1万2000トン，50億円。いずれも前年に比べて5〜15％下回った。とりわけ浜田の水揚げ量は大幅ダウンで，史上最低だった。原因は全般的な資源枯渇，異常高水温

378

第11章　竹島問題と漁業

などの影響ともいわれているが，これまで主漁場だった竹島周辺から韓国漁船に締め出されたのも大きな要因」である（4月4日「山」）。

沖合イカ釣漁の解禁（5月1日）が迫った1979年4月20日，「山陰沖漁業対策協議会」「鳥取県漁業対策協議会」「島根県竹島問題解決促進協議会」の3団体の代表が，外務省，農林水産省，海上保安庁に「竹島の領土権確立」「同海域での安全操業確保」を陳情した。島根・鳥取両県が一緒に国に訴えるのはこれが初めてであったが，具体的な対策を聞くことはできなかった（4月19，21日「山」）。11月16日，島根県知事，島根県議会，島根県漁連の代表は農林水産省と外務省に陳情した。この時米津県漁連会長は「韓国の監視が厳しく，遠く離れて操業しており，漁獲は少ない。最近では巾着のサバ漁場になっているが，恐る恐る出かけて行って，隠岐周辺まで帰って自分の会社に漁獲量を知らせているのが実情だ」と訴えた（11月17日「山」）。1980年4月9日，「山陰沖漁業対策自民党議員連盟」の11名および「山陰沖漁業対策協議会」「鳥取県漁業対策協議会」「島根県竹島問題解決促進協議会」の代表が外務省，水産庁，海上保安庁に，「①5月1日までに竹島周辺海域における漁業を，（昭和——筆者補注）53年4月30日以前の状態に回復し，漁業の安全操業を確保してほしい。②このような事態が生ずるのも竹島の領土権が確立されていないことに起因するもので，早期確立を図る」ことを訴えた。木内昭胤外務省アジア局長は「竹島問題は深刻に受け止めている。（略）一層の努力をする」と答えたが「相変わらず具体的な対応策は示さなかった」（4月10日「日」「山」）。

島根県に残された資料「竹島に関する経緯等について」では，上記4組織が1988年まで毎年のように政府に陳情を繰り返したことが記録されているが，問

---

(21)　韓国の第9代大統領選挙はこの年の7月6日に行われた。よってこの記事はおかしい。12月に行われたのは第10回国会議員総選挙である。なお翌1979年10月26日にこの選挙で当選した朴正熙大統領は部下に殺害された。

(22)　「山陰沖漁業対策自民党議員連盟」と「山陰沖漁業対策協議会」は1981，1982年には陳情に参加せず，1983年の陳情の時には「山陰漁業対策自民党議員連盟」と「山陰漁業対策協議会」に名称が変わっている。促進協は1995年まで陳情を続けた。なお，中四国地方の地方議会による，竹島周辺海域での安全操業を求める国会の農林水産委員会への請願は1990年まで，竹島周辺海域での安全操業と竹島の領土権確立を求める国会の外務委員会への請願は1996年まで行われた。

379

第Ⅱ部　竹島問題と日韓関係

題は解決しなかった。こうして竹島近海の漁場は日本人漁業者の手から失われ
ていったのであった。[23]

3　1978年の竹島をめぐる問題(1)

1978年に日本漁船が竹島近海から排除された事件について三つの観点から考
察したい。

第1に，この時期に海洋をめぐる国際法の枠組みが大きく変化したことであ
る。1973年から1982年までの長期にわたって開催された第3次国連海洋法会議
は国連海洋法条約を採択した。この条約では距岸12海里までの領海と距岸200
海里までの排他的経済水域（沿岸国がその水域の資源を排他的に管理でき，他国は
沿岸国の許可なしに資源を利用できない水域）の設定が認められた。国連海洋法条
約を日韓両国が批准したのは1996年であったが，領海12海里設定については日
韓両国とも1977年に「領海法」で立法化していた。[24]この時，韓国は「領海法」
施行を4カ月以内としており，1978年4月30日の暫定施行と竹島近海からの日
本漁船排除，そして同年9月20日の「領海法施行令」（大統領令第9162号）の制
定施行による完全実施となった。同じ1977年には，3月1日に米国とソ連が，
8月1日に北朝鮮が200海里漁業専管水域（沿岸国が漁業資源の保存・管理のため
に領海の外側に設置する水域。排他的経済水域の概念の先駆けとなった。漁業水域とも

---

[23]　梶村秀樹は，「日本漁船は3海里の所あたりまで接近して操業していたのだが，この
（1978年の──筆者補注）決定の直後，韓国の巡視艇に12海里外まで退去することを要求
され，一時やや緊張したが，結局，現場的な非公式の暗黙の了解ができ，適当に12海里内
でも操業できる従来とさして変わらない形に落着いたと伝えられる」と，1978年5月26日
付『読売新聞（東京本社版）』の記事を引用して述べた。そして「元来この水域は（略），
日韓双方の漁船がほとんどトラブルなしに入り乱れて操業しえてきたのだが，その形がほ
ぼ維持された」と続けた（「竹島＝独島問題と日本国家」『朝鮮研究』182〔日本朝鮮研究
所，1978年9月，東京〕35頁）。しかし，片江地区の人々の「韓国の軍艦が出てきたので
あれ以来日本の船は竹島のまわりには入っていない」という証言は梶村の記述を否定する
ものである。日本の一部で語られる，竹島を「日韓共生の海」へという理想は，この1978
年に失われたのである。

[24]　日本は「領海法」（1977年5月2日公布，法律第30号），韓国は「領海法」（1977年12月31
日公布，法律第3037号）である。

380

第11章　竹島問題と漁業

いう。）を実施した。日本も5月2日に200海里漁業水域を設定したが，1965年締結の日韓漁業協定と1975年締結の日中漁業協定がすでにあったため，両国の漁船が多く操業する東経135度以西の日本海，東シナ海等には，200海里漁業水域を設定せず，設定した漁業水域についても韓国・中国漁船への適用を除外した。

　1977年4月27日，島根県は「島根県竹島問題解決促進協議会」（以下「促進協」と略記）を発足させた。規約によれば，会長は県知事，副会長は副知事，島根県町村会長および島根県漁連会長であった。目的は「竹島の領土権確立及び周辺漁場における漁業の安全操業の確保」であり，そのために「国に対して強力に要請すること」「県民意識の高揚を図ること」「関係機関との情報，資料等の交換を行うこと」が事業として掲げられた。

　促進協の発足を促したのは「200海里時代」への危機感であった。1977年3月15日付『山陰中央新報』は，1974年に「西部日本海地域」での水揚げのうちイカ釣漁では30％が，同じくベニズワイガニかご漁では45％が「竹島周辺」で漁獲されているとし，「年間6万7千トン，約百億円にのぼる漁獲高」が「竹島周辺」で将来期待されると報告した。そして，韓国が「竹島周辺」6万200平方キロの中央にある竹島を基点として200海里漁業水域を設定した場合，日本とりわけ山陰の漁業者は壊滅的な打撃を受けると警告した。大日本水産会はその場合，「竹島周辺」水域の49％が失われると前年に作成した報告書で予測した。図11-1（369頁）の斜線部が失われる水域である。3月19日，島根県議会は「竹島の領土権確保及び周辺漁場の安全確保に関する要望決議」を行ったが，そこにも「竹島周辺は，日本海における屈指の漁場として豊富な水産資源を有し，経済水域200カイリ時代を迎えた今日，その開発は，水産業の発展並びにたん白資源の確保にとって，きわめて重要な意義を有する」とあった。

---

(25)　ベニズワイガニかご漁は1962年に富山県魚津市の漁業者が考案し，その後日本海沿岸各県に普及したものである（谷沢義郎「日本海におけるベニズワイかご漁業の調整問題」『漁村』40-9，漁村文化協会，1974年9月，東京）。

(26)　『日本海漁業対策懇談会検討資料』（大日本水産会国際部，1976年10月，刊行場所不明）15〜16頁。大日本水産会は1976年3月に「日本海漁業対策懇談会」を設置して200海里経済水域が設定された場合の影響を調査した（同書「はしがき」）。

381

第Ⅱ部　竹島問題と日韓関係

促進協での200海里問題への島根県の現状認識は次のようなものであった。[27]

　相手側（韓国――筆者補注）が200海里宣言すれば，日本もこれに対応しなけ
ればならなくなり，その時には，おそらく竹島の問題が表面に出てくる。そ
の時にはそれ相応の対応をしていかなければならない。しかし，現段階では，
相手方が200カイリの線引きを出していないから，これを引き出すような刺
激をしたり，そのような方向にもっていくやり方は，極力慎重に構えていく
必要があろう。

よって，促進協の運動方針は「外（韓国のこと――筆者補注）に向かって聞こえ
るような動きでなくて，国内的に政府，国会に対して県にとっては大きな問題
であるという訴え方になる」とされ，具体的な活動は日本国内に働きかけるも
のとなったのである。

　2月5日の参議院本会議で福田赳夫首相は，領海12海里・経済水域200海里
に関する答弁の中で，竹島は「わが国の固有の領土でありますので，その固有
の領土であるという前提に立って12海里ということが設定される」と述べ，韓
国政府はこれに反発した。これ以外に，200海里時代を迎えて，1977年には次
のような日韓間の対立があった（「竹島をめぐる主要な動き（1977年）」漁業協同組
合 JF しまね西郷支所所蔵）。

　3月19日の韓国国会では，200海里排他的経済水域設定で韓国遠洋漁業が打
撃を受ける現在，「独島」周辺に新しい漁場を開拓することが急がれるのでは
ないかという質問に，崔珏圭農水産部長官（1973年3月から「農林部長官」は「農
水産部長官」に改称されていた）は「さまざまな漁業支援施設をはじめ安保面で
の施設拡充に関しては今後関係部署と協調して必要な措置をとる」と述べた。
5月11日に日本政府はこの発言に抗議し，同月31日に韓国政府はこれに反駁し
た。2月8日（読売新聞社機）と同月19日（福岡 RKB 毎日機）に日本の報道機関
の飛行機が竹島上空を飛行したことに対して，それぞれ2月16日と同月24日に

---

(27)　1977年4月27日付「第1回島根県竹島問題解決促進協議会会議事録」中の島根県農林水産部
　　　長の発言。

382

駐日韓国大使館は外務省に抗議し，日本政府も竹島の不法占拠に抗議して応酬した。6月10日，6月9日に日本漁船2隻が竹島で「韓国領海」を侵犯したとして韓国政府外務部が駐韓日本大使館に口頭で抗議し，日本政府も竹島の不法占拠に抗議して応酬した。8月31日には竹島巡視帰途の海上保安庁巡視船「くずりゅう」が韓国機から威嚇を受けた。威嚇飛行はこれが初めてであった。9月21日，この事件について韓国政府外務部が駐韓日本大使館に口頭および書簡で抗議し，日本政府も反駁した。9月5日の第9回日韓定期閣僚会議で日本側は「紛争の解決に関する交換公文」にそって平和的に解決したいと提起したが，韓国側はこれを拒否した。10月24日付『東亜日報』※の竹島に韓国人漁民が住み着いているという報道に関して，同月26日に駐韓日本大使館はこの報道は事実ではないと報告した。10月27日，8月31日の巡視結果に基づき，日本政府は韓国官憲の竹島不法占拠に対して駐日韓国大使館に抗議した。11月8日付『朝日新聞（大阪本社版）』に韓国内務部長官の竹島上陸の記念プレートとコンクリート製韓国国旗の設置の報道があり，同日，日本政府はこの件につき駐日韓国大使館に抗議した。これらは1978年の竹島近海の事件の前哨戦であった。

4　1978年の竹島をめぐる問題(2)

第2に，竹島の経済価値が上昇していたことである。

竹島では隠岐の漁業者が島に渡り，アシカ猟や採介藻漁業を行ってきた。戦前，島根県は竹島での採介藻漁業をアシカ漁業の免許を受けた者に対して許可し，戦後は1953年6月にワカメ，イワノリ，テングサ，アワビ，サザエ，ナマコ，タコ，ウニを対象とした第1種共同漁業権を隠岐島漁業協同組合連合会に免許し（期間は同月18日から1961年8月31日まで），同月10日にはアシカ漁業を隠岐在住の漁業者に許可した（期間は同日から1955年12月31日まで）。隠岐の23の漁業組合による1951年5月10日付「竹島漁区の操業制限の解除方に付陳情」に記されている竹島の漁獲物は，アシカ，アワビとサザエ，ワカメ，天草，カキ，赤ナマコであった。竹島「根付」の海産物の産地として見れば，竹島の価値は高くなかった。1953年の竹島調査の報告書「［島根県］水産商工部 澤富造・井

383

第Ⅱ部　竹島問題と日韓関係

川信夫の出張復命書 昭28.6.28付」には，次にように記されている。

　　各島嶼の水面上の地形は，青年期の形相を呈し，絶壁であり，水面下も殆
　ど切削いだようになっているので，わかめ，のりの着生面積は思ったより狭
　小である。これまで宣伝せられたように，採り盡くせないなどという程の豊
　富な資源量はなく，特にのりに至っては平盤地形の岩面がないので極めて着
　生面積は狭く，これまた問題にならない程度のものと考える。
　　貝類は，あわび，さざえ，えぼし貝，かさ貝等があって就中あわび，さざ
　えは比較的多いと思料せられるが，これが棲息に適応する岩面が狭く，潜水
　器等を使って採捕するに至っては先ず永続性のない漁場と考えてよかろう。
　（略）わかめは本島では４月上旬から７月まで採捕せられるが，これ，実際
　には６，７人の漁夫で６月一杯で刈り盡されてしまう程度の狭小な面積で業
　として成り立たないと思われる。（略）
　　次に漁場としての関心事は（略）巨岸1000米線の棚についてであるが，こ
　の底質が砂泥或は砂礫とすれば纏まった底棲魚類の棲息に適し，一本釣，延
　縄等の漁場として適するのであるが，今回の調査ではこの棚は底質が岩盤上
　に僅かな小石と貝殻を認めただけであり，全部がこの状態なら，これ又大き
　な期待はできないと思う。

1977年５月10日に開催された「竹島問題座談会」で寺本演義隠岐郡五箇村長が
「（隠岐島民は——筆者補注）竹島へ渡れなくなった被害は真っ先に受けたが，当
時は，経済的な価値を認めなかったため，日本政府としても積極的な対策を打
たなかった」と述べたように，竹島問題が起きた1950年代は，竹島自体の価値

---

⑱　「竹島漁区の操業制限の解除方に付陳情」には「従来の出漁船及び漁獲時期」という項目
　があり，出漁隻数として運搬船１隻，操業船５隻（うち２隻〔乗組員６名〕海驢採捕，う
　ち３隻採貝船），漁業時期として第１回（自６月10日～６月末日）20日間，第２回（自９
　月５日～15日）10日間と記されている。戦前の隠岐の人々による竹島での漁業の実態の一
　端がわかる貴重な記録である。

⑲　『フォトしまね』65（島根県広報協会，1977年，刊行月不明，松江）10頁。「竹島問題座談
　会」には田中豊治（隠岐島史研究家），寺本五箇村長，米津島根県漁連会長，恒松島根県
　知事が出席した。

は日韓会談の焦点になるほどのものではなかったのである。

しかし，上記報告書に「同島を洗って北上する対馬暖流（略）に乗るさば，いわしは従来の実績によるいか釣とともに季節的に有望である」とあるように，1960年代には，沖合漁業の発展によって竹島周辺漁場の価値は高まった。1965年刊行と推定される『竹島の概要』（島根県，松江）には，竹島の漁業について次のような記述がある。

　　最近の漁業設備，漁労技術の急速な進歩に伴い，従来の沿岸漁業は次第に沖合漁業に移行しているが，一方海況の変化もあり魚群の回遊も沖合に移動する傾向にある。日本海の沖合漁場としては，大和堆，隠岐堆，神藤堆等好漁場が存在しているが，竹島を中心とする附近一帯の漁場は，これらの漁場を凌駕するものとして期待できる。

　　戦後朝鮮近海の好漁場を失った我国としては，竹島近海こそ日本海における最大の漁場として，開発しなければならないものであろう。

　　竹島近海においては，イワシ，サバ等を主体として年間約1億円をこえる漁獲高をあげ得るものと推定できる。

　　また同島周辺には，アワビ，サザエ，ワカメ等魚介藻類が繁茂しており，これらの採取は年間300万円程度に及ぶものと予測できる。さらに同島はアシカの棲息地として知られており，最盛期には年間2760頭を捕獲したとの記録も存しているが，これらの保護を考慮しても，なお年間200頭（約500万円）の捕獲は可能と考えられる。

この説明では，竹島自体よりも竹島周辺漁場に圧倒的に大きな価値があるとされている。ほぼ同じ時期の「竹島周辺海域に於ける漁業の概況について（島根県）昭和40年10月」では，今後の開発によって期待できる漁獲高を表11-4のようにまとめている。ここでも竹島自体より竹島周辺での沖合漁業の価値が大きく，5億円以上の水揚げがあると期待されている。同時期の1965年10月12日

---

(30) 隠岐町村会長，隠岐漁業協同組合連合会長，島根県漁業協同組合連合会長による1965年10月付の陳情書に添付されていたものである。

第Ⅱ部　竹島問題と日韓関係

表11-4　竹島における漁業の概況（島根県試算）

種　類	数　量	40年4月，5月の平均相場（キロ単価）	金額（万円）
あわび	20（トン）	㊛700円	1,400
さざえ	40（トン）	㊛100円	400
わかめ	4（トン）	㊝542円	216
てんぐさ	4（トン）	270円	108
なまこ他	60（トン）	㊛150円	900
あしか	200（頭）		300
まき網漁業	28,500（トン）		52,500
さば延縄	400（トン）		1,064
計			56,888

表11-5　竹島の漁業価値（大日本水産会予想）

業　種	漁獲量（トン）	魚　種	キロ単価（円）	漁獲金額（千円）
機船巾着網漁業	39,000	イワシ・サバ	41	1,599,000
流網漁業	225	イワシ	39	8,775
延縄漁業	400	サバ	244	17,600
採介藻漁業	20	アワビ（殻付）	1,906	38,120
	40	サザエ（殻付）	520	20,800
	60	その他	107	6,420
	4	ワカメ（乾）	858	3,432
	4	テングサ（乾）	290	1,160
イカ釣漁業	18,200	イカ類	241	4,386,200
	62	その他	107	6,634
	9,336	ベニズワイガニ	169	1,577,784
	200（頭）	アシカ	（1頭単価）15,000	3,000
合　計	67,351（トン）200（頭）			7,668,925

付『中国新聞（島根版）』では，「浜田市元浜町，県機船底引き連合会」専務理事の談話として「巻き網漁業は各船団の装備が最近，近代化し船体も昔の30トン程度のものが，近年は70～80トンに大型化しているので，同海域のサバ漁もじゅうぶん操業できる」「竹島の帰属は，領土問題だけでなく，将来の県の漁業発展を大きく左右する」と漁業者の期待が報じられている。

表11-5は大日本水産会が1976年に作成したと推定される，「竹島周辺水域で現在行われている漁業と予想される漁業とによる竹島の漁業価値」をまとめ

第11章　竹島問題と漁業

表11-6　ベニズワイガニかご漁における「竹島周辺」の比率

年	「西部日本海地域」総漁獲量（トン）（うち「竹島周辺」の比率〔%〕）	島根県の漁獲量の比率（島根県の漁獲量に占める「竹島周辺」の比率〔%〕）	鳥取県の漁獲量の比率（鳥取県の漁獲量に占める「竹島周辺」の比率〔%〕）
1974	20,941 (44.6)	14.6 (5.2)	74.9 (57.7)
1975	22,637 (40.7)	16.3 (1.3)	78.6 (51.5)

出典：『西部日本海地域におけるいか釣り漁業・べにずわいがにかご漁業 漁業別統計（昭和50年）』。

た資料である。この表ではイカとベニズワイガニの推定漁獲高はあわせて約60億円となっている。農林水産省の「海面漁業種類別生産額累年統計 全国（昭和35年～平成18年）」では，日本の海面漁業の生産額（養殖業除く）を1965年と1975年で比較すれば，4892億3000万円から1兆5540億7000万円へと3倍強の増加であった。竹島および竹島周辺の漁獲の推定値は1億円強（あるいは5億6000万円）から76億7000万円へと，それをはるかに上回る増加である。それはイカ釣漁とベニズワイガニかご漁がもたらしたものであった。

　第3に，1978年には竹島問題に関して，島根県と鳥取県の共闘が見られたことである。5月20日の両県の事務レベルによる「竹島問題に関する両県共同歩調」をとるための協議の結果「領土権確立を最終目的に，当面安全操業確保に向けて両県で新たな組織を作る」ことに合意した（5月23日「日」）。5月22日には島根県議会議長から鳥取県議会議長に「訪韓代表団で鳥取県議会も共同歩調を」との申し入れがあり，鳥取県議会は翌23日に「竹島周辺漁場における安全操業の確保」要請のための両県共催の訪韓代表団派遣を決定した（5月24日「日」）。12月4日には「鳥取，島根両県の水産関係者が一体となって」問題に取り組もうとする「山陰沖漁業対策協議会」が設立され，「竹島の領土権確立と竹島漁場への安全操業の早期確保」と「春，秋漁期における竹島漁場の減収

(31)　前掲註(26)『日本海漁業対策懇談会検討資料』14～15頁。これらの漁業のうちイカ釣漁業とベニズワイガニが「現在行われている漁業」である。この表について福原裕二は「あくまで『経済水域の設定が日本海漁業に与える影響』を数字で表したものであり，これを『竹島周辺の漁場』や『竹島／独島の漁業的価値』と読み替えるのは正しくないだろう」と述べる（前掲註(13)『北東アジアと朝鮮半島研究』202～203頁）が，同資料にはそのような前提条件はない。なお，「延縄漁業」や「機船巾着網漁業」については拙稿「戦前の竹島・鬱陵島間海域におけるサバ延縄漁業試験について」『島嶼研究ジャーナル』5-2〔島嶼資料センター，2016年3月，東京〕参照。

第Ⅱ部　竹島問題と日韓関係

についての救済措置」などを国に要求することになった（12月5日「日」）。

　鳥取県の積極的な姿勢の背景には，表11‐3で見たように，イカ釣漁において鳥取県が島根県よりも「竹島周辺」水域の漁場への依存度が高かったことがあった。そして，この傾向は，表11‐6で示すように，ベニズワイガニかご漁でさらに顕著であった。「べにずわいがにはするめいかなどと異なり，極く限られた漁場に集中するのが通例」という事情もあった。鳥取県に水揚げされるベニズワイガニは「西部日本海地域」総漁獲量の4分の3を占め，その5〜6割が「竹島周辺」で漁獲されたものであった。よって，1977年の「竹島問題座談会」では，「200海里の影響は（沿岸漁業主体の）島根県の場合，経済的には，比較的軽いが，鳥取，石川，北海道にとっては漁獲高が大きいので経済的に非常に重大です。従って竹島問題は，島根県だけで考えるべきではない」と田中豊治は発言し，「他県とも手を組んで問題解決へ行動を起こそう」と呼びかけたのであった。

　「200海里時代」の到来はいやおうなく日本政府に竹島問題への対応を迫るものであった。「竹島周辺」漁場の価値の高まりは無視できないものになっていた。竹島問題で島根県と鳥取県が初めて共闘した。これらは，竹島問題が島根県という一地域を越えた問題になる可能性が生まれたことを意味した。1965年の日韓国交正常化の時に示された，島根県という地域の意志よりも国家の方針を優先させるこのような日本政府の姿勢を変えさせる機会が1978年に到来したのであった。しかし結局，日本政府は韓国との紛争回避を優先し，竹島問題で

---

(32)　前掲註(12)『西部日本海地域におけるいか釣り漁業・べにずわいがにかご漁業 漁場別統計（昭和50年）』89頁。

(33)　前掲注(29)『フォトしまね』65，10頁。

(34)　福原裕二は，1978年3月発行の『昭和50年 島根県統計書』裏表紙の島根県の圏域地図で竹島の表示が復活したことに発想を得て，「200カイリ漁業水域設定が島根県議会の決議や促進協の設立に影響を与え」た。島根県は「地域の実情ではなく，国家レベルの事象において竹島をめぐる行態が左右される，すなわち地域やそこに暮らす人々への一定の配慮を欠いたのではないか」と批判した（「第二次世界大戦後の島根県と竹島（「竹島／独島研究における第三の視角」解題）」『第2期「竹島問題に関する調査研究」中間報告書』島根県総務課，2011年2月，松江）。しかし，隠岐あるいは島根県という一地域の問題として軽視されてきた竹島問題を日本政府の課題にすることが，隠岐や島根県そして促進協の目標であった。「竹島の日」制定以後重い腰を上げつつあるものの，日本政府の竹島問題への消極的な姿勢こそ「地域やそこに暮らす人々への一定の配慮を欠いた」ものであった。

388

韓国と正面から徹底的に対決する姿勢はとらなかった。

外務省アジア局長で第7次日韓会談代表として「紛争の解決に関する交換公文」の作成に関わった後宮虎郎（1914～92）は，1978年の事件の最中に次のように述べて事態の鎮静化を訴えた。[35]

　昔の格言にある天の時，地の利，人の和の三要素はいかなる外交案件の解決についても不可欠の成功条件と思われる。竹島について言えば，右二つのうち地理的条件だけはほぼととのっていると言う得べく，この島が北方四島と異なり，定着住民もない小さな岩礁であり，若干の漁業以外に地下資源の問題もないことは，問題を単純化し得るであろう。ところが天の時の要素——日韓関係では同時にこれは人の和の要素でもあるが——については今や機熟せりとはたして言えるであろうか。日韓両国民の感情も年を追って漸次的に改善されつつあるが，いまだ竹島問題の「抜本的」解決を冷静に検討し得るほどの和の段階にまで立ち至っていない（略）。天の時，地の利，人の和の三要素が熟すまでの間は日韓双方ともいたずらに本問題につき事端を繁くし相手を刺激するがごとき言動を慎むべきである。

200海里時代の到来や漁業技術の発展がもたらした「地の利」の変化すなわち「竹島周辺水域」の経済価値の上昇を，後宮は見落としている。そして，「天の時，人の和」を熟させるだけの不断の努力をはたして日本政府が行っていたのかが問われねばなるまい。次の島根県隠岐島漁業協同組合連合会による1977年4月8日付「竹島の領土権確保に関する陳情書」は，竹島問題に対する日本政府の姿勢を批判したものである。

　そもそも一国の領土は尺寸の地といえども故なくして譲るべからざるは古今の鉄則であり，故なくしてこれを実力をもって占拠する韓国に対しては須

---

[35]　後宮虎郎「『天の時』を待ってじっくり交渉を——竹島領土権問題を考える」（『世界週報』59-38，時事通信社，1978年9月，東京）26頁。後宮虎郎は駐韓日本大使（1972～75年）を経て当時は国立京都国際会館館長であった。

第Ⅱ部　竹島問題と日韓関係

からく自衛権の発動によって原状回復を図るべきであり，若し我が国に於て，
これを国際間の紛争にして憲法九条により実力に依って解決すべき筋合のも
のにあらずとするならば，よろしく韓国をして国際司法裁判所に提訴して帰
属の判断を求めることに合意せしむべく万一韓国にして，この提訴に応ぜざ
るにおいては，よろしく韓国に対する経済援助を打切る等適切な措置を講ぜ
られたく強く要望する。

　この陳情書中の「韓国に対する経済援助を打切る等適切な措置」については，
1978年6月19日付『朝日新聞（大阪本社版）』に「対韓援助を"保留"政府「竹
島」で強い姿勢」という記事が掲載された。「政府筋は，18日，今年度の対韓
経済援助（円借款）について，事務的には両国間で合意しながら最終的な決定
をこの一カ月間，"保留"していることを明らかにした」，このきわめて異例の
措置は「園田外相が定期閣僚会議の正式議題に竹島問題を取り上げるべきだと
表明したことに象徴されるように，政府の強い対韓姿勢の表れともみられる」
と記されている。1978年6月9日付『山陰中央新報』には，「園田外相は竹島
問題で，今秋の日韓定期閣僚会議の延期や経済協力の打ち切りを含めた強い姿
勢をみせているのに対し福田首相はこれを否定しており，政府内部の調整が迫
られよう」という記事が記載された。

　これに対して，後宮は前記記事で「竹島問題解決のための対韓援助停止論の
ごときは（略）鼻もちならぬ大国主義との謗を免れないであろう。（略）国際紛
争解決のため武力の行使を禁じた新憲法の精神は，まさか経済力の行使は容認
する趣旨ではあるまい」と強調している。しかし，外交目的達成のための「経
済力の行使」は，経済制裁として現在北朝鮮に対して行われている。国家の利
益を体現していたのは外務省官僚OBではなく，隠岐の漁業者であったかのよ
うな印象を受ける。なお，後宮の「日韓双方ともいたずらに本問題につき
（略）相手を刺激するがごとき言動を慎むべき」という提言は，日韓条約締結
時に作られたとされる「竹島密約」を連想させる。「竹島密約」は竹島の現状
維持および領有権を主張し合うことを日韓双方が認めあうことで，竹島問題が
解決したとみなすというものであった。後宮は韓国に対しても竹島支配の強化

390

第11章　竹島問題と漁業

を控えるよう日本政府の意志を伝えたかのように見える。

5　韓国漁船操業問題の発生

　竹島近海から日本のイカ釣漁船が退去させられた1978年は，島根県の漁業者にとってきわめて重大なもう一つの韓国との漁業紛争が起きた年でもあった。すでに1975年秋頃から，北海道釧路沖漁場で韓国大型漁船の操業により，わが国沿岸漁業者が敷設する漁具が破損される等の事件が発生していた。1977年から米ソ両国の200海里漁業専管水域設定により北洋漁場（ベーリング海とカムチャッカ近海）から締め出された韓国の大型トロール漁船は北海道周辺で本格的に周年操業するようになり，北海道の沿岸漁業者は漁具の被害と漁業資源の減少を訴えて韓国漁船対策を日本政府に求めていた。[37] 1978年からは韓国漁船は島根県の沖合に大挙押し寄せ，漁業者は韓国船による漁具荒らしと漁場占拠に苦しむことになったのである。最初に被害を受けたのは石見（島根県西部）のシイラ漬け漁の漁業者であった。6月，韓国の小型トロール漁船の乗組員によって漁の仕掛けである筏のロープが切断される事件が起こった。この漁に従事していた，島根県大田市の和江漁協（当時）の組合長であった月森元市（1924年

---

(36)　ロー・ダニエル「韓日協定5カ月前に‘独島密約’があった」（『月刊中央』377，2007年4月，ソウル）※。同『竹島密約』（草思社，2008年11月，東京）。「竹島密約」は「竹島，独島問題は，解決せざるをもって解決したとみなす。したがって条約ではふれない」。すなわち「(イ)両国とも自国の領土であることを認め，同時にそれに反論することに異論はない。(ロ)しかし，将来，漁業区域を設定する場合，双方とも竹島を自国領として線引きをし，重なった部分は共同水域とする。(ハ)韓国は現状を維持し，警備員の増強や施設の新設，増設を行わない。(ニ)この合意は以後も引き継いでいく」というものである。筆者は，漁業区域の「重なった部分は共同水域とする」という(ロ)については疑問を持っている。1965年の旧日韓漁業協定で認められた距岸12海里の漁業専管水域を竹島に設定した場合，そのすべてが重なるため不自然なためである。(ロ)は，竹島を含む日本海の広大な水域を日韓両国の漁業者が共に操業できる暫定水域として設定した新日韓漁業協定への韓国人の不満に対応して現在の観点から追加したものではなかろうか。「竹島密約」の存在を日本政府（安倍晋三首相）は2007年4月3日付「衆議院議員鈴木宗男君提出竹島密約に関する質問に対する答弁書」で否定しているが，もし事実ならば，竹島の不法占拠を強化して「現状を維持」していない韓国は「竹島密約」を反故にしているのであるから，その姿勢は国際信義にもとるものである。

391

第Ⅱ部　竹島問題と日韓関係

生）はその後リーダーとして韓国漁船対策に奔走することになるが，当時の状況を次のように語った（1999年7月7日，大田市にて聞き取り）。

　昭和53（1978）年以来何度か渡韓して被害の実態と再発防止を訴えたが効果はなかった。ある時「公海上に障害物を置くな」と言われたことがある。54（1979）年には，筏に灯火をつけて位置を知らせたり，テープレコーダーに韓国語で注意を吹き込んで韓国漁船に呼びかけたが無駄だった。それが裏目に出て灯火のついている筏がロープが切られて無くなっていたり，灯火だけが盗まれていたこともあった。55（1980）年頃からは沖合でアナゴ篭漁船，沿岸でトロール漁船が操業して日本の小型底曳網漁船や延縄漁船が操業できなくなった。韓国漁船の中には領海侵犯までして操業するものもあったが，通報しても海上保安庁の韓国漁船取り締まりの動きは鈍かった。

月森は石見地区で35統あったシイラ漁の漁船が1984年には14統にまで減ったと語った（島根県水産課によれば，石見地区の許可統数は1973年の30統以降，1978年25統，1983年24統，1988年8統となっている）。そして「島根県沖の韓国漁船の数は増え

─────────

⑶⑺　直接被害は1979年1月までで，約1500件，5億4000万円に達し，1979年には韓国漁船への日本人の投石で韓国人漁船員が負傷する事件が起きた（『200海里運動史』〔全国漁業協同組合連合会，2013年3月，東京〕29頁）。韓国漁船による北海道沿岸での漁具被害は1977年以前から発生しており，1976年6月には札幌で第1回日韓民間漁業協議会が開かれ，①韓国漁船は北海道沿岸漁民の漁具に被害を与えないため，周辺海域での操業を中止する，②これまで発生した漁具被害に対する損害補償は調査して解決をはかる，などで合意していた（1977年3月9日付『北海道新聞』社説）が，この合意は守られなかった。室蘭沖の韓国漁船に日本漁船が近づいて漁場から離れるよう告げても「おれたちもどこへ行っていいのかわからない」と動こうとしなかったという（1977年3月2日付『北海道新聞』）。この後，北海道周辺海域での韓国漁船操業について，両国政府は1980年から5次にわたって自主規制措置をとることになった。その時韓国が求めたのが済州島周辺水域での日本漁船の操業規制であった（「北海道周辺水域における韓国漁船操業」〔『東アジア関係国の漁業事情（韓国・中国・台湾・北朝鮮・極東ロシア）』海外漁業協力財団，1994年9月，東京〕）。北海道周辺水域での韓国漁船操業問題については，『韓国漁船対策資料』（北海道水産部漁業管理課国際漁業対策室編，1993年2月，札幌），『北海道水産業のすがた』（平成6～12年度版）（北海道水産部〔平成8年度版からは北海道水産林務部〕1995～2001年）が詳しい。『韓国遠洋漁業三十年史』（韓国遠洋漁業協会，1990年12月，ソウル），崔宗和『現代韓日漁業関係史研究』（海洋水産部，2000年10月，ソウル）にも記述がある。

392

る一方で，昭和57（1982）年には年間500隻，58年2300隻，59年には3300隻の多くを数えるまでになった。日本の領海12カイリから一歩先沖に出れば公海だが，韓国船がひしめく状況ではとても公海とはいえず，『日本海はもはや韓国の海となってしまった』という悲痛な嘆きの声が，漁民の間から次々と上がった」とまとめている。月森氏の言う「日本海のわが国周辺水域は韓国船のやりたい放題で，乱獲による資源の枯渇と漁場の荒廃が進む一方となった」という状況は島根県だけでなく1990年代の西日本の各地で見られたものであった。1988年は，「200海里時代」に対応して水産庁が全国規模での資源管理型漁業への事業をスタートさせた年であったが，韓国漁船の国内規制を無視した操業により実効があがらないという漁業関係者の不満の声があがった。

　問題の要因の一つは1965年の日韓漁業協定であった。距岸12海里までの漁業専管水域（1977年からは領海とほぼ重なる）の外側の水域における「取締り（停船及び臨検を含む。）及び裁判管轄権は，漁船の属する締約国のみが行い，及び行使する」（第4条）という旗国主義が韓国漁船の横暴を助長した。また，1977年

---

(38)　月森元市『豊饒の海 悲劇の海──韓国漁船対策22年間の闘い』（漁業協同組合JFしまね，2009年3月，松江）258頁。

(39)　松浦勉「韓国漁船操業の現状と課題」（『水産界』1304，大日本水産会，1993年9月，東京）では，1992年からの日韓漁業実務者会議で取り上げた悪質な違反操業を次のようにまとめている（13〜15頁）。①山陰沖での沖合底曳の休漁期間（6〜8月）違反，②トロール・底曳網漁船の船名等の隠ぺい，③イカ釣操業の妨害（対馬周辺で日本漁船が集魚したイカを韓国大型トロール漁船が一網打尽に漁獲），④領海等の侵犯，⑤沿岸海域の敷設漁具の被害。加害船が特定できず損害賠償の請求不可能。（同論文は前掲註37『東アジア関係国の漁業事情（韓国・中国・台湾・北朝鮮・極東ロシア）』に収録されている）。甚だしくは，浜田の沖合底曳漁船が韓国のアナゴ筌漁船のロープを切ったとして体当たりされ，包丁を持って乗り組んできた韓国人に器物を奪われるといった事件まで起きた（「立ち直れ漁業県(1) 当たり屋の漁船 強硬手段で弁償要求 逃げ回るだけの日本船」1987年1月2日付『中国新聞（島根版）』）。

(40)　前掲註(39)「韓国漁船操業の現状と課題」15頁。筆者は，1998年5月に兵庫県香住町漁業協同組合（当時）で次のように聞いた。「韓国船は次第に東へと移動していく。獲りつくすと次の漁場に移るのは，まるでイナゴのようだ」。「日本では認められていない底刺し網が大きな被害を及ぼしている。カニや小さな魚まで獲ってしまい，日本漁船は底曳網をかけられない。からまるとトラブルが起きるからだ」。同年10月には兵庫県漁業協同組合連合会但馬支所で，韓国底刺し網漁船の視認隻数の分布と，日本の造った漁礁の分布が重なることを聞いた。

第Ⅱ部　竹島問題と日韓関係

に日本が設定した200海里漁業水域では，日本は韓国および中国国民には適用を除外していたことも大きい。1975年実績で「わが国は巻き網や底引き網漁を中心に韓国，北朝鮮の二百カイリ内水域で24万1千トン，中国の二百カイリ内水域で15万2千トン（略）をあげているのに対し，わが国二百カイリ内水域での両国の年間漁獲高は中国がゼロ，韓国も1万トンに満たない[41]」という状況では，200海里漁業水域実施は「漁業の面からみると，失うところが大きく，得るところが何もない[42]」という認識が日本にはあった。しかし，1990年代には「日本の排他的経済水域内の韓国漁船漁獲実績はほぼ1600隻，漁獲高約22万トン程度，これに対し，日本漁船の韓国水域での操業実績は，約1600隻，9万トン程度[43]」と推定され，漁業に関しては攻守立場が逆転した。「日本漁船が受ける国内規制を尻目に，領海外では韓国漁船は自由な操業を行い，漁具被害・漁場占拠・資源枯渇等のトラブルを増加[44]」させたのである。

　「韓国漁船による違反・無謀操業」「中国漁船による集団操業」から海を守るため「200カイリ全面適用を基本とする体制を早期に確立」せよと，除外されていた中韓両国との間にも排他的経済水域（EEZ）を設定して外国漁船を排除しようとする声が日本の漁業者の間に高まった（「200海里確立全国漁民大会」〔『水産界』1307，大日本水産会，1993年12月，東京〕44～45頁）[45]。

---

(41)　「韓国『200カイリ』を準備」（1977年4月25日付『読売新聞〔大阪本社版〕』）。一方で，すでに1977年には，北海道周辺水域でのスケトウダラ漁獲を主とする，日本の200海里漁業水域内での韓国漁船の漁獲量は政府推定の10万トンを越え，日韓漁業協定の共同規制水域での日本の漁獲量12.5万トン上回り，日韓の漁獲量は逆転しているのではないかという声があった（1978年2月20日付『日本水産新聞』〔大日本水産会，東京〕）。

(42)　前掲註27「第1回島根県竹島問題解決促進協議会議事録」。

(43)　杉山晋輔「新日韓漁業協定締結の意義」（『ジュリスト』1151，有斐閣，1999年3月，東京）105頁。この推定値は1992～2000年の平均である。

(44)　前掲註37『200海里運動史』28頁。

(45)　これに対して，韓国近海での操業を規制される恐れのあった日本遠洋底曳網漁業協会，日本遠洋旋網漁業協同組合，山口県遠洋延縄協議会は，200海里水域全面適用に反対した（前掲註37『200海里運動史』34頁）。

第11章　竹島問題と漁業

6　新日韓漁業協定とその問題点

　1994年11月16日に国連海洋法条約（正式名称は「海洋法に関する国際連合条約」）
は発効した。1996年に日韓両国は国連海洋法条約を批准し（韓国は1月29日，日
本は6月20日），「領海法」を改定し，距岸200海里の排他的経済水域を設定した。
そしてこの条約をふまえた新漁業協定の締結交渉が同年5月から開始されたが，
日本海から東シナ海にかけての水域における排他的経済水域の境界画定で協議
は難航した。しかし，1996年6月23日の橋本龍太郎首相・金泳三大統領の日韓
首脳会談で「領有権問題と切り離して排他的経済水域の境界確定や漁業協定交
渉を促進していく」ことに合意しており，そして1997年10月の交渉で「排他的
経済水域の境界画定がどうしても困難な水域については，そこに『暫定水域』
を設定して境界画定問題を回避するとの考え方に同意し，新漁業協定に向けて
の共通の土台ができたのであった」。その後，暫定水域の具体的範囲およびそ
の法的性格などをめぐって紛糾した。1998年1月23日には，排他的経済水域で
の資源管理を的確に行うとして，日韓漁業協定の規定に従って，日本政府が日
韓漁業協定の1年後の終了を韓国政府に通告する事態となった。しかし同年2
月の金大中大統領就任後に交渉は再開され，新日韓漁業協定は1998年11月28日
に調印されて1999年1月22日に発効した（図9-3〔332頁〕）。　新日韓漁業協定
は，本文と二つの付属書，東シナ海の暫定水域に関する合意議事録，違反操業

---

(46)　日本は「領海および接続水域に関する法律」（1996年6月14日公布，法律第73号），韓国は
　　「領海及び接続水域法」（1995年12月6日公布，法律第4986号）である。日本は新領海の設
　　定に直線基線を採用したため領海が広がり，1997年6月9日に島根県沖で韓国漁船が拿捕
　　される事件が起き，旧日韓漁業協定をめぐる解釈の違いが日韓の争点になった（田中則夫
　　「韓国漁船拿捕事件──日本の領海基線の変更と日韓漁業協定」〔『龍谷法学』31-4，龍谷
　　大学法学会，1999年3月，京都〕）。
(47)　日本は「排他的経済水域及び大陸棚に関する法律」（1996年6月14日公布，法律第74号），
　　韓国は「排他的経済水域法」（1996年8月8日公布，法律第5151号）である。日本が200海
　　里漁業水域を設定した「漁業水域に関する暫定措置法」（1977年5月2日公布，法律第31
　　号）は「排他的経済水域における漁業等に関する主権的権利の行使等に関する法律」
　　（1996年6月14日公布，法律第76号）によって廃止された。
(48)　前掲註(43)「新日韓漁業協定締結の意義」99，101頁。

395

第Ⅱ部　竹島問題と日韓関係

に関する両国外務大臣の書簡及び韓国への操業実績を踏まえた漁獲割当に関する我が国外務大臣からの書簡からなる。日韓両国は「海洋生物資源の合理的な保存及び管理並びに最適利用の重要性を認識し」という前文から始まるこの協定の主旨は次の通りである。

日韓両国は，自国の国内法令に従って，自国の排他的経済水域における資源状況等を考慮して相手国漁船に対する許可及び取締りを行う。竹島の領有権及び領土起点（日本側が主張する肥後鳥島を基点として認めるか否か）の問題もあって排他的経済水域の境界線についての合意が得られなかったので，暫定水域⁽⁴⁹⁾を設けた。暫定水域では，相手国漁船に対し漁業に関する自国の関係法令を適用しないこととする（旗国主義）とともに，日韓漁業共同委員会を通じて漁業種類ごとの最高操業隻数の設定を含む適切な資源管理を実施していくこととする。協定の目的を効率的に達成するため，日韓の代表および委員各1名からなる日韓漁業共同委員会を設置することとしており，この委員会では，相手国水域での具体的な操業条件，操業の秩序維持，暫定水域の資源管理等について協議し，決定又は両締約国へ勧告する。

相手国の排他的経済水域内での漁獲割当は，3年間で日韓同量とすることになった。すなわち韓国側は年間22万トンから当時の日本側漁獲実績の約10万トンにまで漁獲量を落とす。韓国側は資源状況が多くトラブルの多いスケトウダラの割当量を初年度1.5万トンとし2年目からはゼロ，ズワイガニも初年度と2年目を当時の実績の50％（約500トン）に定め，3年目からはゼロとすることになった（1998年9月26日付『日本海新聞』）。

新日韓漁業協定に対する日本の漁業者の不満は強い。竹島周辺水域を含む日本海の広大な水域が暫定水域となったこと，とりわけ好漁場の大和堆の4割や「浜田三角」が暫定水域に含まれたことである⁽⁵⁰⁾。暫定水域は本来なら日韓両国の漁船が操業できる水域であるが，現実には竹島に日本漁船は近づくことはできない。ベニズワイガニかご漁は日韓が同じ漁法のため合意形成されつつある⁽⁵¹⁾

---

(49)　協定文に「暫定水域」という語句はない。相手国漁船を自国の関係法令によって取締まることができない水域という意味の水域である。韓国では新日韓漁業協定の暫定水域を「中間水域」と呼ぶ（前掲註(37)『現代韓日漁業関係史研究』453頁）。

が，ズワイガニ漁においては休漁期のほとんどない韓国漁船の漁具（底刺し網）が始終置かれ，好漁場での日本の底曳網漁船の操業が難しい。「隠岐の北側に作っておいた漁礁が韓国に取られた」「韓国は暫定水域を自分の国の EEZ だと思っている」「竹島がなかったら日本海に一本の線ができて，韓国船はこっちに来なくなるのに」「だいたい，"暫定"というのは一時的という意味じゃないのか」。「友好だとか交流だとかの行事は何のためにやっているのか」。これらは2006年5月4日に鳥取県岩美町田後漁協で聞いた底曳網漁業者の切実な声である。

　そしてさらに，韓国漁船は濫獲のために資源が枯渇しつつある暫定水域から「新たな資源を求め日本の EEZ に侵入。地元漁業者にとっては漁場が荒らされるほか，沖合底引き網漁船の網に韓国漁船が設置した漁具（底刺し網やバイ篭など──筆者補注）が絡む被害が発生している」[52]。2013年2月23〜25日付『山陰中央新報』の連載記事「環りの海」(2)〜(4)では，水産庁の取締船に同乗して取材した鎌田剛記者は「韓国船は浜田三角と EEZ に接するライン上を狙ってオレンジや黒の旗を目印にした漁具を仕掛けていく。一列に並ぶ韓国漁船と漁具の目印がおのずと海の"国境線"を形成していた。(略)違法操業を裏付けるように，取締船の動向をうかがうため，大半の韓国船は異様に高く改造したマストの先にアンテナを付けていた」と報告した。「浜田三角」西側の日本の排他的経済水域では，韓国漁船が監視の目を盗んで違法に設置した漁具によって日本の底曳網漁船が操業できない場所もあるというのが島根県沖合の日本海の現実である[53]。

──────────

(50)　濱田武士『日本漁業の真実』（筑摩書房，2014年3月，東京）126〜129頁。同書では，暫定水域に日本海の優良漁場が含まれた理由を「北海道沖で操業していた大型トロールの撤廃を条件に日本が譲歩した」ものと推察されている（127頁）。筆者は2000年6月19日に取材した鳥取県岩美町田後漁協でも，この推察と同様の怒りの声を聞いた。本田良一「高波続く日韓暫定水域──境港，九龍浦，そして東京から」（北日本漁業経済学会編刊『北日本漁業』43，函館，2015年8月）に，交渉経緯が記されている。同記事では暫定水域の問題は説明されているが，日本側 EEZ での韓国漁船の不法操業については記述がない。

(51)　前掲註(50)『日本漁業の真実』128頁。全国漁業協同組合連合会編・発行『200海里運動史』（2013年3月，東京）105頁。

(52)　「山陰沖 EEZ 韓国船違法操業 手口悪質化 対策に苦慮 ズワイガニ資源枯渇の恐れ」（2010年2月22日付『山陰中央新報』）。

第Ⅱ部　竹島問題と日韓関係

　「一般に国家間の条約においては，双方がおさえられる程度の不満をそれぞ
れもつ条約はかえってよい条約といわれる。なぜなら，一方だけが満足し，他
方は心底不満を感じる条約の内容は，結局永きにわたってそれら二国間の関係
を律する規範として円滑に存続するのは困難とみられるからである。」と，新
日韓漁業協定締結交渉の日本側担当者は記した。しかし，協定成立当時の相手
国の排他的経済水域での漁獲量において韓国が日本に倍していたことでもわか
るように，1970年代以降の韓国漁業の伸長と韓国人漁業者の行動は，日本の漁
業者が協定に「おさえられる程度」以上の不満を感じる原因となった。そして
その不満は竹島を不法占拠する韓国への憤りを呼び覚ました。漁業問題と竹島
問題を切り離して合意にこぎ着けた新日韓漁業協定は，皮肉にも日本人の関心
を竹島問題に向けさせる結果となったのである。

⑸　日本の排他的経済水域（EEZ）では九州沖の漁場でも韓国漁船の操業問題が発生している。
　　2014年漁期（2014年７月１日〜2015年６月30日）における，相手国 EEZ 内での自国漁船
　　の漁獲量についての交渉は，日本側 EEZ での韓国延縄漁船の操業と韓国側 EEZ での日本
　　の旋網漁船の操業をめぐる対立により，2014年６月にいったん中断するという異例の事態
　　となった。「韓国 EEZ で操業する日本漁船の多くは企業型の大型漁船だが，日本 EEZ で
　　操業する韓国漁船はイカやタチウオ漁を主に生計とする小規模漁船が多い。このため，相
　　手国 EEZ で操業する漁船の数は日本より韓国のほうが３倍程度多い。（略）相手国の
　　EEZ での入漁手続きの違反について，日本漁船はここ数年間ほとんどないが，韓国漁船
　　は毎年10回以上起こしている」（2015年５月11日付『聯合ニュース』電子版※）という背
　　景があった。翌2015年１月に，2015年漁期（2015年１月20日〜2016年６月30日）について
　　の交渉は妥結したが，同年２〜３月に鹿児島沖の日本側 EEZ で韓国漁船が操業日誌にタ
　　チウオの漁獲量を過少記載して４隻が拿捕されるなど問題は解決していない。その後，
　　2016年漁期（2016年７月１日〜2017年６月30日）の交渉は双方の立場に隔たりが大きく，
　　決裂に終わった。韓国側は延縄漁船の操業条件を緩和し，タチウオの漁獲割当量を増やす
　　よう求めたが，日本側は韓国漁船の違法操業や資源減少などを理由に漁業が可能な延縄漁
　　船を減らす方針を示した。2015年漁期の漁獲量は，韓国は３万７千トンに達したが日本は
　　3927トンにすぎず（ともに68204トンという割当量に対する比率は，日本5.8％，韓国54.8
　　％），済州島の延縄漁業者の日本側 EEZ の漁場への依存度は高い（2017年５月28日付『聯
　　合ニュース』電子版※）。

⑸　前掲注⒀「新日韓漁業協定締結の意義」104頁。

終　章
戦後日本と竹島問題

1　竹島問題の推移──1970年代まで

　次頁の表終-1および表終-2は，戦後日本と韓国の国会で「竹島」に言及した発言のあった会議の数を示したものである。日本は「国会議事録検索システム」で「竹島」の検索語によって調べた。韓国は「国会事務處」のホームページで「会議録検索」の「内容」の検索窓に「독도（独島)」と入力して検索した（「本会議」「常任委員会」「予算決算特別委員会」「特別委員会」「小委員会」の各項目の合計)。

　日本と韓国の国会において竹島問題が特に意識された，あるいは集中して論議された，いくつかの時期があることに気がつく。それは次の時期である。

①1953〜54年の韓国による竹島不法占拠が強行された時期
②1962〜65年の日韓会談において竹島問題の論議が行われた時期
③1977〜78年の日韓大陸棚協定の審議と竹島近海からの日本漁船の排除の時期
④1996〜97年の新日韓漁業協定締結に向かう時期
⑤2005〜06年の島根県による「竹島の日」条例制定の時期
⑥2012年の韓国李明博大統領の竹島上陸を前後する時期

以下，各時期について考察を進めたい。
　①の韓国が竹島不法占拠を強行した時期（1953〜54年)，韓国の報復に対抗す

表終-1　日本の国会で竹島に言及した会議の数

年	1951	1952	1953	1954	1955	1956	1957	1958	1959	1960	1961	1962	1963	1964
数	5	8	67	43	30	15	4	17	10	30	9	37	43	29
年	1965	1966	1967	1968	1969	1970	1971	1972	1973	1974	1975	1976	1977	1978
数	75	5	8	1	13	8	11	10	5	0	5	6	70	62
年	1979	1980	1981	1982	1983	1984	1985	1986	1987	1988	1989	1990	1991	1992
数	22	14	11	22	7	5	13	10	7	9	9	7	9	22
年	1993	1994	1995	1996	1997	1998	1999	2000	2001	2002	2003	2004	2005	2006
数	3	3	4	46	37	22	9	5	11	9	2	23	49	38
年	2007	2008	2009	2010	2011	2012	2013	2014	2015	2016				
数	15	15	21	44	76	55	55	52	28	22				

表終-2　韓国の国会で竹島に言及した会議の数

年	1948	1949	1950	1951	1952	1953	1954	1955	1956	1957	1958	1959	1960	1961
数	6	0	0	0	2	9	8	0	0	0	0	0	1	0
年	1962	1963	1964	1965	1966	1967	1968	1969	1970	1971	1972	1973	1974	1975
数	0	0	6	20	0	0	0	1	1	0	0	0	0	1
年	1976	1977	1978	1979	1980	1981	1982	1983	1984	1985	1986	1987	1988	1989
数	0	18	38	4	0	4	0	2	7	3	6	0	4	8
年	1990	1991	1992	1993	1994	1995	1996	1997	1998	1999	2000	2001	2002	2003
数	1	0	3	3	0	5	121	217	120	169	44	68	35	25
年	2004	2005	2006	2007	2008	2009	2010	2011	2012	2013	2014	2015	2016	
数	38	169	109	52	101	76	85	159	107	108	109	102	69	

る実力がなかった日本政府は済州島から対馬にかけての海域での日本漁船の安全操業の確保および日韓会談の進行をより重視し、竹島の支配を維持できなかったことは序章で述べたとおりである。この時期、少なくとも二度にわたって米国からサンフランシスコ平和条約では竹島が日本領として残された事実を伝達されていた[1]にもかかわらず、韓国は竹島不法占拠を正当化する様々な「根拠」を作り出した。その中で、現在の韓国人の心情をとらえ、竹島問題の解決を困難にしているのは、「独島は日本の朝鮮侵略の最初の犠牲の地」という主

(1)　1951年8月10日の「ラスク書簡」および、1952年12月4日の駐韓米国大使館による韓国政府外務部宛書簡である。

張である。1905年の竹島の日本領土編入まで李氏朝鮮・大韓帝国が竹島を領有していた事実はなく，これが誤った主張であることは言うまでもない。

②の1965年の日韓条約における竹島の取り扱いは竹島に漁業権を持つ隠岐の人々を落胆させた。「政府並びに政府与党である自由民主党は，同島が蕞爾たる一岩礁に過ぎないものとしてこれを軽視し，昭和37年（西暦1962年）から始まった日韓国交正常化に関する交渉の進行過程に於ても強く領土権の日本にあることの主張をなさず」と隠岐の人々は批判した。隠岐の人々は日韓会談における竹島問題の論議が1962年の小坂善太郎外務大臣の対韓交渉から始まったことを知っていた。そして，日韓間の他の懸案解決を優先して，日本政府が竹島問題の本質的な論議——歴史的・国際法的な論議——を避けたことも知っていた。

竹島問題が日韓会談の議題とならなかった理由の一つとして，「1955年1月29日の谷・金溶植会談で，日韓問題全体の空気を改善する立場から竹島問題が他の懸案解決に累を及ぼさないようにするために竹島問題は日韓会談とは別とすることが合意された」ことが考えられる。当時，李承晩ライン侵犯を理由とする韓国の日本漁船拿捕に日本は苦しんでいた。1954年7月からは刑期を終えたにもかかわらず帰還させない措置を韓国がとったため，この合意の時には約250人の日本人が貧弱な食事に苦しみながら釜山に抑留されていた。

日本の配慮によって，日韓会談では竹島問題の本質的な論議ではなく解決方法がもっぱら論議されることになった。しかし，「日韓問題全体の空気を改善」しても竹島問題は解決しなかった。韓国は解決方法であるはずの日韓条約中の「紛争の解決に関する交換公文」に違反しているからである。

こうして見ると，韓国による竹島不法占拠とは，「韓国は竹島近海にいる島根県の漁船を追い払い，竹島を占領した」などといった単純なものではないことがわかるであろう。済州島周辺から対馬にかけての好漁場における日本漁船

---

(2) 1977年4月8日付島根県隠岐島漁業協同組合連合会による「竹島の領土権確保に関する陳情書」。「蕞爾たる（＝とるにたらない）一岩礁」という語句は，1905年の竹島の日本領土編入につながった中井養三郎による1904年9月29日付「りやんこ島領土編入并ニ貸下願」中の竹島の形容を模したものであろう。

(3) 「日韓国交正常化交渉の記録　竹島問題」（日6-1159-910）。「日韓関係その後の状況」（日6-826-483）から「谷」とは谷正之外務省顧問のことであろう。

表終 - 3　韓国国立中央図書館ホームページで「学術記事」題目を検索した結果

1950年代	1960年代	1970年代	1980年代	1990年代	2000年代	2010年代	計
1件	2件	5件	13件	59件	122件	2件	204件

表終 - 4　韓国国会図書館ホームページで「学術記事」題目を検索した結果

1946〜50年	1951〜55年	1956〜60年	1961〜65年	1966〜70年	1971〜75年	1976〜80年	1981〜85年
4件	0件	4件	8件	14件	8件	37件	24件

1986〜90年	1991〜95年	1996〜2000年	2001〜05年	2006〜10年	2011年〜	計	
14件	13件	205件	291件	794件	885件	2,301件	

注：明らかに竹島問題とは関係ないと思われるものは集計から除外した。

拿捕，それによる威嚇および抑留された漁船員を利用した「人質外交」，そのようなより大きな視点から，韓国の竹島不法占拠を考える必要がある。

　③の時期（1977〜78年）に竹島問題という「寝た子」は目を覚ました。目覚めさせたのは，イカ釣漁およびベニズワイガニかご漁の発展による「竹島周辺」水域の漁場価値の上昇であり，「領海12海里，漁業専管水域200海里」の時代の到来であった。「竹島領土権確立」と「竹島周辺水域での安全操業確保」を国に要求する島根県の動きは鳥取県も巻き込み，日本政府は対応を迫られた。しかし，韓国の姿勢は強硬で，1978年5月の竹島へ韓国の領海12海里適用によって竹島近海での日本漁船の操業は不可能となった。折しも批准審議中であった日韓大陸棚協定への批判とあいまって，日本の国会では韓国の竹島不法占拠[4]

────────

(4) 日韓大陸棚協定の正式名称は「日本国と大韓民国との間の両国に隣接する大陸棚の北部の境界画定に関する協定」および「日本国と大韓民国との間の両国に隣接する大陸棚の南部の共同開発に関する協定」で，1974年1月30日に署名され，1978年6月22日に発効した。前者の協定では境界線の北限が竹島付近まで伸びないようにされた（小田滋「日韓大陸棚協定の締結」（『ジュリスト』559，有斐閣，1974年5月，東京）。批准をめぐる日本の国会審議では，後者の協定において，韓国の大陸棚自然延長論に対応して日韓中間線よりも日本側に共同開発区域を設定したことに批判が集中した。2012年12月26日，韓国は大陸棚延長申請を国連海洋法条約に基づいて設立されている大陸棚限界委員会に提出した。申請された海域は，日韓大陸棚協定の共同開発区域とその南部であった。同年4月に太平洋における日本の大陸棚延長申請の大部分が認められたことが韓国の申請に関係するとされる。2013年1月12日，日本は国連事務局宛の口上書を提出し，日本の立場を表明した上で大陸棚限界委員会に対し，韓国の申請を審査しないよう要請した。

を打開できない政府への追及は厳しかった。1978年5月11日の参議院商工委員会で，竹島不法占拠を許した責任を問われて，薗村泰彦海上保安庁長官は「竹島が現在の状態に至りましたのには，恐らく昭和二十数年代にいろいろないきさつがありまして，やむを得ず現状に及んだものと思っております」と答弁した。しかしその「いろいろないきさつ」がさらに問い詰められることはなかった。

2　竹島問題研究の拡大と深化

この後，竹島問題は再び「寝た子」になった。しかし，「寝た」状態にありながら，竹島問題の研究は日韓両国で拡大・深化していった。表終-3は韓国国立中央図書館のホームページで「連続資料」の「学術記事」の題目を「독도（独島）」という単語で検索した結果である（2015年11月11日現在）。表中の「1970年代」はすべて1977年以降に刊行された文献であり，実際に1977年より前に刊行された記事論文はもっと多いと思われるが，③の時期以降の韓国における研究の量的拡大がうかがわれる。また，韓国国会図書館のホームページで「学術記事」の題目を同様の検索を行った結果は表終-4の通りである（2015年11月11日現在）。1976～80年の37件は1件を除いてすべて1977年以降であり，③の時期に韓国における竹島問題への関心は高まったと考えられる。

韓国政府外務部はまた，『獨島関係資料集（Ⅰ）――往復外交文書（1952-76）』を1977年7月15日に，『獨島関係資料集（Ⅱ）――學術論文』を同年8月1日に発刊している。同年2月5日の福田赳夫首相の「竹島は日本の固有の領土である」という発言に対応したものであろう。以上を見れば，1977，78年を韓国における竹島認識の画期の一つとみてよい。

一方，日本では現在の竹島問題の論議に影響を与える論考が，1978年以降に登場する。一つは，③の時期の日韓の対立に刺激を受けて書かれた梶村秀樹「竹島＝独島問題と日本国家」（『朝鮮研究』182，日本朝鮮研究所，1978年9月，東京）である。朝鮮半島にあった政府が竹島を自国領土として支配していた事実を示さないにもかかわらず1905年の日本政府による竹島編入は日韓併合に至る

日本の朝鮮半島侵略の一環であると強調する梶村のこの論考は，次の堀和生の論考などとともに韓国語に翻訳された（『独島領有権の日本側主張に反駁する日本人論文集』）（景仁文化社，2003年，ソウル※）。

　もう一つは堀和生「1905年日本の竹島領土編入」（『朝鮮史研究会論文集』24，緑陰書房，1987年3月，東京）である。欝陵島における日本人の活動などさまざまな新たな論点が示されたが，「1877年，明治時代の日本の最高行政機関である太政官が，江戸幕府と朝鮮政府との交渉の結果，鬱陵島と独島が日本に属するものではないことが確認されたと判断し，"竹島（鬱陵島）外一嶋（独島）の件は本邦と関係無しと心得るべし"という内容の指示を出した」（韓国政府外交通商部「韓国の美しい島 独島」）とあるように，竹島問題に関する韓国側主張の根拠の一つとなっている「太政官指令」がこの論文で紹介されたことが重要である。

　「外一嶋」を現在の竹島とすることは確定できていない。また，「明治10年の太政官指令に至る一件は，（略）すべて日本政府の内部におけるやりとりである。（略）日本政府が対外的に表明したものではない。したがって、仮に今日の竹島が明治10年の太政官指令の対象であり日本政府がこの時点で領有意志を有していなかったことが知られるとしても、後年、領有意志を持ち、国際法上の領土取得方法に即して当該島を領有することが妨げられることはない。[6]」よって「太政官指令」は領土問題を決着させる根拠にはならない。

---

(5)　同論文で梶村秀樹は，1977年3月10日付『朝日新聞（東京本社版）』に掲載された，戦前竹島で漁労していた隠岐の八幡才太郎が福田赳夫首相に「竹島はわれらの漁場」と訴えたという記事を「排他感情を丸出しにして発散させている」「悪しき記事の典型」と非難している。同記事で八幡が述べた①江戸時代の日本漁民の竹島での漁労，②1903年の中井養三郎の竹島でのアシカ漁開始，③1905年の竹島の日本領土編入，といった竹島が日本領であるとする根拠を，梶村は川上健三『竹島の歴史地理学的研究』（古今書院，1966年8月，東京）を検証することで批判検討済みとした。しかし，①は日本の竹島に対する歴史的権原を生んだ。②，③に対して梶村は日本の帝国主義的侵略行為として批判したが，そもそも竹島は大韓帝国の領土ではなかったのであるから，梶村の批判は成立しない。なお，梶村は同論文で1978年5月26日付『読売新聞（東京本社版）』の記事を引用して韓国が日本の漁業者に配慮しているかのような事実とは異なる情報を伝えた（35頁）が，同じ『読売新聞（東京本社版）』1978年4月30日付の，対日平和条約作成の過程で韓国の要求が米国に拒否されて竹島が日本領に残された経過を報道した記事「『竹島』あやうく韓国に帰属」は目に入らなかったようである。同論文には対日平和条約の成立過程に「韓国・朝鮮は直接発言する機会を一切持たなかった」という誤った記述がある（28頁）。

404

終　章　戦後日本と竹島問題

　韓国による竹島近海からの日本漁船排除が強行された1978年の春，米国国務省による外交文書集『foreign relations of the united states』のうち対日平和条約の起草過程に関する部分が公開された。その文書を解読整理した塚本孝は，「サンフランシスコ条約と竹島──米外交文書集より」（『レファレンス』389，国立国会図書館調査立法調査局，1983年6月，東京）で，対日平和条約において竹島が日本領であることに変化がなかったことを条約の作成過程から再確認し，これは日本の竹島領有権主張の重要な根拠の一つとなった。

　たとえば2012年の李 明 博大統領竹島上陸に際して，同年8月24日に野田佳彦首相は次のように述べた。

　竹島は歴史的にも国際法上も，日本の領土であることは何の疑いもありません。江戸時代の初期には幕府の免許を受けて竹島が利用されており，遅くとも17世紀半ばには我が国は領有権を確立していました。その後，1905年の閣議決定により竹島を島根県に編入し，領有の意思を再確認しました。韓国側はわが国よりも前に竹島を実効支配していたと主張していますが，根拠とされる文献の記述はあいまいで，裏づけとなる明確な証拠はありません。戦後，サンフランシスコ平和条約の起草の過程においても韓国は日本による竹島の放棄を求めましたが，米国はこの要請を拒否しています。こうした経緯があったにも関わらず，戦後，韓国は不法な李承晩ラインを一方的に設定し，力をもって不法占拠を開始したのです。

⑹　塚本孝「元禄竹島一件をめぐって──付，明治十年太政官指令」（『島嶼研究ジャーナル』2-2，島嶼資料センター，2013年4月，東京）54頁。この問題の研究として，杉原隆「明治10年太政官指令──竹島外一島之儀ハ本邦関係無之──をめぐる諸問題」（『第2期島根県竹島問題研究会 中間報告書』島根県，2011年2月，松江），池内敏『竹島問題とは何か』（名古屋大学出版会，2012年12月，名古屋），同「竹島──もうひとつの日韓関係史」（中公新書，2016年1月，東京）がある。また，塚本孝「"独島連"の『島根県知事に対する質問書"独島20問"』について」（『第3期「竹島問題に関する調査研究」最終報告書』島根県総務部総務課，2015年8月）。同「竹島領有権をめぐる韓国政府の主張について──政府公報資料『韓国の美しい島，獨島』の逐条的検討」（『東海法学』52，東海大学法学部，2016年9月）も言及している。

405

このように根拠を示した上で「竹島問題は，歴史認識の文脈で論じるべき問題
ではありません。戦後の韓国政府による一方的な占拠という行為が国際社会の
法と正義にかなうのかという問題であります」と強調したのである。

3　韓国の不法占拠強化と「竹島の日」

　塚本はまた「サンフランシスコ条約と竹島——米外交文書集より」で「近い
将来に予想される国連海洋法条約の発効に伴い，日韓間で排他的経済水域（い
わゆる200海里水域）の境界画定をする必要が生じた場合には，竹島問題が，再
び早急な解決を要する問題としてクローズアップされると思われる。わが国と
しては，争点の一つひとつを事実によって解きほぐし，筋の通った解決をはか
るべきであろう」と主張した。

　④の時期（1996〜97年）はその排他的経済水域（以下「EEZ」と略記）の境界画
定交渉が行われた時期である。1965年に締結された旧日韓漁業協定の焦点が済
州島周辺での日本漁船の操業区域や漁獲量などであったのに対して，新日韓漁
業協定の焦点が日本海における暫定水域の範囲であったところに，日韓の漁業
勢力の逆転が現れている。

　交渉の基礎となった国連海洋法条約を日韓両国は1996年に批准したが，この
年は韓国政府が竹島に接岸施設工事を実施することを発表した年である。「日
韓関係を悪化させ韓国の国益をも結果として削るという選択をして国内マスコ
ミ世論に迎合して自政権の短期的利益を企るという」段階に入ったと，ある研
究者は韓国の対日姿勢の変化を評した。[7] 1965年の日韓国交正常化に託した，
「日韓双方にとって竹島問題をとり上げやすい友好的かつ相互信頼の雰囲気が

---

(7)　「対韓外交に筋を通せ」（『現代コリア』360，現代コリア研究所，1996年4月，東京）の西
　　岡力の発言（19頁）。玄大松は「特に「1996年の独島・竹島危機」は両国の国民感情を大
　　きく悪化させた」（「独島問題と日韓関係 1965-2015」（『日韓関係史 1965-2015 Ⅰ 政治』
　　東京大学出版会，2015年6月，東京，230頁）とするが，私見では，江藤隆美総務庁長官
　　の日本の朝鮮支配を肯定的に評価した発言や村山富市首相の日韓併合条約締結を有効とす
　　る発言への反発，江沢民中国国家主席との歴史問題における対日共闘発言など，金泳三政
　　権の歴史認識問題での対日姿勢が日本人の対韓感情を悪化させた印象が強い。

遠からず，両国間に生まれてくることが期待されるとすれば，このような状況
のもとで，両国の当事者が日韓百年の平和と繁栄の大局的見地から誠意をもっ
て交渉に当たれば，この問題の円満な解決がみられるであろう」（谷田正躬「紛
争の解決」〔『時の法令別冊 日韓条約と国内法の解説』大蔵省印刷局，1966年3月，東
京〕104頁）という日本側の期待は，韓国の対日対抗意識の肥大化によって裏切
られたのである。

　韓国の民間人の間に高まった竹島問題で日本を非難する動きに対応して書か
れたのが，下條正男「竹島問題考」（『現代コリア』361，現代コリア研究所，1996
年5月）であった。前近代における竹島認識を中心に，韓国の主張に反論する
下條の精力的な言論活動（『日韓・歴史克服への道』〔展転社，1999年8月，東京〕や
『竹島は日韓どちらのものか』〔文藝春秋，2004年4月，東京〕など）は隠岐の人々を
力づけ，また論争は活性化した。加えて，この頃から普及してきたインターネ
ット上でも竹島問題に関する論議がさかんとなり，研究を深化させた。

　1999年の新日韓漁業協定発効によって日本の沿岸から韓国漁船が撤退したこ
とに「やっと日本の海ができた」と喜ぶ声もあったが，竹島近海で操業できな
い現状，韓国による暫定水域内の好漁場占拠や乱獲がもたらす資源枯渇，日本
側EEZでの韓国漁船の不法操業を憂慮する日本人漁業者の不満の声が強いこ
とはすでに述べた。

　一方，韓国にも新日韓漁業協定への不満があった。1997年に起きたIMF経
済危機のさなかにあった韓国の弱みにつけ込んで日本は竹島を韓国側EEZで
はなく暫定水域の中に入れ「韓国の独島領土権を毀損した」。そもそも交渉で
韓国側EEZの基点を竹島ではなく鬱陵島としたのはおかしい，といったもの
である。韓国の国際法の専門家朴椿浩（パクチュノ）は新日韓漁業協定への不満を次のように
たしなめた。

---

(8)　崔長根（チェチャングン）「日韓漁業協定と日本外交──領土問題と関連して」（『法学新報』107-3・4，中
　央大学法学会，2000年8月，東京）。
(9)　「朴椿浩国際海洋法裁判所裁判官インタビュー」（2006年5月4日付『朝鮮日報』電子版）
　※。新日韓漁業協定の第15条は「この協定のいかなる規定も，漁業に関する事項以外の国
　際法上の問題に関する各締約国の立場を害するものともなしてはならない」である。

407

協定15条でこの協定は領有権とは関係ないとなっている。（暫定水域で——筆者補注）協定締結後韓国は18万トン，日本は11万トンの魚を獲った。日本海に隣接する西日本で漁業協定破棄を主張する（声がある——筆者補注）のは彼らに不利なためだ。豊富な漁場がある大和堆で韓国の過去の操業実績が認められ，東経135度30分まで出漁できるようにしたのだ。EEZ200海里を厳格に適用すればそこまで出漁できない。再交渉して今の成果を得ることはできない。

日本沿岸の漁場を失う韓国人漁業者に配慮して，新日韓漁業協定の暫定水域がいかに韓国に有利に画定されたかがわかる。2013年に渡韓して取材した山陰中央新報の田中輝美記者は次のように報告した。[10]

　仮に竹島を韓国領として境界線を想定すると，韓国漁船が集中する数少ない好漁場の「浜田三角」や「隠岐北方」などは領海外になる。わざわざ“既得権益”を手放すよりは現状維持が望ましいのだろう。加えて竹島問題は“敏感問題”と表現され，漁業者は判で押したように「敏感問題であって政府間では難しいから，民間で交渉しよう」と口にした。しかし，2001年から続く民間交渉はほとんど前進がなく，日本漁船が暫定水域で操業できない状況」の固定化を招いている。領土意識を下敷きにしつつ，領土意識は声高に主張しない。漁業をめぐる韓国の姿勢は，ジレンマを抱えているようにも，したたかな戦略のようにも見えた。

新日韓漁業協定に関して，もう一つの韓国世論の不満の対象であったEEZの基点問題については，韓国の実利よりも「独島」への感情が優ったとみられる。2006年，竹島周辺水域調査をめぐって日韓間に緊張が生まれた。海上保安庁はそれを次のように説明している。[11]

⑽　2013年4月2日付『山陰中央新報』「環りの海」⑵。後に琉球新報・山陰中央新報編『環りの海——竹島と尖閣　国境地域からの問い』（岩波書店，2015年2月，東京）に収録。

⑾　海上保安庁編『海上保安庁レポート2007』2頁。

平成18年4月，海上保安庁では測量船による竹島周辺の海域を含む日本海南西部海域の海洋調査を計画しました。これに対して，韓国が外交ルートで抗議を行い，両国は外交交渉を行いました。当初，韓国政府は当該海域の海底地形に韓国名の名称をつけるよう国際会議に提案することを予定していましたが，交渉の結果，これを行なわないこととなり，我が国は計画していた調査を中止しました。平成18年7月，今度は韓国の海洋調査船が海洋調査をしながら，竹島周辺の我が国EEZ内に進入してきました。我が国は外交ルートを通じて中止要求及び抗議を行うとともに，現場海域においても，巡視船「だいせん」から韓国海洋調査船に対して「我が国EEZ内での我が国の同意のない海洋調査は認められない」旨伝え，中止要求を行いました。これに対して，韓国の警備艦が海洋調査船と「だいせん」の間に割り込むなどの行為を取りました。平成18年9月には，日本が予定していた当該海域における放射能調査に対して，再び韓国が反対の意思を表明。外交交渉の結果，両国が同海域の調査を共同で実施し，調査結果については両国で交換することとなりました。

海上保安庁測量船の竹島周辺海域調査の契機となったのは，前年12月に韓国がこの海域の海底地形に韓国名の名称を付けて海底地形名称に関する国際会議「海底地形名小委員会」に名称の提案を行う動きを見せたことであった。韓国が「日本海」の呼称は日本帝国主義の残滓であると主張し（実際は，韓国領であるはずの「独島」が「日本海」の中にあることの不快感からであろうが），「国連地名標準化会議」や「国際水路機関」などの国際機関に「日本海」の呼称の変更を要求して無用の混乱をもたらしているのと似た動きである。

　韓国が突如竹島をEEZの基点とすることに転換したのは，上記の対立の最中に開かれた2006年6月の第5回EEZ境界画定交渉の場であった。これにより，日本海のEEZの境界画定は竹島問題の解決なしには不可能になったが，一方で，竹島のような無人島をEEZの基点とすることで日韓が一致することになった。新日韓漁業協定締結交渉では，「日本は男女群島を基点とする中間線を主張したが，韓国は無人島である男女群島を基点とすることに反対したた

め，両者の主張が重なる水域を暫定措置水域とした[12]」。韓国が竹島を基点としたことは，東シナ海の EEZ 境界画定交渉で両国の意見の相違がなくなり，韓国側 EEZ が縮小する可能性が生まれたことを意味する。

　金泳三政権の時の接岸施設設置（1997年），盧武鉉政権の時の一般人への開放（2005年）と韓国政府は竹島不法占拠を強めた。⑤の時期の2005年の島根県による「竹島の日」条例制定は韓国のこのような動きへの対応であり，⑥の時期の2012年の李明博大統領竹島上陸は日本へのさらなる反発である。李大統領の竹島上陸は韓国の「オウンゴール」であった。「日韓間に領土問題は存在しない」と強弁していた韓国が，領土問題が存在することを大統領自らが世界に示したのである。表終-1・2で明らかなように，2010年代は両国の国会での論議が活発化した。また，前述の韓国国会図書館の所蔵図書目録でも，2006年以降に竹島問題に関する文献が大量に生まれたことも明らかである（表終-4）。竹島問題は隠岐や島根県という地域から日本という国家の問題に，さらには竹島問題における日本の主張に韓国が目を向けざるをえない状態になりつつある。

4　戦後日本と竹島問題

　島根県による「竹島の日」条例制定の背景には新日韓漁業協定に伴う漁業問題があった。ただし，領土問題と漁業問題の利害が一致するわけではないことは，1978年の事件の際にすでに明らかであった。1977年 4 月27日に開催された島根県竹島問題解決促進協議会の設立総会での論議を，1977年 4 月28日付『読

---

[12] 片岡千賀之『西海漁業史と長崎県』（長崎文献社，2015年 5 月，長崎）331頁。また，韓国が竹島を EEZ の基点に変更したことで，太平洋の沖ノ鳥島を EEZ の基点とする日本の主張に韓国が反対しにくくなるという期待も生まれた（坂元茂樹「海洋境界画定と領土紛争──竹島と尖閣諸島の影」〔『国際問題』565，日本国際問題研究所，2007年10月〕18〜19頁）。国連海洋法条約では「人間の居住又は独自の経済的生活を維持することのできない岩は，排他的経済水域又は大陸棚を有しない」（121条 3 項）とされ，中韓両国は沖ノ鳥島は「岩」であるとして同島を基点とする EEZ 設定に反対している。この問題に関する近年の論考としては寺﨑直通「国際海洋法会議における島嶼問題の論争」（『島嶼研究ジャーナル』創刊号 2012年 6 月，同「国際条約にみる島に制度（1）・（2）」（同 2-2・3-1，2013年 4 月・2013年10月）がある。

売新聞（島根版）』は「竹島問題促進協　創立総会で慎重論も」という記事で次のように伝えている。

　伊東英世県農林水産部次長は「韓国も二百カイリ宣言の準備を進めているようだが，漁業面から見る限り，竹島問題などで余り刺激的な行為をするのは得策ではない」と述べた。米津貞義県漁連会長ら漁業関係者らもこれに同調「領土権と漁業とは切り離すべきだ」などと発言。これに対し五箇村代表は「一体どうなっているのか」との不満の発言もあり，次回の日程も決めないまま散会した。

竹島に漁業権を持つ隠岐と他の地域の漁業者の温度差は，1978年12月18日付『日本海新聞』で，林原嘉武鳥取県漁連会長が「われわれは安全に魚をとれさえすればいいから竹島の領有についてはどうでもいい。安全操業だけをとりあえず確立してほしいといった声が一部漁民側にもあるかもしれない」と取材に答えたように，鳥取県ではさらに大きかった。

　新日韓漁業協定（暫定水域）と竹島問題をめぐる現在の論議でも同様の構図がある。2013年12月29日付『山陰中央新報』は，「ズワイガニの拠点港・香住漁港（兵庫県香美町）。長年，竹島周辺水域の漁業秩序の構築に向け韓国の漁業者と渡り合う吉岡修一・但馬漁協組合長は『竹島なんてあろうがなかろうが関係ない』と話した。漁業者の率直な思いだ」と伝えた。吉岡修一は「私は，一漁業者であるが，絶対に漁業を諦めない。ましてや，韓国に負けてなるものか，韓国の無謀操業のために死にたくないとの思いである。そのために，私は，これからも正々堂々と戦い，正論を主張し続けたい」[13]と決意を語った人物である。吉岡組合長の発言が事実とすれば，漁業者の関心が，領土問題よりもより直接的に利害関係のある漁業問題に向かうのは無理からぬことを示すものであろう。

　序章で取り上げた1953年夏の竹島に戻りたい。当時日韓間の争点となったのは済州島から対馬にかけての海域であった。竹島それ自体には「蕞爾たる」価値しかなく，沖合のサバ・アジ漁業も未発達で，イカ釣漁やベニズワイガニかご漁が周辺で盛んになるのはずっと後であった。竹島問題と漁業問題との間に

は1970年代よりも大きな距離があり，当時の日本政府は竹島問題よりも東シナ海・黄海における日本漁船の安全操業確保を優先せざるをえなかった。

　しかし，竹島問題が日韓関係を紛糾させる要因の一つとなっている現在の状況から見れば，竹島問題は日本にとって決して「蕞爾たる」問題ではなかった。李承晩ライン問題の焦点であった東シナ海・黄海における日本漁業が，消滅しつつある以西底曳網漁業[14]をはじめとして，存在感を失っている現状を見る時，特にそう考えざるをえない。一方，韓国にとっても，竹島不法占拠は不幸なことであった。韓国政府は1953〜54年の自らの行為が不法占拠であったという事実を認めることができず，「独島は日本の朝鮮侵略の最初の犠牲の地」という事実とは異なる刺激的な言説を広報せざるをえなくなっている。こうしてもたらされる日韓関係の悪化[15]は，中国の台頭や北朝鮮の危険性の露呈とあいまって東アジア地域の不安定化をもたらしているのである。

────────────

(13) 『200海里運動史』（全国漁業協同組合連合会，2013年3月，東京）77頁。「私は，新協定ができる前も，できてからも何度も韓国に足を運んだ。現役の漁業者として，韓国に行って韓国の実情を知り，韓国の漁業者にじかに会って話をし，何とか解決の糸口を見つけたいとの思いであった。しかし実際に行ってみると，本当に信頼できる人は，たったの一人だった。他の人達は，言うこととやっていることが全く違う。これでは信頼関係は築けない。例えば，民間交渉で，一部の水域を日韓の漁船が交代で利用するとの合意ができたが，日本側が操業する番がきても，韓国側は漁具を撤去しない。一方，約束を守らないくせに，韓国漁船に漁具被害があったら，金をよこせと言ってくる。暫定水域は日韓の共通の海なのだから，一緒に資源管理をしようと言っても，「わかっているが生活があるから……」との返事のみ。また，民間の代表者の会議でも，韓国側は必ずしも責任を持っている人が対応していない。責任ある答えが返って来ないのだ。日本なら漁業者は系統組織や業種別団体に所属しており，組織がきちんと指揮，命令，通達等を行って整合性がとれている。しかし，韓国はそうではない。どの組織にも属していない船主が多いようで，何らかの約束事ができても，それが末端の漁業者に伝わらない。新協定締結後，韓国漁船は暫定水域を自国の海とし，更に我が国のEEZ内にも不法侵入，韓国政府もこれを容認しているとしか思えない。いわば，韓国は官民あげて韓国の漁業を守ったのだ。一方，日本はどうだっただろうか。弱腰外交だった。また，一漁業者が抗議したり，一つや二つの漁業団体が操業ルールやEEZ境界線の確立を訴えても駄目だ。オール水産の力を結集して総力をあげて戦わないと，この問題は前進しない。国の支援により，日本の漁業者は，韓国漁船が不法投棄していった漁具を回収している。しかし，韓国漁船が捨てていった漁具を，なぜ日本の税金を使って漁業者が回収しなければいけないのか」。同書でこのように語った吉岡は2016年5月，日韓漁業共同委員会の会合に向かう関西空港で倒れ死去した。

(14) 李承晩ライン問題において大きな影響力を持った日本遠洋底曳網漁業協会は2001年10月1日に解散した（「長崎県水産部年表」長崎県水産ホームページ）。

終　章　戦後日本と竹島問題

　1970年代の日本海におけるイカ釣漁やベニズワイガニかご漁の発展，200海里時代の到来によって竹島という「点」ではなく竹島周辺の「面」としての海域の価値そして海底資源の問題が重要になること，さらには韓国の「独島」を象徴とする対日対抗意識の肥大化，これらを当時の日本人が予測するのは難しかったかもしれない。よって，韓国の竹島不法占拠を断固阻止すべきであったことを1950年代前半の日本に求めることは非現実的かもしれない[16]。

　また，竹島問題に関して米国の仲介も期待できなかった。1953年 7 月14日の閣議では「韓国側の発砲に対して当方から応戦することはいたずらに問題の処理を困難ならしめるとの観点から平和条約の趣旨によって米，英両国に仲介を依頼して韓国と交渉」するという岡崎勝男外相の発言があった（1953年 7 月14日付『読売新聞（東京本社版）』夕刊）。しかし，この時竹島問題に関して「米国政府は，竹島が日本領であるとする対日平和条約草案の成立過程で韓国大使に示した見解を維持しつつ，竹島領有権紛争は日韓両国間で解決すべき問題であり米国としては仲介の労をとるつもりはないという態度をとろうとしていた[17]」。「問題の竹島はわが国政府が米国を通じ韓国側との外交交渉にあたっているので，不必要なマサツを引起こさないように警戒している。」（1953年 7 月23日付『読売新聞〔島根版〕』）という柏博次・境海上保安部長の期待は虚しかったのである。柏境海上保安部長は同年 7 月12日に「へくら」船長室で韓国人警察官と

⒂　日本海における漁業に関して言えば，中国漁船は北朝鮮を拠点に漁労を強化しており，大和堆附近での日本 EEZ 内での違法操業が確認されている（2017年 6 月22日付『読売新聞〔東京本社版夕刊〕』）。すでに2012年 4 月13日付『朝鮮日報』（日本語電子版）には，「中国漁船が 3 年ほど前から，北朝鮮水域でイカをごっそり捕り始めた」としてイカの漁獲減少を訴える鬱陵島の漁業者の声が掲載されている。山田吉彦は「やがて『中国漁船保護』を名目に，日本海にも中国海警局の船が姿を現すのは間違いないだろう」と警告した（2017年 3 月 2 日付『産経新聞〔大阪本社版〕』）。

⒃　1953年 6 月27日に竹島に上陸した巡視船「くずりゅう」の乗員であった海上保安官の小川健二は「今でこそ，この小さな孤島が，わが国にとってこのうえもない重要なものであるが，当時の私は『こんな人の住めない島に何んの価値があるのか』と無責任な者の考え方であった」と回想している（『海上保安庁の思い出』〔海上保安協会，1979年 5 月，東京〕177頁）。

⒄　塚本孝「竹島領有権紛争に関連する米国務省文書（追補）＝資料＝」（竹島問題研究会編『「竹島問題に関する調査研究」最終報告書』島根県総務部総務課，2007年 3 月，松江）88頁。

413

対峙した人物である。

　そして，問題の根本には，朝鮮戦争時の武装化していた韓国とほとんど非武装状態で対峙せざるをえなかった当時の日本の苦境があった。1953年7月12日に巡視船「へくら」に乗船してきた韓国人警察官は「始め，へくらが自分等の船より大きいのと，武装しているのではないかと内心おそれているようであったが，へくらに機関銃一つ，小銃一つないのを見てとると急に態度が大きくなった」という。[18]

　この事件について，「警備船程度の装備しかない海上保安庁では実力をもって韓国官憲に対し対抗することは難しく，外務省としては警備隊の実力を行使することなく平和的に解決したい方針である」と1953年7月14日付『毎日新聞（東京本社版）』夕刊は伝えた。

　「竹島と李ライン問題は現在のところ韓国側の実力行使にどう対処したらよいか手のほどこしようがない。（略）これは少なくとも現在の約二倍の警備力が必要で一巡視船の一航海のパトロールは陸上の警察一人の能力に等しい微力なものである」と，柏境海上保安部長は苦しい内情を吐露した（1953年11月19日付『日本海新聞』）。「警備船程度の装備しかない海上保安庁では実力をもって韓国官憲に対し対抗することは難しく，外務省としては警備隊の実力を行使することなく平和的に解決したい方針である」（1953年7月14日付『毎日新聞〔東京本社版夕刊〕』）という状況だったのである。

　この記事にあるように，翌年海上自衛隊になる警備隊の竹島防衛への出動という選択肢はなかったと思われる。1953年8月5日の衆議院外務委員会での下

⒅　「風雲を孕む竹島の表情」（『キング』29-13, 講談社, 1953年11月）191頁。同記事によれば，韓国人が乗っていた伝馬船には機関銃が置いてあり，一方日本人海上保安官は各自拳銃を携行しているだけであった。「米国極東海軍から3インチ砲, 40ミリ砲, 20ミリ機銃の貸与を受け，遂次巡視船に装備した」のは，1953年12月28日以降であった（『十年史海上保安庁』〔平和の海協会, 1961年5月, 東京〕56頁）。ただし，「1953年にはまだ常駐警備兵力を派遣していなかった韓国は欝陵島警察署独島巡邏班が装備・人力の劣勢にもかかわらず，銃撃戦も辞さず独島守護の意志と決意を表明した。」（鄭秉峻「1953～1954年の独島における韓日衝突と韓国の独島守護政策」〔『韓国独立運動史研究』41, 独立記念館韓国独立運動史研究所, 2012年4月, 天安※〕443頁）とあるように，1953年当時の韓国の竹島占拠は継続的なものではなかった。

414

終　章　戦後日本と竹島問題

田武三条約局長の答弁「竹島に他国民がきて漁撈をすることは不法入国であり，その取締りは警察上の処置である。外交交渉でらちがあかないから実力行使で威嚇して竹島を日本領と認めさせることは，憲法第9条で禁ぜられておる」は当時の日本政府の判断を伝えている（『日韓国交正常化交渉の記録』〔日 6-1159-910〕）。そして，たとえ出動したとしても竹島防衛能力には疑問があった。1954年12月6日の参議院本会議で木村篤太郎防衛庁長官は，竹島に「仮に防衛出動をした場合」，「現在相当数のロケット砲弾を積んだ爆撃機を」持つ韓国に日本が対処できるかについて，「遺憾ながら私は現在のところ確信はない」と，日本には韓国に対抗する実力がないことを述べた。

　1953年9月17日の衆議院外務委員会では，「日米安全保障条約に基づいて米国にも協力を要請すべきであるとの意見が出されたが，政府は，『侵略とは，相当の地域，しかも竹島のような無人島ではなく，都市や工場のあるところである。侵略に対しては，安全保障条約なり相互援助条約なりの適用の問題が発生するが，竹島等においてたとえ不幸にして撃ち合いが起こっても，直ちにこれをもって侵略であるとして，条約の援用をするという段階にまでは，相当の距離がある』と述べ，米国への要請を否定する見解を示した」[19]。

　竹島のような無人島の不法占拠は「侵略」にはあたらない，このような見解は保安庁（翌年に防衛庁に改称）の方針でも見られた。1953年9月10日付『日本海新聞』は次のように報じている。「③韓国側が竹島などの日本の領土に侵入上陸武力を行使した場合は明らかに侵略行為である。これにたいし，その場に警備隊がいて防衛行為をした場合は明らかに本能防衛が成立し，保安庁法，憲法の違反にならない。④この場合韓国側がすでに竹島に上陸してしまった後で警備隊がその位置に到達した場合は相当問題がある。すなわち竹島は現在無人島であるため，これに外国人が上陸しても保安庁法四条の『日本の平和と秩序』を破るものか否かは相当問題がある。」1952年7月31日公布の保安庁法（法律第265号）第4条の「わが国の平和と秩序を維持し，人命及び財産を保護する」という警備隊の目的に照らして，韓国人が占拠した竹島に警備隊を派遣

---

[19]　高藤奈央子「竹島問題の発端――韓国による竹島占拠の開始時における国会論議を中心に振り返る」（『立法と調査』〔参議院事務局企画調整室，2011年11月，東京〕）70頁。

することには問題がある。この報道が事実ならば，竹島を防衛するためには，駐在した警備隊員の韓国の攻撃に対する正当防衛しか手段はないことになる。

　1952年の主権回復間もない日本の体制が整っていない間隙を突いて竹島不法占拠は行われた。海上保安庁ができたのは「領有権主張のための外交折衝の資料収集を目的として竹島の実態を把握するための洋上巡視」であり，日本政府の措置は韓国に対して竹島領有の主張をのべた抗議の口上書をくりかえし送付すること，そして竹島問題の国際司法裁判所提訴を韓国に提案することであった（「日韓国交正常化交渉の記録」〔日 6-1159-910〕）。

　竹島を管轄する第八管区海上保安本部所属の巡視船は1954年度予算で武装することになっていたが，「最近日韓両国の感情が次第に和らぎつつあるので巡視船にいま武装すれば刺激を与えるのでこれをさけるため当面武装しないことにした」という（1954年5月25日付『山陰新聞』）。「日韓両国の感情が次第に和らぎつつある」とは，1953年10月に決裂した日韓会談を再開させるための動きが進展しつつあるという報道であろう（「日韓交渉再開へ　近く岡崎・金会談の運び」（1954年5月14日付『神戸新聞』（神戸）・「日韓会談の機運　近く岡崎・金会談か　中川局長久保田発言取消し約す」（同『産業経済新聞』））。しかし，翌日付『日本経済新聞』には「久保田発言」の即時撤回を求める韓国政府は日韓会談再開を拒否したという記事があり，事態打開は容易ではなかった。日本の期待に反して，この時に日韓会談再開は実現していない。それどころか，この1954年の6月には韓国は竹島に韓国海洋警備隊を急派し，7月には拿捕した日本人船員を漁業資源保護法の刑期が終了しても抑留するようになったのである。

　竹島問題は，安全保障を米国に依存し，他国の誠意に期待して自己主張を抑えてきた戦後日本の象徴のように思われる。そして日本人が竹島問題に冷淡であったことは否定できない。竹島を不法占拠されつつある状況にあってすら，竹島の現場で韓国人と対峙した柏境海上保安部長は「わが国の領有権をめぐって世論喚起をうながしたい」と訴えざるをえなかった（1953年11月19日付『日本海新聞』）。

　米国の意向にかかわらず日本は自国の安全保障を全うできるのか。日本人は経済的な利害にとらわれず領土と主権の問題を凝視できるのか。韓国に不法占拠された日本海の波に洗われる小さな岩島＝竹島は戦後日本のありようを問うている。

あとがき

　竹島問題は奇妙な問題である。

　自国の領土が奪われているにもかかわらず，島根県に生まれ育った私ですら，学校の先生から竹島問題について詳しく説明されたことはない。「竹島」の名前を知ったのは，小学生の時に兄が雑誌の竹島の写真を指して「韓国に取られたんじゃ」と教えてくれた時だったと思う。竹島の漁業権を持つ隠岐から遠い山間地域に住んでいたこともあるのかもしれないが，大人たちが竹島問題を話題にしていた記憶もない。最近でも，叔父が「ありゃあ，本当に日本のものなんじゃろうか」と私に尋ねたことがある。竹島問題についての日本政府の啓蒙は弱く，世論は冷淡だった。

　国際法的にも，歴史的にも，竹島の領有を日本と韓国が争った時，日本の優位は動かない。日本にある17世紀の米子の大谷・村川家の竹島経営の記録，竹島の正確な知見，江戸幕府が両家の活動を認めていたこと。当時の朝鮮にそれらに相当するものがあったとする記録を，韓国政府は示すことはできていない。そして，日本は1905年の竹島の日本領土編入とその後の実効支配によって国際法の見地からも領有を確実にし，さらに1951年のサンフランシスコ平和条約で竹島は日本の領土に残ることになった。争いをポーカーゲームにたとえるならば，日本には強力な3枚の持ち札があるのに対して，韓国には持ち札そのものがない。にもかかわらず，韓国は当然のように竹島を不法占拠し続け，竹島問題の平和的解決を求める日本の訴えにすら耳を貸そうとしない。

　もっとも奇妙なのは，竹島問題について書かれた本や記事に，日韓両国で鋭い非対称性があることである。日本では，韓国の言い分に理解を示し，日本政府の竹島領有の根拠に疑問を投じ，中には竹島は韓国領だと主張する出版物さえ捜すことができる。韓国で，日本の言い分に謙虚に耳を傾け，竹島は日本領だと主張する声が公然と現れることは，現状では，まず想像できない。

1980年から高校教諭として勤務していた私は，1999年に大学院での研修の機会を得た。その時に取り組んだのは，李承晩ラインを理由とした韓国の日本漁船拿捕と日韓会談，すなわち1950～60年代の日韓漁業問題の研究だった。それ以来，日本や韓国の図書館などで資料収集に奔走し，西日本各地で拿捕や漁労の体験そして朝鮮半島からの引揚げの記憶を聞き取りしてきたことが，本書の基礎になっている。教育現場に復帰してからの，休日すら自由にならない私にとって，卒業した教え子たちが大学図書館等での文献複写の依頼を引き受けてくれたことは助けになった。

　2009年に第2期島根県竹島問題研究会の研究委員に起用され，竹島問題にも私の研究分野は広がった。日韓漁業問題の主たる焦点であった東シナ海・黄海の好漁場と，竹島が浮かぶ日本海という，二つの海の関係をどう考えるのか，という新たな課題が与えられたのだった。本書に記したその課題への現時点での私の回答は次の通りである。韓国が当初から意図していたとは思われないが，日本の最大の関心事であった漁業問題を紛糾させることによって，韓国は日韓会談を有利に進めた。そのような懸案の一つに竹島問題があった。

　1953年夏の島根県と海上保安庁の合同調査の時，竹島で不法漁労していた韓国人に対して，韓国の報復に対抗する実力がなかった日本は退去勧告しただけだった。1954年には竹島を管轄する第八管区海上保安本部長は韓国への刺激を避けるため巡視船は当面武装しないと語った。1955年の日韓間の話し合いでは，「日韓会談全体の空気を改善する立場から」竹島問題を日韓会談の議題としないことにした。日韓会談では韓国に不利な竹島領有をめぐる論戦は行われず，その解決方法が論議された。当時，1952年に宣言した李承晩ライン（韓国ではこれを皮肉にも「平和線」と呼ぶ）を口実に，韓国は日本漁船拿捕を強行していた。事態をさらに悪化させまいとする日本の配慮がこれらの方針の背景にあった。

　1965年に日韓会談が妥結して国交が成立した時，竹島問題解決のために作成された「紛争の解決に関する交換公文」には「竹島問題」の語句がなかった。日本が，日韓会談反対運動に苦慮する韓国政府に配慮した結果だった。当時，韓国政府がもっとも苦心したのは，日韓漁業協定に反対して「平和線死守」を叫ぶ自国民を説得することだった。韓国政府が1965年に日韓国交樹立の必要性

を啓蒙するために発刊した三つの刊行物（『韓・日会談合意事項——仮署名内容解説』・『韓日会談白書』・『韓日会談問題点解説』）では，他にも多くの懸案があったにもかかわらず，漁業問題の解説に3〜4割もの頁が割かれているのは，それを物語っている。しかし，「われわれの命にかかわる」と懇請する韓国側への日本の配慮は，交換公文中の「紛争」とは竹島問題を指すのではないとして，日本との話し合いを拒否する韓国の口実の一つになってしまった。

　韓国による日本漁船拿捕と漁船員抑留の強行によって，問題の平和的解決を求めるしかない日本の竹島問題への対応の手は縛られた。漁業問題と領土問題のそのような複雑な錯綜を解きほぐし，竹島問題をゼロ地点から捉え直そうとしたのが本書である。今後，この回答を念頭に，冒頭で記した竹島問題の奇妙さに向かい合っていきたいと私は考えている。その際には，竹島領有論争，国際関係を含む日韓会談の全体像，日本海西部漁業の実相といった，諸課題の解明へのさらなる努力も必要になるだろう。

　この本が形になるまでに，実に多くの方々のご指導，ご助力をいただいた。とりわけ，私の大学在学時から現在に至るまで朝鮮半島研究のご指導をいただいた原田環県立広島大学名誉教授に深謝申しあげたい。本書の基となる論考の発表の場を与えていただいた兵庫教育大学東洋史研究会（現史訪会），東アジア近代史学会，朝鮮学会，九州史学会，九州大学韓国研究センター，水産史研究会，多くの新たな知見と助けをいただいた杉原隆島根県竹島資料室特別顧問をはじめとする島根県竹島問題研究会とその関係者の方々，さらにはミネルヴァ書房へのご紹介をしていただいた木村幹神戸大学教授にも感謝申しあげたい。ミネルヴァ書房の堀川健太郎さんには，辛抱強く，原稿修正を繰返す私に付き合っていただいた。

　そして，最後に，私の「研究生活」を半ばあきれながらも見守ってくれた妻眞理子に，「ありがとう」の言葉を伝えたい。

　　　2017年9月

　　　　　　　　　　　　　　　　　　　　　　　　　藤　井　賢　二

戦後日韓海洋紛争史関連年表

		漁業問題および関連事項	竹島問題および関連事項
1945	昭和20年	9.27　マッカーサーライン設定。 9.28　米国の大陸棚および水産資源保存水域に関するトルーマン宣言。	
1946	昭和21年	6.22　SCAPIN-1033でマッカーサーライン改定。東シナ海で日本漁船の操業区域は拡大される。	1.29　総司令部，SCAPIN-677で竹島を日本の行政区域から除外。 6.22　総司令部，SCAPIN-1033で竹島周辺12海里への日本人の接近禁止。
1947	昭和22年	2.4　南朝鮮による日本漁船拿捕開始。	6.3　在朝鮮米軍政庁，傘下の朝鮮人組織を南朝鮮過渡政府と改称。 6.20　『大邱時報』に「独島」関連記事。 8.16〜25　朝鮮山岳会が鬱陵島と竹島を調査。 9.16　総司令部，竹島の米軍の爆撃訓練場としての使用を日本政府に通告。 9.23　日本政府，日本領土に関して MINOR ISLANDS ADJACEN TO JAPAN PROPER Ⅳを米国に伝達。 10.22　『東亜日報』に「波浪島」関連記事。
1948	昭和23年	2.25　日本遠洋底曳網漁業協会設立。 4.3　済州島暴動事件。 5.1　日本政府，海上保安庁設置。 7.1　日本政府，水産庁設置。 10.19　李承晩大統領訪日。 10.20　麗水・順天で軍隊反乱。 11.9　以東機船底曳網漁業連合会（1950年に日本機船底曳漁業協会に改称）設立。	6.8　米軍の竹島爆撃訓練により朝鮮人に死傷者発生。 8.15　大韓民国政府樹立を宣言。初代大統領李承晩。 8.17　李承晩，対馬返還要求発言。 9.5　1945年11月11日に発足していた海防兵団は大韓民国海軍に。 9.9　朝鮮民主主義人民共和国樹立を宣言。
1949	昭和24年	4.23　日韓通商協定（1949会計年度分）調印。 5.4　大繁丸（鳥取県旧後港所属）が拿捕時に銃撃され1名死亡（1949年は計3名の日本人が死亡）。 6.14　韓国国会で「マッカーサー線に関する緊急動議案」可決。日本漁区拡大反対。 6.16　日本政府，以西底曳とトロールの減船方針発表。 6.30　SCAPIN-1033-2で東シナ海に監視船派遣許可。	1.7　李承晩，対馬返還要求発言。 1.14　駐日韓国代表部設置。 9.19　SCAPIN-2046でマッカーサーライン改定。竹島周辺への接近禁止は3海里以内に変更。

		9.19　SCAPIN-2046でマ・ライン改定。東シナ海・日本海の操業区域の変更はなかった。	
1950	昭和25年	1.19　総司令部，韓国政府に日本漁船の拿捕停止と被拿捕漁船の返還を要求。 5.10　日本政府，水産資源枯渇防止法公布。	6.25　朝鮮戦争勃発。
1951	昭和26年	2.7　漁業に関する吉田・ダレス書簡。 7.19，8.2　韓国政府，米国政府にマ・ライン維持が対日平和条約に明記されることを要求。 8.10　米国は上記の韓国の要求を拒否（「ラスク書簡」）。 9.7　韓国は第98回国務会議で「漁業保護水域」の設定を可決。 10.20〜52.2.14　日韓会談予備会談。 11.5〜12.14　日米加三国漁業会議	7.6　総司令部，竹島の米軍の爆撃訓練場としての使用を日本政府に再通告。 7.10　朝鮮戦争休戦会談開始。 7.19　韓国政府，竹島が韓国領であることが対日平和条約に明記されるよう米国に要求。 8.10　米国政府は上記の韓国の要求を拒否（「ラスク書簡」）。 9.8　サンフランシスコ平和条約調印。
1952	昭和27年	1.18　李承晩ライン宣言。朝鮮半島を囲む広い水域に主権を宣言。 1.28　日本政府，李承晩ライン宣言に抗議。 2.11　米国政府，李承晩ライン宣言に抗議。 2.11　「第三石宝丸」が拿捕時に銃撃され1名死亡。 2.12　韓国政府，日本政府に反論。 2.13　韓国政府，米国政府に弁明。 2.15〜4.25　第1次日韓会談。 4.25　マッカーサーライン廃止。 6.11　中華民国政府，李承晩ライン宣言に抗議。 6.26　韓国政府，中華民国政府に弁明。 9.27　国連軍，朝鮮防衛水域（クラークライン）設定。 10.25　全国漁業協同組合連合会（全漁連）発足。	1.18　李承晩ライン宣言。主権を宣言した水域に竹島を取り込む。 1.28　日本政府，李承晩ライン宣言に抗議。竹島は日本領であることを主張。 2.12　韓国政府，上記に関して日本政府に反論。 4.25　マッカーサーライン廃止。 4.25　日本政府，韓国の竹島領有の主張に反駁。 4.26　日本政府，海上保安庁内に海上警備隊設置。 4.28　対日平和条約発効。日本主権回復。 7.26　日米合同委員会で竹島を米空軍の訓練区域に再指定。 8.1　海上警備隊は海上保安庁から離れて保安庁に移管され，警備隊に改称。 9.17〜9.28　韓国山岳会，「鬱陵島・独島学術調査団」派遣。 12.4　米国政府，韓国政府に「ラスク書簡」を再送付。
1953	昭和28年	1.1　日本海洋協議会と漁業経営者連盟を統合して大日本水産会発足。 1.5〜1.7　李承晩大統領訪日。 1.12　英国政府，李承晩ライン宣言に抗議。 1.28　韓国政府，英国政府に弁明。 2.1〜2　日本漁業者代表，李承晩大統領と会見。 2.4　第1・第2大邦丸が拿捕時に銃撃され1名死亡。 4.15〜7.23　第2次日韓会談。	3.19　日米合同委員会で竹島を米空軍の訓練区域から解除。 6　島根県は竹島での漁業権を隠岐島漁業組合連合会に免許（18日に期間開始）。アシカ猟を隠岐在住者に許可（10日に期間開始）。 6.22　日本政府，竹島での韓国人漁業者の領域侵犯に抗議。 6.26　韓国政府，日本政府の上記抗議に反駁。 6.27　海上保安庁職員，警察官，島根県職員が竹島に上陸。不法入国していた韓国人に退

戦後日韓海洋紛争史関連年表

		8.27 クラークライン実施停止。 9.6 日本漁船の大量拿捕始まる。 9.9 韓国政府，水産業法公布。 9.15 日韓漁業対策本部設置決定。 9.24 李ライン撤廃期成代表者大会開催。 9.27 水産庁監視船「第2京丸」拿捕される。 10.6～10.21 第3次日韓会談。 11.26 抑留日本人漁船員431人帰還。 12.12 韓国政府，漁業資源保護法公布施行。 12.23 韓国政府，海洋警察隊設置。	去勧告。 7.13 竹島領有に関する日本政府の見解（第1回）。 7.13 日本政府，日本の巡視船への銃撃（1953.7.12）に関して抗議。 7.27 朝鮮戦争休戦協定調印。 8.4 韓国政府，日本艦船の「領域侵犯」（1953.6.28）に抗議。 8.8 日本政府，竹島問題に関して抗議。米韓相互防衛条約調印。 8.22 韓国政府，日本艦船の「領域侵犯」（1953.7.12）に抗議。 8.31 日本政府，日本の巡視船への銃撃に関して再抗議。 9.9 竹島領有に関する韓国政府の見解（第1回）。 9.26 韓国政府，日本艦船の「領海侵犯」（9.17）に抗議。 10.3 日本政府，韓国政府の見解への反論送付を予告。 10.11～10.17 韓国山岳会，「鬱陵島・独島学術調査団」派遣。
1954	昭和29年	2.20 巡視船「さど」が銃撃を受け連行される。釈放を要求した巡視船「くさなぎ」にも銃撃。 7.19 韓国政府，漁業資源保護法の刑期終了後も日本人を日本に送還しない措置をとる。	2.10 竹島領有に関する日本政府の見解（第2回）。 5.3 隠岐島五箇村久見漁業協同組合が竹島で漁労。 6.11 韓国政府，竹島に海洋警察隊を急派。 6.14 日本政府，韓国の領海侵犯と不法漁労（5.23）に抗議。韓国政府，日本艦船の「領海侵犯」（5.23）に抗議。 7 警備隊が海上自衛隊に発展。 8.15 「ヴァン・フリート特命報告書」。竹島について，平和条約で日本領に残されたことと国際司法裁判所付託を韓国に勧めていることを記述。 8.26 日本政府，日本の巡視船への銃撃（8.23）に関して抗議。 8.27 日本政府，韓国の灯台建立（8.23）などに関して抗議。 8.30 韓国政府，日本艦船の「不法侵入」（8.23）に抗議。 9.1 韓国政府，日本の抗議（8.27）に反論。 9.15 韓国政府，竹島に灯台設置（8.10）を通告。 9.24 日本政府，韓国の灯台設置に関して抗議。

423

西暦	和暦		
			9. 25　日本政府，竹島問題の国際司法裁判所への付託を提議。竹島領有に関する韓国政府の見解（第2回）。 10. 21　日本政府，韓国による竹島不法占拠強化に抗議。 10. 28　韓国政府，竹島問題の国際司法裁判所への付託を拒否。 11. 29　日本政府，竹島切手発行に対して抗議。 11. 30　日本政府，日本の巡視船への砲撃（11. 21）に関して抗議。 12. 13　韓国政府，竹島占拠の合法性および竹島切手の発行について日本に反論。 12. 30　韓国政府，日本艦船の「不法侵犯」（11. 21）について抗議。
1955	昭和30年	2. 7　韓国政府，海洋警察隊を海洋警備隊に改称。 2. 14　第6あけぼの丸，韓国艦艇に追突され，沈没。船員21人死亡。 4. 15　日中漁業民間協定調印。 7. 17　韓国政府，海務庁設置。水産行政一元化。 8. 17　韓国政府，対日貿易の全面禁止発表（翌年1月再開）。 8. 26　日韓漁業対策七市協議会開催。 11. 17　韓国連合参謀本部，日本漁船に対する砲撃声明。 12. 5　日韓漁業対策本部，「李ライン排撃行動大会」挙行。		1. 29　日韓会談進捗のため竹島問題の討議は日韓会談とは別にすることで合意。 5　韓国政府外務部，『外交問題叢書第11号独島問題概論』刊行。 8. 8　韓国，竹島の新灯台設置通報。 8. 16　日本政府，韓国による竹島不法占拠強化に抗議。 8. 24　日本政府，韓国の竹島灯台設置容認せずと抗議。 8. 31　韓国政府，日本艦船の「不法侵犯」（7. 16）について抗議。
1956	昭和31年	3. 18～57. 12. 31　抑留者相互釈放・第4次会談再開交渉。 5. 14　赤十字国際委員会，釜山外国人収容所の視察報告提出（大村入国者収容所も5月に視察）。 5. 14　日ソ漁業協定調印。 5. 30　「韓国抑留船員留守家族大会」開催。 12. 7　釜山抑留中の日本人船員1名死亡。		9. 20　竹島領有に関する日本政府の見解（第3回）。
1957	昭和32年	6. 12　抑留船員の家族代表，訪米前の岸信介首相に直接陳情。 11. 1　抑留船員の家族代表，ニューデリーで赤十字国際委員会委員長代理と会見。 12. 31　相互釈放に関する覚書調印。		5. 8　日本政府，韓国による竹島不法占拠強化に抗議。 6. 4　韓国政府，上記日本の抗議に反駁。 10. 6　日本政府，韓国による竹島不法占拠強化に抗議。 12. 25　日本政府，韓国による竹島不法占拠強化に抗議。
		2. 1　抑留漁船員200人帰還。 2. 11　大村収容所の朝鮮人刑余者の放免完了。		1. 7　日本政府，韓国による竹島不法占拠強化に抗議。

戦後日韓海洋紛争史関連年表

1958	昭和33年	2.24～4.27 第1次国連海洋法会議。 2.28 抑留漁船員300人帰還。 4.15～12.19 第4次日韓会談。 4.26 抑留漁船員300人帰還。 5.18 抑留漁船員122人帰還。 11.28 日韓会談で日本側は「日韓暫定漁業協定案の骨子」を提示するが韓国側は応じず。 12.29 日本遠洋旋網漁業協同組合設立。	10.6 日本政府，韓国による竹島不法占拠強化に抗議。
1959	昭和34年	4.1 抑留漁船員の家族代表，ジュネーヴで赤十字国際委員会委員長と会見。 6.10 在日朝鮮人の帰還交渉，事実上妥結。 6.15 韓国政府，対日貿易禁止を発表（12月に再開）。 7.17 釜山抑留日本人漁船員が「早期釈放，待遇改善」を訴えてデモ。 8.12～60.4.15 再開第4次日韓会談。	1.7 竹島領有に関する韓国政府の見解（第3回）。 9.18 韓国政府，日本艦船の「不法侵犯」（9.15）について抗議。 9.23 日本政府，竹島の韓国官憲の駐在に抗議，退去要求。 12.3 韓国政府，日本艦船の「領海侵犯」に抗議。
1960	昭和35年	3.17～4.26 第2次国連海洋法会議開催。 4.19 ソウルで学生デモ，李承晩政権崩壊へ。 10.1 日韓漁業対策本部を日韓漁業協議会に改組。 10.25～61.5.10 第5次日韓会談。	12.22 日本政府，竹島の韓国官憲の駐在に抗議，退去要求。
1961	昭和36年	2.3 韓国国会，李承晩ライン死守など対日復交四原則を決議。 5.16 韓国軍事クーデター。その後朴正煕が権力掌握。 6.20 池田・ケネディ会談。ケネディは日韓国交正常化を要望。 10.20～62.3.9 第6次日韓会談。 11.12 池田首相，朴正煕国家再建最高会議議長と会談。	1.5 韓国政府，上記日本の抗議に反駁。 12.25 日本政府，竹島の韓国官憲の駐在に抗議，退去要求。 12.27 韓国政府，上記日本の抗議に反駁。
1962	昭和37年	5.1 韓国政府，海洋警備隊を海洋警察隊に改称。 8.21～64.3.10 第6次会談予備交渉。 10.20・11.12 大平正芳外相・金鍾泌中央情報部長会談において請求権問題で合意。 12.5 日本側，12海里漁業専管水域設定を提案。 12.5 韓国側，李承晩ライン水域を漁業専管水域とすることを提案。	2.10 日本政府，韓国アマチュア無線同盟員の竹島での活動につき抗議。 2.26 韓国の独島開発協会の五カ年計画作成に口頭で抗議。 3.12 小坂善太郎外相，崔徳新外務部長官との会談で竹島問題の国際司法裁判所への付託を提案。 3.30 島根県議会が「竹島の領土権確保に関する決議」。 7.13 韓国人の竹島からの即時退去要求。竹島領有に関する日本政府の見解（第4回）。 9.3 第6次日韓会談予備交渉第4回会合で，日本側は竹島問題の国際司法裁判所への付託を提案。 10.20・11.12 大平正芳外相，金鍾泌中央情

425

			報部長との会談で竹島問題の国際司法裁判所への付託を提案。 10.22 池田勇人首相，金鍾泌中央情報部長との会談で竹島問題の国際司法裁判所への付託を提案。
1963	昭和38年	7.5 韓国，距岸40海里の漁業専管水域設定を提案。 10.22 日本，「和田試案」を提示。 11.29 韓国，「金命年試案」を提示。 11 和田正明水産庁次長，韓国を視察。 12.17 朴正熙，大統領に就任。韓国は民政復帰。	1.9 大野伴睦自民党副総裁の「竹島共有」発言。 2.5 日本政府，竹島の韓国官憲の駐在に抗議，退去要求。 2.25 韓国政府，上記日本の抗議に反駁。
1964	昭和39年	3.10〜4.6 漁業問題に関する日韓農相会談（全12回）。 3.12〜11.5 再開第6次会談。 3.27 韓国国会，「平和線死守」を含む「日韓会談に関する建議案」可決。 3.31 韓国国会，「海洋警備強化のための建議案」可決。 5.13 巡視船「ちくご」が韓国船に連行される。 6.3 韓国政府非常戒厳令布告。 12.3〜65.6.22 第7次日韓会談。	3.3 日本政府，竹島の韓国官憲の駐在に抗議，退去要求。 3.18 韓国政府，上記日本の抗議に反駁。 11.2 韓国政府，外務省作成の「今日の日本」で竹島が日本領となっていることに抗議。 11.12 日本政府，上記韓国の抗議に反駁。
1965	昭和40年	2.20 日韓基本関係条約に仮調印。 3.3〜4.1 漁業問題に関する第2次日韓農相会談（全11回）。 4.3 「日韓間の漁業問題に関する合意事項」調印。 6.5〜8 漁業箱根会談。 6.22 日韓漁業協定が他の日韓条約とともに調印される。 8.14 韓国国会で日韓条約承認。 9.10 「韓国拿捕損害補償要求貫徹漁業者大会」開催。 12.11 日本国会で日韓条約承認。 12.17 新日中民間漁業協定調印。 12.18 批准書交換。	4.10 日本政府，竹島の韓国官憲の駐在に抗議，退去要求。 5.6 韓国政府，上記日本の抗議に反駁。 6.17〜22 「紛争の解決に関する交換公文」作成，調印。 10 田村清三郎『島根県竹島の新研究』（島根県総務課）刊行。 11 『独島』（大韓公論社）刊行。 12.17 韓国政府，竹島領有に関する日本政府の見解（第4回）に反論。
1966	昭和41年	2.28 韓国政府，水産庁を発足させる（海務庁は中央集権的・官僚的という理由で1961年に廃止され，海洋警備課は内務部に移管されていた）。 7.9 第1回日韓漁業共同委員会，共同資源調査水域の設定を決定。 夏〜秋 韓国，北太平洋でサケ，マス漁業等の試験操業。	8.5 川上健三『竹島の歴史地理学的研究』（古今書院）刊行。

1 9 6 9	昭和44年		10　李漢基『韓国の領土』（ソウル大学出版部）刊行。 10.28　日本政府，竹島の韓国官憲の駐在に抗議，退去要求。 11.25　韓国政府，上記日本の抗議に反駁。
1 9 7 0	昭和45年		11.13　日本政府，竹島の韓国官憲の駐在に抗議，退去要求。 11.24　韓国政府，上記日本の抗議に反駁。
1 9 7 1	昭和46年		9.6　日本政府，竹島の韓国官憲の駐在に抗議，退去要求。 10.12　韓国政府，上記日本の抗議に反駁。
1 9 7 2	昭和47年		4.1　日本政府，韓国の灯台設置計画に抗議。 5.15　韓国政府，上記日本の抗議に反駁。 10.26　日本政府，竹島の韓国官憲の駐在に抗議，退去要求。 12.11　韓国政府，上記日本の抗議に反駁。
1 9 7 3	昭和48年	3.3　韓国の農林部が農水産部に改称。 12.3〜82.12.10　第3次国連海洋法会議開催。	4.25　日本政府，「独島開発計画」の報道に抗議。 5.7　韓国政府，上記日本の抗議に反駁。
1 9 7 4	昭和49年	対馬周辺の日本側漁業専管水域への韓国漁船の侵入激化。	1.30　日韓大陸棚協定署名。 7　日本政府，竹島近海での日本漁船操業に対する韓国の警告に対し韓国に抗議。
1 9 7 5	昭和50年	8.15　日中漁業協定調印。	11.19　日本政府，韓国官憲退去と建物撤去を要求。 11.24　韓国政府，上記日本の要求に反駁。
1 9 7 6	昭和51年	6　札幌で第1回日韓民間漁業協議会開催。北海道周辺での韓国漁船の操業による被害激化。	9.8　日本政府，韓国の移動無線局設置および学術調査に抗議。 9.13　韓国政府，上記日本の抗議に反駁。 10.25　日本政府，韓国官憲退去と建物撤去を要求。 12.2　韓国政府，上記日本の要求に反駁。
1 9 7 7	昭和52年	3.1　米国とソ連，200海里漁業専管水域を実施。 4.1〜4　第2回日韓民間漁業協議会開催。 5.2　日本政府，「領海法」公布。領海12海里へ。また，200海里漁業水域を暫定的に設定。 8.1　北朝鮮，200海里漁業専管水域を実施。9月に同水域での日本漁船の操業について暫定合意。 8.25　第3回日韓民間漁業協議会開催。 12.31　韓国政府，「領海法」公布。領海12海里へ。	2.5　国会で福田赳夫首相が，「固有の領土」である竹島を基点とする領海12海里設定を言明。 2.16・2.24　韓国政府，日本の報道機関の飛行機の竹島上空飛行に口頭で抗議。日本が反駁。 4.27　「島根県竹島問題解決促進協議会」発足。 5.11　日本政府，韓国国会での農水産部長官の竹島に漁業施設設置発言に抗議。 5.31　韓国政府，上記日本の抗議に反駁。 6.10・6.13　韓国政府，日本漁船の竹島「領

西暦	和暦		
			海侵犯」に抗議。 7.15・8.1 韓国政府外務部，『獨島関係資料集』全2巻刊行。 9.21 韓国政府，日本艦船の竹島巡視（8.30・8.31）に抗議。日本政府はこれに反駁。 10.27 日本政府，韓国官憲退去と建物撤去を要求。 11.8 日本政府，竹島でのコンクリート製国旗設置に抗議。
1978	昭和53年	7.5 日本の農林省が農林水産省に改称。 6 島根県沿岸での韓国漁船操業が問題化。 9.20 韓国政府，「領海法」を施行。	4.30 『読売新聞』が「ラスク書簡」の存在を報道。 5.9 韓国政府，領海12海里を暫定実施して日本漁船を竹島近海から排除。 6.22 日韓大陸棚協定発効。 9.3〜4 日韓定期閣僚会議。韓国は竹島近海での日本漁船の操業黙認の意志を示すが後に撤回。 11 日本政府，韓国官憲退去と建物撤去を要求。
1979	昭和54年	3 加藤晴子「戦後日韓関係史への一考察——李ライン問題をめぐって（上）」（『日本女子大学紀要 文学部』）。（（下）は1980.3）	10.26 朴正煕大統領殺害される。 12 日本政府，韓国官憲退去と建物撤去を要求。
1980	昭和55年	11.1 北海道沖の韓国漁船に対する第1次暫定規制措置実施。日本も済州島周辺の底曳網漁業について自主規制実施。	5 光州事件。 9.1 全斗煥，韓国大統領に就任。 12 日本政府，韓国官憲退去と建物撤去を要求。
1981	昭和56年		11 日本政府，韓国官憲退去と建物撤去を要求。
1982	昭和57年	4.30 第3次国連海洋法会議で国連海洋法条約採択。	7 教科書問題起こる。 11.16 韓国政府，竹島を自然記念物第336号海鳥類繁殖地に指定。日本政府，10月の巡視船の調査に基づき抗議。
1983	昭和58年	11.1 北海道沖の韓国漁船に対する第2次暫定規制措置実施。	日本政府，11月の巡視船の調査に基づき抗議。
1984	昭和59年	3 第18回日韓漁業共同委員会で西日本・山陰沖水域での韓国漁船の操業問題について討議。	日本政府，10月の巡視船の調査に基づき抗議。
1985	昭和60年	1 第19回日韓漁業共同委員会で西日本・山陰沖水域での韓国漁船の操業問題について討議。	日本政府，10月の巡視船の調査に基づき抗議。
		2 第20回日韓漁業共同委員会で西日本・山陰沖水域での韓国漁船の操業問題について討議。	日本政府，11月の巡視船の調査に基づき抗議。

戦後日韓海洋紛争史関連年表

西暦	和暦		
1986	昭和61年	5 全漁連通常総会「200海里全面適用に関する特別決議」。 5.22 全漁連,200海里全面適用推進本部設置。 11.1 韓国漁船に対する第二次暫定規制措置延長。	
1987	昭和62年	1.1 韓国の農水産部が農林水産部に改称。 3 第21回日韓漁業共同委員会で西日本・山陰沖水域での韓国漁船の操業問題について討議。 10 韓国漁船に対する第3次暫定規制措置合意。西日本の韓国漁船も規制対象に。	
1988	昭和63年	1.1 韓国漁船に対する第3次暫定規制措置実施。	2.25 盧泰愚,韓国大統領に就任。
1989	平成元年		10.6 島根県,慶尚北道と友好提携。 日本政府,11月の巡視船の調査に基づき抗議。
1992	平成4年	2.14 韓国漁船に対する第4次暫定規制措置協議妥結。 3.6 韓国漁船に対する第4次暫定規制措置実施（第3次暫定規制措置を延長して協議）。	8.25〜9.3 第6回国連地名標準化会議。韓国と北朝鮮は日本海の呼称について「東海」との併記を求める。
1993	平成5年	10.26 全漁連,「200海里確立全国漁民大会」開催。大日本水産会も後援。	2.25 金泳三,韓国大統領に就任。
1994	平成6年	11.16 国連海洋法条約発効。	11.7 鳥取県,江原道と友好提携。
1995	平成7年	2.28 韓国漁船に対する第5次暫定規制措置合意。「新漁業秩序形成への協議」に合意。 5.17 韓国漁船に対する第5次暫定規制措置実施（第4次暫定規制措置を延長して協議）。	
1996	平成8年	日韓両政府,排他的経済水域設定（日本 (6.14),韓国 (8.8)）。 日韓両政府,領海法改正（日本 (6.14),韓国 (1995.12.6)）。 2.28 全漁連主催の「日本の食料と漁業・漁村を守る200海里確立全国漁民大会」開催。 日韓両政府,国連海洋法条約を批准（日本(6.20),韓国(1.29)）。 6.23 橋本龍太郎首相・金泳三大統領の日韓首脳会談で領土問題と漁業問題とを切り離して漁業協定締結交渉を行うことに合意。 8 第1回排他的経済水域境界画定交渉。 8.8 韓国,海洋水産部設立。海運港湾庁・水産庁・水路局を統合,海洋警察庁も外庁として編入。農林水産部は農林部に。	2 韓国政府,竹島に接岸施設工事を実施する旨発表。

429

西暦	和暦		
1997	平成9年	5 第2回排他的経済水域境界画定交渉。 6.9 島根県沖の日本の新領海で韓国漁船拿捕。 11.11 新日中漁業協定調印（発効(2000.6.1)）。 11 第3回排他的経済水域境界画定交渉。 12.3 韓国政府，通貨危機により，国際通貨基金（IMF）からの資金支援の覚書を締結。	11.7 韓国政府，竹島に接岸施設設置。
1998	平成10年	1.23 日本政府，日韓漁業協定の1年後の終了を韓国に通告。 3.3 韓国政府，外務部を外交通商部に改組。 11.28 新日韓漁業協定調印。	2.25 金大中，韓国大統領に就任。
1999	平成11年	1.22 新日韓漁業協定発効。 12 日韓漁業共同委員会で，暫定水域の問題は民間協議に委ねることに。	
2000	平成12年	6 第4回排他的経済水域境界画定交渉。 8.3 中韓漁業協定署名（発効（2001.6.30)）。	
2001	平成13年	3回にわたる日韓民間漁業者団体間協議でズワイガニ漁業の一部漁場交代等に合意。しかし，韓国は合意不履行。 8 韓国サンマ漁船，ロシアからの漁獲割当に基づき，北方四島周辺水域で操業。日本は対抗して三陸沖の韓国漁船のサンマ漁許可を留保。 10 日本遠洋底曳網漁業協会解散。	
2003	平成15年		2.25 盧武鉉，韓国大統領に就任。
2004	平成16年	5 第1回日韓延縄漁業者当事者間協議。その後日本側EEZでの韓国漁船の操業問題を討議するが，韓国側が一方的に協議打ち切り(2011.3.18)。	1 日本政府，竹島切手の発行に抗議。
2005	平成17年		3.24 韓国政府，竹島を一般人に開放。 3.25 島根県，2月22日を「竹島の日」とする条例制定施行。
2006	平成18年	6 第5回排他的経済水域境界画定交渉。 9.4〜5 第6回排他的経済水域境界画定交渉。	4〜9 竹島周辺海域調査をめぐって日韓が対立。 5 第1期島根県竹島問題研究会，中間報告書発表。 9 韓国政府，東北アジア歴史財団設立。
2007	平成19年	3 第7回排他的経済水域境界画定交渉。 6 第8回排他的経済水域境界画定交渉。 9 日韓民間漁業者団体間協議で隠岐北方の漁場の交代利用に合意。韓国漁船は初めて合意を履行して日本漁船の操業が実現。	3 第1期島根県竹島問題研究会，最終報告書発表。 4 島根県，竹島資料室開設。

戦後日韓海洋紛争史関連年表

2008	平成20年	2.29 韓国，海洋水産部を国土海洋部と農林水産食品部に吸収させる。 5 第9回排他的経済水域境界画定交渉。	2 日本外務省，「竹島問題を理解する10のポイント」作成。 2.25 李明博，韓国大統領に就任。 7.14 日本文部科学省，中学校の学習指導要領解説書に竹島を初めて記述。
2009	平成21年	3.9 第10回排他的経済水域境界画定交渉。 5 日韓民間漁業者団体間協議で，浜田沖暫定水域で日本が海底清掃を行うこと等について合意。	
2010	平成22年	6.29 第11回排他的経済水域境界画定交渉。	
2011	平成23年		2 第2期島根県竹島問題研究会，中間報告書発表。 8.1 韓国政府，日本の自民党国会議員らの入国拒否。
2012	平成24年		3 第2期島根県竹島問題研究会，最終報告書発表。 4.27 沖ノ鳥島を基点とする日本の大陸棚延長申請が大陸棚限界委員会に認められる。 8.10 李明博，韓国大統領としては初めて竹島上陸。 8.21 日本政府は竹島問題の国際司法裁判所への合意付託および「紛争の解決に関する交換公文」に基づく調停を提案。韓国は提案を拒否（8.30）。 8.24 野田佳彦首相，竹島問題を国際社会の法と正義によって解決すべき問題と述べて歴史認識問題としてとらえる韓国を批判。 12.26 韓国政府，東シナ海での大陸棚延長申請を大陸棚限界委員会に提出。日本政府，大陸棚限界委員会に韓国の申請を審査しないよう要請（2013.1.12）。
2013	平成25年	3.23 韓国，海洋水産部復活。外交通商部は外交部に改組。	2.22 日本政府，島根県の第8回「竹島の日」式典に初めて内閣府大臣政務官出席。 2.25 朴槿恵，韓国大統領に就任。 9.1 島根県，竹島の漁業権の免許を更新（6度目）。隠岐島漁業協同組合連合会に交付。 12.8 中国が設定（11.23）した「東シナ海隔空識別区」が「離於島」を含むことに反発して韓国政府は防空識別圏を設定。
2014	平成26年	6.25〜27 日韓両政府による日韓漁業共同委員会，日本EEZにおける韓国延縄漁業および韓国EEZにおける日本旋網漁業の操業条件をめぐって対立し，交渉中断。2015年1月	1.28 日本文部科学省，中学校と高校の学習指導要領解説書を一部改定。竹島が「日本固有の領土」であることと韓国の「不法占拠」を明記。

431

| | | 9日に合意するが，2016年7月以降は韓国漁船の操業をめぐる対立で相互入漁は実現せず。 | 3.14　第3期島根県竹島問題研究会編 『竹島問題100問100答』刊行。 |

注：(1)主な参考文献は次の通りである。
日本語
『時の法令別冊 日韓条約と国内法の解説』（大蔵省印刷局，1966年3月，東京）
『日韓漁業対策運動史』（日韓漁業協議会，1968年2月，東京）
「日韓関係年表（I）～（IV）」（日 6-827-490～493）
『朝鮮半島近現代史年表・主要文書』（原書房，1996年5月，東京）
『200海里運動史』（全国漁業協同組合連合会，2013年3月，東京）
『竹島問題100問100答』（ワック出版，2014年3月，東京）
『外交青書』第1～58号（外務省，1957～2015年）
韓国語
『外務行政の十年』（外務部，1959年5月）
『大韓民国外交年表 附主要年表』（外務部文書局文書課，1962年12月）
『独島関係資料集（I）――往復外交文書，（1952～76）』（外務部，1977年7月）
『大韓民国史』（探求堂，1988年9月，ソウル）
『独島辞典』（韓国海洋水産開発院，2011年11月，ソウル）

(2)1978年以降の外務省編『外交青書』における竹島問題に関する日本政府の韓国政府への抗議についての記録は次の通りである。
1988年版と1989年版の『外交青書』では，抗議を行った記録がないため，1987年と1988年の抗議は年表には記載できなかった。
1990年版の『外交青書』では抗議の記録は復活したため1989年の抗議は年表に記載した。
1991年版と1992年版の『外交青書』には抗議を行った記録はあるが，抗議を行った時期の記載がないため，1990年と1991年の抗議は年表には記載できなかった。
1993年版から1999年版までの『外交青書』には竹島問題の記述がほとんどない（1997年版除く）。よって1992年から1998年の抗議は年表には記載できなかった。
2000年版以降の『外交青書』には竹島が日本固有の領土であるとの記述があるが抗議の記録はないため，1999年以降の抗議は年表には記載できなかった。

索　引

（＊は人名）

あ　行

愛国老人会　238, 243
赤城試案　172
＊赤城宗徳　171, 182, 290, 291
朝凪丸　4
＊有吉京吉　225, 227, 328
「あれが港の灯だ」　324
＊安龍福　234, 252, 262
＊李壬道（イ・イムド）　51, 63, 146
離於島（イオド）　269, 297, 299
離於島海洋科学基地　298
イカ釣漁　294, 367, 402, 413
＊池田勇人　346, 361
＊石原圓吉　200
＊李崇寧（イ・スンニョン）　240, 245, 258, 260, 264
『以西漁船名鑑　昭和三十五年度』　326
『以西漁労長名鑑　昭和三十三年』　327
以西底曳網漁業　30, 37, 52, 72, 113, 130, 170, 187, 195, 277, 309, 365
一艘曳き　37, 307, 335
一本釣漁業　30, 39, 130, 187, 195
以東底曳網漁業　30, 37, 130, 195, 306, 309
＊李東元（イ・ドンウォン）　184, 192, 349, 350
＊稲田朋美　266
稲積船団　323
＊李明博（イ・ミョンバク）　300
李明博大統領竹島上陸　300, 405, 410
インドネシアとの漁業交渉　94
＊元容奭（ウォン・ヨンソク）　171, 192, 290
于山島　233, 252, 262
＊牛場信彦　350, 364
＊俊宮虎郎　350, 389
「鬱陵島開拓令」　262
「鬱陵島学術調査隊」　237, 250
「鬱陵島・独島学術調査団」　6, 254, 258, 259
「遠洋」漁業　52, 76, 86, 208, 220, 222
鵬丸　2, 254
＊大野伴睦　362
「大平－金合意」　153, 173

か　行

＊大平正芳　25, 153, 345, 346, 360, 361
「大平・金鍾泌会談」　25, 28, 153
＊岡崎勝男　6, 413
沖合底曳網漁業　30, 306, 334, 374
隠岐島漁業協同組合連合会　383
「おき」への銃撃事件　13, 256, 343

『外交問題叢書第一号　平和線の理論』　65, 68
『外交問題叢書第九号　韓日会談略記』　114
『外交問題叢書第十一号　独島問題概論』　7, 233, 248, 263, 270
外国人収容所（釜山）　34, 320
海上自衛隊　14, 415
『海上保安白書　昭和41年版』　29
『海務』　252, 256
海洋警察隊　256, 321
『海洋警察隊30年史』　31, 194, 299, 321
カイロ宣言　237, 252
可支島　233
＊梶村秀樹　380, 403
＊柏博次　6, 413
片江　322, 370
『片江郷土史』　326, 327
片江船団（片江漁船団）　322, 366
『片江船団繁盛期』　365
＊片岡千賀之　366
＊加藤晴子　43, 75, 154, 192, 228
＊鎌田剛　397
＊川上健三　28, 112, 150, 169, 233, 255, 262, 285
＊川谷遊亀　198
『韓国遠洋漁業三十年史』　51
『韓国造洋漁業の水産資源』　51
韓国山岳会　239, 259, 270
『韓国の漁業――その現状と将来』　49
韓国海苔の対日輸出　225
『韓国旋網漁業史』　51
『韓日国交正常化問題――韓日会談に関する
　宣伝資料　補完版（一）』　174, 287
旗国主義　181, 189, 393, 396
機船底曳網漁業　37, 47, 195, 203, 303, 322

433

機船底曳網漁業禁止区域　85, 113, 140, 216

＊金鍾泌（キム・ジョンピル）　25, 153, 344-346, 360, 361

＊金東祚（キム・トンジョ）　90, 116, 148, 182, 239, 244, 282, 350

＊金命年（キム・ミョンニョン）　165

　金命年試案　157, 165, 166, 288, 290, 293

＊金泳三（キム・ヨンサム）　410

＊金溶植（キム・ヨンシク）　137, 158, 315

　共同規制水域（日韓漁業協定の）　28, 157, 179, 186, 187, 189, 193, 216, 294

　漁業および平和線委員会　108

　漁業管轄権　115, 116, 118-121, 125, 147, 149, 150

　漁業管轄水域案　71, 83, 84, 90, 111, 281, 289, 292

　漁業協力　163, 173, 177, 185, 221-222

　漁業協力資金　185, 191, 222

　漁業資源共同調査水域（日韓漁業協定の）　182, 294

　漁業資源保護法（韓国）　133, 140, 194, 287, 314, 321

　漁業（専管）水域　28, 150, 155

　漁業専管水域（日韓漁業協定の）　28, 157, 159-162, 164, 182, 193

　『漁業で結ぶ日本と韓国』　33, 189

　漁業法（大韓帝国）　215

　「漁業保護区域宣布に関する件」　89, 95

　漁業保護水域案　84, 90, 111, 282, 289, 292

　極東委員会　81

　魚群探知機　132

　近畿農政局　368

　串木野　197

＊国司浩助　64

＊久保田貫一郎　138, 143

　「久保田発言」　25, 34, 143, 146, 318

　久見漁業協同組合　14, 255

　クラークライン（朝鮮防衛水域）　39, 127, 128, 135, 137, 142, 253

　警備隊（海上自衛隊の前身）　415

　『建国公論』　237

　『現代韓国水産史』　34, 46, 209, 222

　憲法　7, 414

　公海自由の原則　79, 96, 102, 113, 285

　合成繊維魚網　132

　国際司法裁判所　257, 261, 265, 344-349

　国際連盟国際法典編纂会議　118, 119, 151

　国連海洋法条約　150-151, 269, 297, 380, 395, 406

　国連国際法委員会　106, 119, 151

＊小坂善太郎　344, 360, 401

＊小滝彬　13

さ　行

　済州島（さいしゅうとう／チェジュド）　11, 37, 74, 131, 277, 297

　済州島周辺の基線問題　167-172, 176, 182-184

　「在朝鮮米国陸軍司令部軍政庁法令第33号」　88

　在朝鮮米軍政庁　46, 88, 278

　境港　271, 296, 305, 368, 375

＊佐藤栄作　349, 363

＊澤田廉三　314, 315

　山陰沖漁業対策議員連盟　378

　山陰沖漁業対策協議会　378, 379, 387

　『産業調査叢書第14号　水産業に関する調査』　48, 125, 130

　暫定水域（新日韓漁業協定の）　293, 303, 332, 333, 336, 395, 396, 406, 408, 411

　サンフランシスコ平和条約第9条　82, 91

　サンフランシスコ平和条約第2条　9, 279-280

　三峯島　233, 249, 252

＊椎名悦三郎　183, 349, 350, 355-358

　支那東海黄海漁業協議会　203, 207

　自発的抑止　115, 121-123

　島根県隠岐島漁業協同組合連合会　389

　島根県竹島問題解決促進協議会（促進協）　376, 379, 381, 410

　島根県と海上保安庁の竹島合同調査　1-4, 254, 383

　島根丸　5, 253-256

＊沈興澤（シム・フンテク）　234

＊下條正男　407

　『週報』

　　──8号　45, 49

　　──12号　64

　　──55号　75

　　──77号　107, 136, 266

＊申奭鎬（シン・ソクホ）　238, 250, 252, 262

　神藤堆　253

索　引

新日韓漁業協定　26, 223, 293, 303, 332, 395-398, 408, 411
水産業法（韓国）　46, 47, 125, 140, 222
『水産経済新聞』　60-63, 72, 212, 218, 250, 277
水産資源枯渇防止法（日本）　59
水産奨励補助金交付規則（韓国）　51, 208, 209
水産振興法（韓国）　222
水産庁（韓国）　222
ズワイガニ漁　332, 335, 397
請求権および経済協力協定　26, 32
請求権資金　221-222
請求権問題　88, 123, 146
西部日本海地域　367-370, 381, 388
接続水域　120
1953年1月12日付駐韓英国代表部による韓国外務部への書簡　100, 105, 285
1953年1月28日付韓国外務部次官による駐韓英国大使への書簡　100, 106
1953年夏の竹島　14, 411
「1957年12月31日の合意」　25, 33, 98, 321
1952年1月27日付声明　102, 104
1952年1月28日付日本外務省による駐日韓国代表部への口上書　100, 102, 285
1952年2月11日付駐韓米国大使による韓国外務部への書簡　100, 103, 285, 286
1952年2月13日付駐韓米国大使の書簡に対する韓国政府の弁明　100, 104, 285
1952年2月12日付韓国外務部による日本政府への口上書　100, 102, 112, 127
1952年6月11日付の中華民国大使による韓国外務部への書簡　100, 105, 285
1952年6月26日付韓国外務部次官による中華民国大使への書簡　100, 105
1947年7月23日付『東亜日報』　271
1947年10月22日付『東亜日報』　273, 277
1947年8月13日付『漢城日報』　271, 273
1947年6月20日付『大邱時報』　271
1963年7月韓国案　157, 158, 161, 288, 289, 292
1962年12月韓国案　156, 157, 288, 289, 292
1962年12月日本案　155, 157, 288, 289, 292
「戦後日韓関係史への一考察——李ライン問題をめぐって」　43
ソコトラロック　74-75, 269, 274, 277, 289, 290, 296, 300

＊園田直　361, 376, 390
＊孫元一（ソン・ウォンイル）　107, 136

た　行

第1次国連海洋法会議　119, 168
第1次日韓会談漁業委員会　114-123
第98回国務会議　89, 94, 282
第5回EEZ境界画定交渉　409
第3伊勢丸　4
第3次国連海洋法会議　150, 380
第3次日韓会談漁業委員会　135-146, 253
だいせん　265
第2京丸　135, 325
第2次国連海洋法会議　119, 155
第2次日韓会談漁業委員会　123-135, 253
対日貿易の全面禁止　225
第八管区海上保安本部　1, 415
大邦丸事件　11, 138, 253
「竹島周辺海域に於ける漁業の概況について（島根県）昭和40年10月」　385
「竹島周辺水域」　368, 370, 375, 381, 388, 402
「竹島周辺水域で現在行われている漁業と予想される漁業とによる竹島の漁業価値」　386
『竹島の概要』　385
竹島の島根県編入（1905年）　234
「竹島の日」条例　330, 336, 340, 410
「竹島の領土権確保に関する陳情書」（隠岐島町村会）（1963年）　362
「竹島の領土権確保に関する陳情書」（島根県隠岐島漁業組合連合会）（1977年）　389, 401
「竹島密約」　390
「太政官指令」　404
田後漁協　305, 314, 317, 397
＊田中豊治　295, 367, 388
＊田部長右衛門　363
谷・金溶植会談　401
＊谷出止躬　407
＊田村清三郎　237, 250, 260
＊ダレス，F.　279
＊崔徳新（チェ・トクシン）　344, 345, 360
＊崔南善（チェ・ナムソン）　240, 246, 263, 280
＊池鐵根（チ・チョルグン）　70, 75, 83, 84, 90, 129, 133, 159, 281, 283
＊車均禧（チャ・キュニ）　182, 188, 190, 194,

435

294, 296

「中間漁区」 41, 309-313, 316, 330

朝水会 199, 224

朝鮮鰯油肥製造業水産組合聯合會 214

『朝鮮沿岸水路誌』 234, 242

朝鮮漁業経営費低減施設補助規則 205, 209

朝鮮漁業保護取締規則 46, 83, 125, 140, 216, 281

朝鮮漁業令 46, 125, 216

朝鮮漁業令施行規則 125

朝鮮産業経済調査会 205, 216

『朝鮮水産統計』 45, 202, 211

朝鮮戦争 44, 124, 137, 210

朝鮮総督府 201, 203, 217, 218, 228

『朝鮮中央日報』 213

＊鄭文基（チョン・ムンギ） 48, 49, 71, 174, 213, 264, 277

＊陳弼植（チン・ビルシク） 102, 120

通漁 197, 218, 228

＊塚本孝 9, 234, 267, 279, 405

＊月森元市 391

対馬 264, 283

『時の法令別冊 日韓条約と国内法の解説』 257, 295

『獨島関係資料集（Ⅰ）──往復外交文書（1952-76）』 239, 403

『獨島関係資料集（Ⅱ）──學術論文』 240, 403

「独島所属に対して」 238, 250, 252, 262

「独島遭難漁民慰霊碑」 3

「独島測量」 239, 257

「独島灯台」 256

鳥取県議会 336-338, 387

鳥取県漁業対策協議会 376, 379

トルーマン宣言 103, 106, 112, 118, 126, 143, 151, 286

トロール漁業 30, 37, 52, 72, 113, 130, 187, 195, 203, 215, 228, 277, 309

トロール漁業禁止区域 83, 85, 86, 113, 140, 281

な 行

＊内藤正中 341

＊西田敬三 200

2006年竹島周辺水域調査 408

二艘曳き 37, 195, 307, 323, 335

日米安全保障条約 7

日米加漁業交渉 94, 96, 97, 112, 114, 121

日米加（北太平洋）漁業条約 114-117, 122, 126, 151

『日米加漁業条約の解説』 97

日韓会談（日韓国交正常化交渉） 11, 18, 21-26, 270, 363, 401

日韓会談反対運動 173, 219

日韓会談予備会談 91, 92, 96, 284

日韓間の漁業問題に関する合意事項（漁業問題合意書） 26, 153, 179, 288, 291

日韓漁業閣僚（農相）会談（1964年） 171-173, 290

日韓漁業協定 119, 153, 157, 193, 288, 294, 342, 365, 393

『日韓漁業協定試案』 224

『日韓漁業対策運動史』 29, 118, 128, 303

日韓漁業対策本部（日韓漁業協議会） 29, 32, 317

日韓条約（日韓基本条約） 26

日韓大陸棚協定 402

日韓通商交渉（1949年） 225

日韓定期閣僚会議 376

日韓農相会談（1965年） 182-190, 291

200海里確立全国漁民大会 394

200海里漁業専管水域実施 380-381

200海里排他的経済水域設定 395

日本遠洋底曳網漁業協会 38, 54, 145, 170, 412

日本遠洋旋網漁業協同組合 38, 170

日本海の呼称問題 409

＊盧武鉉（ノ・ムヒョン） 410

は 行

排他的経済水域 149, 150, 380, 395, 406

＊朴九秉（パク・クビョン） 199

＊朴椿浩（パク・チュノ） 407

＊朴正煕（パク・チョンヒ） 21, 159, 175, 361

＊朴裕河（パク・ユハ） 341

函館高等水産学校 51, 71, 282

浜田 305, 314, 375

「浜田三角」 333, 396, 397

波浪島（パランド） 274, 279

＊玄大松（ヒョン・デソン） 151, 238

＊卞榮泰（ビョン・ヨンテ） 85, 88, 104, 238, 251, 266, 285

索　引

＊黄相基（ファン・サンギ）240, 241, 247, 248,
　263
＊黄山徳（ファン・サンドク）107, 120
＊黄炳珪（ファン・ビョンギュ）47, 62, 133
＊福田赳夫　382, 390, 403
　紛争の解決に関する交換公文　350-360, 362,
　　363, 383, 389, 401
　米国漁業使節団　58
　「平和線」106, 107, 176, 192, 266, 287
　「平和線警備強化に対する決議案」174, 192
　「へくら」と「おき」への砲撃事件　13, 257
　「へくら」への銃撃事件　7-8, 13, 254, 414
　ベニズワイガニかご漁　295, 381, 387-388,
　　396, 402
＊ヘリントン，ウィリアム．C.　67-70, 122
　保安庁　415
　防空識別圏　300
　砲撃声明（1955年）111
　北海道周辺での韓国漁船操業問題　391
＊穂積眞六郎　201, 204
＊堀和生　404
＊洪以燮（ホン・イソプ）240, 241, 247, 258,
　261
＊洪鐘仁（ホン・ジョンイン）238, 258
＊洪璡基（ホン・ジンギ）123

ま　行

　マイワシ漁業　210-214
　旋網（巾着網）漁業　30, 37, 39, 52, 130, 187,
　　195, 196, 303, 386
　マッカーサーライン　8, 11, 27, 43, 53, 60-68,
　　77, 87, 236, 272, 275, 283-284
＊ムチオ，ジョン．J.　104, 285
＊森田芳夫　24, 29, 92

や　行

　大和堆　332, 372, 396

＊梁裕燦（ヤン・ユチャン）79, 82, 88, 93, 147,
　279
＊兪鎮午（ユ・ジノ）98, 149, 280
＊柳泰夏（ユ・テハ）12, 34, 134
＊柳洪烈（ユ・ホンヨル）239, 240, 244, 246,
　258, 263
＊吉田敬市　197, 201, 213, 227
　「吉田・ダレス書簡」77, 94, 280
＊米村進　318
　4.19革命　25

ら・わ行

＊ラスク・ディーン　279
　「ラスク書簡」82, 90, 251, 260, 279
＊李承晩（り・しょうばん／イ・スンマン）
　21, 69, 70, 90, 118, 149, 198, 282
　李承晩ライン（李ライン）8, 35, 73, 84, 128,
　　142, 192, 217, 282, 329, 342, 414
　李承晩ライン宣言（隣接海洋に対する主権に
　　関する宣言）9, 27, 43, 77, 91, 100, 111, 142,
　　176, 251, 266, 269, 284, 292
　領海及び接続水域に関する条約　169
　領海法　380, 395
　「隣接海洋主権宣言に対して敷衍」102, 150
　隣接海洋に対する主権に関する宣言　→李承
　　晩ライン宣言
　「和田試案」153, 159-162, 166
＊和田正明　154, 160, 167, 176, 177, 191

欧　文

　E区域　290, 291
　"MINOR ISLANDS ADJACENT TO
　　JAPAN PROPER Ⅳ "　270
　null and void　235, 261, 283
　SCAPIN-677　236, 250, 251, 270
　SCAPIN-1033　27, 53, 236, 250, 251, 272

437

《著者紹介》

藤井賢二（ふじい・けんじ）

1955年　島根県生まれ。
　　　　広島大学文学部卒業。
　　　　兵庫県の公立高校教諭として地歴公民科を担当して勤務。
　　　　兵庫教育大学大学院修士課程修了。
現　在　日本安全保障戦略研究所研究員・島根県竹島問題研究顧問・島根県竹島問題研究会研究
　　　　委員。
主　著　「日韓漁業問題の歴史的背景――旧植民地行政機関の漁業政策比較の視点から」『東アジ
　　　　ア近代史』 5，2002年。
　　　　「朝鮮引揚者と韓国――朝水会の活動を中心に」『植民地の朝鮮と台湾――歴史・文化人
　　　　類学的研究』第一書房，2007年。
　　　　「李承晩ラインと戦後日本」『不条理とたたかう――李承晩ライン・拉致・竹島問題』文
　　　　藝春秋，2017年。
　　　　「竹島問題に関する日韓両国政府の見解の交換について」『島嶼研究ジャーナル』7-1，2，
　　　　2017，2018年。

竹島問題の起原
──戦後日韓海洋紛争史──

2018年 4 月30日　初版第 1 刷発行　　　　　　　　　〈検印省略〉

定価はカバーに
表示しています

著　者　　藤　井　賢　二
発行者　　杉　田　啓　三
印刷者　　江　戸　孝　典

発行所　株式会社　ミネルヴァ書房

607-8494　京都市山科区日ノ岡堤谷町 1
電話代表　（075）581-5191
振替口座　01020-0-8076

© 藤井賢二，2018　　　　　　　　　　共同印刷工業・新生製本

ISBN978-4-623-07290-3

Printed in Japan

日韓歴史認識問題とは何か

●歴史教科書・「慰安婦」・ポピュリズム

木村 幹著　四六判二九六頁　本体二八〇〇円

朝鮮/韓国ナショナリズムと「小国」意識

●朝貢国から国民国家へ

木村 幹著　Ａ5判三八六頁　本体五〇〇〇円

韓国における「権威主義的」体制の成立

●李承晩政権の崩壊まで

木村 幹著　Ａ5判四八〇頁　本体三二〇〇円

「朝鮮半島」危機の構図

●半島統一と日本の役割

田中良和著　四六判三七二頁　本体三五〇〇円

領土ナショナリズムの誕生

●「独島/竹島問題」の政治学

玄 大松著　Ａ5判三五二頁　本体五八〇〇円

朴正熙の対日・対米外交

●冷戦変容期韓国の政策、1968〜1973年

劉 仙姫著　Ａ5判三三六頁　本体六〇〇〇円

―――― ミネルヴァ書房 ――――

http://www.minervashobo.co.jp/